KB051761

이한우의

태종실록

재위 2년

새로운 해석, 예리한 통찰

이한우의 **태종실록**

재위 2년

이한우 옮김

삶과 세계에 대한 뿌리 깊은 지혜,
그 치밀한 기록

2001년부터 2007년까지 7년 동안 『조선왕조실록』을 완독했으니 올해가 바로 완독을 끝마친 지 10년이 되는 해다. 그동안 관심은 사서삼경을 거쳐 진덕수(眞德秀)의 『대학연의(大學衍義)』, 『심경부주(心經附註)』에 이어 지금은 『문장정종(文章正宗)』 그리고 반고(班固)의 『한서(漢書)』 번역으로 확장돼왔다.

원점인 2001년으로 돌아가보자. 나는 왜 『조선왕조실록』을 다 읽기로 결심한 것일까? 그것은 다름 아닌 선조들의 정신세계를 탐구해 우리의 정신적 뿌리를 확인해보려는 것이었다. 그런데 정작 7년간의 실록 읽기가 끝났을 때는 이룬 것보다 앞으로 해야 할 일이 많음을 깨달았다. 우리 선조들의 뛰어난 능력과 치열했던 삶의 태도를 확인했지만 그 뿌리를 제대로 알지 못했던 것이다. 그래서 완독을 끝내자마자 시작한 것이 한문(漢文) 공부다. 위에서 언급한 책들은 한문 공부를 마치고서 우리나라에 번역되지 않은 탁월한 한문책들을 엄선해 우리말로 옮긴 것이다. 이때 중요한 것은 '우리말'이다.

우리말이란 대한민국에서 일정한 교육을 받은 사람들이 편안하게 쓰는 말을 뜻한다. 과도한 한자 사용을 극복하고 지나친 순우리말 또한 일정하게 거리를 뒀다. 그리고 쉬운 말로 풀어쓸 수 있는 한자어는 가능한 다 풀어냈다. 그래서 나는 '덕(德)'이라는 말은 '은덕(恩

德)'이라고 할 때 외에는 쓰지 않는다. '다움'이 우리말이다. 부덕(不德)도 그래서 '부덕의 소치'라고 하지 않고 '임금답지 못한 때문'이라고 옮긴다.

특히 정치를 다룬 역사서에서 중요한 용어가 '의(議)'와 '논(論)'이다. 그런데 실록 원문에서는 분명히 이 둘을 엄밀하게 구분해 '의지(議之)', '논지(論之)'라고 표현했는데, 번역 과정에서 의(議)도 의논이라고 번역하고 논(論)도 의논이라 번역하면 이는 원문의 뜻을 크게 왜곡하는 것이다. 의(議)란 책임 있는 의견을 내는 것을 말한다. 의정부(議政府)를 논정부(論政府)라고 해서는 안 되는 것과 같다. 논(論)은 일반적으로 책임을 떠나 어떤 사안에 대한 논리적 진단을 하는 것이다. 오늘날 '논객(論客)'이 그런 경우다. 그러나 '의객(議客)'이란 말은 애당초 성립할 수가 없다. 다만 법률과 관련해서는 의(議)보다 논(論)이 중요하다. 그래서 '논죄(論罪)'나 '논핵(論劾)'이라는 말은 현실적 구속력을 갖는다. 재판은 의견을 내는 것이 아니라 기존 법률에 입각해 죄의 경중을 논리적으로 가려내는 일이라는 점에서 논(論)이지 의(議)가 아닌 것이다. 이처럼 기존의 실록 번역은 예나 지금이나 정치에서 대단히 중요한 역할을 할 수밖에 없는 의(議)와 논(論)을 전혀 구분하지 않아 의미를 제대로 전달하지 못한다. 사실

이런 예는 일일이 거론하기 힘들 만큼 많다.

　이런 우리말화(化)에 대한 생각을 직접 번역으로 구현해내면서 다시 실록을 읽어보았다. 기존의 공식 번역은 한자어가 너무 많고 문투도 1970년대 식이다. 이래가지고는 번역이 됐다고 할 수가 없다. 게다가 너무 불친절해서 역주가 거의 없다. 전문가도 주(註)가 없으면 정확히 읽을 수 없는 것이 실록이다. 진덕수의 『문장정종』 번역을 통해 한문 문장의 문체에 어느 정도 눈을 뜨게 된 것도 실록을 다시 번역해야겠다는 결심을 부추겼다. 특히 실록의 뛰어난 문체가 기존의 번역 과정에서 제대로 드러나지 못했다는 인식이 있었기 때문에 이 점을 개선하는 데 많은 노력을 쏟았다. 그리고 사소한 오역은 그냥 두더라도 심한 오역은 주를 통해 바로잡았다. 누구를 비판하려는 것이 아니라 미래를 향한 개선의 기대를 담은 것이다.

　물론 이런 언어상의 문제 때문에 실록 번역에 뛰어든 것은 아니다. 실은 삶에 대한, 그리고 세계에 대한 깊은 지혜를 얻고 싶어서다. 이런 기준 때문에 여러 왕의 실록 중에 『태종실록(太宗實錄)』을 번역하기로 결심했다. 일기를 포함한 모든 실록 중에서 『태종실록』이야말로 어쩌면 오늘날 우리에게 반드시 필요한 지혜를 담고 있는지 모른다고 생각했기 때문이다.

지난 10년간 사서삼경과 진덕수의 책들을 공부하고 옮기는 과정에서 공자의 주장에 대해 새롭게 눈뜰 수 있었다. 그것은 다름 아닌 '일[事]'의 중요성이다. 성리학이 아닌, 공자의 주장으로서의 유학은 리더가 일하는 태도를 가르치는 이론이다. 기존의 학계는 성리학의 부정적 영향 때문인지 유학을 철학의 하나로만 국한해서 가르치는 경향이 있다. 그러나 내가 공부한 바에 따르면 공자는 리더의 바람직한 모습 그리고 그런 리더가 되기 위한 수양 과정을 지독할 정도로 치밀하게 이야기하고 가르쳤던 인물이다.

　　이런 깨우침에 기반을 두고서 이번에는 공자가 제시했던 지도자상을 태종이 얼마나 체화하고 구현했는지를 확인하고 싶었다. 이런 부분들을 주를 통해 드러낼 것이다. 그렇게 할 때 경학과 역사가 통합된 경사(經史) 통합적인 공부가 될 수 있다.

　　그렇다면 '왜 세종이 아니고 태종인가?'라는 질문을 던질 수 있겠다. 물론 세종의 리더십을 탐구하는 것도 대단히 중요하다. 그러나 그의 아버지 태종의 리더십을 충분히 탐구하지 않으면 세종에 대한 탐구는 피상적인 데 그칠 우려가 있다. 따라서 이 작업은 추후 세종의 리더십을 제대로 탐구하기 위한 기초 작업이기도 하다는 점을 밝혀둔다.

이 책에는 새로운 시도가 담겨 있다. '실록으로 한문 읽기'라는 큰 틀에서 번역을 진행했다. 월 단위로 원문과 연결 독음을 붙인 것도 그 때문이다. 번역문 중에도 어떤 말을 번역했는지를 대부분 알 수 있게 표시했고 번역 단위도 원문 단위와 거의 일치하기 때문에 어떤 문장을 어떻게, 심지어 어떤 단어를 어떻게 옮겼는지를 남김 없이 알 수 있도록 했다. 물론 '착할 선(善)', '그 기(其)', '오를 등(登)' 수준의 뜻풀이는 생략했다. 아무런 의미가 없기 때문이다. 이러한 장치를 통해 조금이라도 살아 있는 한문을 익히고 우리 역사와 조상들의 사고방식을 가까이하는 데 도움이 되기를 바란다.

역주는 워낙 방대한 작업이기 때문에 앞에서 언급했다고 해서 다시 언급하지 않는 것이 아니라 그때그때 필요하면 중복되더라도 다시 달았다. 편집의 아름다운 완결성을 다소 희생하더라도 독자들의 읽는 재미와 속도를 감안했기 때문이다.

재위 1년 단위로 한 권씩 묶어 태종의 재위 기간 18년-18권을 기본으로 하고, 태조와 정종 때의 실록에 있는 기록과 세종 때의 실록에 담긴 상왕으로서의 기록을 묶은 2권을 별권으로 삼아 모두 20권으로 구성했다. 이를 통해 우리 사회에 태종의 리더십에 대한 제대로 된 탐구가 시작되기를 기대한다.

21세기북스 김영곤 대표의 결단이 없었다면 이 책은 세상에 나오지 못했을 것이다. 이 자리를 빌려 깊이 감사드린다. 더불어 계획 초기부터 함께 방향을 고민했던 정지은 팀장과 편집 실무자들에게도 고맙다는 말을 전한다. 해박한 지식과 한문 실력으로 이번 작업을 도와준 주태진 편집위원께도 감사드린다. 그리고 함께 공부하는 즐거움을 누리고 있는 우리 논어등반학교 대원들께 진심으로 고맙다는 말을 전하고 싶다. 마지막으로 내 글쓰기 작업의 원동력인 가족들에게도 깊은 감사를 올린다.

2017년 7월 서울 상도동 보심서실(普心書室)에서

탄주(灘舟) 이한우

태종 2년 임오년
1월

一月

　　갑신일(甲申日-1일) 초하루에 상이 면복(冕服) 차림으로 여러 신하들을 이끌고 제의 정월 초하루[帝正]를 하례하고서 관과 곤룡포[冠袍]를 입고 조하(朝賀)를 받은 다음 여러 신하들에게 잔치를 베풀었다. 영성군(寧城君) 오사충(吳思忠, 1327~1406년)[1]은 시(詩)를 바치고 의정부 참찬사(議政府參贊事) 권근(權近)은 상의 시에 화답하는 시를 지어[賡載] 바치니 사충에게는 털가죽옷[毛裘]을, 권근에게는 비단옷[段衣=緞衣]을 내려주었다.

　　○ 올량합(兀良哈)[2] 5인이 모피(毛皮)와 전우(箭羽-화살깃)를 바쳤고 왜(倭) 9인도 하례(賀禮)에 참여했다.

1　1355년(공민왕 4년) 문과에 급제해 벼슬길에 들어섰고 창왕 때 좌사의대부로서 사전(私田)의 폐단을 상소했다. 이해 공양왕이 즉위하자 사인(舍人) 조박(趙璞) 등과 함께 상소해 우왕과 창왕을 폐하여 서인으로 만들 것을 주장하고 이색(李穡), 조민수(曺敏修), 이인임(李仁任)이 우왕과 창왕을 옹립한 것을 탄핵했다. 1392년(태조 1년) 정몽주(鄭夢周)가 이성계(李成桂) 일파를 몰아내려 할 때 그도 삭직돼 유배됐으나 정몽주가 살해되자 풀려나와 좌상시(左常侍)가 됐다. 같은 해 이성계 추대에 참여해 개국공신 3등으로 호조전서가 되고 영성군(寧城君)에 봉해졌다. 1394년 중추원 부사에 오르고, 교주강릉도 관찰사(交州江陵道觀察使)로 있으면서 정도전(鄭道傳), 남은(南誾) 등과 가까운 수령 군인들이 직책을 소홀히 하거나 차례를 뛰어넘어 승진한 것 등을 엄하게 조사 처리해 이방원의 눈에 들었다. 1404년(태종 4년) 사평부 판사(司平府判事)에 이르렀다.

2　오랑캐 지역 이름이다. 이곳에 사는 이들은 대령(大寧) 지역 거주의 몽골인과는 다른 유목을 주체로 한 생활을 영위하고 있었다. 한대의 선비, 당대의 토욕혼(吐谷渾), 송대의 거란(契丹)이 모두 이 지역이었다.

○ 경상도 네 곳의 계수관(界首官) 노야(爐冶)³를 없앴다. 의정부에서 문민질고사(問民疾苦使) 노한(盧閈)의 계본(啓本)에 의거해 아뢰었다.

"계림(雞林-경주), 안동(安東), 상주(尙州), 진주(晉州) 등 네 곳의 계수관에 노야를 설치한 것으로 인해 그 폐단이 막심합니다. 그것이 부득이하다면 탄일(誕日), 정조(正朝), 동지(冬至)에 바치는 군기(軍器)는 그 도의 내상(內廂)⁴으로 하여금 만들어 바치게 해 그 폐단을 없애야 합니다."

그것을 따랐다.

○ 동북면(東北面-함경도 지역) 길주(吉州) 명간령(明間嶺)의 잉읍암(仍邑巖)에 돌이 있는데 우는 소리가 종소리와 같아 사자를 보내 해괴제(解怪祭)를 거행했다. 영사평(領司平) 하륜(河崙)과 우정승 이무(李茂)를 불러 말했다.

"옛날에 제(齊)나라 경공(景公)이 괴변을 만나 푸닥거리[禳]를 하려고 하니 안자(晏子)가 말하기를 '만약에 귀신 섬기기를 깨끗하지 못하게 하신다면 푸닥거리를 한들 무슨 유익함이 있겠습니까?'라고 했다. 지금 내가 나의 좋고 나쁨[善惡]도 제대로 알지 못하면서 헛되이 신에게 제사하여 복을 빈다면 변괴가 더욱 심할 것이니 어찌하면 좋겠는가? 또 시루[甑]가 운 것도 어떤 사람은 상서롭다[祥] 하고 어

---

3 철을 생산하기 위해 쇳물을 담는 화로다. 불못[火池]이라고도 한다.
4 조선시대에 병마절도사가 주둔한 병영(兵營)을 중심으로 형성된 취락을 병영취락(兵營聚落)이라고 하며 그중 보통 병마절도사영(兵馬節度使營)을 지칭한다.

16

떤 사람은 상서롭지 못하다[不祥]고 하는데, 오늘날의 재변(災變)으로 보자면 어찌 상서롭다고 하겠는가? 마땅히 상서롭지 못한 것으로 여겨 경계할 뿐이다. 옛사람은 재변(災變)을 만나면 모두 임금의 과실이라고 지적해 말하고[指言] 경대부(卿大夫)의 뛰어남 여부[賢否]에 대해서는 한마디도 이를 언급함이 없었으니 어찌 그 근본을 잃은 것이 아니겠는가!"[5]

병술일(丙戌日-3일)에 (사간원의) 좌사간(左司諫) 진의귀(陳義貴)를 광주(廣州)로, 우헌납(右獻納) 김여지(金汝知)를 원평(原平)[6]으로 안치했다. 애초에 사간원에서 대사헌 이지(李至) 등을 탄핵해 소를 올려 말했다.

'대사헌 이지, 전 장령 박고(朴翺), 전 잡단(雜端)[7] 김치(金峙), 송흥(宋興) 등이 사간 김첨(金瞻)을 탄핵하여 말하기를 "헌납 한승안(韓承顔)이 평주(平州)로 어가(御駕)를 따랐을 때 상께서 안렴사 김분(金汾)의 참언[讒]을 들으시고 죄가 아닌 것을 가지고 장령 박고를 견책하시는데도 승안은 간언하지 못했고 첨은 마침 그들과 동렬(同列)에 있다"고 했습니다. 신 등이 볼 때 과연 이와 같다면 지 등은 아래로는 분이 참소하여 무고한 죄[讒譖之罪]를 탄핵하고, 위로는 전

---

5 이런 경우에는 대부분 임금이 자책하면서 끝나기 마련인데 태종은 옛 사람의 말이라도 납득할 수 없음을 강한 톤으로 이야기하고 있다. 군신관계의 측면에서 주목해야 할 발언이다. 물론 내밀한 측근들과의 발언이라는 점을 고려할 필요는 있다.

6 경기도 파평이다.

7 사헌부 종5품직으로 뒤에 지평(持平)으로 이름이 바뀌었다.

하께서 참소를 믿은 허물[信讒之失]⁸을 간언했어야 마땅합니다. 이미 그렇지 못했다면 진실로 승안과 무슨 차이가 있겠습니까? 또 헌부는 국가의 풍기(風紀)를 맡은 관청이니 만약에 이것을 그르다고 하는 사람이 있으면 스스로 혐의를 피해[避嫌] 문을 닫고 집 밖을 나오지 않아야 하는데[杜門不出] 지 등은 전일에 승안의 탄핵을 받고서도 도리어 승안이 부리는 조례(皂隸)를 잡아 가두고 버젓이 출사(出仕-출근)하고 있으니, 이것이 어찌 헌부의 법이겠습니까? 바라건대 이지 등의 직첩(職牒)을 거두시고 그 죄를 국문해야 합니다.'

상이 상소를 보고서 김분의 참소를 들어주었다는 말이 있는 것에 노하여 대언 이응(李膺)에게 명해 말했다.

"이들 무리가 나더러 참소하는 말을 들었다고 여기니 당장 의귀 등을 불러와 그것을 조사하라. 내가 평주에 있을 때 어떤 사람이 나에게 들어와서 참소했는가? 또 한승안은 간관이면서도 어가를 수행했을 때[隨駕=扈駕] 내가 장령 박고를 잘못 견책하니[誤譴] (한마디도 하지 않았고) 오직 사관(史官)만이 힘써 간언했다[力諫]. 대개 사관은 기사(記事)만 관장할 뿐이다. 곧이곧대로 써서 자료 주머니에 그냥 간직했다면 이것은 내 허물을 후세에 드러내는 것이다. 사관은 간언하는 직책이 아닌데도 간언했으니 이는 진실로 나를 사랑한 것이다. 내 이

---

8 아랫사람들 사이의 참소나 중상모략을 윗사람이 제대로 가려내지 못하는 것은 밝음[明]의 문제와 연결된다. 이를 통해 명군(明君)과 암군(暗君)이 갈라지기 때문이다. 이는 『논어(論語)』에 나오는 공자와 자장의 다음과 같은 대화가 명확하게 보여준다. 명(明)에 관해서는 딱 한 번 나오는 사례이기 때문에 대단히 중요하다. 자장이 밝음[明]을 묻자 공자는 말했다. "(동료들 간의) 서서히 젖어드는 참소(讒訴)와 (친족들의) 피부를 파고드는 하소연[愬]이 행해지지 않는다면 그 정사는 밝다[明]고 이를 만하다."

18

때문에 그 말을 들어주었다. 승안은 직책이 간관에 있으면서 한마디 말도 이를 간언함이 없었으니 이것이 어찌 간관의 의로움인가? 이 상소 맨 앞에 승안의 일을 말하긴 했지만 승안의 죄는 청하지 않고 도리어 지 등의 직첩을 거두고 국문하려고 하니 어째서인가?"

대언 이승상(李升商), 박신(朴信), 유기(柳沂) 등에게 말했다.

"경들은 모두 나를 가까이에서 보필하니 내 말이 만일 잘못이라면 그것을 말할 수 있어야 한다. 경들은 이 소의 뜻을 보라."

그 소를 대전(大殿) 가운데로 던졌다. 승상 등은 달려나갔고 박신은 소를 두 번, 세 번 읽고 나서 말했다.

"이 소의 뜻은 오로지 이지 등이 승안의 탄핵을 받고도 버젓이 출사하는 것이 그르다는 내용뿐입니다."

상이 말했다.

"옛사람이 이르기를 '폐하께서 마음속에는 욕심이 많으시면서도 겉으로는 어짊과 의로움[仁義]을 베풀고 계십니다'라고 했다.' 그런데 참소를 들어주었다는 말[受讒之名]은 이보다 더 심하지 않은가?"

또 신(信)에게 물었다.

"내가 경들과 재상들을 대하고, 환관(宦官) 궁첩(宮妾)을 접함에 있어서 각각 예(禮)로써 하여[10] 항상 사사로운 차별[私異]이 없었는데

---

9 이는 한나라 무제 때 무제가 어떤 좋은 일을 하고 싶다고 하자 급암(汲黯)이라는 신하가 면전에서 했던 말이다. 급암은 사람 됨됨이가 충간을 좋아하고 정쟁(廷諍)을 거침없이 제기했는데, 무제가 속으로는 욕심이 많았지만 겉으로 인의(仁義)를 많이 베푼 것도 그의 힘이 컸다는 평가를 받기도 한다. 무제는 그를 두고 '사직(社稷)을 지탱하는 신하'라 칭송했다.

10 당시에 신하는 임금을 경(敬) 혹은 충(忠)으로 대하고 임금은 신하를 예로써 대하게[禮待] 돼 있었다. 태종은 이 점을 강조하고 있는 것이다. 『논어(論語)』 「팔일(八佾)」편에

지금 간관의 말이 이러한 것은 어째서인가?"

신이 말했다.

"이 소에서 참소를 들어주었다는 말은 곧 헌부가 사간 김첨을 탄핵한 말을 지적함이지 상을 향한 말씀이 아닙니다."

상이 말했다.

"그렇다면 아직은[姑] 그대로 두라."
고

급히 의귀 등을 불러 물었다.

"이지를 국문하고자 한 이유는 무엇인가?"

또 물었다.

"사간원의 장무(掌務)[11]는 누구인가?"

응이 대답했다.

"헌납 김여지입니다."

응이 상의 말씀을 받들어 여지에게 물으니 그가 대답했다.

"신 등은 다른 뜻이 없었습니다. 이지, 송흥 등이 승안의 탄핵을 받고서도 도리어 사간원의 조례를 잡아 가두고 버젓이 출근하는 것이 법을 어긴 것이었기 때문일 뿐입니다."

상이 응을 시켜 여지에게 묻도록 했다.

"그대들[汝等]은 승안이 이미 지 등의 탄핵을 받고도 도리어 지 등
여등

나오는 노나라 정공(定公)과 공자의 대화다. 정공이 물었다. "임금은 신하를 어떻게 부려야 하고 신하는 임금을 어떻게 섬겨야 하는가?" 공자가 대답했다. "임금은 신하를 예로써 부리고 신하는 군주를 충으로 섬겨야 합니다."

11 각 관아(官衙)의 장관(長官) 밑에서 직접(直接) 사무(事務)를 주장(主掌)하던 관원(官員)을 가리킨다.

을 탄핵한 것을 옳다 여기고, 지 등이 승안의 탄핵을 받고도 출근하는 것은 그르다고 여긴다. 만일[假使] 지가 그대들의 탄핵을 받은 뒤에 또 그대들을 탄핵한다면 그대들은 이를 옳게 여겨 출근하지 않겠는가? 그대들은 죄 없는 대신을 모함하고도 죄가 없다 하겠는가? 내 마땅히 그대들을 추고하여 바로잡을 것이니[推正] 각각 집으로 돌아가 출근하지 말라."

이때에 이르러 의귀와 여지를 순군(옥)에 내렸다. 의정부 참찬사 권근, 상만호(上萬戶)¹² 이숙번(李叔蕃), 형조전서 신호(申浩), 장령(掌令) 정구진(鄭龜晉) 등에게 명해 그 상소의 뜻을 묻게 하니 의귀 등이 대답했다.

"이지, 송흥 등이 김첨을 탄핵한 것은 다름 아니라 상께서 서행(西行)¹³하셨을 때 (상께서) 안렴사 김분의 참소를 들어주셨는데도 승안이 간언하지 못했던 것을 말하는 것입니다. 신 등이 볼 때는 만약에 과연 이와 같았다면 곧바로 김분을 탄핵하고 이어서[仍] (상께서) 참소를 믿은 허물[信讒之過]을 간언했어야 좋았을[可] 것입니다. (그런데) 지 등은 진실로[亦] 그렇게 하지 못하고 도리어 김첨을 탄핵함으로써 임금의 허물을 드러냈으니[揚=著] 이는 불충(不忠)입니다. 또 헌납 승안이 비록 죄가 있다 해도 궐내(闕內)에서 입직(入直)하고 있

---

12 고려 때 원나라의 군사조직을 본떠 여러 만호부(萬戶府)가 설치됐고 왜구가 창궐하자 각 도에 원수(元帥)의 지휘 하에 만호가 설치됐다. 그 결과 1300년(충렬왕 26년)에서 1307년 사이에 종래의 순마소(巡馬所)는 순군만호부(巡軍萬戶府)로 개편돼 만호, 천호(千戶) 등의 만호부 직제로 편제되게 됐다. 상만호는 그중 둘째 벼슬이었다. 조선 초까지 잠시 이어지다가 폐지됐다.
13 평안도에 행차하는 것을 말한다.

는데 지 등은 직접 사람을 시켜 그를 포위했으니 이는 불경(不敬)입니다. 헌부는 풍기(風紀)를 맡은 관사이기 때문에 설사 다른 사람으로부터 근거 없는 제소[妄訴]를 받았다 해도 마땅히 피혐(避嫌)해야 옳은데 지금 이지 등은 승안의 탄핵을 받고서도 도리어 조례를 가두고 버젓이 공무를 행하니 이는 난법(亂法)입니다. 승안의 죄가 비록 크다 해도 일찍이 이미 파직했기에 다시 죄주기를 청하지 않았던 것입니다. 신 등이 상소한 뜻은 여기에 그칠 뿐입니다."

상이 또 가장 먼저 말을 꺼낸 자[先發言者]가 누구냐고 물으니 여지 등이 말했다.

"우리가 회의(會議)를 해서 그렇게 한 것입니다."

순군(巡軍)에서 그대로 보고하자 상이 노하여 말했다.

"내가 문신(文臣)을 위관(委官)으로 삼은 것은 상만호(上萬戶)를 위한 것이었다. (그런데) 어찌 이와 같단 말인가?"

곧장 숙번에게 명해 곤장을 쳐서 가장 먼저 말을 꺼낸 자를 캐묻게 했다. 이에 여지에게 10여 대의 곤장을 치니 여지가 굴복해 말했다.

"신이 가장 먼저 말을 꺼냈습니다."

숙번 등이 곤장을 맞지 않았는데도 자복(自服)했다고 보고하니 상이 말했다.

"곤장을 맞지 않고도 스스로 털어놓았으니[自輸] 어찌 반드시 곤장을 때려야겠는가?"

숙번이 말했다.

"의귀와 여지 등이 말하기를 '신 등이 어찌 오늘날 주상의 노여움이 이와 같을 줄을 생각이나 했겠습니까? 어떻게 해야 상께서 촛불을 밝혀 신 등의 마음을 아시게 할 수 있겠습니까?'라고 했습니다."

상이 말했다.

"지금 이 말을 듣고 보니 참으로 가련하구나! 자원(自願)에 따라 안치하라."

최견(崔蠲), 최순(崔洵) 등에게 명해 출입하지 못하게 했다. 지사간(知司諫) 노한(盧閈)이 진의귀 등이 유배 갔다[竄]는 말을 듣고 대궐에 나와서 아뢰어 말했다.

"사실은 신이 맨 먼저 주장했으니[首唱] 마땅히 함께 유배 보내주십시오."

이에 그의 집으로 돌아가 있게 했다.

정해일(丁亥日-4일)에 왜인 4명이 와서 토산물을 바쳤다.

○ 올량합(兀良哈) 8명이 와서 토산물을 바쳤다.

무자일(戊子日-5일)에 의정부에 명해 유후사(留後司)[14]에 사당[廟-종묘]을 세우는 것의 가부(可否)를 의논하게 했다. 애초에 의정부에 뜻을 전해 말했다.

"순행(巡行)하는 곳마다 사당을 세워 제사를 지내는 것이 어떠한가? 의견을 모아[擬議] 아뢰라."

의정부가 예조에 공문을 보내니[移文] 겸판사(兼判事) 이지(李至) 등이 소를 올려 말했다.

---

14 조선 초기에 개성(開城)을 맡아 다스리던 유후(留後)가 행정 사무를 보던 관아다.

'만약 송경(松京-개성)에 도읍을 정하지 아니하고 다만 순행하기 위한 곳으로 삼는다면 마땅히 다시 종묘를 지어서는 안 됩니다. 한경(漢京)의 종묘에 예전처럼 제사하시기를 바랍니다.'

의정부에 내려보내 의견을 모으게 하니 의정부에서도 역시 불가하다고 하여 그 일은 마침내 그만두었다[寢=停].
침 정

기축일(己丑日-6일)에 사섬서(司贍署)에서 새로 만든 저화(楮貨) 2,000장을 올렸다.

○ 의정부 참찬사 조온(趙溫)이 경사(京師)에서 돌아왔다.

○ 비로소 무과법(武科法)을 시행했다. 병조에서 아뢰었다.

"삼가 『경제육전(經濟六典)』을 살펴보건대 무과 출신은 3년마다 한 번 뽑기로 되어 있습니다."

그리고 병조에서 보고했다.

'삼군부(三軍府)의 정관(正官) 2명을 가려 뽑아 위임하되 감교시사(監校試使)[15]와 (감교시) 부사(副使)에 채우시고[充=充員] 동고시관(同考試官)[16] 4명과 문하부·사헌부의 각 1명은 고시 기간에 임박해 임명하되[差攝] 훈련관과 함께 동시에 시험해 뽑아야 합니다[試取]. 『무경칠서(武經七書)』[17]와 마보(馬步-말타기) 무예(武藝)에 정통하고 능숙
충 충원
차섭
시취

---

15 조선시대 무과(武科)에서 성적을 매기는 일을 감독하는 시관이다.

16 관직명의 동(同)은 부(副)와 같은 뜻이다.

17 중국의 병법(兵法)에 관한 일곱 가지 책, 곧 『육도(六韜)』, 『손자(孫子)』, 『오자(吳子)』, 『사마법(司馬法)』, 『황석공삼략(黃石公三略)』, 『위료자(尉繚子)』, 『이위공문대(李衛公問對)』의 총칭이다.

한 자를 1등으로 삼고, 3가(三家)의 병서(兵書)와 마보 무예에 통한 자는 2등으로 삼고, 마보 무예에만 겨우 통한 자는 3등으로 삼아야 합니다. 1등은 3명, 2등은 5명, 3등은 20명으로 하여 모두 28명을 정원[定額]으로 삼아 뽑도록 하소서. 만약 1등에 적합한 자가 없다면, 단지 2등 또는 3등만 뽑게 하되 짐작하여 시험으로 뽑아 정원에 구애받지 말게 하고 문서로 써서 병조에 보고하게 하소서. 1등은 바로 종7품, 2등은 종8품, 3등은 종9품에 제배하되 무직(武職)을 전형함에 있어 원래 직위(職位)가 있는 자는 1등급을 올리게 하소서. 이제 과거(科擧)의 식년(式年)을 맞았으니 길일(吉日)을 택해 시험해 뽑기를 바랍니다.

그리고 관시(觀試)[18], 향시(鄕試), 회시(會試), 전시(殿試)의 방방(放榜)과 은영연(恩榮宴)은 한결같이 문과(文科)의 예(例)에 따르게 해야 합니다. 관시의 인원수는 50명, 향시는 좌·우도(左右都)에서 20명, 충청도는 30명, 전라도는 20명, 경상도는 30명, 강원과 풍해도는 각각 10명, 동북면과 서북면은 각각 15명으로 하시고 그 시험관은 무관(武官)으로서 양부(兩府) 이상을 2명만 뽑아 하나는 감교시(監校試)로 삼고 하나는 동감교시(同監校試)로 삼으시며 그 밖의 시관(試官-시험관)은 모두 문과의 예에 따르소서.'

그대로 따랐다.

---

18 무과(武科)의 경우는 서울의 훈련관(訓鍊觀)에서 1차 시험을 보았는데 이를 관시(觀試)라 했다.

경인일(庚寅日-7일)에 왜 사신이 하례에 참여해 검을 바쳤다. 이날은 인일(人日)[19]이었다.

○ 명을 내려 녹봉을 나눠 줄 때[頒祿] 저화를 병용하도록 했다.
_{반록}

신묘일(辛卯日-8일)에 상이 소요산으로 가서 태상왕을 조알하려고 했으나 몸이 안 좋아[不豫] 결국 갈 수 없게 되자 지신사 박석명을 보내 문안했다. 태상왕이 말했다.

"이 절에 이름난 대사[名師]가 있으니 절 아래 집을 짓고 거기서 지내야겠다."
_{명사}

○ 예조(禮曹)와 춘추관 영사(春秋館領事) 하륜, 춘추관 지사(春秋館知事) 권근 등에게 명해 삼대(三代)[20] 이하 역대 군왕들의 비빈(妃嬪)의 수와 전조(前朝-고려)의 역대 비빈 시녀(妃嬪侍女)의 수를 상고해 보고하게 했다. 예조에서 소를 올려 말했다.

'신 등이 삼가 「혼의(昏義)」[21]를 살펴보니 "제후(諸侯)는 한 번 장가들면 9녀(女)를 얻고 한 나라에 장가들면 다른 두 나라에서 잉첩(媵妾)을 보내니 모두 조카나 동생을 따라가게 한다. 경대부(卿大夫)는

---

19 정월 초이레 날을 사람의 날이라 불렀다. 『동국세시기』의 인일(人日)에 대한 기록에 의하면 작고 둥근 거울 모양에 자루가 달리고 뒤에 신선이 새겨져 있는 동인승(銅人勝-거울 모양의 머리 꾸미개)을 각신(閣臣)들에게 나누어 주었으며, 또 과거를 실시했다고 한다. 이 과거를 인일제(人日製)라 하여 태학(太學)의 식당(食堂)에 참석한 지 30일이 되어 원점(圓點-시험 볼 자격 출석점)을 얻은 유생들에게 시험을 보도록 했다. 성균관과 문묘에서 시행하기도 하고 대궐 안에서 임금이 친히 시험하기도 했으며, 지방의 유생도 불러 함께 보이기도 했다.

20 하·은·주 3대를 말한다.

21 『예기(禮記)』의 편이름이다.

1처(妻) 2첩(妾)이며 사(士)는 1처 1첩이니 이는 뒤를 이을 자손을 넓히고 음란함을 막기 위함이다"라고 했습니다. 전조(前朝)의 제도에는 혼례가 밝지 못해 적(嫡)과 첩(妾)의 제한이 없어 많을 때는 정해진 수[數=定數]에 넘쳐 어지러움에 이르렀고 적을 때는 정해진 수에 못 미쳐 후사(後嗣)가 끊어지기[絶嗣]에 이르렀습니다. 이와 같이 선왕(先王-옛 성군들)의 법을 따르지 아니함으로써 대륜(大倫-큰 인륜)을 어지럽게 하는 것은 작은 일이 아니옵니다. 우리나라가 모든 일을 베풀 때 반드시 성헌(成憲)을 따라서 하는데 혼인의 예절은 아직도 예전의 폐단을 따르고 있으니 그 처음을 바르게 하는 도리[正始之道][22]가 아닙니다. 엎드려 바라옵건대 전하께서는 한결같이 선왕의 제도에 의거해 궁곤(宮壺-대궐 내 여인)의 법을 갖추시고 경(卿), 대부(大夫), 사(士)에 있어서도 진실로 선왕의 법에 따라 제도를 정하시어 후사가 끊어지지 않게 하시고, 정해진 수를 넘지 못하게 하여 인륜의 근본을 바르게 하시고 만약 이를 어기는 자가 있으면 헌사(憲司)로 하여금 규찰하여 다스리게[糾理] 하소서.'

이를 윤허했다. 이때에 상이 즉위한 지 얼마 안 돼 빈첩(嬪妾)이 아직 갖춰져 있지 않고 다만 평시의 시녀만이 있을 뿐이었다. 정비(靜妃)는 성품이 투기가 심해 능히 아래에 이르지 못하자[未能逮下][23]

---

22 『시경(詩經)』의 시 '관저(關雎)'를 풀이하면서 나오는 말이다. "(혼인은) 처음을 바르게 하는 도리이자 왕의 교화가 이뤄지는 기초[王化之基]다."

23 이르지 못하는 것의 주어가 정비인지 태종인지에 따라 해석이 달라질 수 있다. 정비일 경우에는 아래 시녀들을 아껴주지 않았다는 뜻이 되고 태종일 경우에는 정비의 투기로 인해 편안하게 아래 시녀들을 만나볼 수 없었다는 뜻이 된다. 이 문맥만으로는 어느 쪽인지 확정 짓기가 쉽지 않다.

임금이 빈첩을 갖추고자 했다.

임진일(壬辰日-9일)에 달이 필성(畢星)²⁴을 범하고 태백성(太白星-금성)이 진성(鎭星-토성)을 범했다.

○ 명을 내려 백성들이 저화(楮貨)로 국고(國庫)의 쌀을 무역하도록 했다. 의정부의 청을 따른 것이다. 저화 한 장은 상오승포(常五升布) 한 필(匹)에 준하며 쌀 두 말의 값이다.

을미일(乙未日-12일)에 대간(臺諫-사헌부와 사간원)이 상언(上言) 했다.

"나이 많고 오랜 친분이 있는 대신을 보내 태상왕께서 도성으로 돌아오실 것을 청하셔야 합니다."

이지(李至), 김이음(金爾音) 등이 대궐에 나와 말했다.

"때가 몹시 추운데 태상왕께서 소요산에 계신 지가 벌써 한 달이 넘었습니다. 모시는 사람들은 한데서 자고 나무와 돌을 다듬는 사람은 모두 동상에 걸려서 살가죽이 얼어 터졌습니다. 또 경기(京畿)에서 필요한 것들을 대느라[供億] 왕래가 번거로워 폐단이 되오니 마땅히 나이 많고 덕이 높은[宿德] 대신에게 명해 간절히 청하여 모시고 돌아오도록 해야 합니다."
공역
숙덕

상이 말했다.

"경들의 말이 옳다. 내가 몸이 안 좋아 새해 들어 아직 조알하지

---

24 28수(宿) 중의 하나다.

못했다. (그렇다고) 먼저 나이 많은 대신을 보내면 태상왕께서 마음속으로 어떻게 여기시겠는가? 내가 장차 친히 가 뵌 뒤에 경들의 말 그대로 하겠다."

기해일(己亥日-16일)에 비가 왔다. 소요산에서 큰 돌이 무너져 서운관 판사(書雲觀判事) 황하준(黃河濬)을 보내 푸닥거리를 했다[禳之].
양지

○ 상왕이 화장사(華藏寺)에 행차했다. 나한재(羅漢齋)²⁵를 베풀기 위함이었다. 궁으로 돌아와 기르던 매를 놓아주었다.

○ 돈과 곡식[錢穀]의 출납(出納), 회계(會計) 및 이문(移文) 등의 법
전곡
을 정했다. 상이 지신사 박석명을 시켜 상정도감(詳定都監)에 뜻을 전해 말했다.

"여러 창고의 돈과 곡식의 출납은 제조(提調)가 관장하게 하라. 그 회계는 사평부(司平府)에 보고하고 그 문서는 서로 통할 수 있는 격식을 상정하여 시행하라."

제조 하륜, 권근 등이 상언(上言)해 말했다.

"『주관(周官-주나라 관직 해설서)』의 사회(司會)와 한(漢)나라의 평준(平準)과 당(唐)나라의 탁지(度支)와 송(宋) 조정의 삼사사(三司使)라는 관직은 오로지 중외(中外-서울과 지방)의 전곡 출납을 맡았습니다. 이제 여러 창고의 전곡 회계(錢穀會計)는 사평부에 보고하고, 그 문서는 낭청(郞廳)의 아전이 『육전(六典)』에 의거해 서로 통하게

---

25 아라한(阿羅漢)을 신앙의 대상으로 하여 복을 구하고 재난이나 질병이 없기를 기원하는 의식이다.

해야 합니다."

그것을 윤허했다.

경자일(庚子日-17일)에 사평부 영사 하륜, 정승 김사형. 이무 등을 가례색 제조(嘉禮色提調)²⁶로 삼았다. 검교 참찬(檢校參贊) 조호(趙瑚)는 여흥부원군(驪興府院君) 민제(閔霽)나 영사평 하륜과 모두 사이가 좋았다. 제(霽)는 륜이 자주 시법(時法-당시의 법)을 변경하는 것을 꺼려하여 아들 무구(無咎), 무질(無疾) 등과 말했다.

"나라 사람들이 하륜을 도전(道傳-정도전)에 견준다. 사람들이 륜을 꺼려함이 이와 같으니 환란을 입게 될 날도 머지않았다."

호(瑚)가 이 말을 듣고 륜에게 말하자 그가 말했다.

"죽고 사는 것은 하늘에 달려 있는 것이오. 옛사람들도 곧은 도리[直道]를 갖고 있었지만 제 명에 죽지 못한 사람이 있는가 하면, 요행으로 죽음을 면한 사람도 있지요. 후세 사람들이 스스로 공론이 있을 것이니 내 어찌 두려워하리오?"²⁷

임인일(壬寅日-19일)에 혜성(彗星)이 규성(奎星)²⁸의 동쪽에 나타나 광망(光芒-빛살)이 동쪽을 가리켰는데 길이가 5~6척쯤[許] 됐다.

---

26 임금이나 왕세자 및 왕세손의 가례(嘉禮)에 임하여 두는 임시 관아로 가례도감(嘉禮都監)이나 길례색(吉禮色)으로 부르기도 했다.

27 정비의 아버지인 민제는 후궁제도 도입이 하륜의 생각임을 의심하고서 이렇게 말한 것으로 보인다.

28 28수의 하나로 서쪽의 첫째 별자리다.

계묘일(癸卯日-20일)에 여러 도(道)의 도관찰출척사(都觀察黜陟使)를 다시 두었다. 이문화(李文和)를 경상도, 함부림(咸傅霖)을 충청도, 박은(朴訔)을 강원도, 장자충(張子忠)을 풍해도(豊海道), 유염(柳琰)을 전라도, 이원(李原)을 경기좌우도 도관찰출척사로 삼았다.

○ 좌정승 김사형이 병으로 사직했으나 윤허하지 않았다.

갑진일(甲辰日-21일)에 어떤 별이 동쪽에 나타났는데 길이가 1장(丈)이 넘고 광망(光芒-빛살)이 사방으로 뻗쳤다[四射].
사사

○ 전 성균 악정(成均樂正) 권홍(權弘)에게 단자(段子) 9필, 견(絹) 20필, 정오승포(正五升布) 250필, 쌀과 콩 각각 100석을 내려주어 가례(嘉禮)의 혼수(婚需)[資裝]를 갖추도록 했다.
자장

정미일(丁未日-24일)에 목성(木星)이 서쪽에 나타났는데 광망(光芒-빛살)이 동쪽을 향해 하늘에 뻗쳤다.

○ 명나라[朝廷] 사신 병부주사(兵部主事) 단목지(端木智)가 감생
조정
(監生) 율견(栗堅)과 수의(獸醫) 주계(周繼) 등을 거느리고 왔다. 상이 접반사(接伴使)[29] 서원군(西原君) 한상경(韓尙敬, 1360~1423년)[30]을 보내 단목지에게 예(禮)를 물으니 지(智)가 말했다.

"전하께서 나를 길에 나와 맞이하되 먼저 말에서 내리는 것이 예

---

29 의주에서 도성까지 사신을 인도하며 접대하는 임무를 맡은 사신이다.
30 이성계를 도와 조선 건국에 공헌, 개국공신 3등에 책록되고 도승지에 올랐다. 대사헌, 호조판서, 이조판서, 우의정을 거쳐 영의정에 이르렀다. 글씨를 잘 썼다. 그의 형 한상질(韓尙質)의 손자가 한명회(韓明澮)다.

입니다."

상이 이 말을 듣고 말했다.

"내가 먼저 말에서 내리는 것이 어찌 예가 되는가? 단목지는 조명(詔命-황제의 명)이 없이 다만 병부의 자문(咨文)을 싸 가지고 왔을 뿐이다."

박석명이 아뢰어 말했다.

"지는 천자께서 보내신[欽差] 까닭입니다."

흠차

상이 말했다.

"지가 비록 천자께서 보내셨다 해도 내가 번왕(藩王)으로서 먼저 말에서 내리는 것이 예이겠는가?"

석명과 박신(朴信)이 말했다.

"상의 말씀이 옳습니다."

상이 말했다.

"지가 도착하거든 사람을 시켜 내가 여기에 있다는 것을 알리면 지는 반드시 말에서 내릴 것이고 나는 그때 장막 밖으로 나가 예를 행하는 것[行禮]이 좋겠다."

행례

상이 여러 신하들을 거느리고 서교(西郊)로 나가니 이윽고[俄而] 지가 이르러 멀리서 장막을 보고는 말에서 내렸다. 상이 나가서 읍례(揖禮)를 행하고 함께 태평관(太平館)에 이르러 연회를 베풀었다. 상이 말했다.

"애초에 천사(天使)가 바로 단목공(端木公)의 아우라는 말을 듣고 내 날마다 기다렸소. 하지만 날씨는 춥고 관사(館舍)는 차니 어찌 잠시인들 머물겠소?"

지가 기뻐했다. 애초에 지가 올 때 길에서 축맹헌(祝孟獻)을 만났다. 맹헌이 지에게 말했다.

"조선의 말은 쓸 만한 것이 없소. 그대가 가서 직접 보시오."

지가 말했다.

"그렇다면 그대는 조선에 남아 있으면서 마땅히 (천자께) 주문(奏聞)하여 지(旨)를 받은 뒤에 돌아와야 할 것인데 어찌하여 이처럼 빨리 오시오?"

이에 그가 싸 가지고 오던 말값을 요동(遼東)에 두고 육옹(陸顒)의 말을 빼앗아 타고 왔다. 사람을 시켜 상에게 말했다.

"앞서 사신 육옹이 그 일은 제대로 챙기지 않고 말만 받아 가지고 돌아가는 까닭에 내가 그 말을 빼앗아 왔습니다."

상이 사복관(司僕官)에게 명하여 받게 했다. 애초에 육옹이 축맹헌과 같이 다시 와서 심질(心疾)을 얻어 근심하느라 음식을 제대로 먹지 못했다. 명나라 조정에서 이 사실을 알았기 때문에 옹을 불러들이고 지로 하여금 그 일을 대신하도록 한 것이다.

무신일(戊申日-25일)에 상이 무일전(無逸殿)에서 사신들에게 잔치를 베풀었다. 사신들이 대궐에 찾아왔기 때문이다.

기유일(己酉日-26일)에 상이 태평관에 갔다. 사신에게 소요산에 가야 한다고 말했으니 이는 태상왕을 뵙기 위한 뜻을 보인 것이다. 지가 말했다.

"나는 말값으로 먼저 보내온 숫자만치 말을 바꿔서 돌아가려 합니다."

이에 임금이 말하기를 "안 되오. 나는 이미 축공(祝公)과 약속을 했는데 이제 그것을 바꾼다면 이는 신의(信義)를 잃는 것이오"라고 했다.

상은 일찍이 맹헌과 약속하여 말했다.

"말값이 다 오기를 기다려서 모두 말과 바꾼 뒤에 차례로 운(運)을 지어 들여보내리다."

그래서 이렇게 말한 것이다. 사신이 한상경에게 말했다.

"왕이 여러 재상들과 함께 의논해 먼저 온 말값을 가지고 일단은 [姑] 말을 바꾸어 돌아가게 해주는 것이 좋겠소. 날마다 술자리를 베풀어주시니 예(禮)로 말하면 성대하오나 싸 가지고 온 말값을 간악한 도둑에게 빼앗길까 염려되오니 마땅히 왕과 더불어 잘 도모해야 할 것입니다."

그러고는 글을 지어 말했다.

'단목효사(端木孝思)는 임금을 모시고 있는 여러 상공(相公)들에게 사룁니다[白]. 효사(孝思)가 가만히 듣건대 황제의 명으로 온[欽差], 축소경(祝少卿) 등이 이곳에 와서 말을 사고파는 일을 했습니다. 얼마 전[比先] 이 통사(李通事-이현) 등이 병부(兵部)에서 말하기를 "조선 땅에는 말이 많이 나서 단자(段子) 4필이면 상등 말 1필을 살 수 있다"라고 했습니다. (그런데) 여기에 오니 통사가 전에 했던 말을 숨기고 도리어[却] 여러 관리들과 의견을 모은 끝에 현재 시세로는 단자 6필이어야 상등 말 1필을 얻을 수 있다고 했습니다. 두 번째 운(運)의 단물(段物)로 말 5,400필을 얻었고 또 세 번째 운(運)은 아직

도착하지도 않았습니다. 축소경이 자신이 사들인 마필(馬匹)을 보고서 놀라 마침내 국왕께 사뢰었습니다. 왕께서 노하여 통사(通事)를 바닷가로 옮기고[徙=流] 말을 판 집에 많이 남아 있는 단필(段匹)을 낱낱이 징수하여 말을 사서 배상한다 하오니 위를 섬기고 아래를 다스리는 뜻[事上治下之意]을 심하게 잃었습니다. 경(經)에 이르기를 "큰 수레[大車]에 채마구리[輗]가 없고 작은 수레[小車]에 멍에막이[軏]가 없으면 어찌 길을 갈 수 있겠는가?"[31]라고 했습니다.

어찌 의로움[義]을 버리고 이익[利]에 밝아 다른 사람에게 믿음을 잃겠습니까! 또 듣건대 관리를 우리 서울에 보내 허문(虛文-헛된 글)을 받들어 말 1,100필을 배상하겠다고 주청(奏請)하고 동시에 이 통사(李通事) 등은 위로는 조정을 업신여기고 아래로는 국가를 기만한 죄로써 위[上]에 아뢰고자 한다는 말을 들었사온데 황상께서는 반드시 법사(法司)에 명해 체포, 구속하려 하여 통사가 경사(京師)에 불려가서 신하의 도리를 다하지 않았다는 죄[不臣之罪]를 밝히게 된다면 그때에는 은혜와 신의 둘 다 잃을까 두렵습니다. 국왕께서는 귀 밝고 눈 밝음[聰明]이 남달리 뛰어나시니 반드시 계책을 잘 세우시어 이에 이르지는 않을 것입니다. 효사(孝思)는 어리석고 사리에 어두우나 항상 지성(至誠)으로 스스로를 자부하고 있사오니[自許] 바라건대[冀=願] 여러 공들께서는 나를 의심 많은 사람으로 여기지 않

_____

31 『논어(論語)』 「위정(爲政)」편에 나오는 공자의 말이다. 공자는 말했다. "사람에게 믿음[信]이 없으면 그가 무엇을 할 수 있는 사람인지를 도무지 알 수 없다. 큰 수레에 채마구리가 없고 작은 수레에 멍에막이가 없으면 어찌 길을 갈 수 있겠는가?" 채마구리나 멍에막이 모두 말과 수레를 연결해주는 고리다. 사람 간의 신의를 강조한 말이다.

으신다면 크게 다행일 것입니다.'

○ 교서(教書)를 내렸다. 그 가르침[教]은 이러했다.

'내가 다움이 모자람[否德=不德]에도 대업[丕緒=大統]을 이어받아
새벽부터 밤늦도록 삼가고 두려워하면서[祗懼] 태평[乂安=太平]에 이
르기를 기약해 감히 조금도 쉴 겨를이 없었다. 그렇지만 내 귀와 눈
이 미치지 못하는 바가 있어 막히고 가려지는 우환[壅蔽之患]³²에 이
를까 두렵다. 이에[爰=於是] 옛 법도를 상고해[稽] 신문고(申聞鼓)를
둔다. 온갖 정치의 득실(得失)과 민생(民生)의 휴척(休戚-편안함과 근
심)을 아뢰고자 하는 자는 의정부에 글을 올려도[呈] 위에 거듭해
보고하지[申聞] 않는 경우 즉시 와서 북을 쳐라. 말이 쓸 만하면 바
로 채택해 받아들이고, 비록 말이 사안에 맞지 않는다 해도 또한 용
서해줄 것이다. 원통함과 억울함을 아뢰고 싶어도 그것을 펴서 호소
하지 못한 사람³³은 누구나 서울에서는 주무 관청에, 지방에서는 수
령(守令)과 감사(監司)에게 글을 올리되 따져 다스리지[究治] 아니하
면 사헌부에 올리고, 사헌부에서도 따져 다스리지 아니하면 마침내
와서 북을 쳐라. 원통하고 억울함이 훤하게 밝혀질 것이다. 상항(上
項)의 관사(官司)에서 따져 다스리지 아니한 자는 율(律)에 따라 죄
를 줄 것이요, 월소(越訴)한 자도 또한 율(律)에 따라 논죄(論罪)할
것이다. 혹시 반역을 은밀히 도모하여 나라[社稷]를 위태롭게 하거
나 종친(宗親)과 훈구(勳舊)를 모해(謀害)하여 화란(禍亂)의 계제(階

---

32 귀 밝음과 눈 밝음[聰明]이 막히고 가려지는 폐단을 말한다.
33 이 문장은 그대로 세종이 훈민정음을 창제한 목적과도 연결된다.

梯)를 만드는 자가 있다면 여러 사람이 직접 와서 북 치는 것을 허용한다. 말한 바에 실상이 있으면 토지 200결(結)과 노비(奴婢) 20명을 상으로 주고 유직자(有職者)는 3등(等)을 뛰어 올려 녹용(錄用)하고 무직자(無職者)는 곧장 6품직에 임명할 것이며 공사 천구(賤口-노비)도 양민(良民)이 되게 하는 동시에 곧 7품직에 임명하고 따라서 범인의 집과 재물과 종과 우마(牛馬)를 주되 다소(多少)를 관계하지 않을 것이며 무고(誣告)한 자가 있다면 반좌(反坐)[34]의 율(律)로써 죄줄 것이다. 아! 아랫사람의 실상[情]을 상달(上達)케 하고자 함에 있어 금조(禁條-금지조항)를 마련한 것은 범죄가 없기를 기약함이니, 아! 너희 중외(中外)의 대소 신료와 군민(軍民)들은 더욱 삼가고 조심하여 함께 태평한 즐거움[隆平之樂]을 누리게 하라.'

○ 의정부에서 소를 올려 말했다.

'신문하는 북[申聞之鼓]은 순군(巡軍)의 영사(令史) 1명과 나장(螺匠) 1명이 지키게 하고 와서 치려는 사람이 있으면 영사는 달려가 관리에게 고해 그 북을 치려는 까닭을 물어 만약 반란[不軌]을 음모한 일이면 바로 치게 하소서. 또 정치의 득실과 원통하고 억울함을 펴지 못한 등의 일에 대해서는 그것이 월소(越訴)가 아니면 실정을 갖춰 물어 초사(招辭)를 받아들이고 즉시 나장에게 그의 사는 곳을 알게 한 뒤에야 마침내 북을 치게 하소서.'

상이 말했다.

---

34 남을 무고한 사람에게 그 무고한 죄와 같게 처벌하는 것이다.

"먼저 북을 치게 한 뒤에야 사람을 시켜 그 사는 곳을 알아내도록 하라."[35]

경술일(庚戌日-27일)에 정사색(淨事色)[36]의 옛터에 소격전(昭格殿)[37]을 지었다.

신해일(辛亥日-28일)에 상이 소요산에 계신 태상왕을 조알했다. 상이 가만히 헌수(獻壽)했고 태상왕과 상은 술이 거나해지자 시를 읊고 화답했다[唱和]. 연회에 함께 했던[侍宴] 종친과 성석린(成石璘) 등이 힘써 태상왕의 환가(還駕)를 청하였다. 또 사뢰어 말했다.

"염불하고 불경을 외는 일이 어찌 꼭 소요산이라야만 되겠습니까?"

태상왕이 말했다.

"그대들의 뜻은 내가 이미 알고 있다. 내가 부처를 좋아하는 것

---

35 의정부 안보다 태종의 명이 보다 자유롭게 신문고를 칠 수 있게 해준다.

36 고려 때의 특수 관아다. 1258년(고종 45년) 도교에서 행하는 의식인 천지와 성신에 대한 초제를 주관하기 위해 내전(內殿)에 설치됐다. 종사원은 국왕 직속의 근시기구(近侍機構) 인 내시의 참상(參上), 참외(參外)의 관료 중에서 근면한 사람을 선발해 실무를 맡게 하고 이들을 내시정사색(內侍淨事色)이라고 불렀다. 이를 역임한 사람이 인사행정이 있을 때마다 순서를 무시하고 승진하는 경우가 많아졌다. 그러자 권세가들이 다투어 이에 속하려 했기 때문에 자연 그 정원이 많아지고 본래 기능인 구복(求福)보다는 엽관운동(獵官運動)의 본거지로 변질됐다.

37 조선 건국 초에 상제(上帝)와 성신(星辰) 그리고 노자(老子)에게 초제하기 위해 세운 것인데 세조 때에 소격서(昭格署)로 이름을 바꿨다. 원래 고려시대에는 하늘에 제사지내고 별에 기도하는 도관(道觀)으로 복원궁(福源宮), 신격전(神格殿-소격전), 정사색(淨事色), 소전색(燒錢色), 태청관(太淸觀), 태일전(太一殿), 구요당(九曜堂), 청계배성소(淸溪拜聖所) 등 여러 곳이 있었는데 조선조에 들어와서 이들을 모두 병합해 하나로 만들고 이를 소격전이라 했다.

은 다름 아니라[非他] 다만 두 어린 아들과 사위 한 사람을 위한 것
이다."[38]

(태상왕은) 허공에다 큰 소리로 말했다.

"우리도 이미 서방 정토(西方淨土)로 향하고 있다."

태상왕은 무인년(戊寅年-1398년)에 병이 든 뒤로부터 항상 마음이
답답하여[鬱鬱] 즐겁지가 않았기 때문에 놀러 다니는 일[遊幸]이 점
점 잦아졌다.

○ 왜가 동평현(東平縣)[39] 부산포(富山浦)에 침략해 천호(千戶) 김남
보(金南寶)와 사졸(士卒) 10여 명을 죽였다.

임자일(壬子日-29일)에 상이 다시 태상왕에게 헌수(獻壽)했다. 태상
왕이 일어나 춤을 추니 상도 일어나서 춤을 추면서 연구(聯句)로 화
답하고 지극히 즐겼다. 대가(大駕)가 돌아오다가 장단(長湍)에 이르러
서 행악(行幄-임시 장막)에 술자리를 베푸니 민무구(閔無咎), 이저(李
佇)[40] 등이 취하여 소매를 맞잡고 여러 번 춤을 추고 노래를 불렀다.
상이 미소를 지으며 말했다.

"태상왕께서 별 탈이 없으시니[無恙] 내 경들과 마땅히 마음껏 즐
기려 하오."

---

38 1차 왕자의 난 때 죽은 강씨 소생 이방번과 이방석 그리고 강씨 소생인 경순공주와 결혼
   했던 이제를 가리킨다.
39 경상도 동래의 옛 지명이다.
40 이거이의 아들이자 태종의 친매제다.

원문

甲申朔 上以冕服率百官賀帝正 服冠袍受朝賀 宴群臣. 寧城君
갑신 삭 상이 면복 솔 백관 하 제정 복 관포 수 조하 연 군신 영성군

吳思忠獻詩 參贊議政府事權近賡載以獻 賜思忠毛裘 近段衣.
오사충 헌시 참찬 의정부 사 권근 갱재 이헌 사 사충 모구 근 단의

兀良哈五人 獻毛皮箭羽 倭九人亦與賀禮.
올량합 오인 헌 모피 전우 왜 구인 역여 하례

革慶尙道四界首官爐冶. 議政府因①問民疾苦使盧閈啓本啓曰:
혁 경상도 사 계수관 노야 의정부 인 문민질고사 노한 계본 계왈

"鷄林 安東 尙州 晋州等四界首官爐冶之設 弊莫甚焉. 其不得已
계림 안동 상주 진주 등 사 계수관 노야 지설 폐 막심 언 기 부득이

誕日正朝冬至貢獻軍器 令其道內廂供造 以除其弊."
탄일 정조 동지 공헌 군기 영 기도 내상 공조 이제 기폐

從之.
종지

東北面吉州 明間嶺 仍邑巖有石鳴聲如鐘 遣使行解怪祭. 召
동북면 길주 명간령 잉읍암 유석 명성 여종 견사 행 해괴제 소

領司平河崙 右政丞李茂曰: "昔齊景公遇怪欲禳 晏子曰: '若
영 사평 하륜 우정승 이무 왈 석 제 경공 우괴 욕양 안자 왈 약

事之穢 禳之何益!' 今予不識予之善惡 徒事禳禱 變怪滋甚
사지 예 양지 하익 금여 불식 여지 선악 도사 양도 변괴 자심

如之何則可? 且甑之鳴 或祥或不祥 然今之災變 豈可謂之祥耶?
여지하 즉가 차 증지명 혹상혹 불상 연 금지 재변 기 가위 지 상야

當以爲不祥而戒之耳. 古人遇災 皆指言人君之過失 卿大夫之
당 이위 불상 이 계지 이 고인 우재 개 지언 인군 지 과실 경대부 지

賢否 無一言及此 豈不失其本也!"
현부 무일 언급 차 기 부실 기본 야

丙戌 安置左司諫陳義貴于廣州 右獻納金汝知于原平. 初
병술 안치 좌사간 진의귀 우 광주 우헌납 김여지 우 원평 초

司諫院劾大司憲李至等. 上疏曰:
사간원 핵 대사헌 이지 등 상소 왈

'大司憲李至 前掌令朴翶 前雜端金峙 宋興等 劾司諫金瞻
대사헌 이지 전 장령 박고 전 잡단 김치 송흥 등 핵 사간 김첨

40

以爲：“獻納韓承顔之扈駕平州也　上聽按廉金汾之讒　以非罪

遣掌令朴翶　承顔不能諫　瞻乃與之同列.”臣等以爲若果如此　則

至等當下以劾汾讒譖之罪　上以諫殿下信讒之失.　旣不能然　則

亦何異於承顔乎！且憲府　國家風紀之司　苟有非之者　當自避嫌

閉門不出　至等前日被承顔之劾　反囚承顔所使皁隷　任然出仕　是

豈憲府之法耶？願收至等職牒　鞫問其罪.

　　上覽之　怒其有聽金汾之讒之語　命代言李膺曰：“此輩以予爲

受讒言　驟召義貴等問之.　予之在平州也　何人入讒於予乎？且

韓承顔以諫官隨駕　予誤譴掌令朴翶唯史官力諫.　蓋史官唯掌

記事耳.　直書而藏之囊中　是揚吾過於後世也.　史官非其職而諫

焉　是誠愛我也.　予是以聽之.　承顔職在諫官無一言諍之　是豈諫官

之義乎？此疏首說承顔之事　不請承顔之罪　反欲收至等職牒而

鞫問之　何也？”

　　與代言李升商　朴信　柳沂等言曰：“卿等皆近侍於予　予言若誤

則可言之.　卿等其見此疏之意.”擲其疏於殿中.　升商等趨進　朴信

讀疏再三曰：“此疏之意　專以李至等受承顔之劾　任然出仕爲非

耳.”上曰：“古人云‘陛下內多欲而外施仁義.’受讒之名　無乃甚

於此乎.”又問信曰：“予之待卿等　待宰相　接宦官宮妾　各以其禮

未常私異.　今諫官之言如此　何也？”信曰：“此疏受讒之言　乃指

憲府劾司諫金瞻之言　非向上之言也.”上曰：“然則姑置之.”驟召

義貴等 問："欲鞫問李至之由." 又問 "諫院掌務誰歟?" 膺對曰：

"獻納金汝知也." 膺以上言問於汝知 汝知對曰："臣等無他意.

李至 宋興等 受承顏劾 反囚諫院皁隷 任然出仕 非法故爾." 上

使膺問於汝知曰："汝等以承顏已被至等之劾 而反劾至等爲是 以

至等被承顏之劾而出仕爲非. 假使至被汝等之劾 而後又劾汝等

汝等其以爲是而不仕乎? 汝等謀陷無罪之相 其無罪乎? 予當

推正汝等 各還其家而勿仕."

　至是 下義貴 汝知于巡軍. 命參贊議政府事權近上萬戶李叔蕃

刑曹典書申浩 掌令鄭龜晋等 問其上疏之意 義貴等對曰："李至

宋興等劾金瞻 乃謂上之西行 受按廉金汾之讒 承顏不能諫. 臣等

以爲若果如是 卽劾金汾 仍諫信讒之過可也. 至等亦不能然 反劾

金瞻 以揚君過 是不忠也. 又獻納承顏雖有罪 入直闕內至等直

使人圍之 是不敬也. 憲府 風紀之官 雖被人之妄訴 猶當避嫌 今

至等受承顏劾反囚皁隷任然行公 是亂法也. 承顏之罪雖大 曾已

罷職 故不更請罪. 臣等上疏之意 止此而已."

　上又使問先發言者 汝知等曰："吾等會議而爲之." 巡軍以聞 上

怒曰："予以文臣爲委官 爲上萬戶矣.② 何其若是也!" 卽命叔蕃

杖問先發言者. 乃杖汝知十餘度 汝知服曰："臣先發言." 叔蕃

等以不受杖而自服聞 上曰："不杖而自輸 何必杖之?" 叔蕃曰:

"義貴 汝知等言:'臣等何圖今日上怒至此乎? 何以得上下燭臣等

之心乎?"上曰:"今聞此言 亦可憫也. 許從自願安置."命崔蠲
지 심 호 상왈 금문 차언 역 가민 야 허종 자원 안치 명 최견

崔洵等毋得出入. 知司諫盧閈聞義貴等竄 詣闕啓曰:"臣實首唱
최순 등 무득 출입 지사간 노한 문 의귀 등 찬 예궐 계왈 신 실 수창

宜幷置散."乃還其家.
의 병 치산 내환 기가

丁亥 倭四人來獻土物.
정해 왜 사인 내헌 토물

兀良哈八人來獻土物.
올량합 팔인 내헌 토물

戊子 命議政府 議留後司立廟可否. 初 傳旨于議政府曰:
무자 명 의정부 의 유후사 입묘 가부 초 전지 우 의정부 왈

"巡幸之所 立廟致祭如何? 擬議以聞."議政府移文禮曹 兼判事
순행 지소 입묘 치제 여하 의의 이문 의정부 이문 예조 겸판사

李至等上疏曰:"若不定都於松京 但爲巡幸之所 則不宜復營
이지 등 상소 왈 약 부정 도어 송경 단위 순행 지소 즉 불의 부영

宗廟. 乞於漢京宗廟 致祭如舊."下議政府擬議 亦曰不可 事遂
종묘 걸어 한경 종묘 치제 여구 하 의정부 의의 역왈 불가 사 수

寢.
침

己丑 司贍署進新造楮貨二千張.
기축 사섬서 진 신조 저화 이천 장

參贊議政府事趙溫 回自京師
참찬 의정부 사 조온 회자 경사

始③行武科法. 兵曹啓:
시 행 무과 법 병조 계

'謹按經濟六典 武科出身 每三年一次 兵曹啓聞 擇委三軍府
근안 경제육전 무과 출신 매 삼년 일차 병조 계문 택위 삼군부

正官二員 充監校試使副. 其同考試官四員及門下司憲府各一員
정관 이원 충 감교시 사부 기 동고시관 사원 급 문하 사헌부 각 일원

臨期差攝 與訓鍊觀一同試取. 武經七書馬步武藝 無不精熟者
임기 차섭 여 훈련관 일동 시취 무경칠서 마보 무예 무불 정숙 자

爲一等 通三家兵書馬步武藝者爲二等 只通馬步武藝者爲三等.
위 일등 통 삼가 병서 마보 무예 자 위 이등 지통 마보 무예 자 위 삼등

一等三名 二等五名 三等二十名 通取二十八名爲定額. 若無堪
일등 삼 명 이등 오 명 삼등 이십 명 통취 이십 팔명 위 정액 약 무 감

中第一等者 只取二等或三等 斟酌試取 不拘定額 開寫報兵曹.
중 제일 등 자 지취 이등 혹 삼등 짐작 시취 불구 정액 개 사보 병조

一等直拜從七品 二等從八品 三等從九品 於武職銓注原有職
일등 직배 종칠품 이등 종팔품 삼등 종구품 어 무직 전주 원 유직

者陞一等. 今當科擧式年 請擇吉日試取. 其觀鄕試會試殿試
자 승 일등 금 당 과거 식년 청 택 길일 시취 기 관 향시 회시 전시

放榜恩榮宴 乞一依文科例 觀試數五十名 鄕試左右道二十名
방방 은영연 걸 일의 문과 례 관시 수 오십 명 향시 좌우 도 이십 명

忠淸道三十名 全羅道二十名 慶尙道三十名 江原 豊海道各十名
충청도 삼십 명 전라도 이십 명 경상도 삼십 명 강원 풍해도 각 십 명

東北面西北面各十五名. 其試員以武官兩府以上二 一爲監校試
동북면 서북면 각 십오 명 기 시원 이 무관 양부 이상 이 일 위 감교시

一爲同監校試 其餘試官 竝依文科例.
일 위 동 감교시 기여 시관 병 의 문과 례

從之.
종지

庚寅 倭使與賀禮 獻劍. 人日也.
경인 왜사 여 하례 헌검 인일 야

命頒祿 幷用楮貨.
명 반록 병용 저화

辛卯 上欲朝太上王于逍遙山 不豫未果 遣知申事朴錫命問安
신묘 상 욕 조 태상왕 우 소요산 불예 미과 견 지신사 박석명 문안

太上王以爲:"此寺有名師 欲於寺下營室居之."
태상왕 이위 차사 유 명사 욕 어 사하 영실 거지

命禮曹及領春秋館事河崙 知春秋館事權近等 考三代以下歷代
명 예조 급 영 춘추관 사 하륜 지 춘추관 사 권근 등 고 삼대 이하 역대

君王妃嬪之數及前朝歷代妃嬪侍女之數以聞. 禮曹上疏曰:
군왕 비빈 지 수 급 전조 역대 비빈 시녀 지 수 이문 예조 상소 왈

'臣等謹按昏義 曰:"諸侯一娶九女 娶一國則兩國媵之皆以
신등 근안 혼의 왈 제후 일취 구녀 취 일국 즉 양국 잉지 개 이

姪娣從也. 卿大夫一妻二妾 士一妻一妾 所以廣繼嗣防淫泆也."
질제 종야 경대부 일처 이첩 사 일처 일첩 소이 광 계사 방 음일 야

前朝之制 婚禮不明 嫡妾無制 多或至於踰數 以至僭亂少或至於
전조 지제 혼례 불명 적첩 무제 다 혹 지어 유수 이지 참란 소 혹 지어

闕數 以至絶嗣. 其不循先王之典 以紊大倫 非細故也. 惟我國家
궐수 이지 절사 기 불순 선왕 지전 이문 대륜 비 세고 야 유아 국가

凡所施爲 動遵成憲 婚姻之禮 尙循舊弊 非所以正始之道也.
범 소시위 동준 성헌 혼인 지례 상순 구폐 비 소이 정시 지도 야

伏望殿下 一依先王之制 以備宮壺之儀 至於卿大夫士 亦依定制
복망 전하 일의 선왕 지제 이비 궁곤 지의 지어 경대부 사 역 의 정제

致不絶嗣 母或踰越 以正人倫之本 如有違者 憲司糾理.'
치 불 절사 무 혹 유월 이정 인륜 지본 여 유 위자 헌사 규리

允之. 時 上卽位未久 嬪御未備 但有平時侍女. 靜妃性妬忌
윤지 시 상 즉위 미구 빈어 미비 단 유 평시 시녀 정비 성 투기

44

未能逮下 上欲備嬪御也.
<small>미능 체하 상욕비 빈어 야</small>

壬辰 月犯畢星 太白犯鎮星.
<small>임진 월범필성 태백범진성</small>

命民庶以楮貨 貿易國庫米. 從議政府之請也. 楮貨一張 準
<small>명민서 이저화 무역 국고미 종 의정부 지청야 저화일장 준</small>

常五升布一匹者 直米二斗.
<small>상오승포 일필자 치미이두</small>

乙未 臺諫上言:
<small>을미 대간 상언</small>

"遣耆舊大臣 請太上王還京." 李至 金爾音等詣闕上言: "時惟
<small>견 기구 대신 청 태상왕 환경 이지 김이음 등 예궐 상언 시유</small>

苦寒 太上王在逍遙山 今已月餘 侍御者露宿 攻木石者皆凍皴.
<small>고한 태상왕 재 소요산 금이월여 시어자 노숙 공목석자 개 동준</small>

且京畿供億 往還煩弊 宜命耆老宿德大臣 懇請奉還." 上曰: "卿
<small>차 경기 공억 왕환 번폐 의명 기로 숙덕 대신 간청 봉환 상왈 경</small>

等之言然矣. 予以不豫 新年未能朝謁. 先遣耆老 太上之心 以爲
<small>등지언 연의 여이 불예 신년 미능 조알 선견 기로 태상지심 이위</small>

如何? 予將親朝 然後一如卿等之言"
<small>여하 여장 친조 연후 일여 경등지언</small>

己亥 雨. 逍遙山大石崩 遣判書雲觀事黃河澨禳之.
<small>기해 우 소요산 대석붕 견 판 서운관 사 황하준 양지</small>

上王幸華藏寺. 設羅漢齋也. 還宮 放所畜之鷹.
<small>상왕 행 화장사 설 나한재 야 환궁 방 소축 지응</small>

定錢穀出納及會計移文等法. 上令知申事朴錫命傳旨于
<small>정 전곡 출납 급 회계 이문 등법 상령 지신사 박석명 전지 우</small>

詳定都監曰:
<small>상정도감 왈</small>

"諸倉庫錢穀出納 以提調掌之. 其會計報司平府 其文字相通
<small>제 창고 전곡 출납 이 제조 장지 기 회계 보 사평부 기 문자 상통</small>

格式 詳正施行." 提調河崙 權近等上言曰: "周官司會 漢之平準
<small>격식 상정 시행 제조 하륜 권근 등 상언 왈 주관 사회 한지평준</small>

唐之度支 宋朝三司使之職 專秉中外錢穀出納. 今諸倉庫錢穀
<small>당지 탁지 송조 삼사사 지직 전병 중외 전곡 출납 금 제 창고 전곡</small>

會計 報司平府 其文字 郎廳員吏依六典相通."
<small>회계 보 사평부 기 문자 낭청 원리 의 육전 상통</small>

允之.
<small>윤지</small>

庚子 以領司平府事河崙 政丞金士衡 李茂等爲嘉禮色提調.
<small>경자 이 영사평부 사 하륜 정승 김사형 이무 등 위 가례색 제조</small>

檢校參贊趙瑚與驪興府院君閔霽 領司平河崙相善 霽忌崙屢更
검교 참찬 조호 여 여흥 부원군 민제 영 사평 하륜 상선 제 기 륜 누경

時法 與子無咎 無疾等言曰:"國人以河崙比道傳 人之忌崙如此
시법 여자무구 무질 등언왈 국인 이 하륜 비 도전 인지기륜 여차

則其見患④也不久矣."瑚聞之 言於崙 崙曰:"死生在天. 古人亦
즉 기 견환 야 불구 의 호 문지 언어륜 륜왈 사생 재천 고인 역

有直道而枉死者 有僥倖而免死者. 後人自有公論吾何畏焉!"
유 직도 이 왕사 자 유 요행 이 면사 자 후인 자유 공론 오하 외언

　壬寅 慧見于奎東 光芒指東 長五六尺許.
　임인 혜현우규동 광망 지동 장오육척허

　癸卯 復諸都觀察黜陟使 李文和爲慶尙道 咸傳霖忠淸道 朴訔
　계묘 복제 도관찰출척사 이문화 위 경상도 함부림 충청도 박은

江原道 張子忠豊海道 柳琰全羅道 李原京畿左右道.
강원도 정자충 풍해도 유염 전라도 이원 경기 좌우도

　左政丞金士衡以疾辭 不允.
　좌정승 김사형 이 질 사 불윤

　甲辰 有星見于東方 長丈餘 光芒四射.
　갑진 유성현우동방 장 장여 광망 사사

　賜前成均樂正權弘段子九匹 絹二十四 正五升布二百五十匹
　사 전 성균 악정 권홍 단자 구필 견 이십 필 정오승포 이백오십 필

米豆各一百石. 以備嘉禮資裝也.
미두 각 일백 석 이비 가례 자장 야

　丁未 木星見于西方 光芒向東射天.
　정미 목성 현우 서방 광망 향동 사천

　朝廷使臣兵部主事端木智 率監生栗堅 獸醫周繼等至 上遣
　조정 사신 병부 주사 단목지 솔 감생 율견 수의 주계 등지 상견

接伴使西原君 韓尙敬 問禮於智 智曰:"殿下迎我於路先下馬 禮
접반사 서원군 한상경 문례 어지 지왈 전하 영아 어로 선 하마 예

也."上聞之曰:"予之先下馬 豈爲禮乎? 智無詔命 但齎兵部咨
야 상 문지왈 여지선하마 기위례호 지무조명 단재병부자

耳."朴錫命啓曰:"智 天子欽差故也."上曰:"智雖天子欽差 予
이 박석명 계왈 지 천자 흠차 고야 상왈 지 수 천자 흠차 여

以藩王 先下馬 禮乎?"錫命及朴信曰:"上言是矣."上曰:"智至
이 번왕 선 하마 예호 석명 급 박신 왈 상언 시의 상왈 지지

使人告予在此 則智必下馬矣 予出帳外行禮可也."上率群臣出
사인 고여 재차 즉 지필 하마 의 여출 장외 행례 가야 상솔 군신 출

西郊 俄而智至 遙見帳幄下馬 上出行揖禮 偕至太平館設宴. 上
서교 아이 지지 요견 장악 하마 상 출행 읍례 해지 태평관 설연 상

曰:"初聞天使內端木公之弟也 予日待之. 但以天寒 館舍冷落
왈 초 문 천사 내 단목공 지제야 여일 대지 단이 천한 관사 냉락

何以小留?"智喜. 初 智之來也 路遇祝孟獻. 孟獻與智言曰:

"朝鮮之馬 無可用者. 君往見之."智曰:"如此則君在朝鮮 當奏聞

取旨而後還. 何爲其速來耶?"乃置其所齎馬價於遼東 奪陸顒馬

而來. 使人言於上曰:"前使陸顒不集其事 受馬而還 故我奪之而

來."上命司僕官受之. 初 陸顒同祝孟獻復來 得心疾 憂懼不食

朝廷知之 故徵顒還 使智代之.

戊申 上宴使臣于無逸殿. 使臣詣闕故也.

己酉 上如太平館. 告使臣以詣逍遙山 見太上王之意也. 智曰:

"予欲以馬價先至之數 易換以歸."上曰:"不可. 予旣與祝公約矣

今變之 是失信也."上嘗與孟獻約曰:"待馬價盡來畢易換 然後

以次作運入送."故云然. 使臣謂韓尙敬曰:"王與諸相共議 以

先來馬價 姑易換以歸可矣. 日日置酒 禮則盛矣 所齎馬價 恐爲

奸盜所竊. 宜與王善圖之."

乃作書曰:

'端木孝思白列位陪相公. 孝思竊聞 欽差祝少卿等到此爲互市

馬匹事 比先李通事等在部供報:"朝鮮地方 多産馬匹 段子四

匹 可得上馬一匹."及至此 通事隱匿前言 却與衆官會議 時直

價錢段子六匹 可得上馬一匹 二運段物 通得馬五千四百 又第

三運未到. 祝少卿驚見所買馬匹 遂白于國王. 王怒 徙通事海濱

復欲枚徵賣馬之家多餘段匹 買馬倍償 甚失事上治下之意. 經

云 "大車無輗 小車無軏 其何以行之哉!" 豈可捨義喩利以失信

於人! 又聞欲遣官赴京 捧虛文償馬一千一百匹奏請 幷以李通事

等上侮朝廷 下欺國家之罪 達之于上 上必命法司 逮繫通事赴京

以明不臣之罪. 彼時 恐恩信兩失之矣. 國王聰明過人 必能熟計

不至於此. 孝思愚昧 常以至誠自許 冀諸公勿以我爲疑 幸甚.'

下敎書. 敎曰:

'予以否德 纘承丕緒 夙夜祗懼 期致乂安 罔敢或遑. 然而耳目

所不及 恐致壅蔽之患. 爰稽古典 設申聞鼓. 凡欲告政治得失

民生休戚者 呈議政府 不爲申聞 卽來擊鼓. 言之可用 卽加採納

雖或不中 亦且優容. 凡欲告冤抑未伸者 京中主掌官 外方則呈

守令監司不爲究治 則呈司憲府 司憲府不爲究治 乃來擊鼓. 冤抑

灼然 上項官司 不爲究治者 照律坐罪 越訴者 亦行照律論罪. 或

有陰謀不軌 將危社稷 謀害宗親勳舊 以階禍亂者 許諸人直來

擊鼓. 言之有實 賞田二百結 奴婢二十口 有職者超三等錄用

無職者直拜六品 公私賤口 許通爲良 直拜七品 仍給犯人家舍

財物奴婢牛馬 不拘多少 其有誣告者 抵罪反坐. 於戲! 下情欲其

上達 設禁期於無犯. 惟爾中外大小臣僚軍民人等 尚其敬愼 共享

隆平之樂.'

議政府上疏曰: '申聞之鼓 俾巡軍令史一名 螺匠一名守之 有

來擊者⑤ 令史奔告官吏 問其所擊之故 若陰謀不軌之事 卽令

48

擊之. 又政治得失 冤抑未伸等事 非其越訴 則備問其情 收納
격지 우 정치 득실 원억 미신 등사 비기 월소 즉 비문 기정 수납

招辭 卽以螺匠知其所居 然後乃許擊鼓.'
초사 즉 이 나장 기기 소거 연후 내허 격고

上曰: "使先擊鼓 然後使人知其所居."
상왈 사선 격고 연후 사인 지기 소거

庚戌 作昭格殿于淨事色古基.
경술 작 소격전 우 정사색 고기

辛亥 上朝太上王于逍遙山. 上從容獻壽 太上與上酒酣唱和
신해 상조 태상왕 우 소요산 상 종용 헌수 태상 여상 주감 창화

侍宴宗親及成石璘等 力請太上還駕. 且白曰: "念佛誦經何必
시연 종친 급 성석린 등 역청 태상 환가 차 백왈 염불 송경 하필

逍遙山?" 太上曰: "諸子之意 我已知之. 予之好佛非他 只爲
소요산 태상 왈 제자 지의 아이 이지지 여지 호불 비타 지위

兩兒一壻." 唱空曰: "吾等已向西方淨土也." 太上王自戊寅寢疾
양아 일서 창공 왈 오등 이향 서방정토 야 태상왕 자 무인 침질

之後 常鬱鬱不樂 遊幸秒數
지후 상 울울 불락 유행 초삭

倭寇東平縣 富山浦 殺千戶金南寶及卒十餘名.
왜구 동평현 부산포 살 천호 김남보 급 졸 십여 명

壬子 上復獻壽于太上王. 太上王起舞 上亦起舞 聯句唱和
임자 상부 헌수 우 태상왕 태상왕 기무 상 역 기무 연구 창화

極懽. 駕還次長湍 設酌于行幄 閔無咎 李佇等醉 連袖屢舞且歌
극환 가환 차 장단 설작 우 행악 민무구 이저 등 취 연수 누무 차 가

上微笑曰: "太上王無恙 予與卿等宜盡懽.
상 미소 왈 태상왕 무양 여 여 경 등 의 진환

| 원문 읽기를 위한 도움말 |

① 議政府因. 이때 因은 그 문장 앞에 온 내용이나 뒤에 이어지는 내용들
의정부 인
을 받는다. 그래서 '그러한 것들을 근거로 하여' 혹은 '그것을 계기로' 등
으로 옮긴다. 여기서는 뒤에 이어지는 내용들을 받은 것이다.

② 予以文臣爲委官 爲上萬戶矣. 앞의 爲는 '以~爲~'의 구문이고 뒤의 爲
여 이 문신 위 위관 위 상만호 의 위 위
는 '~를 위해서'라는 뜻이다.

③ 始行武科法. 始와 初는 약간의 뉘앙스 차이가 있다. 始는 '비로소'로 자
시 행 무과 법 시 초 시

주 쓰이고 初는 '애초에' 혹은 '처음에' 등의 뜻으로 쓰이는 경우가 많다.
그래서 初는 어떤 일의 자초지종을 설명하려 할 때 그 문장 맨 앞에 나
온다.

④ 見患. 見은 수동태를 만드는 일종의 조동사다.

⑤ 有來擊者. 여기서처럼 有~者일 경우에는 그냥 '~하는 사람'보다는 '~하
는 사람이 있으면'의 가정법 문장으로 풀이해야 좋다.

태종 2년 임오년
2월

二月

갑인일(甲寅日-1일) 초하루에 (상이) 소요산에서 돌아왔다.

을묘일(乙卯日-2일)에 명나라 조정에서 태복시 소경(太僕寺少卿) 손봉(孫奉)을 보내 병부(兵部)의 자문(咨文)을 싸 가지고 요동(遼東)에 이르렀다. 봉(奉)이 맹헌(孟獻)을 만나보고 말했다.

"그대는 어찌하여 기왕의 일[已事]을 천자께 주문(奏聞)하고 오지 않는가?"
<small>이사</small>

맹헌이 자문을 받아 보내고 이어 말했다.

"나도 따라가겠소."

맹헌은 이렇게 생각했다. '지난번에 가지고 온 말값으로 교환하지 못한 것을 지금의 값대로 바꿔야겠다.' 단목지는 이렇게 생각했다. '앞서 온 말값으로는 벌써 백성들과 무역을 했으므로 이제 다시 그 값을 제하고 가져오는 것은 옳지 않다. 마땅히 요동에 있는 세 번째 운(運)의 말값을 가져다가 무역을 해야겠다.' 상이 시산(時散)의 재추(宰樞)들을 자문(紫門)에 모이도록 명해 이를 토의케 한 끝에 3,000필을 더 무역하기로 정했다. 이에 지신사 박석명을 보내 지(智)에게 말하니 지가 크게 기뻐했다. 지는 맹헌을 싫어했기 때문에 석명에게 말했다.

"축맹헌은 반드시 오지 않을 것이오. 내가 얼마든지 그를 오지 못하게 할 수 있소."

상이 이 말을 보고받고 말했다.

"지가 자기의 공을 세우려는 것이다. 지와 맹헌이 불화(不和)하니 반드시 서로 제(帝)에게 죄를 얽어[構] 바칠 것이다. 그렇게 되면 우리나라는 무역에 온 힘을 다하고서도 결국 공로가 없어지게 된다. (그것은) 맹헌이 다시 오는 것만 못하다."

석명을 보내 지에게 말하게 하니 단목지가 말했다.

"맹헌이 다시 와도 얼마든지 좋소."

지가 감생 율견(栗堅)을 보내 요동에서 말값을 가져왔다. 상이 석명을 보내 지에게 말하게 했다.

"내가 소요산에서 돌아오고 나서 마침[適] 안질(眼疾)이 있어 즉시 나가보지 못했소. 감생을 하루만 더 머물게 하기 바라오."

지가 말했다.

"국왕께서 와보시려고 하심은 오로지 술을 권하려고 함이오. 우리는 날마다 끝까지 취하니 굳이 국왕께서 오시어 권할 필요가 없습니다. 조정에서는 말을 바꾸는 일이 급하니 빨리 감생을 요동에 보내 그로 하여금 전해 아뢰게 하는 것이 더 나을 것입니다."

지는 기생을 끼고 날마다 취하도록 술을 마셨으며 스스로 자기 글씨를 자랑하여 말했다.

"천하에 제일가는 명필이로다."

인쇄한 책 한 권을 판각(判閣) 설미수(偰眉壽)에게 주면서 말했다.

"서법이 왕희지(王羲之, 307~365년)[1]와 다를 바가 없소이다."

---

1 동진(東晉) 낭야(琅邪) 임기(臨沂) 사람이다. 우군장군(右軍將軍)을 지내 왕우군(王右軍)

○ 태상왕이 숭인문(崇仁門) 안에 궁실(宮室)을 지었다[營]. 태상왕이 선공감 판사(繕工監判事)² 노엄(盧嚴)을 시켜 군인(軍人)과 재목(材木)을 상에게 구하도록 하면서 말했다.

"궁실을 숭인문 안에 지으려 한다."

상이 군인 100명과 재목 100그루[株]를 바쳤다. 태상왕이 말했다.

"이 궁은 뒤에 마땅히 절이 될 것이다. 바로 전조(前朝-고려)의 태조(太祖)가 광명사(廣明寺)³를 지었던 사례와 같다."

○ 직예문관(直藝文館) 이담(李擔, 1370~1405년)⁴에게 안장 갖춘 말[鞍馬]을 내려주었다. 담(擔)이 사은사(謝恩使) 민무질(閔無疾)의 서장관(書狀官)이었는데⁵ 타각부(打角夫)⁶ 이을생(李乙生)과 같이 돌아

으로도 불렸다. 동진 왕조 건설에 공적이 컸던 왕도(王導)의 조카이고, 왕광(王曠)의 아들이다. 중국 고금(古今)의 첫째가는 서성(書聖)으로 존경받고 있다. 종요(鍾繇)와 함께 종왕(鍾王)으로 불린다. 해서와 행서, 초서의 각 서체를 완성함으로써 예술로서 서예의 지위를 확립했다. 예서(隸書)를 잘 썼고 당시 아직 성숙하지 못했던 해행초(楷行草)의 3체를 예술적인 서체로 완성했다. 그의 서풍(書風)은 전아(典雅)하고 힘차며, 귀족적인 기품이 높다.

2 선공감은 토목과 영선(營繕)에 관한 일을 관장하기 위해 설치했던 관서다.

3 왕건이 왕이 되기 전에 살던 집 자리에 지은 절이다.

4 고려의 문하시중(門下侍中) 이제현(李齊賢)의 증손자이고 아버지는 학림(學林)이다. 1393년(태조 2년) 춘장문과(春場文科)에 을과로 급제했다. 글씨를 잘 써서 항상 상서사(尙瑞司)의 벼슬을 지냈으며 이때 직예문관으로 사은사(謝恩使)의 서장관이 돼 명나라에 다녀왔다. 그 뒤 우부대언(右副代言)에 이르렀는데 자기 집 광견(狂犬)에 물려 죽었다.

5 기존의 『태종실록』은 이 부분을 "담(擔)이 사은사(謝恩使), 민무질(閔無疾)이 서장관(書狀官)이 돼"로 번역하고 있다. 원문은 擔爲謝恩使閔無疾書狀官이다. 이는 명확한 오역이다. 권력 서열로 보더라도 민무질이 이담의 서장관이 될 수 없다. 이담과 하급 통역관인 타각부 이을생은 사은사 민무질보다 먼저 도성에 들어와 소식을 전했던 것이다. 이렇게 먼저 와서 소식을 전하는 통사를 선래통사(先來通事)라고 했다.

6 조선시대 통역관에는 여러 종류가 있다. 사신단을 수행했던 이들의 중요한 임무는 통사(通事)였으며 실력에 따라 1등은 통사, 2등은 압물(押物)·압마(押馬), 3등은 타각부(打角夫)로 구분되었고, 통사에도 당상역관(堂上譯官)과 당하역관(堂下譯官)의 구별이 있었다. 그중에서도 타각부는 사신(使臣) 일행의 모든 물건을 감수(監守)하는 일을 맡았다.

와 아뢰었다.

"제(帝)께서 홍려행인(鴻臚行人)[7] 반문규(潘文奎)를 보내 면복(冕服)을 싸 가지고 오고 있습니다."

담에게는 안장 갖춘 말을, 을생에게는 말을 내려주었다. (상이) 그러고 나서 말했다.

"지금 천사 반문규가 면복을 가지고 온다니 마땅히 예(禮)를 갖춰 맞이해야 할 것이다. 전일에 사은(謝恩)할 때에는 그냥 말만 바쳤는데, 이제는 모름지기 안장을 갖춰야겠다."

정사일(丁巳日-4일)에 박가실(朴可實, ?~1410년)[8]을 동북면 도순문찰리사(東北面都巡問察理使)[9]로 삼았다.[10]

○ 동북면의 굶주림을 진휼했다.

○ 의정부에 명해 세 번째 운반 말[三運馬]은 모두 상등 말을 중등
　　　　　　　　　　　　　　　　　삼운마
말로 바꾸되 중등 말[中馬]은 하등 말로 바꾸지 말도록 했다.
　　　　　　　　　　중마

○ 본국(本國)의 인민(人民)으로 요동에서 돌아온 사람은 충청·전라·경상도에 두라고 명했다. 서북면 경차관(西北面敬差官)[11] 정혼(鄭

7　하급 외교관이다.

8　이 일을 마치고 돌아와 한성부 판사(漢城府判事)까지 올랐다. 그러나 1410년(태종 10년) 취각령을 어긴 죄로 옥살이를 하다 석방돼 얼마 후 사망했다.

9　찰리사란 조선시대에 군무(軍務)로 지방에 파견하던 임시 관직으로 품계는 3품이었다.

10　이성계의 오랜 근거지인 동북면 군사동향 탐지가 목적이었던 것으로 보인다.

11　경차관이 파견된 것은 1396년(태조 8년) 8월 신유정(辛有定)을 전라·경상·충청 지방의 왜구 소탕을 목적으로 파견한 것이 처음이다. 그 뒤 오용권(吳用權)을 하삼도(下三道)에, 홍유룡(洪有龍)·구성량(具成亮)을 강원도와 충청도에 파견했는데 이들의 임무는 왜구와의 전투 상황을 점검하고 병선의 허실을 조사하는 것이었다. 경차관은 태종 때부터 그

渾)이 보고해 말했다.

"본국의 인민으로 도망쳐 요양(遼陽)으로 들어갔던 자들이 근래에 굶주림과 정역(征役-정벌에 따른 요역)으로 인하여 그 처자식을 이끌고 도로 강을 건너오는 자가 길에 줄을 이었습니다. 만약 압록강 가의 주군(州郡)에 두게 되면 훗날[他日] 요양 등지에 풍년이 들고 전쟁이 그치게 되면[兵息] 다시 우리 인구(人口)를 유인하고 소와 말을 도둑질해 강을 건너 달아날 것이 틀림없습니다. 청컨대 장차 이 사람들을 하삼도(下三道)의 여러 고을로 옮겨 역리(驛吏)와 관노(官奴)로 채운다면 매우 편리할 것입니다. 우리 백성에게 복이 될 뿐만 아니라 또한 국가의 다행일 것입니다."

의정부에서 그대로 보고하자 상이 말했다.

"하삼도에 안치(安置)하고, 처음에 먹을 양곡 및 곡식 종자와 농지를 주어 곡진하게[委曲] 보호하라."

무오일(戊午日-5일)에 유성(流星)이 동쪽에서 나와 서쪽으로 가면서 없어졌다.

○ 혜성의 광망(光芒)이 아주 컸다. 상이 하륜에게 말했다.

"서운판사(書雲判事) 황하준(黃河濬)과 지거원(池巨源) 등은 모두 천문(天文)과 지리(地理)를 잘 알지 못하는 자들인데도 오래도록 서운판사로 있다. 마땅히 나이가 젊고 똑똑한[穎悟] 사람을 뽑아 천문

임무가 대폭 늘어났다. 국방 외교상의 업무, 재정 산업상의 업무, 진제(賑濟) 구황의 업무, 옥사 추쇄(推刷-불법으로 도망한 노비를 찾아내 원주인 또는 본고장으로 돌려보내는 일)의 업무 등이었다.

과 지리를 가르치도록 하라."

륜이 대답했다.

"진실로 상의 가르침대로 하겠습니다."

○ 창녕부원군(昌寧府院君) 성석린(成石璘)과 승녕부 판사(承寧府
判事) 정용수(鄭龍壽)가 소요산에서 돌아왔다. 석린 등이 아뢰어 말
했다.

"태상왕께서 빨리 돌아오실지 늦게 돌아오실지는 아직 알 수가 없
습니다."

○ 사헌부에서 전 문하부 참찬사(門下府參贊事) 정요(鄭曜,
1331~1414년)[12]를 탄핵했다. 그 손자 발(發)이 나이 14세인데 전농시
직장(典農寺直長)[13]을 받았기 때문이다. 경제이전(經濟吏典)[14]에 젖비
린내 나는 자제(子弟)로서 관직에 임명된 자는 그 부형(父兄)을 죄주
라는 영(令)이 있다.

○ 공신전(功臣田)과 사사전(寺社田)[15]의 수세법(收稅法)을 세웠다.

---

12 내시(內侍) 출신이었다고 한다. 1388년(창왕 즉위년) 왜적의 침구가 극성을 떨치자 자혜
부윤(慈惠府尹) 조언(曹彦), 밀직사부사(密直司副使) 최칠석(崔七夕)·장사길(張思吉)과 함
께 방어에 나섰으며 1390년(공양왕 2년) 회군공신(回軍功臣)에 책록됐다. 이때 손자 문제
로 탄핵을 받기도 했으나 1407년(태종 7년) 판한성부사(判漢城府事)에 임명됐다가 후에
잉령치사(仍令致仕)했다. 잉령치사란 국가의 종2품 이상 원로 대신이 벼슬에서 물러날 때
현직 벼슬을 그대로 띠고 관직에서 물러나게 하던 것을 말한다. 1414년(태종 14년) 84세
로 졸했다.
13 전농시는 국가의 대제에 쓸 곡식을 관장하던 관서다. 직장은 종7품직이다.
14 『경제육전(經濟六典)』 중에서 이조의 규정을 담은 이전(吏典)을 말한다.
15 고려 때부터 면세의 특전이 있는 사원전(寺院田)으로 내려오던 것을 이때 정비해 수조권
(收租權)만 있는 과전(科田)의 하나로 정했다. 경작자는 매(每) 1결(結)에 30말의 조(租)
를 수조자에게 주고, 수조자는 1결당 2말을 세(稅)로 호조에 바쳐 1결당 28말을 전지
(田地)에서 얻어 사찰을 운영했다. 고려시대의 사원전은 그 규모가 막대한 것으로서 고

사간원에서 소를 올렸는데 대략 이러했다.

　'먹을 것을 풍족하게 하고 군대를 넉넉하게 하면 백성들은 나라를 믿습니다[足食足兵 民信之矣].[16] (반면에) 나라에 3년의 비축이 없으면 그 나라는 나라가 아닙니다.[17] 신 등이 가만히 보건대 국가에서 병졸(兵卒)을 훈련하는 것과 기계(器械)를 갖추는 것은 조치하지 아니함이 없으니 이른바 군대는 넉넉합니다. 그러나 근년 이래로 사방에 근심이 없어 아직껏 군대에 이바지한 비용이 없었으니, 중외(中外)의 군자곡(軍資穀-군량미)으로 붉게 썩어가는 양곡이 있어야 마땅할 터인데 1년의 군수품도 오히려 보급하지 못하고 있습니다. 만약 긴급한 사태가 있다면 앞으로 무엇으로 대비하겠습니까? 이 점을 신 등은

리대(高利貸)까지 하여 승려는 종교 귀족으로서 향락과 권력을 누렸다. 이러한 사원전의 확대는 고려 말에 절정에 이르러 식자층에서는 부역(賦役) 불균형의 피해를 들어 봉건 지주화한 사찰과 승려의 폐지를 주장했다. 조선시대에 들어 태조 때도 워낙 기반이 강해 손을 쓰지 못하다가 태종 때 사전으로 고쳐 사사전 수세법(收稅法)을 정하고 밀기(密記)에 오르지 않은 사사(社寺)의 토지와 노비를 속공(屬公-공유화)했으며, 도첩제(度牒制) 사찰정리 등을 통해 고려시대부터 내려온 막대한 양의 사원전이 국가의 공전(公田)이 됐다. 이때 태종이 사원전을 정비하기 시작할 때 전국 사사전의 총면적은 4,000여 결에 달했다.

16　이 말은 『논어(論語)』 「안연(顏淵)」편에 나오는 공자의 말이다. 자공(子貢)이 바른 정치를 하려면 어떻게 해야 하느냐고 묻자 공자는 이렇게 답했다. "먹을 것을 풍족하게 하고 군대를 넉넉하게 하고 백성들이 정치지도자들을 믿고 따르게 하는 것이다." 이에 자공이 다시 물었다. "어쩔 수 없이 셋 중에 하나를 버려야 한다면 어떤 것을 먼저 버려야 하겠습니까?" 공자는 답했다. "군사를 버려야 한다." 다시 자공이 물었다. "어쩔 수 없이 나머지 둘 중에 하나를 버려야 한다면 어떤 것을 먼저 버려야 하겠습니까?" 공자는 답했다. "양식을 버려야 한다. 예로부터 사람은 누구나 다 죽음이 있거니와 사람은 믿음이 없으면 설 수 없다." 그러나 믿음을 강조했던 원래의 문맥과 달리 여기서는 군대를 넉넉하게 하는 문맥에서 이를 인용하고 있다.

17　이 말은 『예기(禮記)』 「왕제(王制)」편에 나오는 말이다. "나라에 9년의 비축이 없으면 부족하다 하고 6년의 비축이 없으면 위급하다 하고 3년의 비축이 없으면 그 나라는 나라가 아니다."

가슴 아프게 여기는 것이요, 전하께서 깊이 염려하셔야 할 것입니다. 신 등은 우리나라의 전지가 80여 만 결을 넘지 않는다고 봅니다. 경기(京畿)를 제외할 경우 창고(倉庫), 아록(衙祿),[18] 공해(公廨),[19] 늠급(廩給),[20] 사사(寺社)의 논밭을 빼고서는 군역(軍役)이다 외역(外役)이다 진(津)이다 역(驛)이다 원(院)이다 관(館)이다 지장(紙匠)이다[21] 하는 논밭에도 모두 그 세가 있어 그것으로 녹전(祿轉)[22]을 보충하며, 군자(軍資)에 속한 것이라 하더라도 대부분 모래나 돌밭[沙石田]사석전일 뿐입니다. 녹전 위전(祿轉位田)[23]이 간혹 진손(陳損)[24]으로 인해 전액(前額-지난해 수입)에 달하지 못하게 되면 곧 군자전(軍資田)의 전조(田租)로 충당하게 되니 군름(軍廩-군수창고)이 비게 되는 것은 전적으로[職=專] 이 때문입니다. 기내(畿內-경기 내)의 경우에도 14만직전 9,300여 결로서 창고(倉庫), 궁사(宮司), 각사(各司)의 각 위전(位田)을 제외한다면 과전(科田)이 8만 4,100여 결이요, 공신전(功臣田)이 3만

---

18 수령(守令)의 식구 몫으로 주던 식료(食料)를 말한다. 아록전(衙祿田)이라고 하는 전지(田地)를 확보해 그 수세(收稅)로 아록에 충당하게 했다.

19 협의로는 공무를 집행하는 청사만을, 광의로는 청사와 부속 건물은 물론 관에서 건설한 창고 및 누정(樓亭) 등도 포함해 지칭한다.

20 관리의 녹봉으로 고려시대의 경우 1년에 두 번 지급했고 조선시대 들어서 네 번으로 나누어 지급하다가 월봉(月俸)으로 바뀌었다. 지방 관원은 지방의 공수전(公須田)에서 지급했다.

21 종이 생산 기술자를 말한다.

22 고려와 조선 때 녹봉(祿俸)에 충당된 민전(民田)의 조세다.

23 위전이란 관청, 학교, 사원(寺院), 능(陵) 등의 유지 경비를 위해 설정된 토지를 말한다. 조선시대에는 지방관청에 딸린 관리의 봉록을 위한 아록위전(衙祿位田), 관청의 경비 지출을 위한 공수위전(公須位田) 등이 있었고, 그 밖에 원(院)·참(站)·진(津)·도(渡)·역(驛) 등의 위전이 각 기관의 유지를 위해 지급됐다.

24 논밭이 묵어서 생기는 손실을 말한다.

1,240여 결이고, 사사전(寺社田)이 4,680여 결이니 과전으로 말하면 수전(水田)과 한전(旱田)을 각각 1결에 2두(斗)를 세(稅)로 하여 국용(國用)에 공급하고 있고 공신전으로 말하면 납세(納稅)를 불허해 훈신(勳臣)을 우대하고 있습니다. 이것은 진실로 공훈(功勳)에 보답하는 아름다운 뜻이지만 10분의 1을 세로 받는 것은 천하 고금의 공통된 의리입니다. 하물며 1결에서 2두를 세로 받아 군국(軍國)의 수요에 이바지함이 어찌 불가하겠습니까? 엎드려 바라옵건대 전하께서는 각등(各等)의 공신전과 내외(內外)의 사사전 등을 아울러 3만 7,300여 결을 과전의 예에 의해 모두 그 세를 거둬들여 군자(軍資)에 보충하시면 세입이 모두 3,700여 석 아래로 내려가지 않을 것입니다. 또 번잡한 용관(冗官-불필요한 관직)을 없애버려 급하지 않은 비축(備蓄)을 덜고 군자(軍資)의 전조(田租)로써 녹전(祿田)의 진손(陳損)된 수를 충당하지 말게 하신다면 서울과 지방의 군자는 1~2년이 지나지 않아[不閱]
_{불열}
3년의 비축을 기약할 수 있을 것이옵니다.'

　그대로 윤허했다.

　○ 의정부에 명해 (경기도) 교동(喬桐)과 강화(江華)의 수군(水軍)으로 여러 고을에 흩어져 있는 자를 죄다 조사하고 모아들여[推刷] 구
_{추쇄}
역(舊役-옛 요역)을 도로 맡도록 했다[還定]. 경기좌우도 수군절제사
_{환정}
(京畿左右道水軍節制使) 김영렬(金英烈)이 아뢰었다.

　"지난[去] 경신년(庚辰年-1400년)간에 전라도의 수군(水軍)으로 정
_거
예(精銳)한 자를 조사하고 모아들여 교동과 강화에 살게 하고서 농지를 주고 이름을 군적(軍籍)에 올려 해구(海寇)에 대비케 한 지 오래되었습니다. 지금은 죄를 짓고 도망쳐서 흩어져 여러 고을에 살고

있는 자가 모두 161명입니다."

경신일(庚申日-8일)에 각 도의 관찰사에게 명해 여러 고을에 나눠
준 말들을 잘 기르라고 했다. 세 번째 운반[三運]으로 바꾸는 말과
함께 보내려고 함이었다.

임술일(壬戌日-9일)에 각사(各司) 이전(吏典)[25]의 천전법(遷轉法)[26]을
세웠다. 사헌부에서 소를 올렸는데 대략 이러했다.

'본국의 제도에서는 내시(內侍), 다방(茶房),[27] 삼도감(三都監), 삼군
(三軍) 출신자는 문반(文班) 7, 8품에 제수해 권무(權務)[28]를 주고 각
사(各司)의 이전(吏典) 출신자는 서반(西班) 7, 8품과 위(尉)·정(正)을
제수한 까닭에 자리와 작질[職秩]이 어지럽지 않았습니다[不紊]. (그
런데) 지금은 일사(一司)에 이전(吏典)이 설사 5~6명이 되더라도 소
정의 달수[箇月]가 찬 사람은 모두 문반의 7, 8품에 임명하게 되니
간혹 이전 출신이면서 본사(本司) 이원(吏員)의 윗자리에 있게 돼 매
우 이상합니다[未便]. 바라건대 무반 7, 8품 및 대위(隊尉)[29]의 직(職)

---

25 여기서는 법전이 아니라 아전(衙前)을 가리킨다.

26 근무 일수를 채운 관리를 타직(他職)으로 전임시키는 법이다.

27 고려 말, 조선 초에 왕을 가까이에서 모시거나 궁궐을 지키는 관원인 성중관(成衆官)의
하나로 존재했던 것이다. 다방(茶房)은 주로 궁중에서 소용되는 약을 조제하여 바치거나
궁중의 다례(茶禮)에 해당하는 일을 맡아보았다.

28 임시 업무를 뜻한다.

29 조선시대 중앙 및 지방군에 소속한 군대 편제의 하부단위인 대(隊)에 속한 무관직(武官
職)이다.

에 각사의 이전을 임명하되[差] 소정의 달수가 이미 찬 자도 역시 달수가 이미 찬 사람으로 임명해 주무[頭] 한 사람의 직(職)을 삼으시고, 그 나머지는 전조(前朝)의 역관(役官)[30]의 진급을 보류[歇等]하던 예에 따라 차례로 녹용(錄用)해야 합니다. 또 그 도목(都目)[31]이 심히 번잡하오니 상정소(詳定所)로 하여금 각각의 소속으로서 합병할 것은 합병하고 쓸어 없앨 것은 쓸어 없애야 합니다.'

의정부에 내려 실상을 잘 헤아려 토의하게 했다[擬議]. 삼부(三府)에서 의견을 모으니[同議] 모두 사헌부에서 올린 바[所申]와 같았으므로 상이 윤허했으나 오직 대부(隊副)[32]의 직(職)을 제수하자는 것은 허락하지 않았다.

계해일(癸亥日-10일)에 생원시(生員試)[33]의 시험관[試員=試官] 좌대언 이승상(李升商), 대사성 조용(趙庸)이 민무회(閔無悔)[34] 등 100명

---

30 고려시대에 국가의 재정 부족을 메우기 위해 6품 이하의 관리들에게 대가를 받고 6품직을 수여하던 제도다.

31 정기적인 인사평가 제도다.

32 조선시대 5위(五衛)의 주요 병종(兵種)인 대졸(隊卒), 팽배(彭排)에게 주어졌던 종9품의 잡직(雜職)이다. 고려시대 이래의 위(尉)와 정(正)이 태조 3년(1395년)에 각각 대장(隊長)과 대부(隊副)로 개칭됐다.

33 고려시대 및 조선시대 사마시(司馬試)의 하나로 여기에 뽑힌 사람을 생원이라 했다. 조선시대에는 사서오경(四書五經)을 시험했는데 1차 시험인 초시(初試)와 2차 시험인 복시(覆試)가 있었다.

34 바로 이때인 1402(태종 2년) 주부(主簿)로서 생원시에 합격하고 같은 해 식년 문과(式年文科)에 을과로 급제했다. 1407년 이성군(利城君)에 봉해지고 벼슬이 공안부윤(恭安府尹)에 이르렀다. 1415년 공안부윤으로 있을 때 황주목사(黃州牧使) 염치용(廉致庸)이 노비 문제에 관하여 충성스럽지 못한 말을 한 것을 듣고도 보고하지 않은 죄에 연루돼 그해 직첩(職牒)을 빼앗기고 서인이 됐다. 또한 같은 해 6월 그와 형 무휼(無恤)에 대한 세자의

을 뽑았다. 무회는 중궁(中宮)의 아우다. 안장 갖춘 말을 내려주었다.

의정부에서 새롭게 뽑힌 생원[新生員]의 가갈(呵喝)[35]을 금지하도록 청했다.

"(명나라) 사신이 이를 들으면 반드시 웃을 것입니다."

민무구(閔無咎)가 아뢰어 말했다.

"새롭게 뽑힌 생원이 가갈하는 것은 나라의 풍속[鄕風]입니다. 비록 사신이 듣는다 해도 무슨 해로움이 있겠습니까? 금하지 마시기를 바랍니다."

상이 그것을 허락했다.

○ 상이 조용하게 총제 이숙번과 대언 박신(朴信)에게 말했다.

"경들이 좋은 시절에[良辰=佳節] 놀려면 바로[正=適] 이때다."

또 해주에 가서 놀고 사냥하는 것[遊獵]의 즐거움을 논하니 숙번이 말했다.

"해주에서 놀고 사냥하는 것이 아주 좋기는 합니다만 민폐(民弊)

갑작스러운 발언으로 형세가 더욱 불리하게 됐다. 그것은 전년 4월 원경왕후가 병이 들었을 때 세자와 무휼과 함께 병을 돌보는 자리에서 그와 무휼이 성격을 고치려는 생각이 전혀 없고 허망한 말만 하고 다닌다는 내용이었다. 당시 세자는 학문에 뜻을 두지 않고 성격이 호탕하여 태종의 뜻에 맞지 않았다. 이런 상황에서 세자는 자신의 불명예를 씻고 입지를 세워보려는 목적에서 자신과 줄곧 행동을 같이해온 무회, 무휼의 죄를 드러냈던 것으로 보인다. 그는 세자와 대질해 대체로 일이 밝혀짐에 따라 원하는 곳에서 유배생활을 하게 됐다. 그 뒤 대간의 상소로 원윤(元尹) 비(裶)의 참고사건(慘苦事件-1402년 12월 비가 출생할 적에 정비(靜妃-원경왕후 민씨)가 질투하여 그 모자를 죽이려고 추운 곳에 방치한 사건이다)이 밝혀지자 무휼과 함께 유배지에서 압송돼 국문을 받게 됐다. 이때 그는 형 무구 등이 죄 없이 죽었다고 항변해 명을 단축시키는 결과를 초래했다. 국문이 끝나자 청주로 쫓겨나서 4일 만에 유배지에서 스스로 목숨을 끊었다.

35 귀인의 행차에 행인을 꾸짖어 물리치는 것 또는 큰소리로 통행인을 금하여 길을 치우는 것을 말한다.

가 없지 않을 것입니다."

○ 정부에 명해 각 도(各道) 전지(田地)의 손실(損實)³⁶의 수를 다시 일일이 조사했다[更覈]. 지신사 박석명에게 명해 정부에 뜻을 전해[傳旨] 말했다.
_{경해}

"신사년(辛巳年-1401년)에 각 도 전지의 실수(實數)가 매우 적었다. 그것이 바람과 서리, 홍수와 가뭄으로 인한 것임을 두루 모두가 다 아는 바이나 실농(失農)한 곳 이외에 그 손실(損實)된 문부(文簿-토지대장)를 상고하여 그중에서 실수(實數)가 지나치게 적은 주현(州縣)은 다시 적간(摘奸)³⁷하고 수령(守令)으로서 만약 불공정하게 한 자가 있다면 직책과 이름을 펴서 보고하라[申聞]."
_{신문}

갑자일(甲子日-11일)에 상이 정사를 보았다[視事]. 대간(臺諫)이 면대해 아뢰었다.
_{시사}

"태상왕께서 소요산에 오래 머무시는 것은 아니 되옵니다. 산람(山嵐)³⁸에 노출됨으로 인해 건강을 해치게[違和] 되실까 두렵습니다."
_{위화}

상이 말했다.

"이달 24일은 의비(懿妃)³⁹의 기일(忌日)이니 반드시 돌아오실 것이다."

---

36 농사가 잘못되고 잘된 것을 말한다. 이를 확인하는 일을 손실답험(損實踏驗)이라 했고 이를 확인하러 현장에 파견된 사신을 손실경차관이라 했다.
37 죄상이 있는지 없는지를 밝히기 위해 캐어 살피게 하는 것이다.
38 산에 가득하게 낀 아지랑이 같은 기운을 가리킨다.
39 이성계의 어머니로 뒤에 태종이 의혜왕후로 추봉했다.

○ 수녕부(壽寧府)와 승녕부(承寧府)에서도 처음으로 조회(朝會)에 참여했다.[40]

○ 명을 내려 가례색(嘉禮色)을 폐지했다. 상왕이 사람을 보내 상에게 말했다.

"왕은 어찌하여 다시 장가를 들려고 하시오? 내 비록 아들이 없어도 젊은 시절의 정(情)으로 인해 차마 다시 장가들지 못하는데 하물며 왕은 아들들이 많음에랴!"

또 이숙번, 박석명 등도 그걸 계기로 청을 했으므로 마침내 폐지할 것을 명했다.[41]

을축일(乙丑日-12일)에 상이 태평관에 가서 사신들에게 잔치를 베풀었다.

○ 전라도 도절제사 홍서(洪恕, ?~1418년)[42]가 사직하니 말 1필을 내려주었다.

○ 태일산법(太一算法)[43]을 익히는 생도들에게 명해 서운관(書雲觀)

---

40 상왕과 태상왕을 전담해서 모시는 기관에서도 조정 일에 발언을 할 수 있게 됐다는 뜻이다.

41 이 기사는 태종과 민씨의 부부 갈등이 심각한 수준이었음과 동시에 그로 인해 새로운 부인을 들이려는 태종의 가례색 설치에 대한 궐 안팎의 반발이 만만치 않았음을 보여준다.

42 여말선초의 무신으로 좌명공신(佐命功臣) 4등에 책록되면서 남성군(南城君)에 봉해졌다. 1402년 전라도 병마도절제사로 파견돼 왜구를 소탕했으며 1407년 사은사(謝恩使)가 돼 명나라에 다녀왔다. 이듬해 전년의 사행시에 사물을 매매한 죄로 수원부에 안치됐으나 그해 남성군에 복직됐다. 1412년 개천도감제조(開川都監提調)로 곧 남양군에 개봉(改封)됐다가 후에 병으로 죽었다.

43 도가 계통의 역법(曆法) 계산법이다.

에서 업무를 익히도록 했다.

○ 의정부에서 저화(楮貨)를 통행(通行)시키는 법(法)을 올렸다.

"듣건대 지방의 민간에는 저화(楮貨)가 유포되지 못하고 있습니다. 쌀로 지방의 저화를 사들이고 면주(綿紬), 목면(木綿)을 저화로 바꿔서 상납(上納)하게 한다면 백성들이 저화를 쓰게 될 것입니다."

윤허했다.

정묘일(丁卯日-14일)에 사헌부에서 소를 올려 사섬서에서 여전히 추포(麤布)[44]를 사용하는 것을 폐지하기를 청했다.

'저화(楮貨)의 유통에 보답하지 아니하면 백성들이 믿고 쓰지 않을 것입니다.'

이에 호조(戶曹)에 영을 내려 저화를 내어 금, 은, 목면(木綿), 마포(麻布), 저포(苧布)를 사게 하고 풍저창(豊儲倉)[45]은 쌀을 내어 저화를 사들이도록 했다. 또 경상도 미곡 2,000석과 전라도 미곡 1,000석으로 저화를 사니 백성들 중에서 풍저창과 경상·전라 두 도에서 쌀을 사고자 하는 자가 면포(綿布)를 호조에다 앞을 다투어 납부하고 저화를 받아 갔다. 그러나 백성들의 평소 마음[民情]이 구습(舊習)에 젖어 추포의 사용을 좋아하니 그 때문에 헌사에서 소를 올린 것이다.

무진일(戊辰日-15일)에 상의 초상[御容=御眞]을 옮겨 그리도록[寫]

---

44 발이 굵고 바탕이 거친 베로 고려시대와 조선시대에 화폐 대신 사용했다.
45 호조의 지휘·감독 하에 미곡, 콩, 종이, 자리 등 전국 각지로부터 수납된 물품을 관할했다.

명하고 좌명공신(佐命功臣) 40명의 초상화[影子]도 아울러 그리도록
^{영자}
했다.

　○사헌부 대사헌 이지(李至)를 사직(辭職)하게 하고 감찰 노상신
(盧尙信)[46] 등을 파직(罷職)했다. 처음에 이지가 본부에 앉아 일을 보
고 있는데[坐] 감찰방주(監察房主)[47] 노상신과 유사(有司-담당 실무)
^좌
전경(全卿), 이안직(李安直) 등이 신참 감찰(監察)로 하여금 노래하고
춤추며 익살을 부리게 하여 온갖 추태를 부리지 않는 것이 없었다.[48]
지(至)가 서리(書吏)를 시켜 상신(尙信)에게 말했다.

　"감찰이란 무공(武工)이나 악공(樂工)이 아닌데 어찌 이같이 하시
오? 신구귀(新舊鬼)란 법은 비록 옛날부터 그러했다 해도 일찍이 판
금법(判禁法)이 있소. 법을 집행하는 관리가 먼저 스스로 법을 무너
뜨림이 옳겠소?"

　지가 일찍이 규정(糾正)[49]을 지내 이름이 선생안(先生案)[50]에 있었
는데 상신 등이 노하여 지의 이름을 지워 없앴다[句抹]. 일을 마칠
^{구말}
때 그를 풍자해 말했다.

46　아버지 노숭(盧崇)이 개국 원종공신이었다. 그의 형제는 노상인(盧尙仁), 노상의(盧尙義),
　　노상례(盧尙禮), 노상지(盧尙智)로 그가 막내였다. 이름을 오상(五常), 즉 인의예지신(仁義
　　禮智信)에서 따와 지은 것이다. 당시에는 이런 사례가 많았다.

47　사헌부 감찰 중에서 우두머리를 가리킨다.

48　일종의 신고식이다.

49　고려시대 사헌부 관직으로 종6품직이다. 규정은 대관(臺官)의 일원으로서 백관(百官)의
　　규찰(糾察)과 제사(祭祀), 조회(朝會) 및 전곡(錢穀)의 출납 등을 감찰하는 임무를 수행
　　했다.

50　중앙과 지방의 관아와 기관에서 전임 관원의 성명, 관직명, 부임과 이임, 그리고 특기할
　　만한 일 등을 적어놓은 책이다.

"본방(本房)은 곧 무공과 악공의 방이다."

그러고는 뒤에 앉아 그를 맞이하려고 하지도 않았다. 감찰 오부(吳傅)가 그 말을 지에게 누설하니 지가 글을 올려 연유를 갖추어 말하고 사직을 청했다[乞辭]. 상이 (사헌부) 장령(掌令) 현맹인(玄孟仁)에게 명해 상신 등이 법을 무너뜨리고 장관(長官)[51]을 업신여긴 죄를 물어 보고토록 했다.

이에 맹인(孟仁) 등이 소를 올려 말했다.

'상신 등이 자기 죄는 돌보지 아니하고 도리어 헌부의 장관[憲長]을 기만하고 불법을 자행했으니 그 직첩(職牒)을 거두고 먼 곳으로 유배 보내야 합니다.'

상은 그 직(職)만 파면시켰다.

○ (명나라의) 요동도사(遼東都司)가 김철력(金鐵力) 등 세 사람을 돌려보냈다. 애초에 선군(船軍) 김철력, 파세(派稅) 김막혜(金莫惠) 등 세 사람이 왜인의 포로로 붙잡혀 중국의 변경에 이르렀다가 도망쳤다. 요동도사가 (황제에게) 상주(上奏)해 성지(聖旨)를 받들어 하정사 통사(賀正使通事) 민덕생(閔德生)에게 딸려서 돌려보내 준 것이다.

기사일(己巳日-16일)에 혜성이 사라졌다. 지난달 임인일(壬寅日-19일)에 처음 보인 이래 이날에 이르러 마침내 사라졌다.

경오일(庚午日-17일)에 여러 군(君)들과 함께 과녁[侯]을 쏘아 맞히

---

51 조선시대 때 대사헌을 장관이라 불렀다.

사람[中者]에게 상을 주었다. 의안대군(義安大君) 화(和)에게 수우각(水牛角-물소뿔)을, 상당군(上黨君) 이저(李佇)에게 전통(箭筩-화살통)을, 청평군(淸平君) 이백강(李伯剛)에게 활을 내려주었다.

신미일(辛未日-18일)에 좌대언 이승상(李升商)이 청화정(淸和亭)에서 잔치를 베풀었다. 우리나라 풍속에 시관(試官-시험관)인 공거(貢擧)를 학사(學士)라 부르고 잔치를 베푸는 것을 풍정(豊呈)이라 부르는데 학사가 된 사람이 풍정을 하는 것은 오래된 풍습이다. 임금이 술이 거나하여 시연(侍宴)하던 종친과 부마에게 다시 서로 일어나 춤을 추게 하자 시독(侍讀) 김과(金科)가 상에게 대전(大殿)으로 들기를 청하니 승상과 시연했던 여러 재상들이 과(科)에게 눈총을 주며 말했다.

"임금과 신하는 삼감을 위주로 하기[主敬] 때문에 서로 맘껏 즐기는 일이 쉽지 않은데 상께 대전으로 들기를 청해 신들로 하여금 다시 한잔의 술도 바칠 수 없게 하는 것은 무슨 까닭인가?"

과가 갓을 벗고 사과하다가 너무 취하여 바로 쓰러졌다.

○ 사간원에서 시무(時務) 몇 조목을 올렸다.

'하나, 대개 인사(人事)가 아래에서 잃게 되면 천변(天變)이 위에서 응(應)합니다.[52] 이제 법령[治具-통치수단]이 다 베풀어져서 수많은 공적[庶績]이 모두 빛나니 마땅히 아름다운 징조[休徵]가 있어야 할 것인데, 오히려 별의 모양[星文]을 통해 견책(譴責)을 보이니 이것이 어

---

52 아래는 땅, 위는 하늘을 가리킨다.

찌 시정(時政)에 잘못이 있음과 민정(民情-백성들의 사정)에 막힘이 있어 그리 된 것이 아니겠습니까? 엎드려 바라옵건대 전하께서는 날마다 대신(大臣), 현사(賢士)들과 더불어 통치의 큰 틀[治體]을 강론(講論)하시어 모든 베풀고 하시는 일에 삼가고 조심해서 재앙을 없애는 방법을 찾으신다면 크게 다행일 것입니다.

하나, 지난번에[曩=曩者][53] 본원에서 아뢴 바[所申], '수령이 조사(朝辭)하는 날에 친히 인견(引見)하시고 백성을 편안케 할 방법을 물으시고 대소(大小) 사신(使臣)이 복명(復命)하는 날에 친히 민간(民間)의 이해(利害)를 물으시어 그에 따라 즉시 이(利)를 일으키고 해(害)를 제거하십시오'라고 하여 그대로 윤허를 받고서[兪允] 지금 수개월이 되었습니다. (그런데) 지금 수령의 조사와 사신의 복명이 많지 않은 것이 아니지만 어느 한 사람도 청문(淸問)[54]을 받았다는 자가 있다는 말을 듣지 못했으니 신 등은 속으로 유감스럽게 생각합니다. 바라건대 이제부터 모든 윤허에 따른 일들에 대해서는 감히 허물됨[愆]이 없게 하시어 백성들에게 신의(信義)를 보이셔야 합니다.

하나, 도관찰출척사(都觀察黜陟使)를 제외한 일체의 사명(使命)은 아울러 다 정지하여 없앤다고 이미 분명한 명령이 있었습니다. (그런데) 지금 안렴사(按廉使)는 직질(職秩)이 낮다고 하여 대신들 중에 덕망(德望)이 있는 사람을 가려 도관찰사(都觀察使-도관찰출척사)로 삼아 오로지 출척(黜陟)의 임무를 맡도록 했습니다. 모든 군민(軍

---

53 1401년(태종 1년) 11월 7일의 일이다.
54 마음을 다해 은밀하게 묻는 것을 말한다.

民)의 일의 경중(輕重)과 완급(緩急)이 그 손아귀에 달려 있는데 반드시 별도로 체찰사(體察使)를 보내야만 사공(事功)이 이루어지는 것은 아닙니다. 경기(京畿)의 각 역(各驛)에 모두 역승(驛丞)을 두어 그 직책을 행하게 했고, 또 도관찰사에게 명해 그 능부(能否-능력 여부)를 고찰하게 했습니다. (그러니) 반드시 또 정역찰방(程驛察訪)⁵⁵을 보낼 필요는 없습니다. 전하께 엎드려 바라옵건대 군민(軍民)의 염철(鹽鐵), 부세(賦稅), 조전(漕轉)의 일을 모두 다 도관찰사에게 맡기고 삼도(三道)의 체찰사와 경기좌우도 정역찰방은 모두 불러들여야 합니다.

하나, 숙위(宿衛)하는 병사는 엄하지 않을 수 없기 때문에 각 도 주군(州郡)에서 따로 시위(侍衛)를 세워 번갈아 번(番)들게 하여 왕실을 지키게 하오니 그 만약의 사태[不虞]에 대비하려는 뜻이 지극합니다. 그러나 (그들이 도성에) 오고갈 때 사람과 말이 피곤할 뿐만 아니라 늘 농삿달에 입번(立番)하게 되는 자는 (자기 논에) 심고 거두지 못하여 원망이 두루 일어나오니 이는 진실로 전하께서 깊이 염려하셔야 할 바입니다. 하물며 오늘날 국가는 태평하여 안팎의 근심이 없사옵고 또 삼군 십사(三軍十司)⁵⁶의 군대가 좋은 갑옷에 예리한 무

---

55 각 도(道)의 노정(路程)과 역참(驛站) 일을 맡아보던 외직(外職)이다. 서울을 중심으로 각 지방에 이르는 중요한 도로에 대략 30리 거리로 역(驛)을 두어 마필과 관원을 두고 공문서를 전달하여 공용(公用) 여행자의 편리를 도모하게 한 기관을 역참이라 했는데 수 개 내지 수십 개의 역참을 역도(驛道)라 칭하고, 그 구간의 마정(馬政)을 맡아보는 관직을 찰방(察訪)이라 했다.

56 의흥 시위사(義興侍衛司), 충좌 시위사(忠佐侍衛司), 웅무 시위사(雄武侍衛司), 신무 시위사(神武侍衛司)의 중군(中軍)과 용양 순위사(龍驤巡衛司), 용기 순위사(龍騎巡衛司), 용무 순위사(龍武巡衛司)의 좌군(左軍)과 호분 순위사(虎賁巡衛司), 호익 순위사(虎翼巡衛司), 호용 순위사(虎勇巡衛司)의 우군(右軍)을 말한다.

기를 가지고, 주려(周廬)[57]에서 폐순(陛楯)[58]하는 자가 수천 명에 이릅니다[不下]. 전하께서 바라건대 각 도의 숙위군(宿衛軍)을 돌려보내 오로지 농사일에 힘쓰게 하여 군사를 기르고 말을 쉬게 해야 합니다. 만약 변방의 경보(警報)가 있을 경우에는 그때 바로[臨時] 징발하여 용맹이 남보다 뛰어난 자를 부병(府兵)[59]으로 삼아 금위(禁衛)에 채우소서[實=充].'

소가 올라간 날 대신(大臣)들과 더불어 치체(治體)를 강론(講論)하자는 일과 친히 민간(民間)의 이해(利害)를 물어 즉시 이(利)를 일으키고 해(害)를 제거하자는 등의 일을 그대로 윤허했다.

임신일(壬申日-19일)에 축맹헌(祝孟獻)이 감생(監生) 동섬(董暹), 유영(柳榮)과 수의(獸醫) 왕명(王明) 등을 거느리고 요동에서 돌아오니 상이 여러 신하를 거느리고 교외에 나가 맞이하고 맹헌과 고삐를 나란히 하여[並轡] 태평관에서 위로연을 베풀었다. 단목지(端木智)는 평소 맹헌을 싫어해 병을 핑계로 밖에 나오지 않았는데 상이 잔치를 베풀었기에 와서 앉았다. 지는 동쪽 방에 있었고 맹헌은 서쪽 방에 들어갔다. 사윤(司允) 공부(孔俯)가 지에게 말했다.

"맹헌이 공(公)보다 나이와 관직이 모두 위이니 공이 서쪽에 있고

---

57 궁궐을 수위하는 군사가 숙직하는 곳이다.

58 시위병이 방패를 들고 대전(大殿) 섬돌 아래에 서 있는 것이다.

59 조선 초기에 의흥삼군부(義興三軍府)에 소속된 중군(中軍), 좌군(左軍), 우군(右軍)을 통칭하는 말이다.

축맹헌이 동쪽에 있음이 옳지 않겠소?"⁶⁰

지가 노하여 말했다.

"그대는 중국의 예법을 알지 못한다."

지는 기생을 사랑해 밤낮으로 곁에 두었는데 맹헌이 오자 몰래 자신의 집으로 보냈다. 지는 속임수가 많아 사람들은 그를 거짓말쟁이라고 여겼다. 의정부에서 지에게 잔치를 베풀었더니 지는 모관(毛冠)에 사대(絲帶)를 띠고 잔치에 나왔다. 박석명이 상의 명을 받들고 가니 지는 모관(毛冠)에 직령(直領)⁶¹을 입고 띠를 띠지 않은 채 만났다. 상이 보고를 받고서 말했다.

"우리나라가 비록 변방이라 하더라도 지는 마땅히 중국의 예의를 보여주어야 했을 것인데 그 거동이 이와 같으니 그자의 불초(不肖)함을 알 만하다."

○ 영을 내려 서울과 지방의 4품 이하는 무과에 나오도록 했다.

을해일(乙亥日-22일)에 말 70필을 태평관에 올렸더니[進] 맹헌 등은 단지 15필만 받아들이고, 나머지는 모두 퇴짜를 놓았다. 상이 석명을 보내 맹헌에게 이렇게 말하게 했다.

"우리 작은 나라[小邦]는 본래 말이 생산되지 아니하나 전일에 요

---

60 임금이 남면하면 문관은 동쪽에서 서면하고 무관은 서쪽에서 동면한다. 문관이 무관보다 높으니 여기에 준해 말을 한 것이다.

61 남자들의 평상복이다. 1386년(고려 우왕 13년) 6월, 명제(明制)에 의해 단행한 관복(冠服) 개정 때 하류 계급의 복장으로 채용됐는데 조선 후기까지 착용했으며 서민부터 왕까지 널리 입었다.

구한 수대로 다 올려바쳤소[進獻]. 이제 또 명을 받들어 마음을 다
해 힘껏 2,000여 필을 갖추었는데 천사께서 처음 보자마자 퇴짜를
놓았소. 이렇다면 말은 하루이틀에 마련되는 물건이 아니니 어찌하
란 말이오?"

또 말했다.

"비록 이렇게 말한다 해도 맹헌 등은 반드시 말을 바꾼 뒤에야 돌
아갈 것이다. 경은 의심하거나 두려워하지 말고 내 말을 모두 다 그
에게 말하라."

석명이 맹헌에게 다 말하니 맹헌이 말했다.

"바꾼 말이 비록 적지만 제때에 (황제께) 주문(奏聞)하여 우리를
돌아가게 해주는 것이 좋겠소."

지(智)가 말했다.

"나야 썩은 선비[腐儒]라 본래 말의 좋고 나쁨을 모르지만 축공
(祝公)은 그것을 알지요."

병자일(丙子日-23일)에 이지(李至)를 불러 직무에 나아가게 했다.

무인일(戊寅日-25일)에 일관(日冠)과 일배(日背) 현상[62]이 있었다.

기묘일(己卯日-26일)에 제(帝)가 홍려시(鴻臚寺) 행인(行人) 반문규

---

62 둘 다 햇무리를 가리킨다. 일배의 경우 해 위에 '간(看)'자 모양의 햇무리가 지는 현상을
   말한다.

(潘文奎)를 보내니 그가 와서 왕의 면복(冕服)을 내려주었다. 산붕(山棚)을 맺고 나례(儺禮)를 갖추었다. 상이 여러 신하를 거느리고 교외에서 맞이했고 궐에 이르러 칙서(勅書)와 면복(冕服)을 받고서 나아가 면복을 입고 행례(行禮)했다. 그 칙서는 이러했다.

'조선 국왕 이(李)【휘(諱)】에게 칙하노라. 근래에[日者＝近者] 배신(陪臣)이 와서 조회하고 여러 차례 면복을 내려주기를 청하니 이 일을 유사(有司)에 내려보내 옛 제도를 상고하게 했더니 이렇게 말했다[以爲]. "사이(四夷)의 나라는 비록 크다 해도 자작(子爵)이라 했습니다. 또 조선은 본래부터 군왕(郡王)의 벼슬이오니 마땅히 오장(五章)이나 칠장복(七章服)[63]을 내려주셔야 합니다." 짐(朕)이 『춘추(春秋)』의 의리를 생각하건대 먼 나라 사람으로 능히 중국에 스스로 나아오면 중국으로 대접한다고 했다. 이제 조선은 진실로[固] 먼 나라이면서도 스스로 예의(禮義)에 나아왔으니 자작(子爵)이나 남작(男爵)의 예로 대할 수 없다. 또 그 땅이 멀리[逖＝遙] 해외(海外)에 있어 중국의 총애[寵數]에 의지하지 않으면 그 신하와 백성을 호령할 수 없을 것이다. 이제 특명으로 친왕(親王)의 구장복(九章服)을 내려주며 사자(使者)를 보내 짐의 뜻을 알리는 바이다. 아! 짐이 왕에 대하여 특별히 사랑하고 흡족하게 함이 내 골육(骨肉)과 다름이 없게 함은 친애(親愛)함을 보이는 까닭이다. 왕은 독실하고 삼가며, 충성하고 효도하여 마침내 이 같은 총명(寵命)을 보전하고 대대로 동번(東藩-

---

63 황제는 12문양을, 왕과 황태자는 9문양을 왕세자는 7문양을, 왕세손은 5문양을 수를 놓아 각각 십이장복, 구장복, 오장복이라 부른다.

동쪽 울타리)으로서 중국[華夏=諸夏]을 도와 짐의 뜻에 맞게 하라.'

○ 상이 (이번 중국 사신이 올 때) 산붕(山棚)과 결채(結綵)가 전례만 못하다 하여 군기감 제조 안성군(安城君) 이숙번을 불러 말했다.

"천사가 면복과 칙서를 싸 가지고 왔으니 마땅히 성례(盛禮)로 맞이해야 했다. (그런데) 경들은 어찌하여 내 말을 따르지 않고 이 지경에 이르렀는가?"

박석명에게 일러 말했다.

"경은 장차 정부(政府)의 공사(公事)를 맡을 사람이다. 조심하며 임금을 속여서는 안 될 것이다. 대개 지어미가 지아비에게 조금이라도 속이는 행위가 있다면 지아비는 반드시 끝내버리고 말 것이다. 경들은 조심하여[小心] 결코 나를 속이지[誑=欺] 말라."

마침내 군기감(軍器監)의 장무(掌務-실무자)와 순군(巡軍)의 장무(掌務)를 가뒀다. 숙번이 이때 말 위에서 웃으며 이빨을 드러내기까지 하니 식자들이 이를 비난했다.[64]

○ 의정부에서 백관(百官)을 거느리고 전(箋-글)을 올려 (면복을 받은 데 대해) 축하를 드렸으나 받지 않았다[不受].[65]

경진일(庚辰日-27일)에 상이 태평관으로 가서 사신들에게 잔치를

---

64 이숙번의 이 웃음은 어떤 의미였을까? 태종이 자기 앞에서 1등공신인 자신이 아니라 박석명을 장차의 정승감으로 지목한 데 대한 쓸쓸한 미소였을까, 아니면 산붕이나 결채 문제로 자신에게 책임 추궁을 하는 태종에 대한 은근한 불만이었을까?

65 이는 형식상의 거절이라기보다는 이 무렵 태종과 신하들 사이에 모종의 갈등이 일어나고 있었던 것으로 볼 수 있다. 일종의 암시라 하겠다.

베풀었다.

○ 왜선(倭船) 4척이 남양(南陽)의 선좌도(仙佐島)[66]에 쳐들어와 사람과 물건을 약탈해 돌아갔다.

신사일(辛巳日-28일)에 경덕궁(敬德宮)에서 사신들에게 잔치를 베풀었다. 사신들이 궐에 이르렀기 때문이다.

○ 대언 유기(柳沂)를 보내 교서관(校書館)의 홍도연(紅桃宴)에 궁온(宮醞)을 내려주었다. 예문(藝文)·성균(成均)·교서(校書) 3관(三館)이 각각 상으로 받은 물건으로 그 연회의 이름을 붙였는데 예문에서는 장미(薔薇)라 하고, 성균에서는 벽송(碧松)이라 하고, 교서에서는 홍도(紅桃)라고 하여 3년에 한 차례씩 돌아가며 마련하여 모여서 술을 마셨다[會飮]. 임금이 유자들의 아름다운 풍습[儒雅]을 중히 여겨 그 때문에 궁온(宮醞)을 내려주어 분수 넘치게 놀게 했다[侈之].

임오일(壬午日-29일)에 예조전서 김첨(金瞻) 등이 소를 올려 (임금이) 친히 문신들을 시험해 관각(館閣)의 양제(兩製)로 채워 쓸 것[充=充用]을 청했다. 소는 이러했다.

'문과(文科)를 둔 것은 다움을 이루고 재주에 통달한[成德達才] 선비를 얻어 치구(治具-다스림의 도구)를 강구해 밝히고, 모유(謨猷-계책)를 윤색(潤色)하여 문(文)으로써 태평(太平)을 이루게 하고자 함입

---

66 지금은 이런 섬이 없는 것을 볼 때 아마도 지금의 경기도 앞바다 대부도 옆 선재도로 보인다.

니다. (그런데) 지금의 배우는 자들은 과거를 다만 벼슬길에 나가는 계제로 삼아 벼슬을 얻은 뒤에는 마침내 그 학업을 게을리합니다. 신 등이 삼가 송(宋)나라의 제도를 상고하건대, 관각(館閣)의 양제(兩製)는 반드시 시험하여 임명한 까닭에 현재(賢才)와 명상(名相)이 관각에서 나온 것이 10에 8, 9가 항상 되어 송나라의 다스림은 그 융성함이 삼대(三代)에 비길 만했습니다. 바라건대 송나라 제도에 의해 문과(文科) 종3품 이하로부터는 시산(時散)을 막론하고 경사(經史) 시무책(時務策) 한 문제[一道]와 표문(表文) 한 문제로 친히 시험하시어 이에 합격한 사람은 정원[額數]에 구애치 말고 관각 양제에 채워 쓰심으로써 나머지 사람들을 권려(勸勵)해야 합니다.'

그대로 따르되 (따로) 명해서 종4품 이하의 사람들이 시험에 응하도록[赴試] 했다.

○ 감생 유영이 다섯 번째 운반 말[五運馬] 1,000필을 몰고서 돌아갔다.

甲寅朔 至自逍遙山.
갑인 삭 지자 소요산

乙卯 朝廷遣太僕寺少卿孫奉 齎兵部咨至遼東. 奉見孟獻曰:
을묘 조정 견 태복시 소경 손봉 재 병부 자지 요동 봉 견 맹헌 왈

"君何已事不以奏聞而來乎?" 孟獻轉送咨文 因言: "吾亦隨去."
군 하 이사 불이 주문 이래호 맹헌 전송 자문 인언 오 역 수거

孟獻以爲: "先來馬價 易換未準 今依價數易之." 端木智以爲:
맹헌 이위 선래 마가 역환 미준 금 의 가수 역지 단목지 이위

"先來馬價已與民貿易 今更除取其價未便. 當取在遼東三運馬價
선래 마가 이여민 무역 금갱 제취 기가 미편 당취 재 요동 삼운 마가

貿易." 上命聚時散宰樞于紫門議之 以加易三千匹爲定. 乃遣
무역 상명 취 시산 재추 우 자문 의지 이 가역 삼천 필 위정 내견

知申事朴錫命 言於智 智大喜. 智厭孟獻 見錫命曰: "孟獻不必來
지신사 박석명 언어지 지 대희 지 염 맹헌 견 석명 왈 맹헌 불필 래

也 吾能使之不來." 上聞之曰: "智欲自以爲功矣. 智與孟獻不和
야 오 능 사지 불래 상 문지 왈 지욕 자이 위공의 지 여 맹헌 불화

必相構於帝. 然則我國勤於易換 而終無功矣. 莫若孟獻復來." 遣
필 상구 어제 연즉 아국 근어 역환 이종 무공의 막약 맹헌 부래 견

錫命言於智 智曰: "孟獻復來亦可也." 智遣監生栗堅 取馬價於
석명 언어지 지왈 맹헌 부래 역 가야 지견 감생 율견 취 마가 어

遼東. 上遣錫命言於智曰: "予還自逍遙 適有眼疾 未卽進見. 請
요동 상견 석명 언어지 왈 여환 자소요 적 유 안질 미즉 진견 청

留監生一日." 智曰: "國王來見 專以也. 吾等日日 不須國王來勸
류 감생 일일 지왈 국왕 내견 전이야 오등 일일 불수 국왕 내권

也. 朝廷及於易馬 莫如速遣監生遼東 使之轉聞也." 智携妓日醉
야 조정 급어 역마 막여 속견 감생 요동 사지 전문 야 지 휴기 일취

自誇其書曰: "天下第一筆." 以印本一冊 贈判閣傻眉壽曰: "書法
자과 기서 왈 천하 제일필 이 인본 일책 증 판각 설미수 왈 서법

與王羲之無異也."
여 왕희지 무이 야

太上王營宮室于崇仁門內. 太上王使判繕工監事盧嚴 求軍人
태상왕 영 궁실 우 숭인문 내 태상왕 사 판 선공감 사 노엄 구 군인

及材木於上曰: "欲營宮室于崇仁門內." 上進軍人百名 材木百株.

太上王曰: "此宮 後當爲寺 卽如前朝太祖 廣明寺之例矣."

賜直藝文館李擔鞍馬. 擔爲謝恩使閔無疾書狀官 與打角夫

李乙生還啓: "帝遣鴻臚行人潘文奎 齎冕服而來." 賜擔鞍馬, 乙生

馬, 且曰: "今天使潘文奎 持冕服而來. 宣備禮以迎. 前日謝恩 但

獻馬 今須備鞍.

丁巳 以朴可實爲東北面都巡問察理使.

賑東北面飢.

命議政府 以三運馬價 皆易上中等馬 毋易中馬下等.

命置本國人民自遼陽還者於忠淸 全羅 慶尙道. 西北面敬差官

鄭渾報曰: "本國人民逃入遼陽者 近因飢荒征役 携其妻子 還

渡江者 絡繹於路. 若置江邊州郡 他日遼陽等處年豐兵息 則又誘

我人口 盜牛馬越江而走 必矣. 乞將此人等 移於下三道諸郡 以

充驛吏官奴甚便. 非秖斯民之福 亦國家之幸也."① 議政府以聞

上曰: "安置於下三道 給初糧穀種田地 委曲庇護."

戊午 流星出東方 滅于西.

彗星光芒尤大. 上語河崙曰: "書雲判事黃河濬 池巨源等 皆

不識天文地理者也 久爲書雲判事. 宜取年少穎悟之人 教天文

地理." 崙對曰: "誠如上敎."

昌寧府院君成石璘 判承寧府事鄭龍壽 回自逍遙山. 石璘等

啓曰:"太上王還駕遲速 未可知也."
<small>계왈　태상왕 환가 지속 미 가지 야</small>

憲府劾前參贊門下府事鄭曜. 以其孫發年十四 受典農直長也.②
<small>헌부 핵전 참찬 문하부 사정요 이 기손 발연 십사 수 전농 직장 야</small>

經濟吏典 有乳臭子弟拜職者 罪其父兄之令.
<small>경제 이전 유 유취 자제 배직 자 죄기 부형 지령</small>

立功臣及寺社田收稅法. 司諫院上疏 略曰:
<small>입 공신 급 사사전 수세 법 사간원 상소 약왈</small>

'足食足兵 民信之矣. 國無三年之蓄 國非其國. 臣等竊見 國家
<small>족식 족병 민 신지 의 국무 삼년 지축 국비 기국 신등 절견 국가</small>

兵卒之鍊 器械之備 靡所不擧 可謂足兵矣. 然比年以來 四方
<small>병졸 지련 기계 지비 미 소불거 가위 족병 의 연 비년 이래 사방</small>

無虞 未有師旅供億之費 中外軍資 宜有紅腐之粟 而一年之須
<small>무우 미유 사려 공억 지비 중외 군자 의유 홍부 지속 이 일년 지수</small>

尙且不給. 如有緩急③ 其將何以? 此臣等所痛心 殿下所深慮
<small>상차 불급 여유 완급 기장 하이 차 신등 소통심 전하 소심려</small>

也. 臣等謂我國之田 不過八十萬餘結. 畿外則除倉庫 衙祿 公廨
<small>야 신등 위 아국 지전 불과 팔십 만여 결 기외 즉제 창고 아록 공해</small>

廩給 寺社之田外 曰軍役 曰外役 曰津 驛 院 館 紙匠之田 皆
<small>늠급 사사 지전 외 왈 군역 왈 외역 왈진 역 원 관 지장 지전 개</small>

有其稅 以補祿轉 其屬軍資者 率多沙石之田而已. 祿轉位田 或
<small>유 기세 이보 녹전 기속 군자 자 솔다 사석 지전 이이 녹전 위전 혹</small>

因陳損 不滿前額 輒以軍資田租充之 軍廩之虛 職此之由. 畿內
<small>인 진손 불만 전액 첩 이 군자 전조 충지 군름 지허 직 차지유 기내</small>

則以十四萬九千三百餘結 除倉庫 宮司 各司 各位田外 科田
<small>즉 이 십사 만 구천 삼백 여결 제 창고 궁사 각사 각 위전 외 과전</small>

八萬四千一百餘結 功臣田三萬一千二百四十餘結 寺社田
<small>팔만 사천 일백 여결 공신전 삼만 일천 이백 사십 여결 사사전</small>

四千六百八十有餘結 而科田則於水旱田各一結 稅其二斗 以供
<small>사천 육백 팔십 유여 결 이 과전 즉어 수한 전각 일결 세기 이두 이공</small>

國用: 功臣之田則不許納稅 以優勳庸. 是誠報功之美意 然十分
<small>국용 공신 지전 즉 불허 납세 이 우훈용 시성 보공 지미의 연 십분</small>

而稅其一 天下古今之通義也. 況一結而稅其二斗 以資軍國之
<small>이세 기일 천하 고금 지통의 야 황 일결 이세 기이두 이자 군국 지</small>

需 何所不可! 伏望殿下 以各等功臣田與中外寺社田幷三萬
<small>수 하 소불가 복망 전하 이 각등 공신전 여 중외 사사전 병 삼만</small>

七千三百餘結 依科田例 皆收其稅. 以補軍資 則歲入不下全
<small>칠천 삼백 여결 의 과전 예 개 수기세 이보 군자 즉 세입 불하 전</small>

三千七百有餘石矣. 又汰煩冗之官 省不急之備 勿令以軍資田租
<small>삼천 칠백 유여 석의 우 태 번용 지관 생 불급 지비 물령 이 군자 전조</small>

充祿田陳損之數 則中外軍資 不閱一二年 三年之蓄可期也.'
충 녹전 진손 지수 즉중외 군자 불열 일이 년 삼년지축 가기 야

允之.
윤지

命議政府 推刷喬桐 江華水軍散在諸州者 還定舊役. 京畿
명 의정부 추쇄 교동 강화 수군 산재 제주 자 환정 구역 경기

左右道水軍節制使金英烈啓: '去庚申年間 推刷全羅道水軍精銳
좌우도 수군절제사 김영렬 계 거 경신 년간 추쇄 전라도 수군 정예

者 使居于喬桐 江華 給田籍名 以備海寇久矣. 今也逋逃散接
자 사거우 교동 강화 급전 적명 이비 해구 구의 금야 포도 산접

諸州者 凡一百六十一名.'
제주 자 범일백 육십 일명

庚申 命各道觀察使 善養諸州分授馬匹. 欲於三運易換馬幷送
경신 명 각도 관찰사 선양 제주 분수 마필 욕어 삼운 역환 마 병송

也.④
야

壬戌 立各司吏典遷轉之法. 司憲府疏略曰:
임술 입각사 이전 천전 지법 사헌부 소 약왈

'本國之制 內侍茶房三都監 三軍出身者 除文班七八品與權務
본국 지제 내시 다방 삼 도감 삼군 출신 자 제 문반 칠팔 품여 권무

各司吏典出身者 除西班七八品與尉 正 故職秩不紊. 今也一司
각사 이전 출신 자 제 서반 칠팔 품여위 정 고 직질 불문 금야 일사

吏典 雖五六人 其箇月滿者 皆拜文班七八品 或居出身本司吏員
이전 수 오륙 인 기개월 만자 개 배 문반 칠팔 품 혹거 출신 본사 이원

之上 甚爲未便. 願以武班七八品及隊尉之職 差各司吏典箇月
지상 심위 미편 원이 무반 칠팔 품급 대위 지직 차 각사 이전 개월

已滿者 且將箇月已滿者 拜爲頭一人職 其餘依前朝役官歇等
이만 자 차장 개월 이만 자 배위 두 일인 직 기여 의 전조 역관 헐등

之例 次第錄用. 又其都目甚煩 令詳定所 各以所屬可幷者幷之
지 례 차제 녹용 우기 도목 심번 영 상정소 각이 소속 가병자 병지

可汰者汰之.'
가태자 태지

下議政府擬議. 三府同議 皆如憲府所申.
하 의정부 의의 삼부 동의 개 여 헌부 소신

上允. 惟不許除隊副之職.
상윤 유 불허제 대부 지직

癸亥 生員試員左代言李升商 大司成趙庸 取閔無悔等百人.
계해 생원 시원 좌대언 이승상 대사성 조용 취 민무회 등 백인

無悔 中宮之弟也. 賜鞍馬. 議政府請禁新生員呵喝曰: "使臣
무회 중궁 지제 야 사 안마 의정부 청금 신생원 가갈 왈 사신

聞之必笑." 閔無咎啓曰:"新生員呵喝 鄕風也. 雖使臣聞之何害!
願勿禁." 上許之.

上從容與摠制李叔蕃 代言朴信言曰:"卿輩遊戲良辰 正在
此時." 又論海州遊獵之好 叔蕃曰:"海州遊獵甚好 然不無民弊."

命政府更覈各道田地損實之數. 命知申事朴錫命 傳旨于政府
曰:"辛巳年各道田地 實數甚少. 其因風霜水旱 衆所共知失農
方面外 考其損實之文 其中實數過少州縣 更令摘奸 守令如有
不公者 職名申聞.

甲子 上視事. 臺諫面啓:"太上王不可久留逍遙山. 山嵐所觸
恐致違和." 上曰:"今月二十四日懿妃忌辰 必還駕矣."

壽寧府承寧府 始與朝會.

命罷嘉禮色. 上王遣人言于上曰:"王何欲更娶乎? 予雖無子 以
少時之情 不忍更娶. 況以王之多子乎!" 又李叔蕃 朴錫命等 因
亦有請 乃命罷之.

乙丑 上如太平館 宴使臣.

全羅道都節制使洪恕辭 賜馬一匹.

命太一習算生徒習業於書雲觀.

議政府上通行楮貨之法. 啓曰:"聞外方民間楮貨未得流布. 以
米買得外方楮貨 買綿紬木棉上納 民用楮貨矣." 允之.

丁卯 司憲府上疏請罷司贍署 仍舊用麤布. 不報楮貨之行 民不

信用. 乃令戶曹出楮貨 買金銀木緜麻布苧布 豊儲倉出米買楮貨
又以慶尙道米穀二千石 全羅道一千石 買楮貨. 民之欲買米於
豊儲及兩道者 爭納緜布於戶曹而受楮貨 然民情狃於舊習 而喜
用麤布 故憲司上疏.

戊辰 命寫御容 佐命功臣四十影子幷畫之.

司憲府大司憲李至辭職. 罷監察盧尙信等職. 初 至坐本府
監察房主盧尙信 有司全卿 李安直等 使新監察歌舞戲謔 凡諸
醜態 無所不爲. 至使書吏言於尙信曰: "監察非武工樂工 何其
如此乎! 新舊鬼之法 雖自古然 曾有判禁. 執法之官 先自毁法
可乎?" 至曾經糾正 名在先生案 尙信等怒 句抹至名. 當罷官
時諷之曰: "本房乃武工樂工之房也." 欲於後坐不迎. 監察吳傅
漏其議於至 至上書具言其故而乞辭. 上命掌令玄孟仁 問尙信
等毁法慢長之罪以聞. 孟仁等上疏以爲: '尙信等不顧己非 反欺
憲長 恣行不法. 請收職牒 竄于遠方.' 上只罷其職.

遼東都司遣還金鐵力等三人. 初 船軍金鐵力 派稅 金莫惠等
三人 被倭擄 至中國邊境而逃. 遼東都司奏奉聖旨 就付賀正通事
閔德生遣還.

己巳 彗星沒. 自前月壬寅始見 至此日乃滅.

庚午 與諸君射侯 中者賞之. 賜義安大君和水牛角 上黨君李佇
箭箭 淸平君李伯剛弓.

辛未 左代言李升商設享于淸和亭. 國俗稱試員貢擧爲學士 稱
신미 좌대언 이승상 설향 우 청화정 국속 칭 시원 공거 위 학사 칭

設享爲豊呈 爲學士者豊呈 古風也. 上酒酣 侍宴宗親駙馬更
설향 위 풍정 위 학사 자 풍정 고풍 야 상 주감 시연 종친 부마 갱

相起舞 侍讀金科請上入殿 升商及侍宴諸相目科曰: "君臣主敬
상기무 시독 김과 청상 입전 승상 급 시연 제상 목과왈 군신 주경

懽樂未易 請上入殿 使臣等不得更獻一杯 何哉?" 科免冠以謝
환락 미이 청상 입전 사신등 부득 갱헌 일배 하재 과 면관 이사

醉甚乃仆.
취심 내부

司諫院上時務數條:
사간원 상 시무 수조

'一 大抵人事失於下 則天變應於上. 令治具畢張 庶績咸熙 宜
일 대저 인사 실어하 즉 천변 응이상 영 치구 필장 서적 함희 의

有休徵 而星文示譴 此豈非時政有所失 民情有所壅而致然歟!
유 휴징 이 성문 시견 차 기비 시정 유 소실 민정 유 소옹 이 치연 여

伏望殿下 日與大臣賢士 講論治體 凡所施爲 戒愼恐懼 求所以
복망 전하 일 여 대신 현사 강론 치체 범 소시위 계신 공구 구 소이

弭災之方 幸甚.
미재 지방 행심

一 曩以本院所申 守令朝辭之日 躬親引見 問其所以安民之術
일 낭 이 본원 소신 수령 조사 지일 궁친 인견 문 기 소이 안민 지술

大小使臣復命之日 親問民間利病 隨卽興除 獲蒙兪允 茲數月
대소 사신 복명 지일 친문 민간 이병 수즉 흥제 획몽 유윤 자 수월

矣. 今守令之朝辭 使臣之復命 不爲不多 未聞有一人奉承淸問者
의 금 수령 지 조사 사신 지 복명 불위 부다 미문 유 일인 봉승 청문 자

臣等竊有憾焉. 願自今 凡所依允 無敢或愆 示信於民.
신등 절 유감 언 원 자금 범 소의윤 무감 혹건 시신 어민

一 除都觀察黜陟使外 一切使命 竝皆停罷 已有著令. 今以
일 제 도관찰출척사 외 일체 사명 병개 정파 이유 저령 금 이

按廉使爲秩卑 擇大臣有德望者 以爲都觀察使 以專黜陟之任.
안렴사 위질 비 택 대신 유 덕망 자 이위 도관찰사 이전 출척 지임

凡軍民之務 輕重緩急 在其掌握 不必別遣體察使 然後事功
범 군민 지무 경중 완급 재 기 장악 불필 별견 체찰사 연후 사공

可濟也. 京畿各驛 皆置驛丞 以供其職 又命都觀察使 考其能否.
가제 야 경기 각역 개치 역승 이공 기직 우명 도관찰사 고 기 능부

不必更遣程驛察訪也. 伏望殿下 以軍民鹽鐵賦稅漕轉之務 悉委
불필 갱견 정역 찰방 야 복망 전하 이 군민 염철 부세 조전 지무 실위

都觀察使 其三道體察使與京畿左右道程驛察訪 一皆召還.
도관찰사 기 삼도 체찰사 여 경기 좌우도 정역 찰방 일개 소환

一 宿衛之兵 不可不嚴 故於各道州郡 別立侍衛 更番迭上 以
衛王室 其不虞之備至矣. 然往來之際 非獨人疲馬困 每當農月
立番者 耕穫旣怠 怨咨旁興 是誠殿下之所深念也. 況今國家昇平
內外無虞 又三軍十司之兵 被堅執銳 周廬陛楯者 不下數千.
伏望殿下 放還各道宿衛之軍 專務農業 養兵息馬 如有邊警
臨時徵發 其驍勇過人者 令爲府兵 以實禁衛.'
疏上曰 與大臣講論治體 親問民間利病 隨卽興除等事 允之.
壬申 祝孟獻率監生董暹柳榮 獸醫王明等 還自遼東 上率群臣
迎于郊 與孟獻竝轡 至太平館慰宴. 端木智素惡孟獻稱疾不出
以上設宴赴座. 智在東房 孟獻入西房. 司允孔俯謂智曰: "孟獻
於公 年職俱長 公在西 孟獻在東 無乃可乎?" 智怒曰: "汝不知
中國之禮也." 智愛妓 日夜置側 及孟獻來 潛遣其家. 智多詐人
欺之. 議政府宴智 智毛冠絲帶赴宴. 朴錫命承上命而去 智以
毛冠直領不帶而見. 上聞之曰: "我國雖邊方 智則當以中國禮義
示之 其儀如此 其不肖可知也.
令中外四品以下 赴武科.
乙亥 進馬七十匹於太平館 孟獻等唯納十五匹 餘皆退之. 上
遣錫命言于孟獻曰: "我小邦本不產馬 前日盡數進獻. 今又奉命
盡心竭力 備二千餘匹 天使初見而退之. 如此則馬非一二日所辦
之物也 如之何?" 又曰: "雖如此說 孟獻等必易馬而後歸矣. 卿

毋疑懼 悉以予言言之.” 錫命與孟獻悉言之 孟獻曰:“易馬雖少
무 의구 실이여언 언지 석명 여 맹헌 실언지 맹헌 왈 역마 수소

及時奏聞 使吾等還可也.” 智曰:“吾腐儒 本不知馬之善惡 祝公
급시 주문 사 오등 환 가야 지왈 오부유 본 부지 마 지 선악 축공

知之矣.”
지지 의

丙子 召李至就職.
병자 소 이지 취직

戊寅 日冠日背.
무인 일관 일배

己卯 帝遣鴻臚寺行人潘文奎來 錫王冕服 結山棚備儺禮 上率
기묘 제견 홍려시 행인 반문규 래 석왕 면복 결 산붕 비 나례 상솔

群臣迎于郊 至闕受勅書冕服 出服冕服行禮. 其勅書曰:
군신 영우교 지궐 수 칙서 면복 출복 면복 행례 기 칙서 왈

‘勅朝鮮國王 李【諱】. 日者陪臣來朝 屢以冕服爲請 事下有司
칙 조선 국왕 이 휘 일자 배신 내조 누이 면복 위청 사 하 유사

稽諸古制 以爲:“四夷之國 雖大曰子. 且朝鮮本郡王爵 宜賜以
계제 고제 이위 사이 지국 수대 왈자 차 조선 본 군왕 작 의사 이

五章或七章服.” 朕惟春秋之義 遠人能自進於中國則中國之. 今
오장 혹 칠장복 짐유 춘추 지의 원인 능 자진 어 중국 즉 중국지 금

朝鮮固遠郡也 而能自進於禮義 不得待以子男禮 且其地逖在
조선 고 원군 야 이능 자진 어 예의 부득 대이 자남 례 차 기지 적재

海外 非特中國之寵數 則無以令其臣民. 玆特命賜以親王九章
해외 비시 중국 지 총수 즉 무이 영 기 신민 자 특명 사 이 친왕 구장

之服 遣使者往諭朕意. 嗚呼! 朕之於王 顯寵表飾 無異吾骨肉
지복 견사자 왕유 짐의 오호 짐 지어 왕 현총 표식 무이 오 골육

所以示親愛也. 王其篤愼忠孝 保乃寵命 世爲東藩 以補華夏 稱
소이 시 친애 야 왕기 독신 충효 보내 총명 세위 동번 이보 화하 칭

朕意焉.’
짐의 언

上以山棚結綵不如前例 召軍器監提調安城君 李叔蕃曰:
상이 산붕 결채 불여 전례 소 군기감 제조 안성군 이숙번 왈

“天使齎冕服勅書而來 宜以盛禮迎之. 卿等何不從予言 至於如是
천사 재 면복 칙서 이래 의이 성례 영지 경등 하부종 여언 지어 여시

乎?” 謂朴錫命曰:“卿將任政府公事者也. 愼勿欺君. 大抵女之於
호 위 박석명 왈 경장 임 정부 공사 자야 신물 기군 대저 여지어

夫 小有詐行 則夫必終棄. 卿等小心 毋或誑予.” 乃囚軍器監掌務
부 소유 사행 즉부 필 종기 경등 소심 무혹 광여 내수 군기감 장무

及巡軍掌務. 叔蕃乃於馬上笑至見齒 識者非之.
급 순군 장무 숙번 내어 마상 소지 견치 식자 비지

議政府率百官 上箋陳賀 不受.
의정부 솔 백관 상전 진하 불수

庚辰 上如太平館 宴使臣.
경진 상여 태평관 연 사신

倭船四隻寇南陽仙佐島 掠人物而歸.
왜선 사 척구 남양 선좌도 약 인물 이귀

辛巳 宴使臣于敬德宮. 使臣至闕也.
신사 연 사신 우 경덕궁 사신 지궐 야

遣代言柳沂 賜宮醞于校書館紅桃宴. 藝文 成均 校書 三館 各
견 대언 유기 사 궁온 우 교서관 홍도 연 예문 성균 교서 삼관 각

以所賞之物名其宴 藝文曰薔薇 成均曰碧松 校書曰紅桃 三年
이 소상 지물 명 기연 예문 왈 장미 성균 왈 벽송 교서 왈 홍도 삼년

一次輪辦會飲. 上重儒雅 故賜宮醞以侈之.
일차 윤판 회음 상중 유아 고사 궁온 이 치지

壬午 禮曹典書金瞻等 上疏請親試文臣 以充館閣兩製. 疏曰:
임오 예조 전서 김첨 등 상소 청 친시 문신 이충 관각 양제 소 왈

'文科之設 欲得成德達才之士 講明治具 潤色謀猷 而文致太平
문과 지설 욕득 성덕 달재 지사 강명 치구 윤색 모유 이문 치 태평

也. 今之學者 以科擧但爲仕進之階 旣得之後 遂怠其業. 臣等
야 금지 학자 이 과거 단위 사진 지계 기득 지후 수 태 기업 신등

謹按宋制 館閣兩製 必試而命之 故賢才名相出 於館閣者 十常
근안 송제 관각 양제 필시 이 명지 고 현재 명상 출 어 관각 자 십상

八九 而有宋之治 比隆三代. 乞依宋制 自文科從三品以下 不拘
팔구 이유 송지치 비융 삼대 걸 의 송제 자 문과 종삼품 이하 불구

時散 親試經史時務策一道表文一道 其入格者 不拘額數 以充
시산 친시 경사 시무책 일도 표문 일도 기 입격 자 불구 액수 이충

館閣兩製 以勵其餘'
관각 양제 이려 기여

從之 命從四品以下赴試.
종지 명 종사품 이하 부시

監生柳榮 押五運馬一千匹還.
감생 유영 압 오운마 일천 필 환

| 원문 읽기를 위한 도움말 |

① 非祇斯民之福 亦國家之幸也. 非祇~亦~는 '~뿐만 아니라 ~도 또한'이라
   비지 사민 지복 역 국가 지 행야   비지   역
   는 구문이다.

② 以其孫發年十四 受典農直長也. 여기서 以는 '왜냐하면~'이라는 뜻이다.
　　이 기손 발연 십사 수 전농 직장 야　　　　　　　　이

③ 如有緩急. 如는 '만약[若]'이라는 뜻이고 緩急은 말 그대로 느리고 급한
　　여 유 완급 여　　　　　약　　　　　　완급
　것이 아니라 그 자체로 위급한 일을 가리키는 관용적 표현이다.

④ 欲於三運易換馬幷送也. 欲은 幷送에 걸린다.
　　욕 어 삼운 역환 마 병송 야 욕　　병송

태종 2년 임오년
3월

三月

갑신일(甲申日-1일) 초하루에 상이 옷 한 벌[襲]을 반문규에게 선물
로 주었으나 받지 않았고 다만 문규는 궐에 와서 감사를 표할 뿐이
었다. 단목지는 자신이 기생을 사랑하는 것을 맹헌이 알까 두려워해
문규가 (우리나라에) 오자 기생을 불러 문규에게 붙여주니[餌] 드디어
(문규가) 사랑하게 돼 지는 마침내 안심했다. 지와 문규는 맹헌이 기
생을 가까이하지 않자 자기들처럼 만들기 위해 맹헌의 방 안에서 함
께 술을 마셨는데 기생과 편히 가까이 앉아[狎坐] 어떤 때에는 노래
와 춤도 시키며 술잔을 기생의 손바닥에 놓고 권하기도 하니 맹헌은
흔쾌히 함께 즐겼지만 기생에게 빠지지는 않았다[不溺]. 지는 음란하
고 제 마음대로인 데다가 교만하고 속임성이 있었는데[淫泆驕詐] 맹
헌은 순수하고 검소하여 도리를 지키는 바가 있었다[純儉有守].

○ 상호군(上護軍) 김계지(金繼志, ?~1410년)[1]를 경상·전라·충청도
의 경차관(敬差官)으로 삼아 병선(兵船)을 점검하게 하고 만호(萬戶)

---

1 이때 경차관에 임명돼 삼남지방의 병선을 점검하고 군사들의 근무 상황을 돌아보았다.
   같은 해 안변부사(安邊府使) 조사의(趙思義)가 난을 일으키자 안변에 파견돼 왕의 조서
   를 반포하여 백성들을 안심시켰다. 1406년 조사의의 난 때 세운 공으로 군공 1등에 오
   르고 전라도 병마절도사로 부임했다. 1408년 그가 천거한 만호 박광계(朴光桂), 허승량
   (許承亮)이 부정을 저질러 벌을 받을 때 천거의 책임을 지고 면직되었다가 곧 풍해도(豊
   海道-황해도) 병마도절제사 겸 판(判)해주목사에 기용됐다. 그 후 강원도 병마도절제사
   에 올랐으나 1410년 사직했다.

와 천호(千戶)들 중에서 임무를 감당하지 못한[不勝] 자는 죄를 주
었다.

을유일(乙酉日-2일)에 햇무리가 졌다.

○ 여성군(驪城君) 민무질이 사신 반문규를 자기 집에 청해 연회를
베풀었다. 무질이 명을 받들고 입조(入朝)했다가 문규와 함께 왔기
때문이었다.

병술일(丙戌日-3일)에 상이 태평관에 가서 사신들에게 잔치를 베풀
었다. 문규가 장차 돌아가기 때문이었다.

○ 이조전서 여칭(呂稱, 1351~1423년)[2]을 경사에 보내 우리나라
[本國]는 땅이 좁고 말이 적어 무역하기에 어렵다는 사정을 아뢰게
했다.

정해일(丁亥日-4일)에 사신 반문규가 돌아가니 상이 영빈관(迎賓館)
에서 전별연을 베풀었다. 문규는 따듯하고 우아한[溫雅] 풍류(風流)
를 지닌 사람이라 깨끗하여 재물을 가까이하지 않았고 오직 시권(詩
卷-시집)만을 구했다. 문규는 기생 숙초(淑椒)를 사랑해 경내(境內-

---

2 1404년에 사은사가 되어 명나라에 들어가서 왕실의 계통이 잘못 전해진 것을 바로잡는
데 힘쓰는 한편 그때 명나라에 억류되어 있던 우리 동포들을 본국으로 송환하는 데 노
력했다. 명나라에서 돌아와 곧 서북면의 도순문찰리사로 병마도절제사를 겸했다. 1407년
에 개성유후사 유후(開城留後司留後)를 거쳐 1413년 좌군도총제(左軍都摠制)가 됐고 그
해에 형조판서가 됐다. 1414년 의정부 지사(議政府知事)가 됐으며 그해에 흠문기거부사
(欽問起居副使)가 돼 명나라에 다녀와 곧 사직, 은거했다.

나라 안)에까지 데리고 가려 하다가 흥의역(興義驛)³에 이르러 돌려
보냈다.

기축일(己丑日-6일)에 하성절사(賀聖節使) 의정부 참찬사 최유경(崔
有慶)이 경사(京師)에서 돌아왔다. 유경이 아뢰어 말했다.

"연(燕)나라 병력의 세력이 강해 이기는 기세를 타서 먼 곳까지 달
려와 싸우는데 제의 군대는 비록 많기는 해도 기세가 약해 싸우면
반드시 패합니다. 달단(韃靼)⁴의 군대가 있어 이 틈을 이용해 연(燕)
과 요(遼)의 사이를 침략해 중국이 시끄럽습니다[騷然].　"
　　　　　　　　　　　　　　　　　　　　　　　소연

경인일(庚寅日-7일)에 해의 주변에 햇무리가 졌는데 안쪽은 붉고
바깥쪽은 희었다.

○ 승추부 참판사(承樞府參判事) 노숭(盧嵩)을 경사에 보냈다. 면복
을 내려준 데 대해 사례하기 위함이었다. 상이 면복 차림으로 여러
신하를 거느리고 표문(表文)에 절했다.

성균 악정(成均樂正) 권홍(權弘, 1360~1446년)⁵의 딸을 별궁(別宮)

3　조선시대 황해도 지역의 역도(驛道) 중 하나인 금교도(金郊道)에 속한 역으로 오늘날의
　황해북도 금천군에 위치해 있었다.

4　몽골 또는 몽골족을 달리 이르는 말이다.

5　1382년(고려 우왕 8년)에 문과에 급제, 1391년(고려 공양왕 3년)에 간관(諫官)이 됐다. 정
　몽주(鄭夢周)의 당파로 몰려 유배됐다가 1400년(정종 2년) 좌보궐(左補闕)에 임명, 사헌
　시시를 거쳐 성균악정(成均樂正)으로 있을 때 그의 딸을 태종의 빈(嬪)으로 들여보내 영
　가군(永嘉君)에 봉군되고 1407년(태종 7년)에 진헌사(進獻使)로 연경(燕京)에 갔다. 원
　래 그의 재종조모(再從祖母)는 원나라의 황태자비(妃)였는데 원이 망하고 명나라 병사에
　게 잡히자 목매어 자살했으므로 명 태조는 감탄하여 홍을 매우 후대했다. 1415년(태종

으로 맞아들였다. 애초에 대부인(大夫人) 송씨(宋氏)⁶가 정비(靜妃-민씨)에게 말했다.

"궁빈(宮嬪-후궁)이 너무 많아 그것이 점점 두렵습니다."

정비의 투기는 더욱더 심해져만 갔다. 상이 권씨(權氏)가 뛰어난 행실[賢行]이 있다 하여 예(禮)를 갖춰 그를 맞아들이려 한다는 소식을 듣고서 상의 옷을 붙잡고 말했다.

"상께서는 어찌하여 예전의 뜻을 잊으셨습니까? 제가 상과 더불어 함께 어려움을 지키고 같이 화란(禍亂)을 겪어내며 마침내 국가를 차지했는데 이제 와서 저를 잊는 것이 어찌 이 지경에 이르셨습니까?"

울기를 그치지 아니하고 종종 음식도 들지 않으니 상이 가례색(嘉禮色)을 폐지하도록 명하고 환관과 시녀 각각 몇 사람만으로 권씨를 별궁에 맞아들였다. 정비는 마음에 병을 얻었고 상은 여러 날 동안 정사를 행하지 않았다.

○ 풍저창(豊儲倉)의 미두(米豆-쌀과 콩)와 사재감(司宰監)⁷의 어육(魚肉)으로 민간의 저화(楮貨)를 바꿨다. 저화를 통용케 하고자 함에서였다. 상이 하륜에게 말했다.

15년)에는 판돈녕 부사, 1423년(세종 5년)에는 영부사(領府事)에 이르러 은퇴했다. 성질이 온순하고 글씨에 능했다.

6　민제의 부인으로 정비의 친정어머니. 여산(礪山)의 세가(世家)로서 정헌대부 군부판서 염(琰)의 증손이요, 광정원윤(匡正元尹) 혼(渾)의 손자요, 중대광(重大匡) 여량군(礪良君) 선(璿)의 딸이었다. 너그럽고 인자하고 근검했으며, 집을 법도가 있게 다스렸다.

7　태조 원년(1392년) 7월 관제 신정(官制新定) 때 사재감(司宰監)을 두어 어량(魚梁)과 산택(山澤)의 일을 맡게 하고 사수감(司水監)을 두어 전함(戰艦)을 영수(營修)하고 전수(轉輸)를 감독하게 했는데 1403년(태종 3년) 6월에 사수감을 사재감에 합쳤다.

"일반 백성들이 무역을 할 때 포목만을 쓰려 하고 저화는 쓸데 없다고 여긴다. 이는 대개 습속(習俗)이 오직 포목만을 쓸 만하다 여기고 저화를 쓰는 것이 편리하다는 것은 몰라서다. 저화를 가지고 민간의 오종포(五綜布)[8]를 바꾸어 모두 공가(公家-관가)로 들여오면 백성들이 어쩔 수 없이 저화를 쓸 것이다. 다만 저화가 민가에 아직 두루 돌지 못했는데 갑자기 포목의 사용을 금하면 백성들이 반드시 이를 원망할 것이다. 저화를 제조할 판(板)을 더 만들어서 인쇄해내어 사람마다 모두 저화를 얻을 수 있게 한 연후에 기한을 정해 포목의 사용을 금하는 것이 좋겠다."

신묘일(辛卯日-8일)에 짙은 안개가 사방에 자욱했다.

○ 맏아들의 이름을 제(禔)라고 지었다.[9]

임진일(壬辰日-9일)에 태상왕이 소요산 아래에 별전(別殿)을 짓기 시작했다. 태상왕이 경기우도 도사(京畿右道都事) 이명덕(李明德, 1373~1444년)[10]에게 말했다.

"전(殿)을 하나 지어 손님들을 접대하려고 한다."

---

8 고려시대 은병(銀瓶), 동전(銅錢) 등과 함께 화폐로 통용됐다.

9 양녕을 가리킨다. 제(禔)는 '평안하다, 즐겁다, 행복하다'는 뜻이다.

10 1415년(태종 15년) 승정원 동부대언(承政院同副代言)이 되고 좌부대언에 승진했다. 세종이 즉위하자 이조참판을 거쳐 병조참판으로 전임했고 그 뒤 강원도 관찰사, 예조참판, 대사헌 동지총제를 역임했다. 1430년(세종 12년) 공조판서가 됐고 이듬해 병조판서를 거쳐 다시 공조판서가 됐다. 1438년 중추원 부사로 정조사(正朝使)가 돼 명나라에 갔다가 이듬해 귀국했다. 1442년 70세가 되어 벼슬에서 물러났으나 다시 지중추원사로 복직했다. 이어 중추원 판사에 승진해 궤장을 하사받았다.

명덕(明德)이 의정부에 아뢰고 의정부가 보고하니 이에 경기 백성들을 동원해[發] 역사에 나아가게 했다[赴役].

○ 회색 옷을 입는 것을 금지했다.

병신일(丙申日-13일)에 내자시 판사(內資寺判事)[11] 유구산(庾龜山, ?~1457년)[12]을 의주(義州)로 보냈다. 요동군(遼東軍) 주경(朱景) 등이 도망쳐 의주에 이르러 말했다.

"2월 18일에 연(燕)나라를 정벌하던 군사와 말이 도망쳐 뿔뿔이 흩어진 것이 그 수를 알 수가 없을 정도[不知其數]인데 백성들이 사는 집을 침략하므로 본토(本土-조선)로 도망쳐 돌아왔다."

이에 구산을 보내 사변(事變)을 정탐하게 한 것이다[探候].

○ 사헌부에 명해 직사(職事-직무)에 부지런히 하도록 하고 아울러 사간원도 살피게 했다. (사헌부) 지평(持平) 이지(李漬)를 불러 말했다.

---

11 조선시대 종6품 아문으로 궁중으로 공급되는 쌀, 국수, 술, 간장, 기름, 꿀, 채소, 과일과 궁중연회, 직조(織造) 등의 일을 관장했다. 1392년(태조 1년)에 내부시(內府寺)라 했으나 1401년(태종 1년) 내자시(內資寺)로 개칭하고 1403년에 의성고(義成庫)를 병합해 소관 사무를 정했으며, 1405년(태종 5년) 육조의 직무를 나눌 때 호조에 소속시켰다.

12 좌찬성을 지낸 유당(庾鏜)의 아들로 음직으로 벼슬을 시작해 이때 의주(義州)에 파견되어 국경의 정세를 살피고 이어 안변도호부사에 임명됐다. 이후 공조참의 등을 지내다가 1406년 제주안무진제사가 되어 전라도 쌀 1,000석을 가져가 흉년으로 굶주린 백성들을 구제했다. 1408년(태종 8년) 판원주목사사(判原州牧使事)를 지내던 중 나라에서 명나라에 보낼 처녀를 고르고자 혼인금지령이 내렸는데도 불구하고 자녀를 결혼시켰다가 직첩이 박탈되고 먼 곳으로 중도부처됐다. 1457년(세조 3년) 순흥에 안치된 금성대군(錦城大君)이 부사 이보흠(李甫欽) 등과 함께 모의해 단종 복위를 꾀했을 때 참여했다가 반역죄로 처형당했다.

"세 관원[三員]을 갖추면 매일 함께 앉아 일을 하니[齊坐] 공사(公事)가 지체됨이 없을 것이다. 사간원의 근만(勤慢-근태)도 아울러 살피도록 하라."

정유일(丁酉日-14일)에 요동에서 도망쳐 온 사람들을 강원도와 동북면에 나누어 두었다. 처음에 요동 사람 남녀 90명이 의주로 도망쳐 왔고 또 백성 150호가 뗏목[桴]을 타고 강을 건너 이성(泥城)에 이르러 말했다.

"연군(燕軍)이 크게 일어나니 위령군(衛領軍) 양대인(楊大人)이 성(城)을 버리고 연(燕)에 항복했기 때문에 두려워서 도망쳐 온 것이다."

상이 영을 내려 의정부에서 그들을 나누어 두어 양식을 주고 서북면 각 고을로 옮기게 했다. 기묘년(己卯年-1399년) 이후에 우리나라로 도망쳐 온 사람들을 하삼도(下三道) 각 고을로 안치(安置)하고 양식을 주었다.

○ 노비를 계속해서 잡아두거나[仍執][13] 강제로 차지[據執]하는[14] 자를 징계하도록 명했다. 형조에서 소를 올렸는데 대략 이러했다.

'사헌부에서 건문(建文) 3년(1401년) 8월 28일에 받은 교지[受判][15]

---

13 판결 등을 통해 풀어주거나 다른 사람에게 넘겨줘야 할 노비나 전택(田宅)을 계속 점유하고 있는 것을 말한다.

14 허위 문서로 남의 것을 강점하고 반환하지 않는 것으로 법률상 불법 점유의 한 형태라 할 수 있다.

15 몽골이 고려를 지배할 때 교지(敎旨)를 판지(判旨)로 바꿨다. 수판이란 곧 수교(受敎)라는 뜻이다.

의 내용 가운데 "금일(今日) 이전에 노비의 판결을 얻은 것[得決]과 현재에 판결을 얻은 것은 이를 지급한다"고 했기 때문에 판결을 얻어 입안(立案)하고 해조(該曹-해당 조)에 들인 자가 많습니다. (그런데) 강제로 차지하는 자는 (본인이 아니라) 그 노비를 가두니 이는 강제로 차지한 노비를 내놓도록 독촉하는 것일 뿐 징계하는 바가 없습니다. 이로 말미암아 관(官)과 법을 두려워하지 않고 잘못을 꾸며 [飾非] 은닉하게 돼 쟁송(爭訟)이 날로 번거로우니 이는 전하께서 법을 베풀어[垂法] 송사를 없애려는 뜻이 아닙니다. 지금 이후로는 잘못을 알고 자수한 자 이외에 잘못을 알고도 보고하지 아니한 자와 계속해서 잡아두거나 강제로 차지해 간악하고 거짓됨이 매우 심한 자는 판지(判旨-교지)를 좇지 않은 율(律)로 다스려 뒷사람에게 거울이 되게 해야 합니다.'

그대로 따랐다.

무술일(戊戌日-15일)에 상이 태평관에 가서 사신들에게 잔치를 베풀었다. 사신이 수의 왕명(王明)과 주계(周繼) 등을 불러 연회에 나오게 했으나 명(明)은 오지 않았다. 그에게 자리에 앉는 것을 허락하지 않은 것에 대해 화가 난 때문이었다. 상이 통사 최천로(崔天老)에게 명해 그가 있는 곳에서 대접하게 했다. 천로가 술을 돌려[行酒] 명이 있는 곳에 이르렀는데 애기(愛妓)가 무릎을 꿇지 않는다고 명이 노하여 천로의 가슴을 발로 차 기절했다가[氣絶] 약을 마시고서야 소생할 수 있었다. 관반(館伴-태평관 접대 담당) 서원군(西原君) 한상경(韓尙敬)과 문성군(文城君) 유량(柳亮)이 이를 맹헌에게 고하니 맹헌

이 말했다.

"그런 일이 있었습니까? 불상사(不祥事-상서롭지 못한 일)입니다."

○ 지(智-단목지)가 맹헌의 반인(伴人-수행원)을 불러 재주를 부리게 [作技] 하니 상이 명해 흑마포(黑麻布)와 백저포(白紵布) 각 1필씩을 내려주었다.

○ 총제 김승주(金承霍, 1354~1424년)[16]를 (평안도) 강계(江界) 등지 의 만호(萬戶)[17]로 삼았다.

○ 지(旨)를 내려 "판지(判旨)로써 금(禁)한 일을 가지고 신문고를 치지 못하게 하라"고 했다. 사이(司彝)[18]의 사람들이 그 사(司)를 혁파 한다는 말을 듣고 신문고를 치니 상이 박석명을 시켜 정부(政府)에 뜻을 전했다[傳旨].

'지난번에 반포하여 내려준 교서(敎書)의 한 조목[一款]에 "원통하 고 억울한 일을 호소하고자 하는 모든 사람은 중외(中外)의 관사에 글을 올리고, 그런데도 그곳에서 이를 따져 다스리지 않을 때 헌사

---

16 무신으로 조선 건국 후 1393년(태조 2년) 전중경(殿中卿)에 올랐다. 이어 의흥삼군부첨 절제사(義興三軍府僉節制使), 형조전서(典書), 동북면 찰리사(東北面察理使) 등을 지냈다. 1400년(정종 2년) 2차 왕자의 난을 평정하는 데 공을 세워 1401년(태종 1년) 좌명공신 (佐命功臣) 4등에 책록돼 여산군(麗山君)에 봉해졌다. 1406년 사은사(謝恩使)로 명나라 에 갔다가 이듬해 돌아와 동북면 병마절제사 겸 영흥부윤·도순문찰리사를 역임했다. 1409년 야인(野人)이 (함경도) 경원(慶源)에 침입하자 왕명으로 나아가 이를 격퇴했다. 그 뒤 평양부윤을 거쳐 1414년 병조판서가 됐으며, 이듬해 평양군(平陽君)으로 개봉(改封) 됐다. 중군도총제부(中軍都摠制府) 판사에 올라 부원군(府院君)에 진봉됐다.

17 조선시대 각 도의 여러 진에 두었던 서반(西班-무반) 종4품의 외관직 또는 그 벼슬아치 를 말한다. 고려의 제도를 이어받아 도만호, 상만호, 만호, 부만호를 두고 그 품계를 3품 이상 혹은 4품으로 했다가 성종 때에 이르러 종4품의 만호만을 두게 됐다.

18 나라의 제사에 쓰는 제기를 맡아보던 벼슬아치를 가리킨다.

에 고하고 거기서도 이를 다스리지 않을 경우 바로 와서 북을 치면 원통하고 억울한 행적이 명확히 밝혀질 것이다. 만일 이를 따져 다스리지 않은 관리가 있다면 율(律)에 의해 죄줄 것이다"고 했다. (그런데) 지금 북을 치는 사람은 모두 노비에 대한 오결(誤決)과 소량(訴良)[19] 등의 일뿐이다. 지난날에 헌부가 올린 장계(狀啓)에 입각해 "건문 3년 8월 28일 이전과 지금 판결을 얻은 사람은 이를 지급한다"고 이미 판지(判旨)가 있었는데도 무지한 사람들이 금지된 노비의 일을 가지고 원통하고 억울한 일[冤抑]이라 사칭해 곧장 와서 북을 쳐서 형전(刑典)을 범하고 있다[干=犯]. 지금부터는 금지한 일을 가지고 북을 치지 말 것이며 방(榜)을 내걸어 여러 사람에게 알리고 만일 좇지 아니하는 자가 있으면 엄중히 징계하여[痛懲] 뒷사람의 거울이 되게 하라.'

기해일(己亥日-16일)에 지공거(知貢擧) 권근, 동지공거(同知貢擧)[20] 이첨이 정환(鄭還) 등 33명을 뽑았다.

신축일(辛丑日-18일)에 상이 태평관에 나아갔다. 상이 장차 소요산에 가서 태상왕을 조알하려고 하여 이 행차를 사신에게 알리기 위함이었다. 맹헌과 지가 상에게 말했다.

---

19 억울하게 천인(賤人)이 된 자가 양인(良人)이 되려고 호소하는 것을 가리킨다.
20 공거(貢擧)란 천거(薦擧)와 같은 뜻이다. 지(知)는 담당한다는 뜻이며 동지(同知)는 부(副)와 같은 뜻이다.

"말을 바꾸는 일이 너무 더딥니다[太緩]."

상은 더 이상 말이 없다고 답했다. 맹헌이 말했다.

"제께서 '조선에는 말이 많이 난다'고 하셨는데 지금 말이 없다고 하시니 무슨 일입니까?"

상이 말했다.

"천사(天使)께서 지금 몸소 그것을 보았듯이 만일 말이 있다면 그것들을 어디에다 간직해두었겠습니까? 바라건대 천사께서 말의 척촌(尺寸)을 낮추어준다면 얼마든지 말을 바꿀 수 있겠지만 그렇지 못하다면 늦어질 것입니다[遲]."

맹헌이 척촌으로 말의 대·중·소를 가렸기 때문에 이렇게 답한 것이다.

○ 서북면 도순문사(西北面都巡問使) 이빈(李彬, ?~1410년),[21] 이성도병마사(泥城都兵馬使) 최운해(崔雲海, 1347~1404년),[22] 의주 병마사

---

21 1388년(우왕 14년) 동북면 부원수로서 요동정벌(遼東征伐)에 참가했다가 이성계(李成桂)
   등과 위화도에서 회군했다. 1390년(공양왕 2년) 회군공신에 봉해졌으나 김종연(金宗衍)
   과 판사 조유(趙裕)가 이성계를 해치려 한 음모에 연루돼 탄핵을 받아 다시 안협으로 유
   배갔다가 이듬해 석방됐다. 그 뒤 동지밀직사사(同知密直司事)가 됐으나 정몽주(鄭夢周)
   의 일당으로 몰려 다시 탄핵을 받았다. 조선이 개국한 뒤에 곧 원종공신(原從功臣)에 올
   랐다. 1399년(정종 1년) 왜구가 서북면 선천과 박천에 침입하자 충청도 조전절제사로 출
   정했다. 그리고 이때 서북면 도순문사에 이어 사평부좌사(司平府左使)를 거쳐 서북면 도
   절제사가 되고 그 뒤 우군 도총제를 겸직해 다음 해 사평부좌사로 민무휼(閔無恤)과 명
   나라에 사은사(謝恩使)로 가서 종계변명주본(宗系辨明奏本)을 올렸다. 1409년 형조 및
   호조의 판서를 역임했는데 이해 민무휼 사건에 관련된 윤목(尹穆)의 옥사에 연루돼 장류
   (杖流)됐다가 사형당했으나 뒤에 신원됐다.

22 호군(護軍) 녹(祿)의 아들이다. 아버지의 전공(戰功)으로 공민왕 때 충용위산원(忠勇衛散
   員)에 기용되고 여러 벼슬을 거쳐 전공총랑(典工摠郞)이 됐다. 그리고 이때 이성도병마사
   로 태조를 시위했고 강계안무사(江界安撫使)와 서북면 순문사(西北面巡問使)를 거쳐 승
   추부 참판사(承樞府參判事)로 사직했다. 특히 왜구를 무찔러 여러 번 공을 세운 바 있어

(義州兵馬使) 이종무(李從茂, 1360~1425년)[23]에게 궁온(宮醞)[24]을 내려 주었다.

○ 경상도 보령현(報令縣)[25]의 조운선(漕運船)이 동강(東江)에 이르러 가라앉았다.

임인일(壬寅日-19일)에 상이 소요산에서 태상왕을 조알했다. 장차 북방(北方)의 일을 토의하기 위함이었다. 상이 활과 화살을 차고서 행차도 하고 사냥[畋]^전[26]도 했다.

○ 감생 율견(栗堅), 장집(張緝), 주규(朱規) 등이 요동으로부터 말값을 가지고 왔다.

계묘일(癸卯日-20일)에 축맹헌이 요동으로 돌아갔다. (그에 앞서) 맹헌이 말했다.

"손소경(孫少卿)이 요동에 있으면서 바꾸어 보내는 말을 보고 '많은 숫자가 쓸모에 맞지 않다'고 하여 거의 다 점찍어 물리치고 있습

명장의 칭호를 얻었다. 윤덕(潤德) 등 네 아들을 두었다.

23 1400년(정종 2년) 상장군으로 2차 왕자의 난에 공을 세워 이듬해 좌명공신(佐命功臣) 4등으로 통원군(通原君)에 봉해졌다. 1419년(세종 1년) 삼군도체찰사(三軍都體察使)로 숭록대부(崇祿大夫)에 승진했다. 그해 전함 227척을 거느리고 대마도(對馬島)를 정벌한 후 돌아와 찬성사(贊成事)가 됐으나 불충한 김훈(金訓) 등을 정벌군에 편입시켰다는 탄핵을 받고 삭직됐다. 1422년에는 사은사(謝恩使)로 명나라에 다녀왔다.

24 임금이 신하나 백성에게 내려주던 궁중의 술로 내온(內醞)이라고도 한다.

25 지금의 충청북도 보은군이다. 1416년(태종 16년) 보령(報令)이라 부르던 지명을 보은(報恩)으로 고치고 경상도 상주현에서 독립시켜 보은현이 설치됐다.

26 전(畋)은 봄에 하는 사냥을 가리킨다.

니다. 제가 장차 손공(孫公)을 만나 설득하여 물리치지 말라고 하겠습니다. 만약 듣지 않는다면 제가 조정으로 돌아가 친히 아뢰겠습니다."

○ 상이 태상왕에게 헌수(獻壽)하고 날이 저물어 악차(幄次-임시 막사)로 돌아와 여러 총제들에게 명하여 말했다.

"내일 다시 헌수하려고 하니 마땅히 일찌감치 사냥하여 노루 몇 마리를 잡아야겠다."

갑진일(甲辰日-21일)에 밤에 흰 기운[白氣]이 저성(氐星)과 방성(房星)의 사이에서 일어나 섭제(攝提), 북두괴(北斗魁), 문창(文昌)[27]을 지나서 북쪽으로 흘러갔다.

○ 임금을 상징하는 깃발[纛]이 있는 곳의 북이 저절로 울렸다. 깃대가 다섯 차례나 저절로 일어났고 또 북이 저절로 울린 까닭에 별제(別祭)[28]를 행해 액막이를 했다.

을사일(乙巳日-22일)에 상이 다시 태상왕에게 헌수했다. 창녕부원군 성석린, 영의정부사 이서(李舒), 의안대군(義安大君) 화(和-이화) 등이 술자리에서 모시며 연구(聯句)로 창화하다가 밤이 깊어서야 마쳤다. 상이 헌수할 때에 지극히 즐긴 것을 기뻐해 악차에 이르러 술자리에서 (태상왕을) 모셨던 여러 대신들과 술자리를 베풀었는데

---

27 모두 별자리 이름이다.
28 천재지변이나 흉사(凶事)로 인한 액막이를 하고자 베푼 특별한 제사를 가리킨다.

[設酌] 한밤중까지 음악이 그치지 않자 안성군 이숙번과 환관 김완(金完)이 슬며시 간언하여[微諫] 자리를 그쳤다.

○ 이튿날 상이 술로 인해 피곤해서 유숙(留宿)하니 군사(軍士)와 치중(輜重-군수 지원부대)이 먼저 출발해 장단(長湍)을 지나갔다. 태상왕이 사람을 보내 사람들의 먹을거리와 말먹이[馬料]를 주면서 말했다.

"만약 부족하면 더 보내겠다."

상이 사인(使人)에게 말했다.

"내려주시는데도 안 받으면 예(禮)가 아니니 감히 받지 않을 수 없다. 부왕(父王)께서 만약 물으시면 마땅히 넉넉하다고 대답해야 할 것이다."

병오일(丙午日-23일)에 사헌부 지평 이지(李漬)가 거느리고 다니는 [率行] 서리(書吏)와 소유(所由)를 가두도록 명했다. 애초에 상이 지(漬)에게 명하여 말했다.

"내 행차 때 군사들이 민가에 들어가 폐단을 짓는 일을 못 하게 하라."

지가 서리와 소유를 나눠 보내며 말했다.

"만약 민가에 들어가는 자가 있으면 참외(參外)[29]는 바로 그 사람을 잡아들이고 참상(參上)은 그 성명(姓名)을 물어 와서 고하라."

---

29 상참(常參)할 수 없는 벼슬을 이르는 말로 관직의 종류에 따라서 다르나 대개 7품 이하를 이른다. 상참이란 매일 아침 국왕을 배알하던 약식(略式)의 조회(朝會)를 가리킨다. 참하(參下)라고도 한다.

별시위(別侍衛)[30]인 전 소감(少監) 윤린(尹璘)과 전 호군(護軍) 김택(金澤) 등이 민가에 들어가자 소유가 그 이름을 물었는데 린(璘)이 대답하지 않자 이에 그를 붙잡아 양손을 등 뒤로 결박해[反接]가지고 왔다. 지가 그를 풀어주고 금법(禁法)을 범한 이유를 캐물으니 린이 말했다.

"비를 피했을 뿐 감히 폐를 끼친 일은 없었소."

즉시 그를 놓아주었다. 이 일이 보고되자 상이 노하여 말했다.

"린은 4품의 관원이다. 만약 그가 죄가 있다면 신문하여 논죄하는 것이 옳다. 또 린은 민가를 어지럽게 한 것이 아니라 비를 피해 잠깐 들어갔다고 하는데 이로 인해 함부로 (임금을) 가까이에서 모시는[近侍] 사람을 마음대로 결박했으니[擅縛] 지가 법을 어지럽힘[亂法]이 어찌 이 같은 지경에 이를 수 있는가?"

지의 서리와 소유를 가뒀다. 지가 청하여 말했다.

"신이 죄가 있으므로 감히 (직무에) 나가지 못하겠습니다."

상이 노하여 말했다.

"네가 나오고 안 나오고는 모두 나에게 달렸다. 무슨 까닭으로 네가 스스로 나오지 못하겠다는 것인가?"

지가 두려워서 대가(大駕)를 따랐다. 내서사인(內書舍人) 이지직(李之直)이 린을 탄핵해 "이미 금법을 범하고 민가에 들어갔으며 또 외람되게 계문(啓聞)했습니다"라고 하자 상은 이 말을 듣고 더욱 노하

---

30 1401년(태종 1년)에 고려 말 이래 왕권 보호를 수행한 성중애마(成衆愛馬)를 없애고 두었다. 처음에는 내금위(內禁衛)와 마찬가지로 왕 가까이에서 위의(衛儀)를 엄하게 한 금군(禁軍)의 성격을 띠었으며 태종이 가장 신임한 병종(兵種)의 하나였다.

여 지신사 박석명을 꾸짖어 말했다.

"경들은 내가 노했을 때 일찍이 한마디 말로 그것을 풀어준 적이 없다. 경이 만약 곧게 간언했더라면[直諫] 내가 비록 한순간의 성냄이 있더라도 일이 지나고 나면 마땅히 흑백(黑白)을 알았을 것이다. 경들은 어찌하여 곧게 아뢰어[直告] 내가 흑백을 가릴 수 있게 하지 않는 것이오?"

석명이 달려 나가[趨進] 대답하여 말했다.

"상께서 지를 그르게 여기심은 옳습니다. 지가 4품관을 제 마음대로 결박했고 또 린이 민가를 어지럽히지도 않았으니 죄는 지에게 있습니다."

상이 박신(朴信)에게 말했다.

"태상왕께서 행차하실 때 대간(臺諫)이 호종(扈從)했는가?"[31]

대답해 말했다.

"호종했습니다만 간혹 호종을 명하지 아니하시어 대간이 청한 뒤에야 따랐습니다."

상이 말했다.

"그렇다면 나 역시 대간의 수가(隨駕-어가를 따르는 것)를 금하겠다."

○ 감생 동섬이 여섯 번째 운반 말[六運馬] 1,000필을 몰고서 돌아갔다. 단목지가 시(詩)를 지어주니 사평부 영사 하륜은 문사들을 모

---

31 당시에는 사헌부나 사간원 관리가 임금의 행차에 수행하며 경호관원들의 규찰을 하도록 하는 것이 법률로 정해져 있지 않았다. 이에 따라 여기서 군권(君權)과 신권(臣權)이 충돌할 여지가 있었다. 이 사건도 같은 맥락에 속해 있음을 볼 수 있다.

아 화답하는 시를 지어[賡韻] 축(軸)을 만들어주었다.
갱운

정미일(丁未日-24일)에 상이 소요산에서 (대궐로) 돌아왔다. 명나라 조정의 병부(兵部)에서 자문(咨文)이 왔다. 그 자문은 이러했다.

'본부에서 성지(聖旨)를 삼가 받들어 역환마(易換馬) 7,000필을 이제서야 바꿔 왔습니다. 조선에서 1만 필을 다 채울 수 없다면 억지로 바꿀 수 없는 것이니 사신을 돌아오게 하겠습니다.'

상이 기뻐했다. 축맹헌과 단목지도 자문을 보고서 모두 "기뻐할 만합니다"라고 말했다.

기유일(己酉日-26일)에 의정부, 승추부, 사평부가 모여 말 바꾸는 일에 대하여 토의했는데 모두 아뢰어 말했다.

"명나라 조정에서 말값이 이미 다 왔으니 바꾸는 일을 끝내는 것이 마땅합니다."

○ 중국의 만산군(漫散軍)³² 2,000여 명이 (평안도) 강계(江界)에 이르렀다.

경술일(庚戌日-27일)에 (상이) 청화정(淸和亭)에 나아가[御] 종친 및
어

---

32 중국 명(明)나라에서 도망쳐 나온 옛 고려의 동북면(東北面) 인민(人民)들을 가리킨다. 고려 우왕(禑王) 때에 호발도(胡拔都)가 침입해 명나라 요양(遼陽) 지방에 끌려갔던 고려인과 여진인들인데 동녕위(東寧衛)의 군정으로 편입됐다가 건문제(建文帝)와 영락제(永樂帝)가 제위(帝位) 다툼을 벌이는 난세(亂勢)를 틈타 고국인 조선으로 대거 도망하여 왔다.

무사들과 같이 활쏘기를 구경했다.

신해일(辛亥日-28일)에 짙은 안개[昏霧]가 3일 동안 사방에 자욱
했다.

○ 상이 태평관에 가서 사신과 감생들에게 잔치를 베풀었다.

임자일(壬子日-29일)에 금성과 토성 두 별이 서로를 범했다[相犯].³³

---

33 서로의 운행궤도가 교차했다는 말이다.

甲申朔 上贈衣一襲于潘文奎 不受 文奎但至闕陳謝而已.
갑신 삭 상 증의 일습 우 반문규 불수 문규 단지궐 진사 이이

端木智恐孟獻知其愛妓 及文奎至 喚妓以餌文奎 遂愛之 智乃安
단목지 공 맹헌 지기애기 급 문규 지 환기 이이 문규 수 애지 지내 안

焉. 智與文奎以孟獻不近妓 欲令如己 同飮於孟獻房中 與妓狎坐
언 지여 문규 이 맹헌 불근 기 욕령 여기 동음 어 맹헌 방중 여기 압좌

或使歌舞 置杯妓掌而進之 孟獻欣然同樂 然不溺焉. 智淫泆驕詐
혹사 가무 치배 기장 이진지 맹헌 흔연 동락 연 불닉 언 지음 일교사

孟獻純儉有守.
맹헌 순검 유수

以上護軍金繼志爲慶尙 全羅 忠清道敬差官 點兵船 其萬戶
이 상호군 김계지 위 경상 전라 충청도 경차관 점 병선 기 만호

千戶不勝任者罪之.
천호 불승임 자 죄지

乙酉 日冠.
을유 일관

驪城君閔無疾請宴使臣潘文奎于其第. 無疾奉使入朝 與文奎
여성군 민무질 청연 사신 반문규 우 기제 무질 봉사 입조 여 문규

偕來故也.
해래 고야

丙戌 上如太平館宴使臣. 以文奎將還也.
병술 상여 태평관 연 사신 이 문규 장환 야

遣吏曹典書呂稱如京師奏 本國地狹馬少 難於易換也.
견 이조 전서 여칭 여 경사 주 본국 지협 마소 난어 역환 야

丁亥 使臣潘文奎還 上餞于迎賓館. 文奎溫雅風流 清不近貨
정해 사신 반문규 환 상천 우 영빈관 문규 온아 풍류 청 불근 화

唯求詩卷. 文奎愛妓淑椒 欲率行境內 至興義遣還.
유구 시권 문규 애기 숙초 욕 솔행 경내 지흥의 견환

己丑 賀聖節使參贊議政府事崔有慶 回自京師. 有慶啓曰:
기축 하성절사 참찬 의정부 사 최유경 회 자 경사 유경 계왈

"燕兵勢強 乘勝遠鬪 帝兵雖多勢弱 戰則必敗 又有韃靼兵乘間
연병 세강 승승 원투 제병 수다세약 전 즉 필패 우유 달단 병 승간

侵掠燕遼之間 中國騷然"
침략 연요 지간 중국 소연

庚寅 日邊有暈 內赤外白.
경인 일변 유훈 내적 외백

遣參判承樞府事盧嵩如京師. 謝賜冕服也. 上以冕服率群臣
견 참판 승추부 사 노숭 여경사 사사 면복 야 상이 면복 솔 군신

拜表.
배표

納成均樂正權弘女于別宮. 初 大夫人宋氏言於靜妃曰: "宮嬪
납 성균 악정 권홍 녀우 별궁 초 대부인 송씨 언어 정비 왈 궁빈

甚多 其漸可畏." 靜妃妬忌尤甚. 及聞上以權氏有賢行 欲備禮
심다 기점 가외 정비 투기 우심 급문 상이 권씨 유 현행 욕 비례

納之 扶執上衣言曰: "上何忘故意乎? 吾與上同守艱難 共經
납지 부집 상의 언왈 상 하망 고의 호 오 여상 동수 간난 상경

禍亂 乃有國家 今乃忘我至此乎?" 涕泣不已 或不御膳 上命罷
화란 내유 국가 금내 망아 지차 호 체읍 불이 혹불 어선 상명 파

嘉禮色 以宦官侍女各數人 迎權氏納于別宮. 靜妃得心疾 上不
가례색 이 환관 시녀 각 수인 영 권씨 납우 별궁 정비 득 심질 상불

聽政數日.
청정 수일

以豊儲倉米豆 司宰監魚肉 易民間楮貨. 欲楮貨之通行也. 上
이 풍저창 미두 사재감 어육 역 민간 저화 욕 저화 지통행 야 상

謂河崙曰: "凡民當貿易之際 以布爲可用 以楮貨爲無用 是蓋
위 하륜 왈 범민 당무역 지제 이포 위 가용 이 저화 위 무용 시개

習俗惟知用布 不知楮貨之爲便也. 以楮貨換民間五綜布 盡入於
습속 유지 용포 부지 저화 지위편 야 이 저화 환 민간 오종포 진입 어

公 則民不得已而用楮貨矣. 但楮貨未遍民戶 而遽禁用布 則民
공 즉민 부득이 이용 저화 의 단 저화 미편 민호 이거 금용포 즉민

必怨之. 加造楮貨板印出 使人皆可以得楮貨 然後定期限禁用布
필 원지 가조 저화판 인출 사인 개 가이 득 저화 연후 정 기한 금 용포

可也."
가야

辛卯 昏霧四塞.
신묘 혼무 사색

賜長子名曰禔
사 장자 명왈 제

壬辰 太上王營別殿于逍遙山下. 太上王謂京畿右道都事
임진 태상왕 영 별전 우 소요산 하 태상왕 위 경기우도 도사

李明德曰: "欲營一殿 以接賓客." 明德告議政府 政府以聞 乃發
이명덕 왈 욕영 일전 이접 빈객 명덕 고 의정부 정부 이문 내발

京畿民赴役.
경기 민 부역

禁服灰色.
금 복 회색

丙申 遣判內資寺事庾龜山于義州. 遼東軍朱景等 逃至義州言:
병신 견 판 내자시 사 유구산 우 의주 요동군 주경 등 도지 의주 언

"二月十八日 征燕軍馬逃散 不知其數 侵掠民居 故逃還本土."
이월 십팔 일 정연 군마 도산 부지기수 침략 민거 고 도환 본토

乃遣龜山 探候事變.
내 견 구산 탐후 사변

命司憲府 勤乃職事 幷考司諫院. 召持平李漬曰: "備三員則
명 사헌부 근내 직사 병고 사간원 소 지평 이지 왈 비 삼원 즉

每日齊坐 公事毋得留滯. 司諫院勤慢 亦幷考察."
매일 제좌 공사 무득 유체 사간원 근만 역 병 고찰

丁酉 分置遼東逃來人等於江原道及東北面. 初 遼東人男女
정유 분치 요동 도래 인 등 어 강원도 급 동북면 초 요동 인 남녀

九十名逃來義州 又民一百五十戶乘桴越江到泥城云: "燕軍大興
구십 명 도래 의주 우 민 일백 오십 호 승부 월강 도 이성 운 연군 대흥

衛領軍楊大人棄城降于燕 故畏而逃來." 上令議政府分置之
위령군 양 대인 기성 항우연 고 외이 도래 상 령 의정부 분치지

給糧 又移西北面各州. 安置己卯年以後向國逃來人於下三道
급량 우 이 서북면 각주 안치 기묘년 이후 향국 도래 인 어 하삼도

各州 給糧.
각주 급량

命懲奴婢仍執據執者. 刑曹上疏 略曰:
명 징 노비 잉집 거집 자 형조 상소 약왈

"司憲府於建文三年八月二十八日受判內 今日以前奴婢得決
사헌부 어 건문 삼년 팔월 이십팔 일 수판 내 금일 이전 노비 득결

者 時得決者給之 故得決立案 納曹者多矣. 其據執者 囚其奴隷
자 시 득결 자 급지 고 득결 입안 납조 자 다의 기 거집 자 수 기 노예

督出其據執奴婢而已 無所懲戒. 由是不畏官法飾非隱匿 爭訟日
독출 기 거집 노비 이이 무 소징계 유시 불외 관법 식비 은닉 쟁송 일

煩 非殿下垂法絕訟之意也. 今後知非自首外 知非不報 仍執據執
번 비 전하 수법 절송 지 의야 금후 지비 자수 외 지비 불보 잉집 거집

奸僞深重者 以不從判旨鑑後."
간위 심중 자 이 부종 판지 감후

從之.
종지

戊戌 上如太平館宴使臣. 使臣召獸醫王明 周繼等赴宴 明
무술 상 여 태평관 연 사신 사신 소 수의 왕명 주계 등 부연 명

不來. 忿其不許坐也. 上命通事崔天老 饋於其所. 天老行酒至明
불래 분기 불허 좌야 상명 통사 최천로 궤어 기소 천로 행주 지명

所 愛妓不跪 明怒 蹴天老胸 氣絶飮藥得蘇. 館伴西原君韓尙敬
소 애기 불궤 명노 축 천로흉 기절 음약 득소 관반 서원군 한상경

文城君柳亮 以告孟獻 孟獻曰:"有是乎 不祥也!"
문성군 유량 이고 맹헌 맹헌왈 유시호 불상 야

智呼孟獻伴人作技 上命賜黑麻布白紵布各一匹.
지 호 맹헌 반인 작기 상명사 흑마포 백저포 각일필

以摠制金承霆爲江界等處萬戶.
이 총제 김승주 위 강계 등처 만호

下旨 毋以判禁事擊申聞鼓① 司彝人等 聞革其司 擊申聞鼓 上
하지 무 이판 금사 격 신문고 사이 인등 문혁 기사 격 신문고 상

令朴錫命傳旨政府曰: '曩頒降敎書一款:"凡欲告冤抑者 呈中外
령 박석명 전지 정부 왈 낭반 강교서 일관 범욕 고원억자 정 중외

官司 不爲究治 告憲司 亦不究治 乃來擊鼓 而冤抑的然 不爲
관사 불위 구치 고 헌사 역불 구치 내래 격고 이 원억 적연 불위

究治官吏 照律坐罪." 今擊鼓之人 皆爲誤決奴婢與訴良等事也.
구치 관리 조율 좌죄 금 격고 지인 개위 오결 노비여 소량 등사 야

前日 以憲府狀申 建文三年八月二十八日以前時得決者給之 已
전일 이 헌부 장신 건문 삼년 팔월 이십 팔일 이전 시 득결 자급지 이

有判旨 無知之人 以判禁奴婢事 詐稱冤抑 直來擊鼓 以干刑典.
유 판지 무지 지인 이판 금 노비사 사칭 원억 직래 격고 이간 형전

今後毋得以判禁事擊鼓 出榜諭衆 如有不從 痛懲鑑後.'
금후 부득 이판 금사 격고 출방 유중 여유 부종 통징 감후

己亥 知貢擧權近同知貢擧李詹 取鄭還等三十三人.
기해 지공거 권근 동지공거 이첨 취 정환 등 삼십 삼인

辛丑 上如太平館. 上將朝太上王于逍遙山 告行于使臣也.
신축 상여 태평관 상장 조 태상왕 우 소요산 고행 우 사신 야

孟獻與智謂上曰:"易馬太緩." 上答以無馬. 孟獻曰:"帝謂朝鮮
맹헌 여지위 상왈 역마 태완 상답 이 무마 맹헌왈 제위 조선

多産馬 今言無馬何也?" 上曰:"天使今親見之 若有馬 則藏之
다산 마 금언 무마 하야 상왈 천사 금친 견지 약 유마 즉 장지

何處? 願天使降尺馬尺寸 則能易之 否則遲矣." 孟獻以尺寸分馬
하처 원 천사 강척 마 척촌 즉능 역지 부즉 지의 맹헌 이 척촌 분마

大中小 故以是答之.
대중소 고 이시 답지

賜宮醞于西北面都巡問使李彬 泥城都兵馬使崔雲海 義州
사 궁온 우 서북면 도순문사 이빈 이성 도병마사 최운해 의주

兵馬使李從茂.
병마사 이종무

慶尙道 報令縣漕運船 至東江而沒.

壬寅 上朝太上王于逍遙山 將以議北方之事也. 上佩弓矢 且行

且畋.

監生栗堅 張緝 朱規等自遼東齎馬價而來.

癸卯 祝孟獻還遼東. 孟獻言曰: "孫少卿在遼東見易送馬曰:

'多不中用' 率皆點退. 吾將見孫公 說以勿退 若不聽 則吾還朝

親奏矣."

上獻壽於太上王 暮還幄次 命諸摠制曰: "明日欲復獻壽 宜早

畋 獲獐數口."

甲辰 夜白氣起氐房間 過攝提北斗魁文昌 抵北.

纛所鼓自鳴. 纛自起者五度 且鼓自鳴 故行別祭以禳之.

乙巳 上復獻壽于太上王. 昌寧府院君成石璘 領議政府事李舒

義安大君和等侍宴 聯句唱和 夜深乃罷. 上喜獻壽盡懽 至幄次

與侍宴諸大臣設酌 夜半樂不止 安城君李叔蕃及宦官金完 微諫

止之.

明日 上因酒困留宿 軍士輜重先發過長湍. 太上王遣人給人

馬料曰: "若不足則加送之." 上語使人曰: "賜之而不受 非禮也

不敢不受. 父王若問 宜對以有餘."

丙午 命囚司憲持平李漬率行書吏及所由. 初 上命漬曰:

"予之行 禁軍士入民戶作弊." 漬分遣書吏所由曰: "如有入民戶者

參外 直執其人; 參上 問其姓名來告." 別侍衛前少監尹璘 前護軍
참외 직집 기인 참상 문기 성명 내고 별시위 전 소감 윤린 전 호군

金澤等入民戶 所由問其姓名 璘不答 乃執之反接而來. 潰解之
김택 등 입 민호 소유 문기 성명 린 부답 내 집지 반접 이래 지 해지

詰其犯禁之故 璘曰: "避雨耳 非敢作弊." 卽放之. 事聞 上怒曰:
힐기 범금 지고 린왈 피우 이 비감 작폐 즉 방지 사문 상 노왈

"璘四品員也. 如其有罪 申聞論罪可矣. 且璘非擾民戶 避雨暫入
린 사품 원야 여기 유죄 신문 논죄 가의 차 린 비요 민호 피우 잠입

以此擅縛近侍之人. 潰之亂法 至如是哉!" 囚潰書吏所由 潰
이차 천박 근시 지인 지 지 난법 지여시재 수지 서리 소유 지

請曰: "臣有罪不敢出." 上怒曰: "汝之出不出 皆在予. 何故汝自
청왈 신 유죄 불감 출 상 노왈 여지 출 불출 개재 여 하고 여자

不出乎?" 潰懼而隨駕. 內書舍人李之直劾璘旣犯法入民戶 又
불출 호 지구 이 수가 내서사인 이지직 핵 린 기 범법 입 민호 우

冒弄啓聞 上聞之益怒 責知申事朴錫命曰: "卿等當予怒時 曾
모롱 계문 상문지 익노 책 지신사 박석명 왈 경등 당여 노시 증

無一言解之. 卿若直諫 予雖有一時之怒 事過當知黑白矣. 卿等
무 일언 해지 경약 직간 여수유 일시 지노 사과 당지 흑백 의 경등

何不直告以辨黑白?" 錫命趨進對曰: "上之非潰是矣. 潰擅縛
하부 직고 이변 흑백 석명 추진 대왈 상지 비지 시의 지 천박

四品員 且璘非騷擾 罪在潰." 上謂朴信曰: "太上之行幸也 臺諫
사품 원 차 린 비 소요 죄재지 상위 박신 왈 태상 지 행행 야 대간

扈從乎?" 對曰: "扈從 然或不令扈從 臺諫請而後從之." 上曰:
호종 호 대왈 호종 연 혹 불령 호종 대간 청 이후 종지 상왈

"如此則予亦禁臺諫之隨駕矣."
여차즉 여 역 금 대간 지 수가 의

監生董暹押六運馬一千匹而還. 端木智作詩贈行 領司平府事
감생 동섬 압 육운마 일천 필 이환 단목지 작시 증행 영 사평부 사

河崙會文士賡韻 成軸以贈.
하륜 회 문사 갱운 성축 이증

丁未 上至自逍遙山. 朝廷兵部咨文到. 其咨文曰:
정미 상지 자 소요산 조정 병부 자문 도 기 자문 왈

'本部欽奉聖旨 易換馬七千匹今已易來. 朝鮮不能充一萬匹 則
본부 흠봉 성지 역환 마 칠천 필 금이 역래 조선 불능 충 일만 필 즉

不可强易 使臣可回來.'
불가 강역 사신 가 회래

上喜 祝孟獻 端木智見咨文 皆曰: "可喜."
상희 축맹헌 단목지 견 자문 개왈 가희

己酉 議政府承樞府司平府會議易換馬事 僉曰: "朝廷馬價
기유 의정부 승추부 사평부 회의 역환 마사 첨왈 조정 마가

已來 畢易換爲宜."
이래　필　역환　위의

中國漫散軍二千餘人到江界.
중국　만산군　이천　여인도　강계

庚戌 御淸和亭 與宗親武士觀射.
경술　어　청화정　여종친　무사　관사

辛亥 昏霧四塞三日.
신해　혼무　사색　삼일

上如太平館 宴使臣及監生.
상여　태평관　연　사신　급　감생

壬子 金土二星相犯.
임자　금토　이성　상범

| 원문 읽기를 위한 도움말 |

① 毋以判禁事擊申聞鼓. 부정명령어 毋는 擊에 걸린다.
　무　이　판　금사　격　신문고　　　　　　　무　　격

태종 2년 임오년
4월

四月

계축일(癸丑日-1일) 초하루에 (의정부) 내서사인(內書舍人) 이지직 (李之直, 1354~1419년)¹과 (사간원) 좌정언(左正言) 전가식(田可植, ?~1449년)²이 소를 올려 일을 논하니[論事] 그 소를 삼부(三府)에 내
_{논사}
려보내 헤아려 의견을 내도록 했다. 소는 이러했다.

'예로부터 제왕은 부지런하고 검약하여 흥성하지 않은 적이 없고 게으르고 욕심을 부려 망하지 아니한 적이 없습니다. 그래서 (하나라를 세운) 대우(大禹)는 궁실(宮室)을 낮게 짓고 좋은 의복을 입지 않았으며, (은나라를 세운) 성탕(成湯)은 먼동이 틀 무렵이면 일어나[昧爽] 다움을 크게 드러내었고[丕顯=大明] 간언하는 말을 따르
_{매상}   _{비현 대명}
며[從諫] 어기지 않았고[不咈], (주나라의 모태가 된) 문왕(文王)은 늘
_{종간}   _{부불}
조심하며 좋지 못한 옷을 입고 밭일을 나감으로써 한없이 아름다

---

1 아버지는 판전교시사(判典校寺事) 둔촌 이집(李集)이다. 지금 서울의 둔촌동이 그가 살던 곳이다. 1398년(태조 7년) 보문각 직제학 재임 시 변란이 있자 이를 극렬히 간언하다 화를 입었다. 이때 태종 이방원과 변춘정(卞春亭)이 그를 강력히 변호해 금고(禁錮)의 처벌만 받게 되었다. 이후 광주(廣州)의 탄천(炭川-지금의 서울 잠실 근처)에 은거하며 독서를 일삼았는데 배우러 오는 사람들이 모두 탄천선생이라 했다. 태종이 말년에 세종에게 다시 등용하라고 당부해 세종이 즉위하면서 곧바로 형조 우참의(右參議)에 등용하고자 했으나 부임하지 못하고 일생을 마쳤다. 후일 청백리(淸白吏)에 올랐으며 영의정에 추증됐다.

2 1399년(정종 1년) 문과에 장원급제해 정헌대부, 예조판서를 역임했다. 서장관(書狀官)과 정사(正使)로서 중국에 다녀왔다. 1449년(세종 31년) 84세로 세상을 뜨자 세종이 슬퍼하며 예관(禮官)을 보내 조문했다.

운 다음을 열어보였습니다.[3] 공손히 생각건대 전하께서는 귀 밝고 눈 밝은 자질[聰明之資]로써 경사(經史)를 널리 보시고 무릇 일을 행함에 있어 움직임 하나하나가 옛 선왕(先王)을 본받느라 감히 편안한 틈이 없으시어 신하와 백성들은 모두 다 삼대(三代)의 애씀과 밝음[文明]의 다스림을 바라고 있으니 이는 진실로 1,000년에 한 번 올까 말까 한 한때[一時]입니다. 그런데 전하의 의복과 어가를 보면 정교하고 화려한 것을 자못 좋아하여 (옛날의 좋은) 제도를 따르지 않으시고, 대간(臺諫)의 말이 어쩌다 뜻에 거슬리면[忤旨] 엄하게 견책을 가하시며, 매[鷹]와 개[犬]를 좋아하고,[4] 성색(聲色)을 즐기심을 아직도 다 없애지 못하셨으니 이는 신하와 백성들이 실망스러워하는 바입니다. 엎드려 바라옵건대 전하께서는 검약(儉約)을 숭상하시고 방탕과 욕심을 경계하시며 간쟁(諫諍)을 받아들이시고 희로(喜怒)를 삼가시어 날이 갈수록 하루하루 조심하셔야 합니다. 하물며[矧=況] 중국이 갈라지고 무너져 서로 다투어 공격하고 정벌하고 있으며 우리 나라에서도 재변(災變)이 자주 일어나오니 바로 우리 임금과 신하들이 경인년과 신축년의 난(亂)을 거울삼아 걱정하고 근심하며 매사 조심해야 할 때[秋][5]입니다. 삼가 얕은 소견[淺見]을 아래와 같이 조목별로 늘어놓겠습니다.

하나, 군수(軍需)는 갖추지 않을 수 없습니다. 오늘날 서울이나 지

---

3 이 내용은 모두 『서경(書經)』에 실려 있다.
4 사냥을 좋아한다는 말이다.
5 이때 추(秋)는 모든 것이 무르익어 결실을 맺는 때라는 뜻이다. 그만큼 위기가 쌓여 있음을 강조하는 표현이다.

방의 창고에 묵어가는 곡식[陳陳之粟]도 제대로 없는데 저화(楮貨)
를 바꾸느라 군량(軍糧)이 모두 장사꾼의 집으로 들어가게 하니 식
자들이 개탄하고 있습니다. 바라건대 전하께서 무역을 하지 말도록
하시어 군자(軍資)를 갖춰야 할 것입니다.

하나, 군정(軍政)이 필요로 하는 것 중에 말보다 급한 것은 없습
니다. (그런데) 오늘날 중국 조정에서 먼저 상(賞-물건)으로서 내려
주고 말을 바꾸는 것을 뒤따르게 하고 있습니다. 이는 이(利)로써 속
여[啗=欺] 좋은 말을 얻고자 함이니 천왕(天王)이 제후(諸侯)를 대
우하는 도리가 아닙니다. 전하께서 사대(事大)의 정성으로 감히 명
을 어기지 아니하고 신민(臣民)으로 하여금 모두 다 매매하게 하여
운(運)을 나눠 진헌하시니 예법으로 보자면 맞습니다. 그러나 좁고
작은 나라로서 한도가 있는 말을 가지고 끝없는 욕심을 채우려고
한다면 신 등은 말이 다 없어져 힘이 기울어질까 염려됩니다. 만일
긴급한 사태가 생긴다면 장차 어떻게 할 것입니까? 『서경(書經)』에
이르기를 "기이한 물건을 귀하게 여기지 말고 재물의 사용을 아끼면
백성은 마침내 넉넉해진다"[6]고 했습니다. 지금 남의 나라에서 나는,
이어대기 어려운 물건[難繼之物]을 서울과 지방에 퍼트려 (백성들의)
습속이 사치를 숭상하게 하는 것은 나라의 상서로운 일이 아닙니다.
바라건대 이미 바꾼 말을 제외하고는 더 이상 바꾸지 못하게 하고
남은 말값은 모두 다 상국(上國)에 돌려보내시며 그 능라단자(綾羅

---

6 『주서(周書)』「여오(旅獒)」편에 나오는 소공(召公)의 말이다. 서려(西旅)에서 진귀한 큰 개
   를 바치자 무왕이 이를 받으려고 하니 그것을 받아서는 안 된다며 소공이 올린 글에 나
   오는 말이다.

段子)는 진상하는 의복과 어가를 제외하고는 하나같이 모두 금단(禁斷)해야 합니다.

하나, 도망친 자를 불러들이고 배반한 자를 받아주는 것[招亡納叛]은 『춘추(春秋)』에서 낮춰보는 것[所貶]입니다.[7] 오늘날 요동(遼東)과 심양(瀋陽)의 백성들이 기근(饑饉)을 핑계로 망명하여 와서 귀부하고 있습니다. (그러나) 이들은 비록 본조(本朝-조선)의 백성이긴 하지만 예전에 이미 우리를 배반했고 오늘은 다시 저들을 배반하니 제 마음대로 뒤집어[反覆] 믿기 어려운 것을 알 만합니다. 또 이제 대국(大國)을 신하로서 섬기면서 다시 그 배반자를 받아준다면 사대(事大)하는 의리에 어긋남이 있습니다. 바라건대 이제부터 몸을 도망쳐[逃軀] 와서 귀부하는 자는 바로 붙잡아 되돌려 보내게 하고 나라 안에 들어오지 못하게 해야 합니다.'

상이 지직(之直)과 가식(可植)을 부르고 지신사 박석명을 시켜 뜻을 전해 말했다.

"나의 과실(過失)을 비밀리에 아뢰어도 내 어찌 듣지 않겠는가? (그런데) 지금 글을 이루어[成狀] 사책(史冊-역사)에 기록하게 만들었으니 내 심히 아프도다."[8]

마침내 의정부에 내려보내 사평부, 승추부와 함께 의견을 모으도

7 『춘추(春秋)』나 『춘추좌씨전(春秋左氏傳)』에 정확히 초망납반(招亡納叛)이라는 표현이 나오는 것은 아니다. 오히려 사마광의 『자치통감(資治通鑑)』에 그 표현이 실려 있다. 낮춰본다는 것은 높이 평가하는 것[所襃]과 대비가 된다. 춘추의 의리라고 하는 것은 곧 공자가 높이 평가하거나 낮춰본 것[襃貶]에 입각해 사안을 판단한다는 뜻이다.

8 공식적으로 소를 올렸으니 훗날 역사에 기록될 수밖에 없음을 민망하게 여긴 것이다.

록 했다[同議]. 이에 다음과 같이 아뢰었다.

"쌀로 저화를 바꾸는 것은 저화가 민간에 유통되게 하려는 것이고 이미 숫자를 정하여 바꾸니 그 쌀이 서울의 장사꾼 집에 들어가지 않을 것이며 각각 그곳의 실농(失農)한 민가에서 포화(布貨)와 잡물(雜物)로써 바꾸는 까닭에 민간에 이익이 됩니다. 과반수를 바꾼 지금의 상황에 이르러 그것을 금하면 조정의 명령[朝令]을 가벼이 바꾸는 결과가 됩니다. 말 무역을 그치고 남은 말값을 되돌려 보내자는 일은 애당초 7,000필을 약속해 6,000필은 이미 바꿔 보냈고 그 나머지는 1,000필입니다. 그런데 만약에 무역을 그친다면 이미 바꾸어 보낸 6,000필마저 도리어 공로가 없어지고 아직 분명한 이유도 없이 남은 말값을 되돌려 보내는 것 또한 어렵습니다. 도망쳐 온 사람들을 되돌려 보내는 일은 3부(三府)의 기로(耆老-원로)들이 일찍이 헌의(獻議)한 장(狀)의 내용에 있는 뜻이니 모두 진실로[允] 마땅치 못합니다."

갑인일(甲寅日-2일)에 여성군 민무질에게 잔치를 베풀어주었는데 사명을 받들고 명나라를 다녀온 노고를 위로하기 위함이었다.

○ 사헌부에서 이지직과 전가식을 탄핵했는데 세 사람[三員]을 갖추지 않은 채 소를 올렸기 때문이다.

을묘일(乙卯日-3일)에 정환(鄭還) 등 33명에게 복시(覆試)[9]를 시행

---

9 예조에서 주관하는 문과 생원진사시와 병조 및 훈련원에서 주관하는 무과 및 각 기술아문

해 신효(申曉)[10]를 뽑아 제1등으로 삼았다. 상이 좌우에 물었다.

"서울에 사는 사람으로서 과거에 응시한 자를 장원(壯元)으로 삼는 것이 좋겠다."

대언(代言) 이응(李膺)이 대답했다.

"글[文]로 인재를 뽑는 것인데 서울과 지방을 어찌 나누겠습니까?"

상이 말하기를 "글의 잘되고 서툰 것[工拙]이 같을 경우에는 마땅히 서울 사는 사람을 장원으로 뽑고 또는 글씨를 잘 쓴 사람을 으뜸으로 하는 것이 좋겠다"라고 했다.

응이 대답했다.

"마땅히 회시(會試)의 (성적의) 높고 낮음[高下]을 아울러 논해야 합니다."

상이 말했다.

"정환은 어떤 사람인가?"

응이 대답했다.

"그 아버지 거민(居敏)은 녹사(錄事)[11] 출신입니다."

(技術衙門)에서 주관하는 잡과의 제2차 시험을 말한다. 회시(會試)라고도 한다. 복시는 서울과 지방의 초시에서 뽑혀 올라온 제1차 시험의 합격자들을 재시험, 최종 합격자를 정하는 중요한 시험이다. 복시 합격자는 다시 왕이 주재하는 전시(殿試)를 쳐야 했지만 여기서는 합격 여부를 다시 결정하는 것이 아니라 오직 합격자들의 등급만을 정하게 돼 있었다. 따라서 복시에 합격하면 사실상 과거에 합격한 것이나 다름없었다. 복시는 초시와 마찬가지로 초장(初場), 중장(中場), 종장(終場)의 시험이 있었다. 초장에서는 경학(經學), 중장에서는 시부(詩賦), 종장에서는 시무책(時務策)을 시험했다.

10 이때 장원급제해 1404년 사간원 우정언으로 있으면서 노이(盧異), 이양명(李陽明) 등과 궁중의 비밀을 발설해 탄핵을 받아 연안에 유배됐다. 2년 만에 풀려났으나 행주에 은거해 다시는 서울의 도성문을 밟는 일 없이 세조 중기에 81세로 죽었다. 세종 때 형 신개가 재상으로 있으면서 다시 관직에 나올 것을 권하고 천거했으나 끝까지 나오지 않았다.

상이 말했다.

"정몽주(鄭夢周)는 향생(鄕生-지방 출신)으로서 장원이 돼 호방(豪放)함이 비길 데가 없었다."

웅이 대답했다.

"몽주 같은 사람은 중국에서도 드뭅니다."

지신사 박석명이 아뢰어 말했다.

"새로 급제한 신장(申檣, 1382~1433년)[12]은 전조(前朝-고려)의 간의(諫議) 덕린(德隣)의 손자입니다. 덕린이 글씨를 잘 썼는데[工書] 장(檣)의 필법이 그와 비슷합니다."
공서

상이 그를 좋게 여겨 장을 상서(尙瑞) 녹사(錄事)에 제수(除授)했다.

○ 삼부(三府)와 기로(耆老)들에게 명해 이성 병마사(泥城兵馬使)가 보고한 바[所報]를 토의하게 했다. 이성에서 역마(驛馬)를 날려[飛馹]
소보   비일

---

11 고려 말과 조선 초에 성중관(成衆官)으로 총칭되던 여러 종류의 상급 서리들이 세조 때 정리돼 녹사만이 남게 됐다. 의정부와 중추부에 나뉘어 소속됐으며 문반의 관부에는 의정부에서, 무반의 관부에는 중추부에서 나누어 파견했다. 이들은 대체로 2품 이상의 실권이 있고 업무가 많은 관부나 대신들에게 배정됐다. 녹사취재(錄事取才)를 통해 선발되며 음자제취재(蔭子弟取才)에 합격한 자도 자원하면 선발됐는데 원래 품계를 가지고 있는 자는 선발 대상에서 제외됐다. 종류를 보면 관부에 배정된 수청녹사(隨廳錄事)와 대신에게 배정된 전속녹사(專屬錄事-부녹사)로 구분된다. 전자는 주로 관부에서 문서의 취급과 기록 및 연락 업무를 담당했고 후자는 주로 대신의 명을 받아 공문서의 전달이나 구두 연락의 업무 및 기타 잡무를 담당했다.

12 할아버지는 고려 전의판서(典儀判書) 덕린(德隣)이고, 아버지는 고려 공조참의 포시(包翅)이며 아들로 숙주(叔舟)와 말주(末舟)가 있다. 예조정랑 겸 춘추관기사관을 거쳐 춘추관 동지사로서 『정종실록』의 편찬에 참여했다. 뒤에 중군도총부총제(中軍都摠府摠制) 세자우부빈객(世子右副賓客)을 거쳐 공조좌참판에 이르렀다. 그리고 오래 대제학을 맡아 당시 유학에 통달한 권위 있는 학자로 추앙을 받았다. 뒤에 영의정에 추증됐다.

아뢰었다.

'지난 3월 29일에 요동의 군마(軍馬) 5,000여 명이 강변에 이르러 말하기를 "도망한 군사[逃軍]를 추격해 왔는데 뗏목을 만들어[結桴] 강을 건너고자 한다"고 하니 어떻게 대해야겠습니까?'

상의 뜻은 이는 분명 전일에 받아들인 본국의 백성 90여 명을 추격한 것이라고 여기고서 마침내 삼부에 명해 기로들을 모아 이것을 토의하게 하고 또 각사(各司)에 명하여 소견(所見)을 적어 그 단자(單子)[13]를 정부에 내도록[呈] 했다. (그리고 또) 정오에 이성에서 역마를 날려 보고했다.

'요동 총병관(遼東總兵官)이 필둔구자(必屯口子)[14]에 차자(箚子-약식 공문)를 보내왔는데 "총병관(摠兵官) 서(徐)는 요동 총관의 진동 장군 (鎭東將軍)의 자문(咨文)에 의거해 군무(軍務)에 관한 일을 알립니다. 요동의 토인(土人)들이 배반하고 도망쳤으므로 통병관(統兵官)에게 이자(移咨)하여 추격해 죽이고 초무(招撫)하게 했습니다. (그런데) 지금 친히 대군을 거느리고 압록강의 필둔구자를 따라와보니 적인(賊人)의 종적은 벌써 강을 건너 본국으로 도망했습니다. 만약 훈련된 병사들[調兵]로 하여금 추격해 초멸(勦滅)하게 한다면 관군이 그곳에 가서 옥석(玉石)을 가리지 않고 사방으로 약탈할까 참으로 걱정

---

13 부주나 선물 등의 품목과 수를 적어 봉투에 담은 것을 말하는데 여기서는 의견을 담은 봉투를 말한다.

14 구자란 조선시대 변경(邊境) 지역인 압록강(鴨綠江)과 두만강(豆滿江) 연안의 요해지(要害地)에 군사 시설을 갖춘 작은 관방(關防)을 말한다. 만호(萬戶)와 권관(權官-임시 관리)을 두었다.

스럽습니다. 또 삼가 생각건대 우리 조정[天朝]에서 조선 국왕을 예
로서 대우하는 뜻이 특히 깊고 말을 사들이는 데 있어 공헌(貢獻)함
이 모두 다 약속대로 했으니 어찌 죄짓고 도망한 자들을 받아들였다
고 생각하고서 대의를 잃겠습니까? 우선 강변 밖에 머물러서 차자
를 보내는 바이니 차자가 도착하는 날, 곧 장차 도망간 사람 이화상
(李和尙), 김자답리(金者答里), 임팔실니(林八失爾), 이전이(李典伊) 등
을 급히 풀어 보내어 숨겼다가 병화의 흔단(釁端-단서)을 일으키지
말아야 할 것입니다"라고 했습니다. 이를 받고서야 마침내 (요동의)
군마가 오게 된 연유를 알게 됐고 또 전일에 받아들인 90여 명이 그
냥 도망한 군사가 아니란 것을 알게 됐습니다.'

상이 응봉사(應奉司)[15]에 명해 필둔구자(必屯口子)의 파절관(把截
官)[16]이 보내는 글을 만들게 한 다음 서 총병에게 보냈다.

'도망한 군사로서 우리나라에 온 자는 없었습니다. 설사 그런 종적
이 있더라도 근처의 산골짜기가 깊고 멀어서 이와 같은 도망자들이
숨기에 편리하여 어느 골짜기에 숨었는지 알 길이 없습니다. 만약 숨
어 있는 곳을 알게 된다면 즉각 명 조정에 아뢰고서 붙잡아 보내겠
습니다.'

○ 서북면 도순문사(西北面都巡問使) 이빈(李彬)이 급히 보고를 올

---

15 사대교린에 관한 문서를 관장하던 관청이다.
16 고려 말과 조선 초에 불법적인 통행인을 막기 위해 전국의 교통 요지에 배치했던 관리를
  말한다. 고려 공양왕(恭讓王) 3년(1391년) 정월에 처음으로 안주, 압록 등에 배치했다. 당
  시 과도한 국역(國役)이나 조세 부담을 피하기 위해 거주지에서 타 지역으로 유리하고 있
  던 백성들을 적발하는 일을 주된 업무로 했다.

렸다[飛報=急報].

'노숭(盧嵩)이 개주참(開州站)에 이르러 도적을 만나 돌아왔습니다. 노숭은 사은 방물(謝恩方物)과 마필(馬匹)을 갖고 있었고 감생 유영(柳榮)은 바꾼 말 200필을 몰아 모두 의주(義州)에 이르렀습니다. 이때 손소경(孫少卿)이 마필을 독촉하기 위해 또한 의주에 와서 드디어 함께 요동을 향해 떠났는데 3월 26일 개주참에 이르자 사나운 도적[劇賊] 200여 명이 갑자기 나타나서 협공하여 진헌 방물과 유영이 몰고 가던 말을 다 빼앗았고 다만 노숭이 바치려고 했던 별마(別馬) 20필은 견마군(牽馬軍)이 타고 달아나서 그것만 빼앗기지 않았습니다. 손소경은 타고 있던 말에 화살을 맞고서 숭과 함께 모두 달아나 숨었기 때문에 겨우 죽음을 면했습니다[僅免].'

상이 사람을 시켜 단목지에게 알리니 지는 걱정스럽고 두려워 밤새[終夜] 잠을 자지 못했다.

○ 상이 의안대군 화(和-이화), 승추부 판사 조영무 등과 (노숭이) 도적을 만난 일을 토의하던 중에 말했다.

"이런 변이 생겨난 것은 모두 사신(使臣)이 적임자[其人]가 아니기 때문이다. 축소경(祝少卿)은 일이 끝나 이미 돌아갔고 손소경은 뇌물[贈賚=贈賂]을 받고 싶어서 이에 말이 좋지 않다고 하고 유감생은 평양에 이르러 병을 핑계로 드러누워 날짜를 지연시키다가 결국 이 지경에 이르렀다."

박석명이 말했다.

"지금 중국 조정[中朝]의 사람들은 거의 다[率皆] 이렇습니다. 서쪽에는 연(燕)이 배반하고 북쪽에는 흉노(匈奴)가 있고 사이사이에는 초적(草賊)이 있는데, 이것들은 놓아두고 걱정하지 않으면서 오직 도망한 군사들만 쫓고 있으니 요동 서총병(徐摠兵)의 도모함[爲謀] 또한 매우 얕습니다."

위모

상이 말하기를 "단목지 같은 자는 참으로 소인이다. 오로지 술과 밥만을 좋아한다"라고 했다.

석명이 말했다.

"최근에 오는 사신들은 대부분 이와 같습니다. 중국에는 실로 사람이 없습니다."

상이 말했다.

"오직 축 소경만이 일찍이 말하기를 '육유생(陸儒生-육옹) 때문에 천하를 잃을 뻔했다'고 했으니 이 사람이야말로 나라를 걱정하는 선비[憂國之士]다."

우국지사

그리고 얼마 안 돼[未幾] 빈(彬)이 또 급보(飛報)했다.

미기

'도적의 무리들이 어디로부터 왔는지[所自]를 정탐해보았더니 바로

소자

연(燕)을 정벌하던 군사들의 패잔병들이라 그 수가 200여 명에 불과했습니다. 손소경이 100여 기(騎)를 이끌고 압록강을 건너 종적을 찾아보았으나 도적은 한 사람도 없었고 이미 요동으로 돌아갔습니다.'

이에 나라 사람들의 근심과 의심이 조금씩 풀렸다. 상이 사람을 시켜 단목지에게 말해주니 지는 매우 기뻐했다.

병진일(丙辰日-4일)에 마필을 바꾸는 일을 그만두었다.

○ 사헌부 대사헌 이지(李至) 등이 소를 올려 이지직과 전가식에게 죄줄 것을 청했다. 소는 이러했다.

'가만히 생각건대 간쟁(諫諍)하는 법도는 군왕에게 과실이 있으면 과오를 조목조목 진술하되 곧게 말하여 꺼리는 바가 없어야[直言不諱] 마침내 간신(諫臣)의 도리를 다한 것입니다. 우리 전하께서는 영명(英明)한 자질로 정사를 다스림에 부지런하시어 단순히 우리나라 사람들이 우러러볼 뿐만 아니라 중국 조정에서도 아름답다고 칭찬하는 바입니다. (그런데) 이제 간원에서 전하의 잘못을 간언하면서 "의복과 어가를 보면 정교하고 화려한 것을 자못 좋아하여 (옛날의 좋은) 제도를 따르지 않으시고, 매[鷹]와 개[犬]를 좋아하고, 성색(聲色)을 즐기심을 아직도 다 없애지 못하셨으니"라고 했습니다. 만약 전하의 의복과 어가가 간혹 정교하고 화려하며, 매와 개를 좋아하시고 성색을 즐기시며 어쩌다가 과오가 있으시어 그 일을 바른 대로 써서 간절하게 말씀드리게 되면 전하의 명민(明敏)과 과단(果斷)으로 그 말을 좇기를 마치 물의 흐름처럼 하셨을 것이 틀림없습니다. (그런데) 지금 간신(諫臣)은 그렇지 못하여 두루뭉술하게 "의복과 어가가 정교하고 화려하며 매와 개를 좋아하고 성색을 즐긴다"고 했으니 이는 입고 타시는 것이 모두 법복(法服)과 법가(法駕)가 아니라는 것이고, 매와 개 그리고 성색은 오로지 황음(荒淫)하다는 말입니다. 그렇다면 임금된 도리는 어디에 있을 수 있습니까? 신 등은 전하의 과실이 이와 같은 데에 이르지 않았다는 것을 훤히 알고 있으니[灼知] 이는 거짓으로 전하의 불미(不美)함을 드러내 실덕(實德)을 훼손한 것일 뿐입니다. 그것이 임금을 사랑하는 도리에 어떠하오며 간신(諫臣)의 도리에는 어떠합니까? 엎드려 바라옵건대 전하께서는 유사(攸司)에 명하여 장차 지직과 가식을 거짓으로 기망한[誑妄] 죄로 국문

하게 하시고 외방으로 유배 보내야 합니다[流竄]. '
유찬

상이 말했다.

"간관(諫官)이 (임금의) 과실을 말했다 하여 어찌 감히 죄를 주리오!"

(사헌부) 지평 이지(李漬)는 물러가 사직서를 올렸다[呈辭].
정사

○ 무과(武科)의 감교관(監校官)[17] 승추부 판사 조영무, 동감교관(同監校官) 안성군 이숙번이 윤하(尹夏) 등 28명을 골라 뽑았다[取].
취

정사일(丁巳日-5일)에 사헌부에서 다시 지직과 가식의 죄를 청했다. 소는 이러했다.

'이달 초4일에 지직 등의 죄를 청했으나 아직 윤허[兪允]를 받지
유윤
못해 신 등의 실망은 매우 깊습니다. 간신이 되어 임금의 과실을 간하는 것은 (마땅한) 직무[職]이고 간쟁이 사안에 적중하지 못해도
직
[失中] 죄를 가하지 않는 것은 임금의 지극한 임금다움[至德]이기
실중   지덕
는 합니다. 그러나 그들이 말하기를 "의복과 어가가 정교하고 화려하여 (옛날의 좋은) 제도를 따르지 않고 매와 개를 좋아하고 성색을 즐긴다"고 했는데 이는 사안에 적중하지 못했을 뿐만이 아닙니다. 거짓으로 상의 과실을 말해 여러 사책(史册)에 쓰게까지 했으니 후세의 신하들 중에 누가 "(그 시절에는 제대로 된) 임금이 있었고 (제대로 된) 신하가 있었다[有君有臣]"고 하겠습니까? 이것이 바로 신 등이
유군 신
마음 아프게 여겨 바로잡지 않을 수 없는 것입니다. 엎드려 바라옵건

---

17 문과의 지공거(知貢擧)에 해당한다. 뒤에는 공간하는 저작물을 감수하고 교정하는 임무
를 맡은 벼슬아치를 가리키는 말로 바뀌었다.

대 전하께서 대의(大義)로 결단하시어 지직과 가식을 말을 만들어낸 [造言] 죄로 국문해 여러 신하들이 바라는 바를 시원하게 이루어주소서[快]. 전하께서 만약 신 등의 말을 아첨[阿諛]과 아양[諂佞]으로 여기신다면 죄가 신 등에 미치더라도 조금도 유감이 없을 것입니다.'

지신사 박석명에게 명해 이지 등에게 뜻을 전해 말했다.

"경들의 청은 옳다. 그러나 간신이 나의 과실을 말했다 하여 죄를 가할 수는 없다."

지(至)가 또 아뢰어 말했다.

"보통 사람에 있어서도 오히려 안 되는데 하물며 임금의 과실을 말함에 있어서 이처럼 속였으니 죄를 주지 않을 수 없습니다."

윤허하지 않았다. 지가 두 번, 세 번 청했으나 또 윤허하지 않았다. 지가 석명에게 말했다. "그대의 말이라 하고서 '이미 죄를 주지 않았으니 그렇다면 지직 등을 불러 휴가를 내도록 함이 어떤지요?'라고 하시오."

석명이 "알겠다"고 하고서 드디어 들어가서 아뢰었다. 상이 말했다.

"그렇다."

이에 지직 등을 불러 뜻을 전해 말했다.

"헌부에서 죄줄 것을 두 번, 세 번 청했으나 간신을 죄줄 수는 없기에 윤허하지 않았다. 그 간언한 말이 마땅한지의 여부는 내가 진실로 알 수 없으나 헌사의 청은 반드시 근거가 있을 터이니 너희들은 출사(出仕)하지 말라."

(또 상이) 이지(李漬)를 불러 말했다.

"너는 지난번에 내가 간언하는 말을 듣지 않는다고 하여 사직했었는데 이제 지(至) 등이 다시 청해 내가 마침내 그것을 따랐다."

그의 사직서[辭狀]를 돌려주니 지(漬)가 기뻐했다.
                사장

애초에 상이 지직 등의 상소를 보고 놀라서 말했다.

"후세에는 아마도[其] 나를 보고 조금이라도 임금의 도리가 있다
            기
고 하겠는가?"

낯빛이 마치 불쾌한[不豫然] 듯했다. 지(至) 등이 이를 듣고서 마침
            불예연
내 지직 등의 죄를 청했던 것이다. 상이 대언(代言)들에게 물었다.

"성랑(省郎)[18]으로서 관교(官敎)[19]를 받은 자가 먼저 벼슬에 올라 제
랑(諸郎-낭관)의 고신(告身-직첩)을 제출한 뒤에야 제랑이 출사하는
가?"

석명이 말했다.

"그렇습니다."

상이 말했다.

"내가 다시 성랑(省郎)이 간언한 상소를 살펴보았더니 나는 위조
(僞朝-사이비 임금)와 다름이 없다. 나를 보고 매와 개를 좋아하며
성색(聲色)에 빠져 있다고 말했으니 설사 위조의 임금이라 하더라도
이것 말고 또 무엇을 했겠는가? 내 이미 이와 같으니 무엇을 제대로
할 수 있겠으며 설사 하고자 한다 하더라도 어찌 능히 뛰어난 임금
[賢主]이 될 수 있겠는가?"
현주
석명과 유기(柳沂), 이응(李膺) 등이 일어나 사죄하여 말했다.

---

18 조선시대 문하부(門下府)의 낭사(郎舍)에 딸린 관원을 가리킨다.

19 4품 이상을 임명할 때 주는 직첩(職牒)이다.

"전하께서는 어찌하여 이것을 마음에 두십니까[介懷=介意]?"

상이 말했다.

"경들은 모두 유자(儒者)이니 모르는 바가 없을 것이다. 요(堯), 순(舜), 우(禹), 탕(湯), 문(文), 무(武) 등의 왕 이래 인군(人君)이 실제로는 황음(荒淫)에 빠지는 행실이 없었는데도 간신이 마침내 황음에 빠졌다고 지적하며 간언했던 적이 있는가?"

석명 등은 아무런 대답도 하지 못했다. 상이 말했다.

"오직 한(漢)나라 때 급암(汲黯)이 무제(武帝)에게 간언하기를 '폐하께서는 속으로는 욕심이 많으시면서 겉으로는 어짊과 의로움을 베푸시겠다고 하십니다'라고 하니 진서산(眞西山)이 이것을 자세하게 말했다.[20] 경들은 들으라. 정권(政權)이 대간(臺諫)에게 돌아가면 명현

---

20 진서산(眞西山)은 태종이 좋아했던 책 『대학연의(大學衍義)』를 지은 송나라 때의 정치가이자 학자 진덕수(眞德秀)를 가리킨다. 급암이 이렇게 말하자 무제는 화가 나서 낯빛까지 바뀌더니 서둘러 조회를 끝내버렸다. 공경(公卿)들은 모두 급암을 걱정했다. 무제는 조정을 나서면서 이렇게 말했다. "너무도 심하구나, 급암의 꽉 막힌 우매함[戇]이여!" 여러 신하들이 급암을 책하자[數=責] 급암이 말했다. "천자께서는 삼공(三公)과 구경(九卿)을 두어 보필하는 신하로 삼으셨는데 어찌 아첨하여 천자의 뜻만 따라 하면서 폐하를 옳지 못한 곳에 빠지게 하겠소? 또 그런 지위에 있는 이상 자기 몸을 희생시키더라도 조정을 욕되게 해서야 되겠습니까?" 급암이 병에 걸리자 엄조(嚴助)가 급암에게 휴가를 내려줄 것을 청했다. 이에 무제가 말했다. "급암은 어떤 사람인가?" "급암에게 어떤 책임이나 자리[任職]를 맡기더라도 다른 사람보다 더 나을 것은 없을지 모릅니다. 그러나 나이 어린 군주[少主](무제는 즉위 당시 16세였다)를 보필할 경우 수성(守成)해낼 것이며 옛날의 맹분(孟賁)이나 하육(夏育-맹분과 하육 둘 다 옛날의 힘센 자였다) 같은 자라도 그의 마음을 빼앗을 수는 없을 것입니다." 무제가 말했다. "그렇다. 옛날에 사직을 지켜내는 신하[社稷之臣]들이 있었는데 급암이 바로 그에 가까울 것이다." 여기까지는 사마천의 『사기(史記)』에 실려 있는 내용이다.

이에 대해 진덕수는 다음과 같이 풀이한다.

"신이 가만히 살펴보겠습니다. 신하된 자의 의리는 충직(忠直)을 그 근본으로 삼습니다. 따라서 위로는 공맹(孔孟)의 말을 취하고 아래로는 급암의 일을 잘 끌어들여 임금으로 하여금 할 말을 다 하고 극론(極論)을 펼친 자의 취지를 잘 알게 한다면 아랫사람은 임금

(明賢-밝고 뛰어난 신하들)과 대상(大相-큰 재상)들을 모두 탄핵하여 주벌하려 할 것이다. 이사(李斯)²¹와 이임보(李林甫)²²라면 주벌하는

을 높이 받들 것이고 임금은 아랫사람을 내 몸처럼 여길 것입니다. 따라서 그런 자는 용납하기 힘들지라도 그런 사람이라면 마땅히 써야 할 것입니다. 반대로 아첨하여 임금의 뜻에 맞춰 따르기만 하는 자는 마침내 임금을 속이고 위를 업신여기게 만들 것이니 반드시 잘 살펴내 마땅히 멀리해야 할 것입니다. 급암의 곧음[直]을 무제는 사직을 지켜내는 신하에 가깝다고 보았으면서도 결국은 제대로 쓰지 못한 반면 공손홍(公孫弘, 기원전 200~121. 집안이 가난해 바닷가에서 돼지를 치며 살았다. 마흔 살 즈음하여 『춘추공양전(春秋公羊傳)』을 익혔다. 무제(武帝) 건원(建元) 원년(기원전 140년) 현량(賢良)에 추천되어 박사(博士)에 올랐다가 흉노(匈奴)의 일 때문에 관직에서 물러났다. 원광(元光) 5년(기원전 130년) 현량대책(賢良對策)에 제일(第一)로 뽑혀 박사가 되고, 내사(內史)와 어사대부(御史大夫)를 역임했다. 강력하게 간언(諫言)하기보다는 무제의 뜻을 살펴 의사를 표현했고, 문자 수식을 적절하게 활용해 관료의 길을 걸으면서 유술(儒術)을 알맞게 응용하여 무제의 신임을 받았다. 원삭(元朔) 5년(기원전 124년) 승상이 되고 평진후(平津侯)에 봉해졌다. 최초의 승상봉후(丞相封侯)였을 뿐만 아니라 포의(布衣)에서 승상으로 봉작까지 받은 사람은 그가 처음이었다. 검소하게 살아 집안에 재산을 남겨두지 않았다. 성격이 겉으로는 관대했지만 속으로는 시기가 많아 틈이 벌어진 사람이 있으면 겉으로는 친하게 지내면서 몰래 보복을 했다)의 무리는 끝까지 총애하며 일을 맡겼습니다. 대체로 무제의 마음은 아첨하고 간사한 자[佞邪]를 자신에게 어울린다고 여겼을 뿐 그들이 결국은 황제의 병을 더 심하게 만든다는 것을 알지 못했고, (반대로) 충성스럽고 곧은 자[忠直]를 자신을 배척한다고 여겼을 뿐 그들이 결국은 황제의 황제다움[德]을 이루어준다는 것을 알지 못했습니다. 그래서 신은 이 점을 드러내어 뒤에 오는 임금들의 경계로 삼으려 했습니다."

진서산이 상세하게 말했다는 것은 이것을 가리킨다.

21 진(秦)나라의 정치가로 시황제(始皇帝)의 천하통일(天下統一) 후 승상(丞相)이 됐다. 순자(荀子)에게 배우고 한비자(韓非子)의 법치주의(法治主義)를 시행했으며 또 분서갱유(焚書坑儒)를 일으켜 사상통일(思想統一)을 강행하고 군현제(郡縣制)를 실시하고 문자를 통일해 소전(小篆)을 제정하는 등 진(秦)의 패업과 그 정치는 그의 정책에 기인한 바가 많았다. 그러나 시황제가 죽은 뒤 환관 조고(趙高)와 공모, 조서를 고쳐 막내아들 호해(胡亥)를 2세 황제로 옹립하고 시황제의 맏아들 부소(扶蘇)와 장군 몽염(蒙恬)을 자살하게 했다. 진나라 말 농민봉기가 일어나자 2세에게 다시 법률을 정할 것을 권하고 독책(督責)의 방법을 시행하면서 군권 통치를 강화했다. 얼마 뒤 조고의 참소로 투옥돼 함양(咸陽) 시장터에서 허리가 잘리는 요참형(腰斬刑)에 처해졌고 삼족(三族)이 죽임을 당했다.

22 당나라 종실(宗室)로 현종 때의 재상이다. 음률을 잘했다. 국자사업(國子司業)을 거쳐 어사중승(御史中丞)에 올랐고 형부와 이부의 시랑(侍郎)을 역임했다. 예부상서와 동중서문하삼품(同中書門下三品)을 지냈다. 사람 됨됨이가 겉과 속이 달라 친한 듯이 보이지만 갖은 음모와 중상모략을 일삼아 구밀복검(口蜜腹劍)이라 불렸다. 교활하고 권술(權術)에 능

것이 옳겠지만 소망지(蕭望之)[23]나 이응(李膺)[24] 같은 사람들을 주벌하는 것이 (과연) 옳겠는가? 지금 나라 사람들이 대간(臺諫)을 보고 말 잘한다[侫] 하고 나는 간언을 받아들이지 않는다고 여겨 (사실상) 간관의 직책을 빼앗았다고 할 것이다. 내 지금 이미 간언을 거부한다는 이름을 얻었으니 이제부터는 맹세코 간언을 받아들이지 않겠다."

유기가 말했다.

"일개 신하가 소를 올린 잘못을 가지고 전하께서 어찌하여 이와

했다. 환관이나 비빈들과 친해 황제의 동정을 일일이 살피고 주대(奏對)에 응해 유능하다는 평을 들었다. 조정에 있는 19년 동안 권력을 장악해 멋대로 정책을 시행해 사람들이 눈을 흘기며 꺼렸다. 만년에는 성기(聲妓)에 빠져 희시(姬侍)가 방마다 가득했다.

23 한나라 소제(昭帝) 말년에 갑과(甲科)에 급제해 낭관이 됐고 선제(宣帝) 때 어사대부(御史大夫)와 태자태부(太子太傅) 등을 지냈다. 감로(甘露) 3년(기원전 51년) 석거각회의(石渠閣會議)에 참석해 여러 학자들과 오경(五經)의 동이(同異)에 대해 토론했다. 제시(齊詩)와 노논어(魯論語)를 전했으며 『춘추곡량전』과 『춘추좌씨전』에도 밝았다. 학문은 주운(朱雲) 등에게 전해졌다. 당시의 실력자 곽광(霍光)에게 압박을 받았지만 곽씨가 몰락한 뒤에는 선제(宣帝)에게 신임을 얻어 지방장관과 법무장관, 황태자의 교육관 등을 역임했다. 곡물 납입에 의한 속죄제(贖罪制)에 반대하는 등 도덕주의적 입장에 서서 환관(宦官)의 전횡을 막아 제도를 개혁하려 했지만 중서령(中書令) 홍공(弘恭)과 석현(石顯)의 모함에 빠져 자살했다.

24 후한 때의 사람으로 하남윤(河南尹)이 돼 태학생 곽태(郭泰) 등과 교유하면서 환관들의 집정을 반대했다. 명성이 아주 높아져 '천하해모이원례(天下楷謨李元禮)'라 불렸다. 선비들이 그와 교유하면 등용문(登龍門)했다고 여길 정도였다. 환제(桓帝) 때 사례교위(司隷校尉)가 되어 환관의 횡포를 규탄하다 당고(黨錮)의 화를 당했다. 장양(張讓)의 동생 장삭(張朔)이 야왕령(野王令)이 되어 탐욕 잔혹한 짓을 서슴지 않다가 그의 위엄을 듣고는 경사(京師)의 합주(合柱) 속에 숨었는데, 기둥을 쪼개고 체포해 처형했지만 황문상시(黃門常侍-환관)들이 모두 고개를 조아리면서 감히 말을 못 했다. 연희(延熹) 9년(166년) 환관들로부터 결당(結黨)한다는 무고를 당해 투옥됐다가 석방된 뒤 금고(禁錮)에 처해졌다. 영제(靈帝) 초에 대장군 두무(竇武)가 불러 장락소부(長樂少府)로 삼았다. 진번(陳蕃) 등과 함께 환관을 일소할 계획을 세우다가 일이 누설되자 면직됐다. 당고가 다시 일어나자 투옥된 뒤 옥사했다.

같은 말씀을 하십니까?"

상이 말했다.

"대성(臺省)을 재상(宰相)으로 하여금 통솔하게 하는 것은 불가한가?"

기(沂)가 말했다.

"우리 조정에서는 재상으로 하여금 통솔하게 하지 않은 것이 그 유래가 오래됐습니다."

석명이 말했다.

"헌사는 좌정승이 통솔하고 있습니다."

상이 말했다.

"정승이 일을 논하는 데[論事]²⁵ 참여하는가[與]?"
　　　　　　　　　　　논사　　　　　　　　　여

석명이 말했다.

"참여하지 않습니다."

상이 말했다.

"어째서인가?"

기가 말했다.

"그 유래가 오래됐습니다."

상이 말했다.

---

25 지금 맥락에서 논(論)과 의(議)를 엄격하게 구분해야 한다. 논은 지금처럼 일을 논하는 것, 즉 논사(論事)한다고 할 때 쓰는데 직접 일을 하는 사람들이 아니라 한 걸음 떨어져 서 일을 논평하는 것이다. 즉 사간원의 경우가 전형적으로 논사(論事)하는 기관이고 간 언을 올리는 기관들도 논사하는 기관이다. 그러나 사헌부의 경우에는 주요 사안을 수사 도 하기 때문에 논사뿐만 아니라 현실정치에 관여하는 기능도 있다. 논사와 대비되는 말 은 의정(議政)이다. 이는 의정부와 육조가 하는 것이다. 그래서 옛날에는 정치에 참여해 의견을 내는 사람들을 의자(議者)라고 했던 것이다. 논하는 쪽은 아무래도 책임성에서 자유로운 측면이 있다.

"어찌 이 같을 수 있단 말인가? 재상이 논사(論事)에 참여하게 되면 반드시 이렇지는 않았을 것이다."

석명이 말했다.

"재상에게는 간쟁의 임무가 없습니다."

이응이 말했다.

"직책이 작고 지위가 낮은 자는 광망(狂妄)하여 마땅히 간쟁의 임무를 맡을 수 있기 때문입니다."

상이 말했다.

"어찌하여 광망이라 말하는가? 임금 중에 상등은 요(堯)·순(舜)이 되고 하등은 광포(狂暴)가 된다. 이제 나는 위로 요순에 미치지 못하고, 아래로 광포도 아니고 중간에 있어 아무런 쓸데가 없기 때문에 간관의 말이 이와 같은 것이다. 간관이 조금이라도 삼가고 두려워하는 마음이 있다면 어찌 감히 광망함이 이 같을 수 있겠는가? 비록 간관이라 하더라도 진실로 죄가 있다면 죽이는 것이 옳다. 지난번에 사간(司諫) 진의귀(陳義貴), 헌납(獻納) 김여지(金汝知)의 죄는 마땅히 엄형(嚴刑)에 처했어야 옳았으나 내가 마침내 가벼운 법으로 다스렸다."

석명 등이 말없이 물러갔다. (얼마 후에) 상이 말했다.

"단의(單衣-홑옷)의 베는 열새[十升]에 지나지 않도록 하고 초립(草笠)²⁶은 간혹 다른 색으로 속을 넣는데 쉽게 떨어지니 실익이 없다.
십승

---

26 누런 빛깔의 가는 대를 겯어 만든다. 조선 초기의 실록에는 왕이 신하의 평거(平居) 때의 쓰개로 내린 기록이 많고, 『경국대전』에도 선비의 초립은 50죽, 서인의 초립은 30죽으로 구별하고 있는 것으로 보아 초기에는 선비나 서인이 함께 사용했으나 점차 관례한 소년이 흑립을 쓸 때까지의 관모로 사용하게 돼 초립동이라는 말도 생기게 됐다.

이 뒤로는 마땅히 순색(純色)을 쓰도록 하라."

석명이 대답했다.

"열새로만 하면 너무 거칩니다[大麤=大疏]."
_{대추   대소}

상이 말했다.

"그렇지 않다. 내가 잠저(潛邸)에 있을 때 그것을 이미 오랫동안 입어서 그 편함을 안다. 그 전에는 화혜(靴鞋-신발) 등을 많이 궁중(宮中)으로 들여왔는데 모두 환관과 시녀들의 사사로운 용도가 되고 말았으니 지금 착용한 것 이외에 더 이상은 모두 금지하고 더 떨어지기를 기다려서 바꾸도록 하라."

○ 풍해도의 굶주린 사람들을 진휼했다.

○ 의주 천호(義州千戶) 함영언(咸英彥)이 들어와 뵈었다[入見]. 이
_{입현}
빈(李彬)이 영언으로 하여금 대궐에 이르도록[詣闕] 한 것인데 이빈
_{예궐}
이 또 아뢰었다.

"영언이 요동에서 돌아와 말하기를 길에서 본국 사람 유인백(劉仁伯)을 만났는데 그가 말하기를 '동녕위 천호(東寧衛千戶) 임팔랄실리(林八剌失里)가 3,000여 호(戶)를 거느리고 반란을 일으켰다. (이에) 하지휘(河指揮)와 요천호(姚千戶) 등이 1,500여 명의 군사를 이끌고 추격하다가 모두 임팔랄실리에게 죽임을 당해 길거리에 효수(梟首)되었다'고 했고, 또 심양(瀋陽), 개원(開原) 두 위(衛)의 군마(軍馬)를 많이 죽이고 포주강(鋪州江)을 건너와 말하기를 '조선에 귀부(歸附)하려고 하는데 만약 입국을 허가하지 않는다면 이곳에서 농사나 지으면서 살겠다'고 했다고 합니다."

상이 사람을 시켜 태상왕에게 아뢰었다. 상이 영언을 불러들여 물

었다.

"서 총병(徐摠兵)은 지금 어디에 있는가?"

(영언이) 대답했다.

"신이 8~9명을 거느리고 압록강을 건너가 그를 만나려 했으나 끝내 만나볼 수 없었습니다. 단지[止=只] 도망 온 군인 유인백 등 3명을 보았을 뿐인데 물어보았더니 '굶주림으로 인해 도망쳐 왔는데 갈 곳이 막연할 뿐이다'고 했고 또 말하기를 '임팔랄실리가 죽인 군인들의 버려진 시체가 들에 가득하고 활, 창, 갑옷, 투구도 꺾어서 내버려 둔 것이 이루 헤아릴 수 없다'고 했습니다."

상이 말했다.

"임팔랄실리 등의 무리가 얼마쯤[幾許] 되는가?"

영언이 말했다.

"제 생각에는 아마 1만여 명은 되는 것 같았습니다."

상이 영언에게 옷을 내려주고 돌려보냈다.

서북면(西北面)에서 보고했다.

'도망 온 군인 40여 명이 강계(江界) 저쪽 편에 이르러 말하기를 "우리는 포주강(鋪州江)에 이르러 처자를 두고서 양식이 없기 때문에 왔다"고 했습니다.'

강계 절제사(江界節制使)에게 뜻을 내려주었다[下旨].

"추격군이 아직 돌아가지 않았고 도망 온 군인의 수가 앞서 말한 것보다 두 배가 되면 강을 건너는 것을 허락지 말고, 추격군이 벌써 돌아갔고 도망 온 군인의 수가 앞서 말한 것과 같다면 강을 건너는 것을 허락하라."

무오일(戊午日-6일)에 저화(楮貨)를 유통시키는 법을 거듭 시행했다. 사평부에서 아뢰었다.

'모든 시장 안에서 저화와 상포(常布)를 반반씩 서로 사고팔게 해야 합니다. 파는 사람이 저화를 받지 않거나 사는 사람이 저화를 가지고 다니지 않을 경우[27] 매매한 물건을 아울러 모두 관(官)에 몰수해야 합니다.'

그대로 따랐다.

○ 박만(朴蔓, 생몰년 미상)[28]을 동북면 도순문사(東北面都巡問使)로 삼았다. 의정부에서 아뢰었다.

'동북면은 우리나라의 요충지입니다. 지금 요동의 도망한 군대가 많이 강계 땅으로 왔습니다. 바라건대 장상(將相) 중에서 지략과 용맹이 있는 사람을 보내 그곳을 눌러 변방[邊圉=邊方]을 튼튼히 해야 합니다.'

상이 그렇다고 여겨 만을 임명하고 구마(廐馬-왕실의 말)와 갑주(甲冑), 검(劍)을 내려주어 그곳으로 보냈다.

신유일(辛酉日-9일)에 양청(涼廳)[29]에 행차해 과녁[侯]에 활을 쏘았다.

---

27 원문에서 매자(買者)와 매자(賣者)는 그 내용으로 볼 때 서로 바뀐 듯하다.

28 태조 이성계와 함께 북쪽 오랑캐를 수비하고 조선 건국 초 병조판서를 지냈다. 2차 왕자의 난 때에는 예조판서로 이에 동조하지 않은 탓으로 태종의 미움을 사 안동, 영천으로 유배 갔었다.

29 여름에 머무는 서늘한 청사를 가리킨다.

○ 의례상정소(儀禮詳定所)에 명해 무과(武科)의 관함(觀銜)³⁰을 정할 때 모두 문과에 준하도록 했다.

○ 청해군(靑海君) 이지란(李之蘭)이 졸했다. 지란은 동북면(東北面) 청주부(靑州府) 사람이다. 옛 이름은 두란첩목아(豆蘭帖木兒)다. 타고난 품성이 맑고 도타웠으며[純厚] 무재(武才)가 있어 일찍부터 태상왕을 따라 정벌하는 싸움터에 나가 승리를 거뒀고 마침내 개국공신(開國功臣)의 반열에 참여했다. 태상왕이 그를 대접함에 특별히 두터웠고 다시 정사(定社)와 좌명(佐命)의 공로에 참여했다. 병이 더욱 위독해지자 글을 올려 말했다.

'신은 본토(本土-여진) 사람으로 타국(他國-조선)에서 죽게 됐으니 시신을 불태워 도로 본토에서 장사지내게 해주옵소서. 바라건대 전하께서 신으로 하여금 본토의 풍속을 따르게 해주소서. 또 전하께서는 조심하고 두려워하며 임금다움[德]을 닦아 조선을 영원토록 보전하소서.'

상은 크게 애도하여 3일 동안 조회를 정지하고[輟朝] 시호(諡號)를 양렬(襄烈)³¹이라 했다. 장례는 그의 청대로 해주었다. 아들이 셋인데 화영(和英), 화미(和美), 화수(和秀)다.

○ 풍해도 도관찰사 장자충(張子忠)이 수군(水軍)의 폐단을 진달했다. 그 말은 이러했다.

---

30 이름 뒤에 따라붙는 품계를 가리킨다. 원래 관함(官銜)이라고 하는데 훈련관(訓鍊觀)의 관(觀) 때문에 무과 급제자의 경우 관함(觀銜)이라 했다.
31 도운 바가 지극하고 열렬했다는 뜻이다.

'수군의 폐단은 이루 말할 수 없습니다. 국가에서 급료를 주지 않기 때문에 간혹 그 부모 형제나 자식들이 양식을 싸 가지고 배가 있는 곳까지 옵니다. 배를 타는 사람[騎船人]이 간혹 왜구(倭寇)를 뒤쫓느라 그곳에서 멀리 떠나게 되면 사람들은 대부분 굶주리고 고단하여 이 때문에 흩어져 도망치는 자들이 너무나도 많습니다. 바라건대 5가(家)를 1호(戶)로 하여 급료를 줘야 합니다.'

상이 말했다.

"일이 이 따위로 된 것은 의정부에서 깊이 생각하지 않고 실행한 데다가 수령도 마음을 다 쓰지[用心] 않고 행했기 때문이다."

임술일(壬戌日-10일) 아침에 안개가 짙었다.

○ 마암(馬巖)에 행차해 무과에 윤하(尹夏) 등 27명을 복시(覆試)해 성달생(成達生, 1376~1444년)[32]을 제1등으로 뽑아 의정부가 잔치를

---

32 1390년(고려 공양왕 2년) 생원시에 급제하고 부음(父蔭)으로 벼슬에 나갔다. 1400년(정종 2년) 2월 낭장 재직 시에 평소부터 그를 총애했던 왕세제(王世弟) 정안군(靖安君)의 천거로 호군(護軍)에 초수(超授)되었다. 그리고 1402년(태종 2년) 조선시대 처음으로 실시된 무과에서 장원으로 급제, 대호군에 승진했다. 1407년에는 홍덕진병마사(興德鎭兵馬使)로서 그 곳에 침입한 왜구를 격퇴했다. 1410년 무과중시에서 2등으로 급제, 다시 판예빈시사(判禮賓寺事)에 승진했으며 그 뒤 웅무시위사첨절제사(雄武侍衛司僉節制使) 및 판성주목사 등을 역임했다. 1415년에는 경성절제사로 파견되어 뛰어난 무예로써 야인 위무에 공헌하고, 다음 해 중군동지총제(中軍同知摠制)가 됐다. 1417년 전라도 도관찰사 겸 병마도절제사, 1418년(세종 즉위년) 동지총제를 거쳐 내금위삼번절제사(內禁衛三番節制使)가 돼 상왕(上王-태종)과 세종이 모화루(慕華樓)에서 명나라 사신을 전송할 때 별운검총제(別雲劍摠制)의 직책상 패검(佩劍-칼을 참)했는데 이 일로 세종으로부터 질책받아 파직됐다. 같은 해 함길도 병마도절제사 겸 판길주목사로 파견되면서 복직됐으나 곧 강상인(姜尙仁) 옥사에 연루돼 자원안치(自願安置)됐다. 그러나 곧 재능을 발휘할 수 있는 인물이라는 배려로 사면됐다. 1419년 중군총제에 서용됐고 같은 해 대마도정벌과 관련돼 전라·경상·충청도 수군도처치사(水軍都處置使)에 제수됐다. 그러나 승선을 꺼려 무단 하

베풀었다. 전 감무(監務) 장온(張蘊)이 제4등으로 뽑혔는데 이때 사람들이 온(蘊)이 이미 문과에 오르고도[登] 무과에 들었다 하여 이를 비방했다. 삼관(三館)에서 상소하여 말했다.

'신 등이 가만히 보건대 국가가 문무(文武) 양과를 둔 것은 벼슬하는 사람들이 그것을 출세하는 곳으로 여기기 때문에 이미 문과에 합격한 사람들은 문학(文學)에서 일을 하되 겸하여 무예에 능통해도 괜찮지만 반드시 다시 무과(武科)에 응시해야 하는 것은 아닙니다. 지금 문과 출신자로서 "국가에서 무과에 합격하면 수를 더해서 이를 준다"는 영(令)을 듣고 무과에 응시하려고 하여 염치(廉恥)의 도리를 잃습니다. 바라건대 이미 문과에 합격한 자는 다시 무과에 응시할 수 없게 하여 선비의 풍조[士風]를 바로잡아야 합니다.'

윤허하지 않았다. 최윤덕(崔潤德)은 이미 회시(會試)에 합격했으나 그 아버지 운해(雲海)를 따라가 이성(泥城)을 지키라고 명했던 까닭에 전시(殿試)에 나아오지 못했으므로 이에 그를 방(牓)의 끝에 넣도록 영을 내렸다.

○ 사신 축맹헌이 왔다. 길이 막혀[梗] 요동에 이르지 못했다. 사은

류한 일로 논죄된 뒤 연산(連山)에 유배됐다가 곧 사면되고 다시 좌군동지총제에 서용됐다. 1420년 사은사가 돼 명나라를 다녀온 뒤 경상우도 수군도절제사 경상우도 수군도안무처치사 좌군총제를 거쳤다. 1422년 여연(閭延)에 침입한 야인의 격퇴를 위해 특별히 평안도 도관찰사로 파견됐으며 다음 해 관내의 기민을 구휼하지 못했다는 이유로 파직됐다. 1424년에 다시 총제에 서용됐고 다음 해에는 다시 평안도 도절제사로 파견됐다. 1427년 공조판서로 입조했다가 진응사(進鷹使)가 돼 두 번째로 명나라를 다녀왔다. 그 뒤 도총제, 함길도 병마도절제사 및 함길도 도절제사, 중추원 지사 등을 역임했다. 1444년 안질을 치료하기 위해 충청도 초수리(椒水里)에 행행(行幸-행차)한 세종을 수가(隨駕)했다가 갑자기 사망했다. 능숙한 무예로 북변의 진수와 시위에 공헌함이 많았고 필법에 뛰어났다. 시호는 양혜(襄惠)다.

사(謝恩使) 노숭(盧嵩)도 돌아왔다.

계해일(癸亥日-11일)에 의정부에 명해 태평관에서 사신에게 연회를 베풀게 했다. 상이 태평관에 행차해 연회를 베풀고자 했으나 이지란이 졸했기 때문에 이에 그만두었다. 지신사 박석명을 보내 맹헌에게 말했다.

"과인이 불행하게도 병이 있어 달려가지[趨造] 못한다."
_{추조}
대개 맹헌으로 하여금 대신이 졸한 사실을 알지 못하게 해 편안하게 그 연회를 받도록 하려는 것이었다.

갑자일(甲子日-12일)에 금주령(禁酒令)을 내렸다. 경기도 도관찰사(都觀察使) 이원(李原)의 아룀을 따른 것이다.

병인일(丙寅日-14일)에 문과 급제자들에게 은영연(恩榮宴)을 내려주었다.

정묘일(丁卯日-15일)에 승추부에 명해 무재(武才)가 있는 사람을 뽑게 했다. 무직(武職)을 주고자 함이었다. 상이 말했다.

"도목(都目)에서 거관(去官)돼[33] 서반(西班-무반)의 직(職)에 제배된 자로서 두어 달가량 산관(散官)에 소속시키는 관행[屬散]이 오래되었다. 비록 전에 갑사(甲士)로 있었다 하더라도 재주가 없으면 그 직

---

33 근무 기한을 채운 관원이 그 직임에서 떠나는 것을 말한다.

을 빼앗을 수 있고 비록 다른 도목에서 거관된 자라 해도 재주가 있으면 그 직을 빼앗아서는 안 된다."

○ 상서윤(尙瑞尹)을 겸한 대언(代言) 이승상(李升商)에게 명해 말했다.

"장온(張蘊)은 비록 을과(乙科)는 아니지만 『무경칠서(武經七書)』[34]에 능통하니 무사(武士)를 훈련시킬 만하다."

이에 훈련관 사직(訓鍊觀司直)으로 건너뛰어 제수했다[超授].
초수

무진일(戊辰日-16일)에 2품 이상 원로[耆老]들을 자문(紫門)에 모이
기로
도록 해 도망 온 군사들을 받아들일 것인지의 가부(可否)를 토의하게 했다. 뜻을 전해 말했다.

"임팔랄실리(林八剌失里) 등 3,000여 호(戶)가 도망쳐 왔을 때 하지휘(河指揮)와 요천호(姚千戶) 등이 1,500명의 군사를 이끌고[領=
영
率] 추격하니 팔랄실리 등이 그들을 다 죽여버렸고 심양(瀋陽), 개원
솔
(開原), 양위(兩衛)의 군마가 와서 추격하니 또한 그 반을 죽이고 강계(江界)에 이르러 입국을 청하며 일단[姑] 강변에 머물러 있다. 그들
고

---

34 일곱 가지의 병서(兵書)로 주나라 손무(孫武)가 쓴 『손자(孫子)』, 전국시대 위나라 오기(吳起)의 『오자(吳子)』, 제나라 사마양저(司馬穰苴)의 『사마법(司馬法)』, 주나라 위료(慰繚)의 『위료자(尉繚子)』, 당나라 이정(李靖)의 『이위공문대(李衛公問對)』, 한나라 황석공(黃石公)의 『삼략(三略)』, 주나라 여망(呂望)의 『육도(六韜)』를 일컫는 말로 중국 송나라 원풍(元豊) 연간에 이 일곱 가지 책을 무예를 익히는 전거로 삼고 칠서라고 부르는 데서 유래했다. 이후 무경칠서는 동양에 있어 병서를 대표하는 책으로 되었고 무과 시험과목으로 채택됐다. 조선시대에는 태조 즉위 후 무과 시험과목으로 무경칠서를 채택했고 1410년(태종 10년)에 예조가 무과 친시(親試)의 형식을 보고하면서 마지막 단계[終場]에서 무경
종장
칠서로 시험을 보도록 했다.

의 움직임을 그냥 지켜볼 것인가? 만약 입국을 허용하지 않다가 식량이 떨어지고 형세가 궁해지면 난(亂)을 일으킬 것은 의심할 바가 없다. (그렇게 될 경우) 군사를 모아 방어를 하게 되면 농사가 때를 잃게 될 것이고 얼음이 얼 때가 되면 더욱 염려된다. 강을 건너도록 허락해 각처에 나누어 둘 것인가?"

이에 강변에 머물러 두고 그들의 움직임을 그냥 지켜보자는 사람이 23명, 강을 건너도록 허락해 각처에 나누어 두자는 사람이 12명이었다. 또 각사(各司)에 명해 그 가부를 헌의(獻議-의견을 올림)하게 했더니 의견이 분분(紛紛)해 통일되지 않았다.

임팔랄실리 등을 받아들이기로 했다. 사평부 영사 하륜, 좌정승 김사형, 우정승 이무, 승추부 판사 조영무 등이 아뢰었다.

"지금 허락하여 받아들이지 않는다면 굶주림이 심해져 반드시 해를 끼칠 것입니다. 비록 해를 끼치지 않는다 해도 모두 굶어 죽을 것이니 마땅히 그들을 받아들여야 합니다."

상이 륜의 의견을 따랐다.

애초에 서북면 찰리사(西北面察理使)가 보고했다.

'장천호(張千戶)를 보내 술을 싣고 (압록)강을 건너가 임팔랄실리를 먹이니[餉] 팔랄실리가 기뻐하여 소를 잡고 장천호와 함께 마시며 말하기를 "정료위(定遼衛)의 군관(軍官)은 모두 연(燕)에 붙었소. 우리는 이미 대명(大明)에 반기를 들었기 때문에 연을 따를 수 없소. 포주강변(鋪州江邊)에서 우리가 농사를 짓도록 허락해주시오. 그렇지 않으면 각 도(各道)로 나눠 보내 백성을 삼으시면 마땅히 조선을 보좌하겠소"라고 하고서 이내 그 처(妻)로 하여금 술을 따르게 했습

니다[壽酒].'
_{수주}

상이 강상인(姜尙仁)을 강계(江界)로 보내어 임팔랄실리 등의 군대를 운(運-회차)을 나눠 받아들이기로 했다. 판각(判閣) 설미수(偰眉壽)에게 명해 맹헌 등에게 알려 말했다.

"만산군(漫散軍)이 많이 우리나라 북변(北邊)에 와서 우리 국경을 침략하고 있소. 내가 장수에게 명해 그들을 치고 싶지만 그들이 (명나라) 관군(官軍)이 아닌가 하여 감히 실행하지 못하고 있소."

맹헌이 정료위(定遼衛)에 관문(官文)을 보냈다. '조선 국경 지역에 도적이 벌떼처럼 일어나[蜂起] 변경(邊境)을 노략질하므로 조선 사람
_{봉기}
들이 이들을 치려고 하나 혹시 관군(官軍)이 아닌가 하여 감히 치지 못하고 있습니다. 군대를 거느리고 속히 압록강 가로 와서 협공하여 치면 좋겠습니다.'

통사(通事) 최운(崔雲)에게 주어 그를 보냈다. 상이 운(雲)에게 명을 내렸다[敎].
_교

"네가 정료위에 가게 되면 다만 '만산군이 포주(鋪州) 등지에 와서 주둔하고 있는데 그들이 어디로 갈는지 방향을 알지 못하겠다'라고만 하고 요동 사람이 만약 군대를 거느리고 그들을 치려고 하면 너는 '포주 등지는 산과 물이 깊고 험해 대군(大軍)이 갈 수 없다'고 하라."

기사일(己巳日-17일)에 안개가 꼈다.

대언 이응(李膺)을 보내 성균관의 벽송연(碧松宴)에 술을 내려주었다. 성균관이 벽송연을 베푸니 상이 명하여 말했다.

"정록소(正錄所)³⁵는 과인이 선비를 시험하는 곳이다. 이에 술을 내려주니 가서 내 뜻을 일깨워주도록 하라."

서원부원군(西原府院君) 이거이(李居易)가 기로회(耆老會)를 베푸니 또 술을 내려주었다.

경오일(庚午日-18일)에 권씨(權氏)를 봉해 정의궁주(貞懿宮主)로 삼고 제(禔)³⁶를 봉해 원자(元子)로 삼았다. 이서(李舒)는 영의정(領議政)으로 그대로[仍] 치사(致仕-정년)하게 하고 이거이를 영의정부사(領議政府事), 조온(趙溫)을 의정부 찬성사(議政府贊成事)로 삼았다. 명을 내려 유신(儒臣)들 중에 문행(文行-글과 행실)이 있는 사람을 뽑아 원자(元子)의 요속(僚屬)으로 삼게 하니 조서(趙敍)와 김시용(金時用)을 좌우 유선(左右諭善)으로 삼고 이공의(李公義)와 이양명(李陽明)을 좌우 시학(左右侍學)으로 삼고 김훈(金訓)과 홍여방(洪汝方)을 좌우 동시학(左右同侍學)으로 삼았다. 서(敍)는 영무(英茂)의 아들이고 공의(公義)는 무(茂)의 아들이다.

○ 의례 상정소에서 무과 관함(觀銜)의 제도를 올렸다. 상정소에서 상언(上言)했다.

'종2품은 지승추부무략사(知承樞府武略事)라 칭하고, 정3품은 절충장군 모위 무략 상호군(折衝將軍某衛武略上護軍), 과의장군(果毅將

---

35 조선 초 성균관에서는 무엇보다도 과거 업무를 담당하는 장이소(長貳所)나 정록소(正錄所)가 있었다.
36 훗날의 양녕대군이다.

軍)에서 선략장군(宣略將軍)에 이르기까지는 머리의 직함에다 각각 '무략(武略)' 두 자를 더하게 하고, 5품은 훈련관 사직(訓鍊觀司直), 6품은 훈련관 부사직(副司直), 7품은 훈련관 참군(參軍), 8품은 훈련관 녹사(錄事)라 부르고, 겸직(兼職) 1품은 영훈련관무략사(領訓鍊觀武略事)로, 정2품은 판훈련관무략사(判訓鍊觀武略事)로, 종2품은 참판훈련관무략사(參判訓鍊觀武略事)로, 정3품은 훈련관사 무략 참상관(訓鍊觀使武略參詳官)으로, 종3품은 지훈련관사 동무략 참상관(知訓鍊觀事同武略參詳官)으로, 정4품은 훈련관부사 무략 참상관(訓鍊觀副使武略參詳官)으로, 종4품은 동무략 참상관(同武略參詳官)으로, 5품은 무략 승봉관(武略承奉官)으로, 6품은 동무략 승봉관(同武略承奉官)으로, 7품은 겸 훈련관 참군(兼訓鍊觀參軍)으로, 8품은 겸 훈련관 녹사(兼訓鍊觀錄事)로 칭하게 하소서.'

신미일(辛未日-19일)에 좌정승 김사형이 각사(各司)를 거느리고 원자(元子) 책봉을 하례했으나 받지 않았다. 상이 말했다.

"원자(元子)란 맏아들의 칭호일 뿐이니 반드시 봉(封)해야 하는 것은 아니다. 경문(經文)에 상고해보면 분명 원자의 책봉이란 말은 없을 것이다. 전일에는 자세하게 상고할 겨를이 없어 이 일을 행했지만 또 뒤따라 하례까지 하는 것은 잘못이다. 『서경(書經)』에 이르기를 '왕(王)은 비록 어리시지만 원자(元子)이십니다!'[37]라고 했으니 이

---

37 「주서(周書)」 소고(召誥)에 나오는 말이다. 이는 숙부인 소공이 성왕이 나이는 어리지만 하늘이 명해준 아들이라는 의미에서 원자(元子-아들들 중의 으뜸)라 부르며 그 임무가 크다는 것을 말해준 것이다.

것은 진실로 소공(召公)이 성왕(成王)에게 고해준 말이다. 어찌 원자를 봉했다 하여 칭송하고 하례하겠는가? 경(經)에서는 '자(子)' 자를 '생(生)' 자와 같이 썼다. 전(傳)에 이르기를 '천하에 나면서부터 귀한 자는 없다[天下無生而貴者]'[38]고 했다. 천자(天子)에게 맹세한 뒤에야 세자(世子)가 된다. 만약 세자를 봉했다면 나라의 근본을 정한 것[定國本]이니 진하(陳賀)하는 것이 마땅할 것이다."

지신사 박석명과 좌대언 박신(朴信) 등이 말했다.

"봉하지 않았으면 그만이지만 봉하고서 하례하지 않는 것은 예(禮)가 아닙니다. 그러므로 신들은 진하(陳賀)하고자 하는 것입니다."

상이 이에 곧 전서(典書) 김첨(金瞻)을 불러 말했다.

"원자를 봉했다는 말이 어느 경에 보이는가?"

첨이 대답했다.

"신도 아직 보지 못했습니다. 그러나 이제 이미 봉했으니 신하된 마음으로 하례하지 않을 수 없습니다."

상이 말했다.

"봉한 것이 이미 잘못인데 또 무슨 하례를 하겠는가?"

상이 또 말했다.

"옛날에 앞서의 무당[前巫]이라는 말이 있는데 이른바 무당이란 어떤 사람인가? 반드시 오늘날의 무녀(巫女)는 아닐 것이다."

여러 대언들이 대답하지 못했다.

○ 총제 이부(李敷), 한장수(韓長壽), 민무구(閔無咎)로 하여금 외갑

---

38 『예기(禮記)』「교특생(郊特牲)」에 나오는 말이다.

사(外甲士)를 나눠 거느리게 했다.[39] 상이 날마다 무사(武事)를 의논하면서 조영무(趙英茂)에게 말했다.

"부병(府兵)[40]을 외갑사로 삼고자 하는데 어떤가?"

영무가 대답했다.

"좋습니다. 내갑사(內甲士) 500명과 외갑사 500명을 합한 1,000명이면 병세(兵勢)가 어느 정도 넉넉합니다. 또 부병과 갑사가 차이가 없게 되면 인심이 하나가 될 것입니다."

곧바로 상호군 박순(朴淳)에게 명해 부병을 마암(馬巖)에 모이게 해서 기사(騎射), 보사(步射)를 시험하여 갑사로 삼았다.

○ 날짜를 정해 오승포(五升布) 사용을 금했다. 갑사들이 상에게 아뢰었다.

"신 등은 모두 외방(外方-지방)에서 왔는데 시장에서 양식을 사려하니 시장 사람들이 저화(楮貨)를 쓰지 않았습니다. 바라건대 관(官)에서 저화로 곡식을 바꾸게 해야 합니다."

상이 박석명에게 명했다.

"나라 사람들이 저화를 쓰지 아니하니 다스리지 않을 수 없다. 경

---

39 갑사라는 명칭은 이미 고려 때부터 사용되었고, 조선 건국 초에도 태조가 사병적인 성격이 강한 내갑사(內甲士)를 두고 있었다. 그러나 이때 갑사는 수하병적(手下兵的)인 군사로서 시위 임무의 성격을 띤 것이었다. 그 뒤 1401년(태종 1년)부터 왕권 호위를 담당하는 하나의 특수 병종으로 제도화하여 사병적인 성격의 갑사는 국가의 녹으로 운영되는 기간병으로 정착됐다. 이리하여 조선 초기에 서울의 시위병으로서, 한편으로는 대외적 변경 방비까지 담당하는 정예병으로서 양계갑사(兩界甲士)가 나타나게 됐다. 게다가 호환(虎患)을 방지하기 위한 착호갑사(捉虎甲士)까지도 설치됐다.

40 조선 초기에 의흥삼군부(義興三軍府)에 소속된 중군(中軍), 좌군(左軍), 우군(右軍)을 통칭하는 말이다.

중(京中-도성 안)은 오는 5월 초하루, 외방은 15일을 기한으로 하여 오승포를 쓰지 못하게 하라."

○ 의정부에 명해 요동지휘(遼東指揮) 장강(張剛)이 양식을 청해온 일에 대해 의견을 모으도록 했다. 강(剛)이 백호(百戶), 총기(總旗), 군인(軍人) 등 100여 명을 거느리고 금음동도(今音同島)에 와서 말했다.

"사놓은 말들을 가지고 돌아가겠습니다."

또 말했다.

"서총병(徐總兵)이 도적을 추격하여 모두 죽이고 금으로 만든 말 안장 한 벌을 벌써 얻었습니다. 서총병의 군인과 우리는 양식이 떨어진 지 이미 오래됐으니 양곡을 주시는 은혜를 베푸신다면 다행이겠습니다."

계유일(癸酉日-21일)에 상이 태평관에 가서 사신에게 잔치를 베풀었다.

○ 동북면 도순문사 박만(朴蔓)이 소요산으로 가서 하직을 고하자 태상왕이 말했다.

"동북면 사람들은 모두 내 형제들이다. 예전에 순문사(巡問使) 윤사덕(尹師德, ?~1394년)[41]이 침해하고 시끄러운 바가 매우 심했다. 경

---

41 우왕의 요동정벌에 조전원수(助戰元帥)로 우군도통(右軍都統) 이성계(李成桂) 밑에서 근무하다가 위화도회군 때 회군하여 최영(崔瑩)을 제거했다. 그러나 윤이(尹彝), 이초(李初) 등이 명나라에 들어가 시중(侍中) 이성계 및 정몽주(鄭夢周), 정도전(鄭道傳), 조준(趙浚) 등을 참소하려는 사건에 연관돼 회양에 유배됐다가 곧 국대비(國大妃)의 생일을 기해 사면됐다. 1392년(태조 1년) 개성부 판사로 있으면서 개국원종공신(開國原從功臣)에 녹훈됐다. 동북면 순문사로 파견되기도 했는데 태상왕은 이때의 일을 지적한다.

이 마땅히 편안하게 어루만져줘야 할 것이다."

만(蔓)이 머리를 조아리며[叩頭] 사례했다.
고두

"신이 마땅히 마음을 다하겠습니다."

태상왕이 웃었다. 만은 울면서 나아가 말했다.

"지금 도망 온 군대가 많이 양계(兩界)에 이르러 국가에서 어찌할
바를 모르고 있어 모두가 전하의 환궁(還宮)을 바라고 있는데 전하
께서는 어찌하여 속히 환궁하시지 않으십니까? 온 나라 사람들이 모
두 전하께서는 나라 일을 염려하지 않는다고 여기옵니다."

태상왕이 말했다.

"그렇구나. 내 장차 돌아가겠다."

갑술일(甲戌日-22일)에 밀기(密記)에 오른 외방(外方)의 사사전(寺社
田)을 폐지해 군자(軍資)에 소속시켰다. 서운관(書雲觀)에서 말씀을
올렸다[上言].
상언

'신 등이 가만히 듣건대 불씨(佛氏)의 가르침은 청정과욕(淸淨寡欲)
으로 세상을 떠나 속세를 끊는 것[離世絶俗]을 종지(宗旨)로 삼으니
이세 절속
아직 국가를 다스리는 도리가 있다는 말은 듣지 못했습니다. 전조(前
朝)의 왕태조(王太祖-왕건)가 삼한(三韓-삼국)을 통일한 초창기에 어
떤 사람이 진언(進言)하기를 "임금(도성)이 있는 반대쪽으로 산맥과
물이 흐르는[背山逆水] 곳에 절을 짓고 부처를 안치하여 아무 도량
배산 역수
(道場)을 설치하면 국가를 편안케 하는 데 하나의 도움이 될 것이다"
하니 곧바로 유사(有司)에 명해 마땅한 곳에 절을 짓고 전지(田地)와
노비를 주어 청정과욕(淸淨寡欲)한 사람을 주지(住持)로 삼아 중들

을 이바지하게 했던 것은 다만 사직(社稷)을 편안케 하기 위함이었고 양(梁)나라 무제(武帝)[42]처럼 죄(罪)를 두려워하고 복(福)을 사모하여 부처에게 아첨하기 위함은 아니었습니다. 후세의 임금과 신하들이 이를 더욱 믿어 커다란 가람(伽藍-사찰)을 창건하여 각각 원당(願堂)이라 부르고 전지(田地)와 백성을 시납(施納)하니 대대로 늘어나게 됐습니다. 이로 말미암아 500년 동안 경외(京外)의 사사(寺社)들은 이루 다 기록할 수 없을 정도였습니다. 이에 선교(禪敎)의 각 종파들은 전지와 백성이 있는 절을 다투어 가지려고 하여 비보(裨補)의 문부(文簿)에다 등재(登載)하기를 청하고 중의 무리들은 그 전조(田租)를 거두고 노공(奴貢)을 거두어 중들에게는 이바지하지 않고 살찐 말을 타고 가벼운 옷을 입게 되었으며 심한 자는 주색(酒色)에 빠져 그 욕심이 세속의 배가 됐습니다. 그래서 절이 비록 수천이 되고 중이 수만 명에 이른다 해도 그들의 행실이 이와 같다면 설사 불도(佛道)에 혹시[儻=或] 나라를 편안케 하는 이치가 있다 한들 어찌 털 한 오라기의 보탬이 있겠습니까? 옛사람이 말하기를 "나라에 3년의 저축이 없으면 그 나라는 나라가 아니다"라고 했고 또 말하기를 "군사작전을

---

42 제나라 화제(和帝)를 폐위하고 제위에 올라 국호를 '양'이라 했다. 즉위한 뒤 유학(儒學)을 중흥시키고 백가보(百家譜)를 개정하면서 방목(謗木)을 설치하고 공헌(貢獻)을 폐지하는 등 괄목할 만한 정치를 펼쳤다. 나중에는 사족(士族)을 중용하고 불교를 신봉하여 사원을 대대적으로 건축하는 한편 세 번이나 동태사(同泰寺)에 몸을 바쳤다. 치세는 50년에 이르는데, 전반은 정치에 정진했지만 후반에는 불교신앙이 정치 면에도 나타났다. 불교사상의 황금시대를 이루었지만 조금씩 파국의 징조를 보이기 시작했다. 중대동(中大同) 2년(547년) 동위(東魏)의 반장(叛將) 후경(侯景)이 투항했는데, 얼마 뒤 동위와 화친을 구하자 이를 의심한 후경이 다음 해 반란을 일으켜 수도 건강(建康)이 함락되고, 자신은 굶주림과 곤궁 속에 병사했다. 48년 동안 재위했다.

[暴師] 오래하면 국용(國用)이 부족하게 된다"[43]고 했으니 이는 옛 성
현(聖賢)이 말한 부국강병(富國强兵)하는 데서의 경계이니 염려치 않
을 수 있겠습니까? 우리나라에 지금 축적된 것으로 본다면 수만 명
군대의 1년 양식도 오히려 부족하온데 하물며 오늘날 천하는 병란
(兵亂) 중에 있습니다. 만약 군대를 일으키고 대중을 동원하게 된다
면 앞으로 무엇을 가지고 여기에 응하겠습니까? 신 등은 군대의 양
식 갖추기를 염려하는 것이 바로 지금의 급선무라 여깁니다.

엎드려 생각건대 전하께서 만약 불씨의 도리를 없애는 것이 어
렵다고 여기신다면 선종(禪宗)을 합하여 조계(曹溪)로, 오교(五敎)
를 합하여 화엄(華嚴)으로 하시어 밀기(密記)에 올라 있는 경외(京外)
의 70개 절을 양종(兩宗)에 나눠 소속시키고 그중에 다움이나 행실
이 사표(師表)가 될 만한 사람을 골라 주지로 삼아 중들을 없게 하
면 앞으로는 전구(田口)의 이익을 노리고서 중이 될 사람은 드물 것
이며 자기의 재주와 행실이 합당치 못함을 헤아리고 환속하여 국역
(國役)에 이바지할 사람은 많아질 것입니다. 엎드려 바라옵건대 전하
께서는 밀기에 올라 있는 70개 절 외의 그 나머지 비보(裨補)에 등재
(登載)된 경외(京外) 각사(各寺)의 토전(土田)의 조(租)는 군자(軍資)
에 영속(永屬)시켜 3년의 저축을 갖추시고 그 노비는 각사(各司)와
주군(州郡)에 나눠 소속시키면 군대의 식량은 넉넉해질 것입니다. 가
만히 생각건대 이 폐단을 없애지 않고서는 부국강병(富國强兵)의 방

---

43 『손자병법(孫子兵法)』에 나오는 말이다. 폭사(暴師)란 '군대를 햇볕에 노출한다'는 뜻으로
   군사행동 혹은 작전을 한다는 말이다.

법을 신 등은 감히 알지 못하겠습니다. 엎드려 전하의 재가[聖裁]를
바랄 뿐입니다.'
_{성재}

의정부에 내려보내 토의한 다음 보고토록 했다. 부에서 사평 및
승추 양부와 함께 의견을 모아 다음과 같이 아뢰었다.

'서운관에서 장계(狀啓)한 내용은 그 사의(事意)가 진실로 마땅합
니다만 단지 밀기에 올라 있는 사사(寺社) 안에 전지와 백성이 부족
하다면 혁파한 사사의 전지와 백성으로써 적당하게 요량하여 추가
로 지급하고, 비록 밀기에 오르지 아니한 것이라 하더라도 상주승(常
住僧) 100명 이상으로 법회를 하는 곳은 일단 옛 관례에 따라 그냥
두어야 합니다.'

을해일(乙亥日-23일)에 흰색 기운이 곤방(坤方)⁴⁴에 나타났다.

○ 명을 내려 옛날의 본받을 만한 일들을 궁전의 벽에 그리게
했다. 상이 예조전서 김첨(金瞻)을 불러 말했다.

"벽에다 옛날의 본받을 만한 일들을 그림으로 그려두고 보고자
한다."

첨이 대답했다.

"(주나라) 문왕(文王)은 세자 때에 침소(寢所)에 문안했고 한(漢)나
라 고제(高帝)는 태상황(太上皇)에게 헌수(獻壽)했으며 주(周)나라 선
왕(宣王)의 후(后)는 선왕에게 늦게 일어난다고 간언했으며 당(唐)나

---

44 팔방위(八方位) 가운데 정남(正南)과 정서(正西) 사이에 있는 방향으로 곧 서남쪽을 말
    한다.

라 장손황후(長孫皇后)[45]는 군주가 밝고 신하가 곧음[主明臣直]을 축하했으니 모두 다 그럴 만한 것들입니다."

상이 즉각 첨에게 명했다.

"경이 화공(畫工)을 시켜 벽에다 그리게 하라."

병자일(丙子日-24일)에 원자의 학궁(學宮)을 성균관의 동북쪽 모퉁이에 지었다. (얼마 전) 상이 박석명에게 물었다.

"학궁이 완성됐는가?"

"아직 안 됐습니다."

상이 말했다.

"대장(隊長)을 시켜 그것을 돕게 하라."

석명이 말했다.

"원자의 입학(入學)은 여러 가지 일이 갖춰진 뒤에 의논해야 합니다. 정부에서 이런 뜻을 아뢰려고 했습니다."

상이 말했다.

"어떤 일을 반드시 갖추어야 하는가?"

석명이 말했다.

"원자께서 성균관에 입학하면 누가 가르칠 것입니까? 대궐 안만 못할 것입니다."

---

45 당태종(唐太宗)의 황후다. 고조(高祖) 무덕(武德) 원년(618년) 진왕비(秦王妃)에 책봉됐다. 9년(626년) 황태자비가 됐다. 태종이 즉위하자 황후에 올랐다. 성품이 검소하고 간략했으며 독서를 좋아했고 예법을 중시해 항상 황제에게 간언(諫言)을 받아들이고 외가(外家)를 물리칠 것을 권했다.

상이 말했다.

"그렇다면 중[僧]의 집만 못할 것이다. 중들은 아이들을 가르칠 때 반드시 매질[鞭撻]을 가한다. 비록 대궐 안이라 하더라도 원자가 대내(大內)로 들면 누가 가르칠 수 있겠는가? 그러므로 궐 안이 성균관만 못하다고 하는 것이다."

○ 공사(公私)의 연음(宴飮-공식적인 술잔치)을 금지했다. 사헌부에서 말씀을 올렸다.

"근자(近者)에 하늘에서는 꾸짖음과 경고[譴告]가 있었고 또 흉년이 들어[不稔=不登] 그 때문에 전하께서 스스로 조심하고 두려워하시어 절용(節用)하시고 금주령(禁酒令)을 여러 도(道)에 내렸습니다. 도성 안은 그렇게 하지 않아 공사의 연음이 끊이질 않아 비용을 허비하며 즐기니 전하께서 조심하고 두려워하여 수성(修省)하시는 마음과 어긋남이 있습니다. 바라건대 제향(祭享)의 공상(供上-헌상)과 중국 사신을 위한 연향(宴享) 이외에는 모두 술을 금하소서."

상이 말했다.

"금년 봄에 담근 술이 이미 익었으니 엄격히 금할 수는 없고 다만 [止=只] 공사(公私)의 연음(宴飮)만을 금하도록 하라."

정축일(丁丑日-25일)에 처음으로 창성군(昌城郡), 석주(石州), 이주(理州)를 두었다. 의정부의 수판(受判)은 이러했다.

"이성도(泥城道)의 우익(右翼)에 속한 이성(泥城)의 이언(伊彦)[46]과

---

46 여진(女眞)이 사는 마을 또는 그 지방을 말한다. 이언(伊彦)은 여진 말로 백성이란 뜻인데

창주(昌州), 벽단(碧團), 음동(陰童), 대소 파아(大小波兒), 우농고(亏農庫) 등 각처의 이언(伊彦)을 합해 한 고을[州]로 삼아 창성군(昌城郡)이라 부르고 우익 단련사(右翼團練使)로 하여금 이를 겸하게 하라. 강계도(江界道)의 중익(中翼)에 속한 입석(立石), 고합(古哈), 외괴(外怪) 등 각처의 이언(伊彦)을 합해 한 고을로 삼아 석주(石州)라 부르고 중익 단련사(中翼團練使)로 하여금 이를 겸하게 하라. 우익(右翼)에 속한 두목리(豆木里), 산양회(山羊會), 도을한(都乙漢), 봉획대(烽熿臺) 등 각처의 이언(伊彦)을 합해 한 고을로 삼아 이주(理州)라 부르고 우익 단련사로 하여금 이를 겸하게 하라."

무인일(戊寅日-26일)에 예조전서 김첨에게 내구마(內廐馬)를 내려 주었다. 문왕(文王)이 침소(寢所)에 문안드리는 등의 그림이 완성됐고 또 빈풍도(豳風圖)[47]를 바쳤기 때문이다.

기묘일(己卯日-27일)에 일관(日冠)[48] 현상이 있었다.

그들이 살고 있는 부락(部落) 또는 그 지방을 가리켜 이언(伊彦) 또는 일언(逸彦)이라고 한다.

47 빈풍이란 『시경(詩經)』의 「빈풍칠월」편에 나오는 것으로 주(周)의 국풍을 의미한다. 주나라의 무왕(武王)이 죽자 성왕(成王)이 즉위했으나 나이가 어리므로 무왕의 동생인 주공이 섭정을 하게 되었는데 이때 그가 왕인 어린 조카 성왕을 감계하기 위해 이 시를 지었다고 한다. 이를 빈풍이라 하고 이것을 그림으로 표현한 것을 〈빈풍도〉 또는 〈빈풍칠월도〉라고 한다. 말하자면 빈풍은 빈나라(주의 옛이름) 농민들이 농업과 잠업에 종사하는 장면과 자연을 노래한 일종의 월령가(月令歌)로서 주공이 성왕으로 하여금 농사짓는 백성들의 어려움을 일깨워주기 위해 지은 것이다.

48 햇무리의 한 가지로 해의 윗부분에 '∩'의 형상으로 햇무리가 진 현상을 말한다.

○ 상이 태평관에 가서 감생 율견(栗堅)과 장집(張緝)을 전별(餞別)했다. 견(堅) 등이 시(詩)를 구하므로 여러 문인(文人)들의 시를 모아 축(軸)을 만들어주었다.

경진일(庚辰日-28일)에 권홍(權弘)을 가정대부(嘉靖大夫-종2품) 영가군(永嘉君)으로, 이지(李至)를 예문관 대제학으로 삼았다.

○ 원자부(元子府)를 두고 이름을 경승(敬承-삼가 잇다)이라 했다. 사재 직장(司宰直長) 1명, 혜제고 영(惠濟庫令) 1명, 수창궁 사정(壽昌宮司正) 1명, 수녕궁 주부(壽寧宮注簿) 1명을 없애고 소윤(少尹) 1명, 승(丞) 2명, 주부(注簿) 2명을 두었다.

○ 태상왕이 소요산에서 신도(新都-한양)로 행차해 승려와 신도를 모아놓고 흥천사(興天寺)에서 법회를 베풀었는데 이달 그믐날이 환왕(桓王)의 기신(忌晨)이기 때문이다. 상이 내관 이용진(李龍進)을 보내어 중들에게 포(布) 150필을 시주했다.

임오일(壬午日-30일)에 승추부 참판사 노숭(盧嵩)이 사직했으나 윤허하지 않았다.

癸丑朔 內書舍人李之直 左正言田可植上疏論事 下其疏于
계축 삭　내서사인　이지직　좌정언　전가식　상소 논사　하 기소 우

三府擬議. 疏曰:
삼부 의의　소왈

'自古帝王 莫不以勤儉而興 逸欲而亡.① 故大禹卑宮室惡衣服;
자고 제왕　막불 이 근검 이 흥　일욕 이 망　고 대우 비 궁실 악 의복

成湯昧爽丕顯 從諫不咈; 文王小心翼翼 卑服卽田功 以啓無疆
성탕 매상 비현　종간 부불　문왕 소심 익익　비복 즉 전공　이 계 무강

之休. 恭惟殿下 以聰明之資 博覽經史 凡所施爲 動法古先 不敢
지 휴　공유 전하　이 총명 지 자　박람 경사　범 소시위　동 법 고선　불감

遑寧 臣民咸望三代文明之治 此誠千載一時也. 然而殿下服御 頗
황녕　신민 함망 삼대 문명 지 치　차 성 천재 일시 야　연이 전하 복어　파

好巧麗 不循制度 臺諫之言 或有忤旨 嚴加譴責 鷹犬之好 聲色
호 교려　불순 제도　대간 지언　혹유 오지　엄가 견책　응견 지호　성색

之娛 猶未盡除 此臣民之所缺望. 伏願殿下崇儉約 戒逸欲 納
지오　유 미진 제　차 신민 지 소결망　복원 전하 숭 검약　계 일욕　납

諫爭 謹喜怒 日愼一日. 矧今中國分崩 爭相攻伐 而我國災異
간쟁　근 희노　일신 일일　신 금 중국 분붕　쟁상 공벌　이 아국 재이

屢興 正吾君臣鑑庚寅辛丑之亂 憂勤惕厲之秋也. 謹以淺見條列
누흥　정 오 군신 감 경인 신축 지 난　우근 척려 지 추 야　근이 천견 조열

于後.
우후

一 軍需不可不備也. 今中外倉廩 未有陳陳之粟 而以貿易楮貨
일 군수 불가 불비 야　금 중외 창름　미유 진진 지 속　이이 무역 저화

使軍食皆入於商賈之家 識者憾焉. 願殿下勿令貿易 以備軍資.
사 군식 개 입어 상고 지 가　식자 감언　원 전하 물령 무역　이비 군자

一 軍政所須 莫過於馬. 今朝廷先以賞賜 繼以易馬. 是啗之以
일 군정 소수　막과 어마　금 조정 선이 상사　계이 역마　시 담지 이

利 欲得良馬 非天王所以待諸侯之道也. 殿下以事大之誠 不敢
리 욕득 양마　비 천왕 소이 대 제후 지 도 야　전하 이 사대 지 성　불감

違命 而使臣民皆得賣買 分運進獻 禮則然矣. 然以褊小之土
위명　이 사 신민 개 득 매매　분운 진헌　예 즉 연 의　연 이 편소 지 토

有限之馬 塡無窮之欲 則臣等恐馬盡而力疲矣. 如有緩急 將何以
유한 지마 전 무궁 지욕 즉 신등 공 마진 이역휴 의 여유 완급 장 하이

哉! 書曰：“不貴異物賤用物 民乃足.”今異土難繼之物 布於中外
재 서왈 불귀 이물 천용물 민내족 금 이토 난계 지물 포어 중외

俗尙奢侈 非國之瑞也. 願除已易馬匹外 勿令易換 所餘馬價 悉
속상 사치 비 국지서 야 원제 이역 마필 외 물령 역환 소여 마가 실

還上國 其綾羅段子進上服御外 一皆禁斷.
환 상국 기 능라 단자 진상 복어 외 일개 금단

一 招亡納叛 春秋所貶. 今遼瀋之民 托以飢饉 亡命來附. 此輩
일 초망 납반 춘추 소폄 금 요심 지민 탁이 기근 망명 내부 차배

雖是本朝之民 曩旣叛於我 今又背於彼 其反覆難信 可知也. 且
수시 본조 지민 낭기 반어아 금우 배어피 기 반복 난신 가지 야 차

今臣事大國 而復納叛 有乖事大之義. 願自今 逃驅來附者 卽令
금신 사 대국 이부 납반 유괴 사대 지의 원 자금 도구 내부 자 즉령

捉拿還遣 勿許入境.’
착나 환견 물허 입경

上召之直 可植 使知申事朴錫命傳旨曰：“予之過失 密啓以
상소 지직 가식 사 지신사 박석명 전지왈 여지 과실 밀계 이

言 予何不聽! 今乃成狀 使書史册 予甚痛焉.”遂下議政府 與
언 여하 불청 금내 성장 사서 사책 여 심통 언 수하 의정부 여

司平府承樞府同議. 乃啓:
사평부 승추부 동의 내계

“以米易楮貨 欲楮貨流行於民間 已定數而貿易 且其米非入於
이미 역 저화 욕 저화 유행 어 민간 이 정수 이무역 차 기미 비입 어

京中商賈之家 各於其處失農人戶 易布貨雜物 故有利於民間. 至
경중 상고 지가 각어 기처 실농 인호 역 포화 잡물 고 유리 어 민간 지

過半貿易而禁之 則朝令輕易. 停易馬 其所餘價還送事 初約七千
과반 무역 이 금지 즉 조령 경역 정 역마 기 소여 가 환송 사 초약 칠천

匹 六千匹已易送 其餘一千. 若停貿易 已易送六千匹 反爲無功
필 육천 필 이 역송 기여 일천 약정 무역 이 역송 육천 필 반위 무공

未有明降 還其餘價亦難. 逃來人還送事 三府耆老已曾獻議 狀內
미유 명강 환 기여 가역 난 도래 인 환송 사 삼부 기로 이증 헌의 장내

事意 皆未允當.”
사의 개 미 윤당

甲寅 宴驪城君閔無疾 慰奉使之勞也.
갑인 연 여성군 민무질 위 봉사 지로 야

司憲府劾李之直 田可植 以②不備三員而上疏也.
사헌부 핵 이지직 전가식 이 불비 삼원 이 상소 야

乙卯 覆試鄭還等三十三人 擢申曉爲第一. 上問左右曰：“居京
을묘 복시 정환 등 삼십삼 인 탁 신효 위 제일 상문 좌우 왈 거경

應擧者爲壯元 尙矣." 代言李膺對曰: "以文取才 京外何分!" 上
曰: "文之工拙等 當取居京者 或以善書者爲首可也" 膺對曰: "宜
以會試高下幷論" 上曰: "鄭還何如人也?" 膺對曰: "其父居敏
錄事出身." 上曰: "鄭夢周以鄕生爲壯元③ 豪放無比." 膺對曰:
"若夢周者 雖中國稀有." 知申事朴錫命啓曰: "新及第申檣 前朝
諫議德隣之孫也. 德隣工書 檣之筆法似之." 上嘉之 除檣尙書
錄事.

命三府及耆老 議泥城兵馬使所報. 泥城飛馹啓: '去三月二十九
日 遼東軍馬五千餘人到江邊言: "追逃軍而至 欲結桴過江." 何以
待之?' 上意謂此必追前日所納本國之民九十餘人者也 乃命三府
會耆老議之 命各司各以所見呈單子于政府. 日午 泥城飛馹報:
'遼東總兵官移必屯口子 箚付總兵官徐見: "準總兵官鎭東將軍
咨 爲軍務事. 該遼東土人逃叛 移咨統兵前來 追殺及招撫. 今親
統大軍 追至鴨綠 必屯口子 見得賊人蹤跡 已行過江 逃往本境.
若便調兵追勦 誠恐官軍往彼四掠 玉石不分. 且欽惟天朝待朝鮮
國王禮意殊深 市馬貢獻 幷皆如約 豈以納此逋逃爲念 以失
大義! 除權行駐江邊外 箚付到日 卽將逃去人李和尙 金者答里
林八失儞 李典伊等 火速解來施行 毋得隱藏 以惹兵釁." 得此
乃知其軍馬所自來 又知前日所納④九十餘人 非逃軍也'
上令應奉司爲必屯口子把截官呈狀 送于徐摠兵曰: '無有逃軍

之來我國者 雖有縱跡 近處山谷深遠 如此逃人 隱藏甚易 未知
지 래 아국 자 수유 종적 근처 산곡 심원 여차 도인 은장 심이 미지

隱於何谷也. 若知來隱之處 則上告本朝 執而送之矣.'
은 어 하곡 야 약지 내은 지처 즉 상고 본조 집 이 송지 의

西北面都巡問使李彬飛報: '盧嵩至開州站 遇賊而還. 盧嵩齎
서북면 도순문사 이빈 비보 노숭 지 개주 참 우적 이환 노숭 재

謝恩方物馬匹 監生柳滎押易換馬二百匹 俱至義州. 時孫少卿爲
사은 방물 마필 감생 유영 압 역환 마 이백 필 구지 의주 시 손 소경 위

催督馬匹 亦來義州 遂與之發向遼東 三月二十六日 至開州站 有
최독 마필 역래 의주 수 여지 발향 요동 삼월 이십육일 지 개주 참 유

劇賊二百餘名 突出挾攻 盡奪進獻方物及柳滎所押馬匹 唯盧嵩
극적 이백 여명 돌출 협공 진탈 진헌 방물 급 유영 소압 마필 유 노숭

所進別馬二十必 爲牽馬軍所騎以走 獨不被奪. 孫少卿所騎馬中
소진 별마 이십 필 위 견마 군 소기 이주 독 불 피탈 손 소경 소기 마중

箭 與嵩等皆走匿僅免.' 上使人告於端木智 智憂懼 終夜不寐.
전 여숭 등 개주 닉 근면 상 사인 고어 단목지 지 우구 종야 불매

上與義安大君和 判承樞府事趙英茂等 議遇賊之事曰: "致
상 여 의안대군 화 판 승추부 사 조영무 등 의 우적 지사 왈 치

此變者 皆由使非其人故也. 祝少卿事畢旣還 孫少卿欲求贈賫
차변 자 개유 사비 기인 고야 축 소경 사필 기환 손 소경 욕구 증뢰

而乃以馬爲不良 柳監生至平壤稱疾而臥 淹延日月 遂至於此."
이 내 이마 위 불량 유 감생 지 평양 칭질 이와 엄연 일월 수 지 어차

朴錫命曰: "今中朝之人 率皆如此. 西有燕反 北有匈奴 間有
박석명 왈 금 중조 지인 솔개 여차 서유 연반 북유 흉노 간유

草賊 釋此不憂 惟逃軍是追 遼東徐摠兵之爲謀亦淺矣." 上曰:
초적 석차 불우 유 도군 시추 요동 서 총병 지 위모 역 천의 상왈

"如端木智者 誠小人也. 惟酒食是好." 錫命曰: "近來使臣類如此
여 단목지 자 성 소인 야 유 주식 시호 석명 왈 근래 사신 유 여차

中國實無人也." 上曰: "唯祝少卿嘗曰: '以陸儒生幾失天下.' 此卽
중국 실 무인 야 상왈 유 축 소경 상왈 이 육유생 기실 천하 차즉

憂國之士也." 未幾彬又飛報: '探賊徒所自 乃征燕潰卒 其數不過
우국지사 야 미기 빈 우 비보 탐 적도 소자 내 정연 궤졸 기수 불과

二百餘人. 孫少卿率百餘騎 渡鴨綠江尋蹤 見無賊人 已還遼東
이백 여인 손 소경 솔 백여 기 도 압록강 심종 견무 적인 이환 요동

矣.' 於是國人憂疑稍解 上使人言於端木智 智喜甚.
의 어시 국인 우의 초해 상 사인 언어 단목지 지 희심

丙辰 罷易換馬匹.
병진 파 역환 마필

司憲府大司憲李至等 上疏請李之直 田可植之罪. 疏曰:
사헌부 대사헌 이지 등 상소 청 이지직 전가식 지 죄 소왈

'竊惟諫爭之法 君王有過失 則條陳過誤 直言不諱 乃諫臣之道
절유 간쟁 지법 군왕 유 과실 즉 조진 과오 직언 불휘 내 간신 지도

也. 我殿下以英明之資 勤於政理 非特一國之瞻仰 亦朝廷之所稱
야 아 전하 이 영명 지자 근어 정리 비특 일국 지 첨앙 역 조정 지 소칭

美也.⑤ 今諫院進諫殿下之失 以爲:"服御巧麗 不循制度 鷹犬
미야 금 간원 진간 전하 지실 이위 복어 교려 불순 제도 응견

之好 聲色之娛 未除." 若殿下之服御 或有巧麗 鷹犬聲色 或有
지호 성색 지오 미제 약 전하 지 복어 혹유 교려 응견 성색 혹유

過誤 直書其事切言之 則以殿下之明敏果斷 從之如流也必矣.
과오 직서 기사 절언지 즉 이 전하 지 명민 과단 종지 여류 야 필의

今諫臣不然 汎言服御巧麗 鷹犬聲色之娛 則是服御皆非法服
금 간신 불연 범언 복어 교려 응견 성색 지오 즉 시 복어 개 비 법복

矣 鷹犬聲色 專是荒淫. 然則爲君之道安在! 臣等灼知殿下之過
의 응견 성색 전시 황음 연즉 위군 지도 안재 신등 작지 전하 지과

不至若是 是誣揚不美 以毀實德耳. 其於愛君之義何? 其於諫臣
부지 약시 시 무양 불미 이훼 실덕 이 기어 애군 지의 하 기어 간신

之道何? 伏望殿下令攸司將之直 可植 鞫問誣妄之罪 流竄于外.'
지도 하 복망 전하 영 유사 장 지직 가식 국문 광망 지죄 유찬 우외

上曰:"諫官言過失 何敢罪之!" 持平李漬退而呈辭.
상왈 간관 언 과실 하감 죄지 지평 이지 퇴 이 정사

武科監校官判承樞府事趙英茂 同監校官安城君李叔蕃 取
무과 감교관 판 승추부 사 조영무 동감교관 안성군 이숙번 취

尹夏等二十八人.
윤하 등 이십 팔 인

丁巳 司憲府復請之直 可植等罪. 疏曰:
정사 사헌부 부청 지직 가식 등 죄 소왈

'月初四日 請之直等罪 未蒙兪允 臣等之缺望至深. 爲諫臣
월 초 사일 청 지직 등 죄 미몽 유윤 신등 지 결망 지심 위 간신

而諫君之過 職也; 諫爭失中而不加罪 君之至德也. 然其曰服御
이 간 군과 직야 간쟁 실중 이불 가죄 군지 지덕 야 연 기왈 복어

巧麗 不循制度 鷹犬之好 聲色之娛 是非特失中也. 誣言上過 書
교려 불순 제도 응견 지호 성색 지오 시 비특 실중 야 무언 상과 서

諸史册 後世之臣 其誰曰有君有臣! 此臣等所痛心而不得不辨也.
제 사책 후세 지신 기 수왈 유군 유신 차 신등 소통심 이 부득 불변 야

伏望殿下 斷以大義 鞫問之直 可植等造言之罪 以快群下之望.
복망 전하 단 이 대의 국문 지직 가식 등 조언 지죄 이쾌 군하 지망

殿下若以臣等之言阿諛諂佞 則罪及臣等 亦且無憾'
전하 약 이 신등 지언 아유 첨녕 즉 죄급 신등 역차 무감

命知申事朴錫命 傳旨李至等曰:"卿等之請然矣. 然諫臣言予
명 지신사 박석명 전지 이지 등 왈 경 등 지청 연의 연 간신 언 여

過失 不可加罪." 至又啓云: "於常人猶且不可 況言君上之過失

若是之誣乎? 不可不罪." 不允. 至再三申請 又不允. 至謂錫命

曰: "以子之言 啓云 旣不加罪 則請召之直等 請暇若何?" 錫命

曰: "諾." 遂入啓. 上曰: "然." 乃召之直等 傳旨曰: "憲府請罪

再三 以不可罪諫臣 故不允矣. 若其諫辭之當否 予固不識 然

憲司之請 必有所據 爾等毋得出仕." 召李漬曰: "汝前日 以予

不從諫而辭 今至等更請 予乃從之矣." 還其辭狀 漬喜. 初上見

之直等疏 驚曰: "後世其以予爲小有人君之道乎?" 色若不豫然.

至等聞之 乃請之直等罪云. 上問於代言等曰: "省郎受官敎者

先上官出諸郎告身 然後諸郎仕乎?" 錫命曰: "然." 上曰: "予

復觀省郎諫疏 予與僞朝無異也. 以予爲流於鷹犬聲色 雖僞朝

之主 此外復何爲哉! 予已如此 何能有爲哉! 雖欲爲之 豈能爲

賢主乎?" 錫命 柳沂 李膺等起而謝曰: "殿下何以此介懷乎" 上

曰: "卿輩皆儒 無所不知. 自堯舜禹湯文武以來 人君雖無荒淫

之行 諫臣乃指爲荒淫而諫之乎?" 錫命等不能對. 上曰: "唯漢之

汲黯諫武帝曰: '陛下內多欲而外施仁義' 眞西山詳言之矣 卿等

聽之. 政權歸於臺諫 則明賢大相 皆劾而誅之. 若李斯 李林甫

則誅之可也 如蕭望之 李膺之輩 誅之可乎? 今國人必以臺員爲

佞 而以予爲不納諫 故奪諫官之職. 予今已得拒諫之名 自今誓

不納諫矣." 柳沂曰: "以一臣上疏之誤 殿下何有如此之言乎?" 上

曰: "臺省以宰相領之 不可乎?" 沂曰: "我朝不以宰相領之 其來
왈 대성 이 재상 영지 불가호 기왈 아조 불이 재상 영지 기래

久矣." 錫命曰: "憲司則左政丞領之." 上曰: "政丞與於論事乎?"
구의 석명왈 헌사 즉 좌정승 영지 상왈 정승 여어 논사 호

錫命曰: "不與焉." 上曰: "何故?" 沂曰: "其來久矣." 上曰: "何可
석명왈 불여언 상왈 하고 기왈 기래 구의 상왈 하가

如此乎? 宰相參與論事 則必不如此." 錫命曰: "宰相無諫諍之任."
여차호 재상 참여 논사 즉필불 여차 석명왈 재상무 간쟁지임

李膺曰: "職小位卑者狂妄 可當諫諍之任故也." 上曰: "何以言
이응왈 직소위비자광망 가당 간쟁지임 고야 상왈 하이언

狂妄乎? 人君上則爲堯舜 下則爲狂暴. 今予上不及堯舜 下不在
광망호 인군 상즉위요순 하즉위광포 금여상불급요순 하부재

狂暴 中而無用 故諫官之言如此也. 諫官小有敬畏之心 則何敢
광포 중이부용 고 간관 지언 여차야 간관 소유 경외 지심 즉 하감

狂妄如此乎? 雖諫官 苟有罪 則殺之可也. 向者司諫陳義貴 獻納
광망 여차호 수 간관 구 유죄 즉 살지 가야 향자 사간 진의귀 헌납

金汝知 罪宜嚴刑 予乃加以輕典." 錫命等無言而退.
김여지 죄 의 엄형 여내가이 경전 석명 등 무언 이퇴

上曰: "單衣之布 不過十升 草笠或以異色爲裏 易破而無益
상왈 단의 지포 불과 십승 초립 혹이 이색 위리 이파 이무익

今後宜用純色." 錫命對曰: "十升則大麤." 上曰: "不然. 予在潛邸
금후 의용 순색 석명 대왈 십승 즉 대추 상왈 불연 여재 잠저

服之已久 知其便也. 昔者靴鞋等物 多入宮中 皆爲宦官侍女私用
복지 이구 지 기편 야 석자 화혜 등물 다입 궁중 개위 환관 시녀 사용

今者所著外 餘皆禁之 且待破毁而後改之."
금자 소착 외 여개 금지 차대 파훼 이후 개지

賑豐海道飢.
진 풍해도 기

義州千戶咸英彦入見 李彬使英彦詣闕 且啓:
의주 천호 함영언 입현 이빈 사 영언 예궐 차계

"英彦自遼東還言: '路見本國人劉仁伯 言: "東寧衛千戶
영언 자 요동 환언 노 견 본국인 유인백 언 동녕위 천호

林八剌失里 率三千餘戶而叛. 河指揮 姚千戶等 率一千五百餘兵
임팔랄실리 솔 삼천 여호 이반 하 지휘 요 천호 등 솔 일천 오백 여병

追逐 盡爲八剌失里所殺 梟首路岐 又多殺瀋陽 開原兩衛軍馬
추축 진 위 팔랄실리 소살 효수 노기 우 다살 심양 개원 양위 군마

渡鋪州江曰: "欲附朝鮮 若不許入 願爲農事於此地以居."'"
도 포주강 왈 욕부 조선 약 불허 입 원위 농사 어 차지 이거

上使人告于太上王. 上召入英彦問曰: "徐摠兵 于今安在?"
상 사인 고 우 태상왕 상 소입 영언 문왈 서 총병 우금 안재

對曰：“臣率八九人渡江 欲遇之而竟不得見. 止見逃軍仁伯等三
名問之曰：‘飢饉逃來 迷所往耳.’且言：‘林八剌失里所殺軍人 暴
屍盈野 弓槍甲冑 折而散置者 不可勝數.’”上曰：“八剌失里等
徒衆幾許？”英彦曰：“意其萬餘人也.”上賜英彦衣 還送.

　西北面報：‘逃軍四十餘人 到江界彼邊曰：“吾等到鋪州江置
妻子 無糧故來也.”’下旨于江界節制使：“追軍未還 而逃軍之數
倍於所言 則不許越江 追軍已反 而逃軍之數 如其所言 則許令
越江.”

　戊午 申楮貨通行之法. 司平府啓：‘凡市裏楮貨常布爲半 交幷
貿賣 買者不受楮貨 買者不持楮貨者 貿賣之物* 竝皆沒官.’
從之.

　以朴蔓爲東北面都巡問使. 議政府啓：‘東北面 我國要衝之
地 今遼東逃軍多至江界地面. 願遣將相之有智勇者以鎭之 以固
邊圉.’上然之 以命蔓 賜廏馬甲冑劍而遣之.

　辛酉 御涼廳射侯.

　命儀禮詳定所 定武科觀銜 皆準文科.

　青海君 李之蘭卒. 之蘭 東北面靑州府人也. 古名豆蘭帖木兒.
稟性純厚 有武才 早從太上王征戰獻捷 竟與開國之列. 太上王

_____

* 원문에서 매자(買者)와 매자(賣者)는 서로 바뀐 듯하다.

待之特厚 又與定社佐命之功. 疾且篤 上書曰:'臣之本土人 死於

他國 則焚其屍 還葬其土. 願殿下使臣從土風. 又殿下恐懼修德

永保朝鮮.'上悼甚 輟朝三日 諡曰襄烈. 及葬如其請. 三子 和英

和美 和秀.

豐海道都觀察使張子忠 陳水軍之弊. 其言曰:'水軍之弊 不可

勝言. 國家不給料 或其父兄子弟 齎糧至船所 騎船人或因逐倭

遠離其所 則人多飢困 因此逃散太甚. 願以五家爲一戶給料.'上

曰:"如此之事 議政府不熟思而行移 守令又不用心而行之故也."

壬戌 朝霧塞.

幸馬巖 覆試武科尹夏等二十七人 以成達生爲第一 議政府

設享. 前監務張蘊爲第四 時人以蘊旣登文科 又入武科 譏之.

三館上疏曰:'臣等竊見 國家設文武兩科 以爲仕者出身之地 則

已中文科者 事於文學 而兼通武藝可矣 不必更試武科也. 今文科

出身者 聞國家中武科 則增數給之令 求試武科 以喪廉恥之道.

願旣中文科者 毋得更試武科 以正士風.'不允. 崔潤德旣中會試

命從其父雲海備守泥城 故未赴殿試 乃令置諸榜末.

使臣祝孟獻來. 以路梗至遼東而來. 謝恩使盧嵩亦還.

癸亥 命議政府宴使臣于太平館. 上欲幸太平館設宴 以李之蘭

卒乃止 遣知申事朴錫命 告孟獻曰:"寡人不幸有疾 未克趨造."

蓋欲使孟獻不知大臣之卒而安受其宴也.

甲子 下禁酒令. 從京畿都觀察使李原之啓也.
갑자 하 금주령 종 경기 도관찰사 이원 지계야

丙寅 賜文科恩榮宴.
병인 사 문과 은영연

丁卯 命承樞府選有武才者. 欲授武職也. 上曰: "都目去官 拜
정묘 명 승추부 선유 무재 자 욕수 무직 야 상왈 도목 거관 배

西班之職者 不數月而屬散久矣. 雖在前甲士 無才則可奪其職 雖
서반 지직자 불 수월 이 속산 구의 수재전갑사 무재 즉 가탈 기직 수

以他都目去官者 有才則不可奪也."
이 타 도목 거관 자 유재 즉 불가 탈 야

命尙瑞尹代言李升商曰: "張蘊雖非乙科 能通武經七書 可以
명 상서 윤 대언 이승상 왈 장온 수비 을과 능통 무경칠서 가이

訓武士." 乃超授訓鍊觀司直.
훈 무사 내 초수 훈련관 사직

戊辰 會二品以上耆老於紫門 議納逃軍可否. 傳旨曰:
무진 회 이품 이상 기로 어 자문 의 납 도군 가부 전지 왈

"林八剌失里等三千餘戶逃來時 河指揮 姚千戶等 領一千五百
임팔랄실리 등 삼천 여호 도래 시 하 지휘 요 천호 등 영 일천 오백

兵追之 八剌失里等盡殺之: 瀋陽 開原兩衛軍馬來追 亦半殺之
병 추지 팔랄실리 등 진 살지 심양 개원 양위 군마 내추 역 반 살지

至江界請入 姑留江邊. 以觀其變歟? 若不許入 糧盡勢窮 作亂
지 강계 청입 고류 강변 이관 기변 여 약 불허 입 양진 세궁 작란

無疑. 聚軍防禦 農事失時 及至氷凍 尤爲可慮. 許令越江 分置
무의 취군 방어 농사 실시 급지 빙동 우위 가려 허령 월강 분치

各處歟?" 於是 請留江邊觀變者二十三 請令越江分處者十二.
각처 여 어시 청류 강변 관변 자 이십 삼 청령 월강 분처 자 십이

又令各司獻可否 紛紛不一.
우영 각사 헌 가부 분분 불일

納林八剌失里等. 領司平府事河崙 與左政丞金士衡 右政丞
납 임팔랄실리 등 영 사평부사 하륜 여 좌정승 김사형 우정승

李茂 判承樞府事趙英茂等啓: "今不許納 飢餓所迫 必至爲害.
이무 판 승추부사 조영무 등계 금 불허 납 기아 소박 필지 위해

雖不爲害 皆飢死矣 宜納之." 上從崙議. 初 西北面察里使報: '遣
수 불위 해 개 기사 의 의 납지 상종 륜의 초 서북면 찰리사 보 견

張千戶 載酒越江 餉林八剌失里. 八剌失里喜 殺牛 與千戶飮曰:
장 천호 재주 월강 향 임팔랄실리 팔랄실리 희 살우 여 천호 음왈

"定遼衛軍官皆屬燕. 吾等旣反大明 不可從燕. 願鋪州江邊 許我
정료위 군관 개 속연 오등 기반 대명 불가 종연 원 포주강 변 허아

爲農. 不然則分遣各道爲民 則當輔佐朝鮮." 乃使其妻行壽酒.' 上
위농 불연 즉 분견 각도 위민 즉 당 보좌 조선 내사 기처 행 수주 상

遣姜尙仁于江界 將林八剌失里等軍 分運納之. 命判閣僕眉壽
告孟獻等曰: "漫散軍多至北邊 侵掠我境 予欲命將擊之 恐是
官軍不敢." 孟獻移關定遼衛曰: '朝鮮地面 賊人蜂起 虜掠邊境.
朝鮮人欲擊之 恐是官軍 故不敢. 領軍速來鴨綠江邊 來擊之便.'
授通事崔雲遣之. 上敎雲曰: "汝去定遼衛 但言漫散軍來屯鋪州
等處 不知其指向. 遼東人若欲領兵討之 汝言鋪州等處 山水深險
大軍不可往也"

己巳 霧.

遣代言李膺 賜酒于成均館碧松宴. 成均館設碧松宴 上命曰:
"正錄所 寡人試仕之地 玆用賜酒 往諭予意." 西原府院君李居易
設耆老會 又賜酒.

庚午 封權氏爲貞懿宮主 封禔爲元子. 李舒領議政 仍令致仕
李居易領議政府事 趙溫議政府贊成事 命擇儒臣有文行者 爲
元子僚屬 以 趙敍 金時用爲左右諭善 李公義 李陽明爲左右
侍學 金訓 洪汝方爲左右同侍學. 敍 英茂之子 公義 茂之子.

儀禮詳定所上武科觀銜之制. 詳定所上言:
請以從二品稱知承樞府武略事 正三品折衝將軍某衛武略
上護軍 自果毅將軍至宣略將軍 於頭銜各加武略二字. 五品
訓鍊觀司直 六品訓鍊觀副司直 七品訓鍊觀參軍 八品訓鍊觀
錄事. 兼職 一品領訓鍊觀武略事 正二品判訓鍊觀武略事

從二品參判訓鍊觀武略事 正三品訓鍊觀使武略參詳官 從三品
知訓鍊觀事同武略參詳官 正四品訓鍊觀副使武略參詳官
從四品同武略參詳官 五品武略承奉官 六品同武略承奉官 七品
兼訓鍊觀參軍 八品兼訓鍊觀錄事.

辛未 左政丞金士衡率各司 賀封元子 不受. 上曰: "元子 長子
之稱也 不必封也. 考諸經文 必無元子之封. 前日不暇致詳而爲之
又從而賀 非矣. 書曰:'有王雖小 元子哉!'是亦召公告成王之辭.
豈以封元子而稱賀哉! 經書子同生 傳曰:'天下無生而貴者.'誓
於天子 然後爲世子. 若封世子 則定國本也 陳賀宜矣."知申事
朴錫命 左代言朴信等曰:"不封則已 封之而不賀 亦非禮也. 故
臣等欲陳賀."上乃召典書金瞻曰:"元子之封 見於何經?"瞻
對曰:"臣亦未之見也. 然今已封矣 臣子之心 不得不賀也."上曰:
"封之已誤 又何賀焉!"上又曰:"古有前巫之說. 所謂巫者 何如
人也? 必非今之巫女也."諸代言不能對.

以摠制李敷 韓長壽 閔無咎 分領外甲士. 上曰議武事 謂
趙英茂曰:"欲以府兵爲外甲士⑥ 何如?"英茂對曰:"善. 內甲士
五百 外甲士五百 幷一千 則兵勢稍足 又無府兵甲士之異 人心一
矣."卽命上護軍朴淳 聚府兵於馬巖 試騎步射爲甲士.

定日禁用五升布. 甲士等聞于上曰:"臣等皆自外方而來 買糧
於市 市人不用楮貨. 願以楮貨易粟於官."上命朴錫命曰:"國人

不用楮貨 不可不治. 京中限來五月初一日 外方限十五日 毋用
五升布."

命議政府 議遼東指揮張剛請糧事. 剛率百戶總旗軍人等百餘
到今音同島言: "欲管歸市馬." 且曰: "徐摠兵追賊盡誅 已得金鞍
一部矣. 徐摠兵軍人及吾等絶食已久 幸惠糧米."

癸酉 上如太平館 宴使臣.

東北面都巡問使朴蔓 詣逍遙山告辭 太上王曰: "東北面之
人 皆予兄弟也. 向者巡問使尹師德侵擾甚矣 卿宜安撫." 蔓叩頭
謝曰: "臣當盡心." 太上王笑之. 蔓泣而進曰: "今逃軍多至兩界
國家罔知所措 皆望殿下還宮 殿下何不速還? 國人皆以殿下爲
不慮國事." 太上王曰: "然. 吾將還矣."

甲戌 革密記付外寺社田 屬軍資. 書雲觀上言:

"臣等竊聞 佛氏之敎 以淸淨寡欲 離世絶俗爲宗 未聞有治
國家之道也. 前朝王太祖統三之初 或者進言曰: '背山逆水之
地 置寺安佛 設某道場 則安國家之一助也.' 乃命有司 隨地置寺
給田與奴 以淸淨寡欲者爲住持 俾供佛僧 但爲安社稷耳 非如
梁武帝畏慕罪福 求媚于佛者也. 後之君臣益信而創大伽藍 各
稱願堂 施納田民 代代增加. 由是五百年間 京外寺社 不可勝
記. 於是 禪敎各宗 爭執土民之寺 請載裨補之籍. 僧人之徒 收
其田租 斂其奴貢 不供佛僧 肥馬輕衣 甚者溺於酒色 其欲倍

俗. 然則寺雖數千 僧雖數萬 其所行如此 雖佛道儻有安國之理
속 연즉 사 수천 승 수 수만 기 소행 여차 수 불도 당유 안국지리

何有一毫之補哉! 古人有言曰: "國無三年之蓄 國非其國." 又曰:
하유 일호 지 보재 고인 유언 왈 국무 삼년 지축 국비 기국 우왈

"暴師久 則國用不足." 此古之聖賢富國强兵之戒 可不慮乎? 以
폭사 구 즉 국용 부족 차 고지 성현 부국 강병 지계 가 불려 호 이

我國今之蓄積觀之 數萬之兵 一年之餉 尙且不足. 況今天下兵亂
아국 금지 축적 관지 수만 지병 일년 지향 상차 부족 황금 천하 병란

萬一興師動衆 則將何以應之! 臣等竊謂慮備兵食 方今之急務
만일 흥사 동중 즉 장 하이 응지 신등 절위 여비 병식 방금 지 급무

也. 伏惟殿下 若以掃除佛氏之道爲難 則 禪宗合爲曹溪 五敎合
야 복유 전하 약 이 소제 불씨지도 위난 즉 선종 합위 조계 오교 합

爲華嚴 以密記付京外七十寺 分屬兩宗 擇其德行足爲師表者爲
위 화엄 이 밀기 부 경외 칠십 사 분속 양종 택기 덕행 족위 사표 자위

住持 無其僧闕其差 則自今以後 慕田口之利而爲僧者鮮矣 量
주지 무 기승 궐 기차 즉 자금 이후 모 전구지리 이 위승 자 선의 양

其才行之不合 還俗供國役者多矣. 伏願殿下 將密記付七十寺
기 재행 지 불합 환속 공 국역 자 다의 복원 전하 장 밀기 부 칠십 사

外 其餘裨補所載京外各寺土田之租 永續軍資 以備三年之蓄 其
외 기여 비보 소재 경외 각사 토전 지조 영속 군자 이비 삼년 지축 기

奴婢 分屬各司與州郡 則兵食足矣. 竊惟不革此弊而富國强兵之
노비 분속 각사 여 주군 즉 병식 족의 절유 불혁 차폐 이 부국강병 지

術 臣等所未敢知也. 伏惟聖裁."
술 신등 소미감지 야 복유 성재

下議政府擬議申聞. 府與司平承樞兩府同議: "書雲觀狀申內
하 의정부 의의 신문 부여 사평 승추 양부 동의 서운관 장신 내

事意允當 獨於密記付寺社內田民不足者 乃以革罷寺社田民 量
사의 윤당 독 어 밀기 부 사사 내 전민 부족 자 내 이 혁파 사사 전민 양

宜加給 雖不付密記者 常住僧一百已上作法處 姑依舊不動."
의 가급 수 불부 밀기 자 상주 승 일백 이상 작법 처 고 의구 부동

乙亥 坤方有白氣.
을해 곤방 유 백기

命圖前古可法之事於殿壁. 上召禮曹典書金瞻曰: "壁上欲畵
명 도 전고 가법 지사 어 전벽 상 소 예조 전서 김첨 왈 벽상 욕화

前古可法之事而觀之." 瞻對曰: "文王世子時問寢 漢高帝獻壽於
전고 가법 지사 이 관지 첨 대왈 문왕 세자 시 문침 한 고제 헌수 어

太上皇 周宣王后諫宣王晏起 唐長孫皇后賀主明臣直 皆可圖也."
태상황 주 선왕 후 간 선왕 안기 당 장손 황후 하 주명 신직 개 가도 야

上卽命瞻曰: "卿使畵工 圖於壁中."
상 즉 명 첨 왈 경 사 화공 도 어 벽중

丙子 營元子學宮于成均館東北隅. 上問朴錫命曰："學宮成乎?" 對曰："未也." 上曰："使隊長助之." 錫命曰："元子入學須備諸事 而後可議. 政府欲啓此意." 上曰："何事必須備乎?" 錫命曰："元子入成均 則誰得而訓之哉? 莫如闕內." 上曰："然則莫如僧家 僧之敎兒 必加鞭撻. 雖闕內元子入內 誰得而訓之? 故莫如成均."

禁公私宴飮. 司憲府上言："近來天有譴告 歲且不稔 故殿下恐懼節用 下禁酒令于諸道. 京中則不然 公私宴飮不絶 靡費佚樂 有乖於殿下恐懼修省之心. 願祭享供上 朝廷使臣宴享外 一皆禁酒." 上曰："今春釀酒已熟 不可痛禁 止禁公私宴飮."

丁丑 初置昌城郡 石州 理州. 議政府受判："泥城道右翼屬泥城伊彥 昌州 碧團 陰童 大小波兒 亏農庫等各處伊彥 合爲一州 號稱昌城郡 以右翼團練使兼之. 江界道中翼屬立石 古哈外怪等各處伊彥 合爲一州 號稱石州 以中翼團練使兼之. 右翼屬豆木里 山羊會 都乙漢 烽燧臺等各處伊彥 合爲一州 號稱理州 以右翼團練使兼之.

戊寅 賜禮曹典書金瞻內廐馬. 以文王問寢等圖成 且進豳風圖也.

己卯 日冠.

上如太平館 餞監生栗堅 張緝. 堅等求詩 集諸文人詩 成軸

以贈.
<small>이 증</small>

庚辰 以權弘爲嘉靖大夫永嘉君 李至藝文館大提學.
<small>경진 이 권홍 위 가정대부 영가군 이지 예문관 대제학</small>

置元子府 號敬承. 革司宰直長一 惠濟庫令一 壽昌宮司正一
<small>치 원자 부 호 경승 혁 사재 직장 일 혜제고 령 일 수창궁 사정 일</small>

壽寧宮注簿一, 置少尹一 丞二 注簿二.
<small>수녕궁 주부 일 치 소윤 일 이 주부 이</small>

太上王自逍遙山幸新都 集僧徒設法會于興天寺. 以是月晦日
<small>태상왕 자 소요산 행 신도 집 승도 설 법회 우 흥천사 이 시월 회일</small>

乃桓王忌辰也. 上遣內官李龍進 施僧布一百五十匹.
<small>내 환왕 기신 야 상견 내관 이용진 시 승포 일백 오십 필</small>

壬午 參判承樞府事盧嵩辭職 不允.
<small>임오 참판 승추부 사 노숭 사직 불윤</small>

| 원문 읽기를 위한 도움말 |

① 莫不以勤儉而興 逸欲而亡. 여기서 莫不은 興과 亡에 각각 걸린다.
<small>막불 이 근검 이흥 일욕 이망 막불 흥 망</small>

② 以不備三員而上疏也. 여기서 以는 '왜냐하면~'이라는 뜻이다.
<small>이 불비 삼원 이 상소 야 이</small>

③ 鄭夢周以鄉生爲壯元. 여기서 以~爲~는 '~를 ~로 간주하다'가 아니라
<small>정몽주 이 향생 위 장원 이 위</small>
'~로서 ~가 되다'라는 뜻이기 때문에 조심해서 옮겨야 한다.

④ 又知前日所納九十餘人. 所納은 뒤에 이어지는 내용을 수식하는 기능을
<small>우 지 전일 소납 구십 여 인 소납</small>
한다. 특히 所~는 이때처럼 다소 긴 수식표현에 자주 사용된다.
<small>소</small>

⑤ 非特一國之瞻仰 亦朝廷之所稱美也. 非特~亦~는 '~뿐만 아니라 ~도
<small>비특 일국 지 첨앙 역 조정 지 소칭 미 야 비특 역</small>
또한'의 구문이다.

⑥ 欲以府兵爲外甲士. 여기서 欲은 爲에 걸린다.
<small>욕 이 부병 위 외갑사 욕 위</small>

태종 2년 임오년
5월

五月

계미일(癸未日-1일) 초하루에 태상왕이 다시 소요산으로 행차했다.

○ 임금이 인소전(仁昭殿)에 몸소 제사를 지냈다[親祭]. 상이 물었다.
"늦벼[晚稻]도 8월이면 익는데 천신(薦新)하는 쌀[稻米]이 10월에 있는 것은 어째서인가?"

대언들이 답하지 못했다.

○ 감생 율견과 장집 등이 일곱 번째 운 반말[七運馬]을 몰고 돌아갔다. 세 번째 가져온 말값이 단자(段子) 1,500필, 견(絹) 1만 3,000필, 면포(緜布) 6,500필인데 바꾼 말의 숫자가 1,624필이다. 또 남겨놓은 단자 928필, 견 5,380필, 면포 308필로 말 909필을 바꾸어 추후에 들여보냈다.

갑신일(甲申日-2일)에 큰 비가 내렸다.

○ 무과 급제자들에게 은영연(恩榮宴)을 내려주었다.

을유일(乙酉日-3일)에 상이 소요산에 가려고 했으나 물이 막혀 마침내 그만두었다.

○ 충청·경상·전라도 경차관(敬差官)인 대호군(大護軍) 김계지(金繼志)가 복명하여 아뢰었다.

"경상도에 호랑이가 많아 작년 겨울부터 금년 봄에 이르기까지 호랑이에게 죽은 사람이 수백 명입니다. 연해 군현(沿海郡縣)이 더욱 많아 사람들이 길을 갈 수가 없습니다. 하물며 밭을 갈고 김을 맬 [耕耨] 수 있겠습니까?"

경누

상이 즉시 그 도(道)의 관찰사와 절제사에게 명했다.

"이제부터 만약에 호랑이에게 당하는 백성이 있다면 비록 그것이 한 사람일지라도 장차 그대들을 벌하겠다."

○ 새로이 제수한 안동대도호부사(安東大都護府使) 박돈지(朴惇之)[1] 를 면직시켰다. (그에 앞서) 사간원에서 소를 올려 말했다.

'수령(守令)은 백성의 표준이오니 그 자리를 맡길 사람을 잘 고르지 않을 수 없습니다. 검교 중추(檢校中樞) 박돈지(朴惇之)는 전조(前朝)에 있을 때 집안의 도리가 바르지 못하다 하여 죄를 얻었으나 도망쳐 형벌을 피한 적이 있는 사람인데 지금 한 성(城)을 맡아 주관하라는 명을 받아 제 마음대로 할 수 있는 임무를 맡았습니다. 이미 제 집도 바르게 하지 못했는데 어찌 다른 사람들을 바르게 할 수 있겠습니까? 영내(領內)를 속일 것이 틀림없습니다. 또 밝으신 세대 [昭代][2]에 사람을 쓰는 도리가 어찌 이럴 수 있습니까? 바라건대 그

소대

를 파직해 풍속을 바르게 해야 합니다.'

그것을 따랐다.

○ 사간원에서 이지직과 전가식(田可植)에게 죄줄 것을 다시 청

---

1 여말선초의 관리인데 기록이 많이 전하지는 않는다. 다만 고려 공민왕 때 문하사인으로 있으면서 장모 홍씨와 간통해 조정을 떠들썩하게 했다. 그 후 주로 일본과의 외교 쪽에서 활약을 했으나 조정에 제대로 진출하지는 못했다.

2 태종의 시대를 에둘러 칭송한 것이다.

했다. 그 소는 대략 이러했다.

'임금이 좋은 점이 있으면 이를 받들어 고분고분하여 임금으로 하여금 더욱 좋은 쪽으로 나아가게 해야 하고 허물이 있으면 이를 바로잡아 임금으로 하여금 남모르게 그 허물을 없애도록 하는 것, 이것이 바로 신하의 직무입니다. 전 내사사인 이지직과 전 정언 전가식 등은 전하께서 하시지 않은 일을 있는 듯이 망령된 말로 지껄여 빼어나신 다움[聖德]에 누(累)를 끼쳤습니다. 신은 이에 마음이 아파 글을 올려 죄를 청했습니다만 아직 그리하라는 윤허를 받지 못했습니다. 전하께서 만약 신의 말을 부당하다고 여기신다면 바라건대 그것을 도당(都堂-의정부)에 내려 토의케 하시어 그 죄를 다스리셔야 합니다.'

○ 의정부에서 소를 올려 이지직과 전가식 등의 죄를 청했다. 소는 대략 이러했다.

'지직(之直)과 가식(可植) 등은 직책이 언관(言官)이면서 전하께서 일찍이 행하지 아니하시고 신민(臣民)이 일찍이 들어보지도 못한 일을 망령되게 논하여 빼어난 다움에 누를 끼쳐 자신들이 곧다는 명성[直名]을 얻으려[邀=求] 했습니다. 신 등은 이를 보고 마음 아프게 여기지 않을 수 없었습니다. 그때 헌사(憲司)에서 글을 올려[上章] 죄를 청한 것이 두세 번에 이르렀으나 즉시 윤허하지 아니하셨고 이제 사간원에서 또다시 글을 올려 죄를 청했으나 전하께서 너그러우시고 어지시어[寬仁] 말한 것[言]을 이유로 죄인을 만들고 싶지 않으시어 또다시 윤허하지 않으셨습니다. 이는 진실로 빼어난 임금다움입니다만 신하로서 진언(進言)함에 있어 반드시 그 실상을 가지고 하는 것이 본래의 직무입니다. 만약 시비(是非)를 망령되게 논하고 과실(過失)

을 헛되이 과장하여 남의 죄를 억지로 만들어내는 것은 참으로 도리가 아닙니다. 하물며 성대한 임금다움으로서는 하시지도 않은 일을 망령되게 진술했으니 이는 큰 불경[大不敬]입니다. 바라건대 전하께서는 대간이 아뢴 바에 의거하시어 지직 등을 유사(攸司)에 내려보내 헛되이 망령되고 불경한 죄를 따져 묻게 하여 명백하게 단안을 내리고 죄를 다스려 신 등의 아픈 마음을 위로해주소서.'

병술일(丙戌日-4일)에 상왕이 제릉(齊陵)[3]에서 단오제(端午祭)를 지냈다.

○ 임팔랄실리, 최강(崔康) 등이 병기(兵器)를 바쳤다. 갑옷이 11벌, 활이 224개, 화살이 2,653개, 철투구(鐵頭具)가 56개, 창이 98개, 칼이 67개, 각(角)이 3개, 둑(纛-큰 깃발 장식)이 2개, 기(旗)가 15개, 활줄[弓弦]이 108개, 나발(螺鉢)이 1개, 징[錚]이 1개였다.

○ 박돈지(朴惇之)를 승추부 제학(承樞府提學), 유관(柳觀)을 계림부윤(雞林府尹), 이래(李來)를 중군 동지총제(中軍同知摠制)로 삼았다. 또 사간원 지사(司諫院知事) 이흥(李興)을 경연 시독관(侍讀官)으로 삼았다.

○ 도총제 조견(趙狷-조준의 동생)의 직첩(職牒)을 거두고 (경상도) 축산도(丑山島)로 유배 보냈다. 견(狷)이 사은사(謝恩使)의 명을 받았는데 중로(中路-도중)에 도적이 일어났다는 말을 듣고는 칭병했기 때

---

3 태조비 신의왕후(神懿王后) 한씨(韓氏-안변)의 능(陵)으로 개성직할시(開城直轄市) 판문군(板門郡) 상도리(上道里)에 있다.

문이다. 헌사에서 탄핵하여 죄줄 것을 청했었다.

○ 총제 박경(朴經)을 (경기도) 통진(通津)으로 유배 보냈다. 애초에 축맹헌이 돌아갈 때 경(經)이 봉사(奉使)로서 함께 갔었는데 길에서 단목지를 만나자 (조정의) 명을 기다리지 않고[不待] 그냥 돌아왔다.
부대
헌사에서 핵문(劾問-탄핵 및 문초)하여 유배 보냈다.

○ 삼도체찰사(三道體察使) 임정(林整)이 조운선을 만들었다. 경상도에서 111척, 전라도에서 80척, 충청도에서 60척이었다.

정해일(丁亥日-5일)에 청화정에 올라 석전(石戰)⁴을 구경했다.

무자일(戊子日-6일)에 원자의 학궁(學宮)이 완공됐다.

기축일(己丑日-7일)에 경상도와 전라도에 비가 왔다. 양도에는 봄부터 비가 내리지 않았는데 이때에 이르러 마침내 비가 내렸다.

○ 서북면 경차관으로 갔던 예빈시 윤(禮賓寺尹)⁵ 최관(崔關, ?~1424년)⁶

---

4   조선 중기 이전까지 주로 단오와 정월 대보름 저녁에 편을 나누어 돌을 던지면서 놀던 집단놀이다. 석전은 돌팔매놀이[石擲戲]라고도 하며 개천이나 넓은 도로를 사이에 두고
석척희
주민들이 편을 갈라 돌을 던져 먼저 쫓겨 달아나는 쪽이 지는 놀이다.

5   조선시대 빈객의 연향과 종실 및 재신들의 음식물 공급 등을 관장하기 위해 설치되었던 관서다. 정3품 아문으로 내려오다가 조선 후기에 종6품 아문으로 격하됐다.

6   고려 우왕 때 문과에 급제하고, 1392년(공양왕 4년) 예조총랑(禮曹摠郎)이 됐으나 정몽주 (鄭夢周)의 일당으로 몰려 직첩을 빼앗기고 곤장 70대를 맞은 뒤에 먼 곳으로 유배됐다 가 조선이 개국되자 곧 풀려났다. 이때 서북면 경차관(西北面敬差官)과 예빈시윤(禮賓寺尹)을 지내고 1404년 형조지사(刑曹知事)로 있을 때 사건을 잘못 판결한 죄로 다시 울주에 유배됐다가 곧 풀려났다. 1406년 의용순금사대호군(義勇巡禁司大護軍)으로 있으면서 유좌(柳佐) 등의 노비치사 사건을 처결할 때 그가 동년(同年)인 유량(柳亮)의 아들이므로

이 복명해 아뢰었다.

"신이 평양에 이르러 임팔랄실리 등 10여 명에게 음식을 먹이고 그들이 막 숙배(肅拜)할 때 모두 결박해 가뒀습니다."

애초에 팔랄실리가 1만 8,600호(戶)를 이끌고 도망쳐 왔었다.

○ 강원도 관찰사 박은(朴訔)이 의정부에 보고해 창고를 풀어[發倉]
굶주리는 백성들을 구제할 것을 청했으나 의정부에서 회보(回報)하지 않았다.

경인일(庚寅日-8일)에 삼부(三府)에 명해 자문(紫門)에 모이게 해 임팔랄실리 등을 환송(還送)해야 될지 그 가부(可否)를 토의하게 했다. (그러고 나서) 상이 말했다.

"내가 중국과 서로 양보하지 않고 다투자[抗衡]는 것이 아니다. 사람이 물과 불 속에서 나와 살려달라고 하는데 이를 차마 그냥 볼 수 있겠느냐? 그래서 받아들였던 것이다. 지금 중국에서 추격한다 해서 돌려보낸다면 반드시 다 죽이고 한 명도 남겨두지 않을 것이니 이것도 역시 사람을 사지(死地)에 두는 것이다."

석명이 말했다.

"여러 재상들은 돌려보내려고 하는데 이는 대의(大義)에 어긋남이

이것을 기피하기 위해 처의 병을 핑계 삼아 안문(按問)을 게을리한 혐의를 받아 개령현(開寧縣)에 유배됐으나 곧 풀려나 순금사에 복직됐다. 1413년 순금계획(巡禁計劃)을 상서하여 왕의 윤허를 얻어 시행한 일이 있고 1418년 세종이 즉위하자 좌사간대부가 되었다가 이듬해 안동대도호부 판사(安東大都護府判事)가 됐다. 1421년(세종 3년) 이조참의에 승진되고 이듬해에 한성부윤이 됐다.

있습니다."

상이 말했다.

"이들도 역시 우리나라 인물들이라 의리상 돌려보내지 않아야 옳
겠지만 단지 (중국에서) 나를 보고 양보하지 않고 다툰다고 할까 염
려될 뿐이다. 나는 한 사람도 돌려보내고 싶지 않으니 너희가 여러
재상들과 다시 도모하도록 하라."

○ 상이 소요산에 가서 헌수(獻壽)하려고 했으나 결국 가지 못
했다. 태상왕이 능엄 법회(楞嚴法會)를 베푼다며 외부인의 왕래를 금
했기 때문이다.

임진일(壬辰日-10일)에 상이 상왕전에 가서 헌수하고 지극히 즐
겼다.

○ 명하여 『상서(尚書)』[7]의 경문(經文)에 권근(權近)이 구두점을 찍게

---

7 한대(漢代) 이전까지는 그냥 『서(書)』라고 불렸는데 이후 유가사상의 지위가 상승됨에 따
라 소중한 경전이라는 뜻을 포함시켜 한대(漢代)에는 『상서(尚書)』라 했으며 송대(宋代)에
와서 『서경(書經)』이라 부르게 됐다. 우(虞), 하(夏), 상(商), 주(周) 시대의 역사적 내용들
이 기록돼 있다. 오늘날 전해지고 있는 『상서』는 58편으로 구성되어 있으며 주(周) 당시
의 원본이 아니라 위진 남북조시대에 나온 위작(僞作)이다. 『상서』는 진시황(秦始皇)의 분
서갱유(焚書坑儒)로 인해 소실되어 전승과정이 복잡하고 진위(眞僞) 여부에 대한 논란이
분분하다. 판본으로는 금문상서(今文尚書)와 고문상서(古文尚書)가 있다. 『상서』가 분서
갱유로 소실되자 한(漢) 문제(文帝) 때 진(秦)에서 박사를 지낸 복생(伏生)이 『상서』에 정
통하다는 말을 듣고 한 왕실에서 유학을 진흥시키기 위해 조조(晁錯)를 보내 배워 오게
했다. 복생은 조조에게 29편의 상서를 전해주었고 조조는 『상서』를 당시의 문자체, 즉 금
문으로 받아 썼는데 이것이 바로 금문상서. 고문상서는 경제(景帝) 때에 노(魯) 공왕(恭
王)이 공자의 옛 집을 헐다가 벽 속에서 『예기(禮記)』, 『논어(論語)』, 『효경(孝經)』 등과 함
께 발견했다는 『상서』의 고본(古本)을 말한다. 이 고본은 한의 문자체와는 다른 춘추시대
의 문자체로 씌어 있었기 때문에 금문이라는 말과 대비되는 고문이라고 한다.

해서 바치라고 했다.

　계사일(癸巳日-11일)에 이지직과 전가식을 순군(감옥)에 내려보내고 파직시켰다. 대사헌 이지(李至)와 지평 이지(李漬) 등이 상의 뜻을 미루어 알아차리고[揣知] 지직 등의 죄를 다시 청했다. 상이 말했다.

　"국론(國論)이 이와 같으니 따르지 않을 수 없다."

　이에 지직과 가식 등을 순군에 내려보내고, 사평부 판사(司平府判事) 우인렬(禹仁烈), 의정부 참지사(議政府參知事) 김희선(金希善), 대사헌 이지, 우사간 송인(宋因)과 순군 만호(巡軍萬戶) 윤저(尹抵), 이숙번(李叔蕃)에게 명해 망언 과실(妄言過失)의 죄를 묻게 했다. 지직이 말했다.

　"가식이 맨 처음 이 말을 했고 신은 간관(諫官)으로서 감히 입을 다물고 가만히 있을 수[含黙=緘黙] 없었을 뿐입니다."

　가식을 형문(刑問)하여 물었다.

　"성색(聲色)이란 말은 반드시 뭔가를 지칭하는 바가 있을 것이다 [必有所指]. 아무것도 숨기지 말고 사실대로 말하라."[8]

　가식이 말했다.

　"이같이 국문(鞫問)하시니 사실대로 말하지 않을 수 있겠습니까?"

　이에 자기 손으로 초사(招辭)를 썼다.

8　기존 실록 번역에서는 가식에게 형문한 것을 이지직의 말로 착각하여 크게 오역하고 있다. 바로 다음에 가식의 말이 이어진다는 점에서 이는 이숙번 등이 물은 것이다. 기존 실록 번역이다. 여기서는 必有所指를 번역하지 못하고 건너뛰었다.

'신이 가만히 『춘추전(春秋傳)』[9]을 보건대 "제후(諸侯)가 한 번 장가드는 데 아홉 여자를 데려오는 것은 계사(繼嗣-후사)를 넓히려는 까닭이요, 데려올 때 반드시 동시(同時)에 데려오는 것은 근원(적자)을 어지럽히는 것을 막기 위함이다"라고 했습니다. 전하께서는 정실(正室)의 자손이 번성한데도 또 권씨(權氏)를 맞이하시니 이것은 전하께서 호색(好色)의 마음을 가지셨기 때문입니다. 데려오되 동시에 데려오지 아니하셨으니 어찌 뒷날에 구실을 삼아 말하는 자가 잉첩(媵妾)으로 여기지 아니하고 적실(嫡室)로 삼을지 알겠습니까? 이것은 서둘러 도모하지 않을 수 없는 것입니다. 더욱이 은감불원(殷鑑不遠)[10]한 까닭에 다만 성색(聲色)을 즐긴다고 말하여 은근히 풍자한 것[微諷]뿐이요, 감히 그 일을 드러내서 말한 것이 아닙니다.'

_{미풍}

또 물었다.

"이 일은 반드시 그것을 사주(使嗾)한 자가 있을 것이니 아무것도 감추지 말고 사실대로 말하라."

가식이 말했다.

"신이 간관(諫官)으로서 어찌 남의 말을 듣고서 그렇게 했겠습니까?"

다시 국문하자 가식이 말했다.

"어느 날 은문(恩門)[11]이신 여흥부원군(驪興府院君-민제)의 집에 가

---

9   『춘추좌씨전(春秋左氏傳)』을 가리킨다.

10 이 말은 '망국의 선례(先例)는 바로 전대(前代)에 있다'는 뜻이었다. 『시경(詩經)』 「대아탕(大雅蕩)」편에 다음과 같은 구절이 나온다. "은나라의 거울은 먼 데 있지 않고 바로 앞 왕조인 하나라에 있도다."

11 과거시험에서 고시관을 맡았던 자를 은문(恩門) 또는 좌주(座主)라고 부르며, 이를 스승으로 받들던 급제자를 문생(門生)이라고 한다.

서 이 일을 고했더니 답하기를 '네 말이 옳다'고 했습니다."

순군에서 그 말대로 보고하니 지직과 가식 등을 놓아주라고 명하고 파직시키기만 했다. 민제(閔霽)는 이때부터 문생(門生)들을 접견하지 않았다.

을미일(乙未日-13일)에 양청(涼廳)에 나아가 활쏘기를 구경했다.

○ 임팔랄실리 등 8명이 평양에서 와서 예궐(詣闕)하니 음식을 먹이도록 명했다.

○ 조정(명나라 조정)의 좌군도독부(左軍都督府)에서 황제의 뜻[聖旨]을 받들어 이자(移咨)했다. 도망 온 군대를 돌려보내라는 일 때문이었다.

병신일(丙申日-14일)에 벌레가 용수산(龍首山)[12]의 솔잎을 갉아먹으니 방리(坊里)의 사람들을 동원해 그것들을 잡아 땅에 묻었다.

무술일(戊戌日-16일)에 태형(笞刑) 이하의 죄를 사면했다. 상의 탄신일이기 때문이다. 이날 비가 내리므로 하례(賀禮)를 정지했다. 각 도의 관찰사, 절제사, 순문사가 하전(賀箋-축하의 글)과 방물(方物-특산물)을 올렸고 의정부에서는 본국(本國)의 지도를 바쳤다.

○ 의정부에서 여러 신하들과 함께 연회를 베풀 것을 청했으나 상이 모후(母后)께서 고생한 날[劬勞日=母難日]이라 하여 그치게 했다.

---

12 황해북도 개성시 승전동, 용산동과 개풍군 고남리의 경계에 있는 산이다.

기해일(己亥日-17일)에 상이 태평관에 가서 사신들에게 잔치를 베풀었다. 감생 단목지(端木智)[13]는 술을 마시지 않고 박석명에게 말했다.

"뒷날 한가한 때에 너댓 명의 가기(歌妓)를 데리고 오면 내가 마땅히 술을 한없이 마시겠소."

석명이 아뢰니 상이 허락했다.

○ 축맹헌, 단목지, 감생, 주계 등이 전별시(餞別詩)를 청하고 또 권근(權近)의 서문(序文)을 원했다. 하륜(河崙), 권근, 이첨(李詹)이 문사(文士)들의 시(詩)를 모으고 권근이 서문을 지어서 축(軸)을 만들어 보내주었다.

경자일(庚子日-18일)에 순군(巡軍)에 명해 계월(季月)[14]마다 옥(獄)을 감찰하게 했는데 전옥(典獄)의 예(例)에 의한 것이다. 그에 앞서 계월마다 대성(臺省)과 형조(刑曹)에서 각각 1명과 봉명내시(奉命內侍) 1명이 전옥서(典獄署)에 함께 앉아 옥을 감찰하고 가벼운 죄수는 놓아주었다.

임인일(壬寅日-20일)에 축맹헌 단목지 등이 경사(京師)로 돌아가니 상이 백관을 거느리고 서교(西郊)에서 전별했다. 맹헌은 사람됨이 너그럽고 두터우며[寬厚]⎯관후 예가 있어[有禮]⎯유례 (태평)관에 머문 지 1년이 넘

───────────

13 단목지는 감생이 아니라 사신이다. 착오로 보인다.
14 사계(四季)의 마지막 달, 곧 음력 3월, 6월, 9월, 12월을 가리킨다.

었어도 기색(妓色)을 가까이하지 않았고 묵희(墨戲-서예)에 조예가 있어 사람들 중에 종이를 가지고 가서 청하는 자가 있으면 곧바로 응해주었으며 또 시(詩)에도 능해 사람들이 모두 아끼고 공경했다. 지는 글을 잘 쓴다고 스스로 자부했으나 사람들이 자못 싫어했고 그가 돌아가기에 이르자 다만 석등잔(石燈盞), 인삼(人蔘), 작설차(雀舌茶)를 받았을 뿐이다.

○ 승추부(承樞府) 제학 박돈지(朴惇之)를 보내 경사에 가도록 했다. 노숭(盧崇)을 대신한 것이다.

○ 경시서(京市署)[15]에서 저화로 상오승포(常五升布) 3,600필을 사서 호조에 납입(納入)했다. 그 포를 1필마다 끊어 3단(端)으로 만들어 궐내(闕內)의 차비(差備)[16]와 창고(倉庫) 및 궁사(宮司)[17]의 노비에게 나누어 주었다. 포의 사용을 금하고 저화를 일으켜 쓰도록[興用] 하기 위함이었다.

갑진일(甲辰日-22일)에 회암사(檜巖寺)에 전지 300결을 주었다. 애초에 사전(寺田)은 500결이었으나 무인년에 300결을 제하여 공신들에게 주었다가 이때에 이르러 원래대로 돌리고 또 60결을 더 주었으니 태상왕의 뜻을 좇은 것이다.

---

15 조선시대 종5품 아문(衙門-관아)으로 시장의 점포를 단속하고 도량형(度量衡)을 통일시키며 물가를 조절하는 일을 관장한다. 1392년(태조 1년) 고려의 제도를 본받아 경시서(京市署)를 설치했다가 1466년(세조 12년)에 평시서(平市署)로 명칭을 바꿨다.

16 우리말 잽이 또는 재비를 음차(音借)로 적은 것으로 궁궐에서 특별한 일을 맡기려고 임시로 기용한 잡역부를 말한다.

17 궁원(宮院)의 관리 기관이다.

병오일(丙午日-24일)에 경상도 창녕(昌寧), 함안(咸安), 김해(金海), 의창(義昌), 밀양(密陽), 현풍(玄風) 등지의 백성이 굶주리므로 창고를 풀어 진휼미를 내주었다.

○ 경시서에서 방(牓)을 내어 날짜를 정해[刻日] 오승포(五升布) 사용을 금하고 전적으로 저화를 사용하게 했다. 서울은 7월 15일, 지방의 근도(近道)는 8월 15일, 원도(遠道)[遐道]는 9월 15일을 기한으로 하여 민간의 오승포를 다 바꾸게 했다. 기한이 지난 뒤에 몰래 사용하다가 발각되면[現露=發覺] 관직에 있지 않은 사람[無職者]은 가산을 몰수하고 율(律)에 따라 결장(決杖)하며 관직에 있는 사람[有職者]은 직첩(職牒)을 거두고 율에 따라 결장하도록 했다. 공사(公私)의 상오승포(常五升布)를 모두 다 엄하게 금지했다[痛禁=嚴禁].

정미일(丁未日-25일)에 김로(金輅, 1355~1416년)[18]를 중군 도총제로 삼았다.

○ 사헌부·형조·순군의 장무(掌務-담당 실무자)에게 명해 유배가 있는 사람들이 범한 죄의 정상(情狀)을 아뢰게 했다.

○ 무신일(戊申日-26일)에 대마도 수호(守護) 종정무(宗貞茂)에게 토

---

18 1392년 조선 개국에 태조를 도와 개국공신 3등에 책록되고 대호군(大護軍)에 올랐으며 1396년(태조 5년) 중추원사(中樞院使)로 있으면서 서북면의 이성수령(泥城守令)을 겸했다. 그 뒤 종1품 중추원 판사에 올라 1차 왕자의 난을 평정하는 데 공을 세워 정사공신(定社功臣) 2등에 책록됐다. 이어 의정부 지사(議政府知事)가 돼 연성군(延城君)에 봉해지고 1409년(태종 9년) 하정사(賀正使)가 돼 명나라에 다녀왔다. 1411년 고려의 절신(節臣) 이숭인(李崇仁)이 유배지에서 장살(杖殺)된 바 있었는데 그를 함부로 처형했다는 죄로 탄핵을 받았다.

산물을 내려주어 사인(使人-낮은 급의 사신)에게 부쳐 보냈다. 인삼(人蔘) 20근, 흑마포(黑麻布) 3필, 백저포(白苧布) 3필, 쌀 40석, 콩 20석이었다. 또 종화전(宗和殿)과 종구랑(宗九郞) 및 종오랑(宗五郞)과 소이전(小二殿) 등에게 사람을 시켜 쌀과 콩 각 10석, 잣 각 2석, 호피(虎皮) 각 1장을 내려주었다. 이때 정무가 예물(禮物)을 바쳤기 때문이다.

신해일(辛亥日-29일)에 덕천고(德泉庫)[19] 별감 강택(康澤), 김온(金穩), 정점(鄭漸) 등을 파직했다. 택 등이 소를 잡아 요리를 하고[宰牛] 모여서 술을 마셔 헌사에서 탄핵했기 때문이다.
　　재우

　○ 대호군 주옥룡(周玉龍)의 직첩을 거두고 수군(水軍)에 채워 넣었다[充=充軍].[20] 애초에 옥룡이 전 장군(將軍) 송사민(宋斯敏)과 더
　　　충　 충군
불어 노비를 다투다가[爭奴婢] 얻지 못하자 헌부에 제소했으나 역시
　　　　　　　쟁　노비
얻지 못하니 신문고를 쳤다. 승정원에 내려보내 이를 따지게 하니 사민이 옳다고 보았다. 헌사에서 옥룡의 무고죄를 청하니 명을 내려 직첩을 거두고 먼 지방[遐方]으로 유배 보내도록 했다. 대사헌 이지(李
　　　　　　　하방
至) 등이 또 청하여 말했다.

19　왕실에서 필요로 하는 재정을 마련하는 일을 담당했다. 1403년(태종 3년) 내섬시(內贍寺)
　　로 개칭됐다.

20　충군이란 죄를 범한 자를 억지로 군역(軍役)에 복무시키는 제도로 그 신분의 높낮음이나
　　죄의 경중에 따라 달랐다. '장일백 충군(杖一百充軍)', '장일백에 변원충군(邊遠充軍)', '장
　　일백에 수군충군(水軍充軍)', '장일백에 극변충군(極邊充軍)' 등과 같이 죄인에게 100대의
　　장(杖)을 때린 다음 정군(正軍)이 아닌, 천역(賤役)인 수군(水軍)이나 국경지대를 수비하
　　는 군졸로 보내던 일을 말한다.

"신 등이 그르면 신 등을 죄주시고, 신 등이 옳다면 옥룡에게 죄를 더해주십시오."

상이 말했다.

"옥룡이 실로 죄가 있으나 일찍이 군공(軍功)이 있으니 차마 법대로 다하지 못하겠다."

명하여 수군에 채워 넣은 것이다.

임자일(壬子日-30일)에 만산군(漫散軍)을 풍해도(豊海道)에 나눠 두었는데 남녀노소 모두 합해 869명이었고 각관(各官)으로 하여금 양식을 주게 했다.

癸未朔 太上王還幸逍遙山.
계미 삭 태상왕 환행 소요산

上親祭于仁昭殿. 上問: "晚稻八月亦熟 而薦新稻米 乃在十月
상 친제 우 인소전 상문 만도 팔월 역 숙 이 천신 도미 내 재 십월

何也?" 代言莫能對.
하야 대언 막능 대

監生栗堅 張緝等 押七運馬而還. 三運馬價 段子一千五百匹
감생 율견 장집 등 압 칠운마 이환 삼운마 가 단자 일천 오백 필

絹一萬三千匹 緜布六千五百匹 其交易馬數一千六百二十四匹也.
견 일만 삼천 필 면포 육천 오백 필 기 교역 마수 일천 육백 이십 사 필 야

又以遺在段子九百二十八匹 絹五千三百八十匹 緜布三百八匹
우 이 유재 단자 구백 이십 팔 필 견 오천 삼백 팔십 필 면포 삼백 팔 필

易馬九百九匹 隨後入送.
역마 구백 구 필 수후 입송

甲申 大雨.
갑신 대우

賜武科恩榮宴.
사 무과 은영연

乙酉 上欲詣逍遙山 阻水乃止.
을유 상 욕예 소요산 조수 내지

忠淸 慶尙 全羅道敬差官大護軍金繼志復命啓曰: "慶尙道多
충청 경상 전라도 경차관 대호군 김계지 복명 계왈 경상도 다

虎 自去年冬至今年春 死於虎者幾百人. 沿海郡縣尤多 人不得
호 자 거년 동지 금년 춘 사어호자 기백 인 연해 군현 우다 인 부득

行路. 況耕耨乎?" 上卽命其道觀察使節制使: "自今如有傷於虎
행로 황 경누 호 상 즉명 기도 관찰사 절제사 자금 여유 상어호

者 雖一人且罪之."
자 수 일인 차 죄지

新除安東大都護府使朴惇之免. 司諫院上疏曰:
신제 안동 대도호부 사 박돈지 면 사간원 상소 왈

'守令 民之標準 其任不可不擇. 檢校中樞朴惇之 其在前朝 以
수령 민 지 표준 기임 불가 불택 검교 중추 박돈지 기재 전조 이

198

家道不正 得罪逃刑 今受專城之命 任然之任. 已不能正其家 安
能正人乎? 貽欺闔境必矣. 且於昭代用人之道何? 願罷其職 以正
風俗'. 從之.

司諫院復請李之直 田可植罪. 疏略曰:

'君有善焉 承順之 使之益進於善 有過焉匡救之 使之潛消
其過 此乃人臣之職也. 前內史舍人之直 前正言可植等 妄言殿下
所無之事 以累聖德. 臣茲痛心 上書請罪 未蒙兪允. 殿下如以
臣言爲不當 願下都堂議之 以治其罪.

議政府上疏請李之直 田可植等罪. 疏略曰:

'之直 可植等 職在言官 妄論殿下所未嘗行 臣民所未嘗聞之
事 以累聖德 以邀直名. 臣等觀之 罔不痛心. 其時憲司上章請罪
至于再三 不卽依允 今司諫院又再上書請罪 殿下寬仁 不欲以
言罪人 又復不允 誠爲盛德 然人臣進言 必以其實職也. 若妄論
是非 虛張過失 以誣人罪 固爲不道. 況妄陳盛德所無之事 是大
不敬也. 願殿下 依臺諫所申 下之直等攸司 究問虛妄不敬之罪
明白斷治 以慰臣等之痛心'.

丙戌 上王行端午祭于齊陵.

林八剌失里 崔康等獻兵器. 甲十一, 弓二百二十四, 箭
二千六百五十三, 鐵頭具五十六, 槍九十八, 劍六十七, 角三, 纛二,
旗十五, 弓弦一百八, 螺鉢一, 錚一.

以朴惇之爲承樞府提學 柳觀鷄林府尹 李來中軍同知摠制 且

以知司諫院事李興爲經筵試讀官.

收都摠制趙狷職牒 流于丑山島. 狷受謝恩使之命 聞中路賊起

稱疾. 憲司劾而請罪.

流摠制朴經于通津. 初祝孟獻之還也 經奉使偕行 路逢端木智

不待命而還. 憲司劾問流之.

三道體察使林整造漕運船. 慶尙道一百十一艘 全羅道八十艘

忠淸道六十艘.

丁亥 登淸和亭 觀石戰.

戊子 元子學宮成.

己丑 慶尙 全羅道雨. 兩道自春不雨 至是乃雨.

西北面敬差官禮賓尹崔關復命啓曰: "臣至平壤 饋林八剌失里

等十餘人 方其肅拜 盡縛而囚之." 初 八剌失里率一萬八千六百

戶逃來.

江原道觀察使朴崇報議政府 請發倉賑飢 不報.

庚寅 命三府會于紫門 議還送林八剌失里等可否. 上曰: "予非欲

與中國抗衡也. 人自水火中出來 求生活 其可忍視耶? 以故旣納之

矣.① 今以中國之追而還遣之 必殺之無遺 是亦置人於死地也."

錫命曰: "諸相之欲遣還 有乖於大義." 上曰: "是亦本國人物 義可

不還 但恐以予爲抗衡耳. 予不欲還遣一人也. 爾等與諸相更圖之"

上欲詣逍遙山獻壽 不果. 太上王設楞嚴法會 禁外人往來故也.

壬辰 上詣上王殿 獻壽極懽.

命書尙書經文 令權近點句讀以進.

癸巳 下李之直 田可植於巡軍 罷其職. 大司憲李至 持平李漬

等 揣知上意 復請之直等罪 上曰: "國論如此 不可不從." 乃下

之直 可植等於巡軍 命判司平府事禹仁烈 參知議政府事金希善

大司憲李至 右司諫宋因 與巡軍萬戶尹抵 李叔蕃 問其妄言

過失之罪. 之直曰: "可植始言之 臣以諫官不敢含黙耳." 刑問

可植: "聲色之言 必有所指 直言毋諱" 可植曰: "如此鞠問 敢不

直言!" 乃手書招辭曰: "臣竊見春秋傳 曰: '諸侯一娶九女 所以

廣繼嗣也.' 格之必同時 所以窒亂源也. 殿下正嫡繼嗣昌衍 而又

納權氏 是殿下好色之心也. 格之不同時 安知後日之藉口者不

以爲媵 而以爲嫡乎? 是不可不早圖也. 況殷鑑不遠 故但言聲色

之娛以微諷之 不敢顯言其事耳." 又問: "此事必有嗾之者 直言

毋諱" 可植曰: "臣以諫官 豈聽他人之言而爲哉?" 再鞠之 可植

曰: "一日進恩門驪興府院君之第 以此事告之 答曰: '汝之言然.'"

巡軍以其辭聞 命釋之直 可植等 罷其職. 閔霽自是不接見門生.

乙未 御涼廳觀射.

林八剌失里等八人來自平壤詣闕 命餉之.

朝廷左軍都督府 奉聖旨移咨 以逃軍還遣事也.

丙申 蟲食龍首山松葉 發坊里人捕而埋之.
병신 충 식 용수산 송엽 발 방리 인 포 이 매지

戊戌 宥笞以下罪. 以上誕晨也. 是日雨 停賀禮. 各道觀察使
무술 유 태 이하 죄 이상 탄신 야 시일 우 정 하례 각도 관찰사

節制使 巡問使 進賀箋方物 議政府獻本國地圖.
절제사 순문사 진 하전 방물 의정부 헌 본국 지도

議政府請設群臣同宴 上以母后劬勞之日 止之.
의정부 청 설 군신 동연 상이 모후 구로 지일 지지

己亥 上如太平館宴使臣. 監生端木智不飮 謂朴錫命曰: "後日
기해 상여 태평관 연 사신 감생 단목지 불음 위 박석명 왈 후일

閑中率四五歌妓而來 吾當飮之無量." 錫命以啓 上許之.
한중 솔 사오 가기 이래 오당 음지 무량 석명 이계 상 허지

孟獻 智 監生周繼等請餞詩 且求權近序文 河崙 權近李詹 集
맹헌 지 감생 주계 등 청 전시 차구 권근 서문 하륜 권근 이첨 집

文士詩 近作序 成軸以贈.
문사 시 근 작서 성축 이증

庚子 令巡軍季月監獄 依典獄之例. 前此 每季月臺省刑曹各
경자 영 순군 계월 감옥 의 전옥 지례 전차 매 계월 대성 형조 각

一員及奉命內侍一員 雜坐典獄署 監獄放輕囚.
일원 급 봉명 내시 일원 잡좌 전옥서 감옥 방 경수

壬寅 祝孟獻 端木智等還京師 上率百官餞于西郊. 孟獻爲人
임인 축맹헌 단목지 등 환 경사 상 솔 백관 전 우 서교 맹헌 위인

寬厚有禮 館寓踰年 不近妓色 工於墨戲 人有携紙而求者 輒
관후 유례 관우 유년 불근 기색 공 어 묵희 인유 휴지 이구 자 첩

應之 又能詩 人皆愛敬. 智以善書自矜 人頗惡之 及其還也 但受
응지 우 능시 인개 애경 지이 선서 자긍 인 파 오지 급 기환 야 단수

石燈盞人蔘雀舌而已.
석등 잔 인삼 작설 이이

遣承樞府提學朴惇之如京師. 代盧嵩也.
견 승추부 제학 박돈지 여 경사 대 노숭 야

京市署以楮貨 買常五升布三千六百匹 納戶曹. 其布每一匹 裁作
경시서 이 저화 매 상오승포 삼천 육백 필 납 호조 기포 매 일필 재작

三端 分給闕內差備倉庫宮司奴婢 所以禁用布 而興用楮貨也.
삼단 분급 궐내 차비 창고 궁사 노비 소이 금 용포 이 흥용 저화 야

甲辰 給檜巖寺田三百結. 初 寺田五百結 歲戊寅 除三百結給
갑진 급 회암사 전 삼백 결 초 사전 오백 결 세 무인 제 삼백 결급

功臣 至是還屬之 又加屬六十結 從太上王之旨也.
공신 지시 환속 지 우 가속 육십 결 종 태상왕 지지 야

丙午 慶尙道 昌寧 咸安 金海 義昌 密陽 玄風等處民飢 發倉
병오 경상도 창녕 함안 김해 의창 밀양 현풍 등처 민기 발창

賑給.

京市署出牓 刻日禁用五升布 全用楮貨. 京中七月十五日 外方

近道八月十五日 遐道九月十五日爲限 民間五升布畢貿易. 限後

隱用現露 無職者 籍沒家産 依律決杖 有職者 職牒收取 依律

決杖. 公私常五升布 一皆痛禁.

丁未 以金輅爲中軍都摠制.

命司憲府 刑曹 巡軍掌務 將流貶人所犯情狀 啓聞.

戊申 賜對馬島守護宗貞茂土物 就付使人以送. 人蔘二十

斤 黑麻布三匹 白紵布三匹 米四十石 豆二十石. 又賜宗和殿

宗九郎 宗五郎 小二殿等使人米豆各十石 松子各二石 虎皮各一

張. 時 貞茂獻禮物故也.

辛亥 德泉庫別監康澤 金穩 鄭漸罷. 澤等宰牛會飲 憲司劾之.

收大護軍周玉龍職牒 充水軍. 初 玉龍與前將軍宋斯敏爭奴婢

不得 訴於憲府 又不得 擊鼓申聞. 下承政院究之 直斯敏. 憲司

請玉龍誣告之罪 命收職牒 流于遐方. 大司憲李至等又請曰:

"臣等非則罪臣等 臣等是則加罪玉龍." 上曰: "玉龍實有罪矣 曾

有軍功 不忍盡法." 命充水軍.

壬子 分置漫散軍于豐海道 男女老幼總八百六十九 令各官

給糧.

| 원문 읽기를 위한 도움말 |

① 以故旣納之矣. 여기서 以故는 '그 때문에'라는 뜻이다.
　이고 기 납지 의　　　이고

태종 2년 임오년
6월

六月

계축일(癸丑日-1일) 초하루에 상이 소요산에 가서 태상왕께 헌수(獻壽)하려고 했으나 결국 못 했다. 사간 최긍(崔兢)과 정언 신개(申槩) 등이 청했다.

"때가 바야흐로 농번기[盛農]이니 장차 7월을 기다리소서."

상이 말했다.

"시종하는 사람의 수를 줄이고 또 밭 가운데서 사냥도 하지 않을 것이니 농사에 무슨 해로움이 있겠는가? 이미 주군(州郡)으로 하여금 공억(供億)을 번거롭게 하지 못하게 했고 또 하룻밤만 자고 갔다가 하룻밤만 자고 돌아오려 한다."

긍 등이 다시 청했다.

"비록 시종을 줄인다고 하시지만 곡식이 들에 가득한데 어찌 발로 밟아 손상시키는 폐단이 없겠습니까? 비록 공억을 줄인다고 하시지만 반드시 폐단이 없다고는 못 할 것입니다. 태상왕의 뜻도 찾아뵙는 일[覲見]로 인해 백성들이 폐단을 입는다면 마음이 편치 못하실까 염려됩니다."

상이 말했다.

"그렇다면 봄과 여름에는 부왕을 찾아뵐 수도 없다는 말인가?"

○ 하륜 등과 더불어 서북면 여러 고을에 성(城)을 쌓을 것에 대하여 상의했다. 륜 등이 아뢰어 말했다.

"지금 중국에 병란(兵亂)이 일어났으니 마땅히 서북면에 성을 쌓아야 합니다."

이무가 말했다.

"마땅히 평양(平壤), 안주(安州), 의주(義州), 이성(泥城), 강계(江界) 등 다섯 곳에 성을 쌓아야 합니다."

륜이 말했다.

"만약 돌로 쌓을 수 없다면 목책(木柵)도 괜찮습니다."

상이 말했다.

"(그리하면) 공력(工力)도 줄이면서 성(城)이 이루어지니 오히려 성이 없는 것보다는 낫겠다."

김사형이 말했다.

"삼국(三國)이 전쟁할 때에 모두 목책을 사용했습니다. 지금 중국은 크게 어지럽고 우리나라는 아무 일이 없으니 마땅히 이런 때에 성을 쌓아야 합니다."

상이 말했다.

"그렇다. 가을이 되기를 기다려 사람을 보내 성을 쌓도록 하겠다."

○ 상이 김사형 등에게 물었다.

"의정부에서 일본의 사신인 중에게 잔치를 베풀 때 그 좌석의 순서[坐次]를 어떻게 해야 하는가?"
좌차

이무가 대답했다.

"일본 중을 남쪽 줄[南行]에 앉히소서."
남행

상이 말했다.

"정승도 대작(對酌)하는가?"

사형이 대답했다.

"정승이 대작하는 것은 그 유래가 오래됐습니다. 근래에는 중국 사신 때문에¹ (정승이) 응대할 겨를이 없어 사람을 시켜 대접했더니 중이 '나를 대접하는 것이 예전과 같지 않으면 나는 돌아가겠습니다' 라고 말했습니다."

상이 말했다.

"정승 이하가 대작하는 것이 좋겠다."

○ 상이 말했다.

"올해의 농사는 어떠한가?"

모두 말했다.

"아주 잘됐습니다."

하륜이 말했다.

"다만 경상도와 전라도는 이른 가뭄[早旱]으로 인해 지난해만 못할 뿐입니다."

상이 말했다.

"지난해에는 (평년보다 늦은) 5월 20일에 비가 내렸는데도 오히려 농사를 망치지 않았는데 하물며 올해는 5월 초8일에 큰비가 내렸는데도 그런가?"

○ 승추부에서 양병(養兵)에 관한 몇가지 조목을 올렸다. 그 소(疏) 는 이러했다.

---

1 축맹헌을 비롯한 중국 사신들이 계속 서울에 머물러 있었던 상황을 가리킨다. 기존의 '중국 사신에게는 응대(應對)할 여가가 없었기 때문에'라는 번역은 착오로 보인다. 문맥상 으로도 맞지 않는다.

'성대한 시대[盛代]에 군사를 쓰고 장수를 거두는[用兵收將] 제도를 가만히 살펴보건대 여러 좋은 전적들[令典]에 실려 있어 절목(節目)들의 자세함이 지극합니다만 양병(養兵)의 방법에 있어서는 아직도 말할 만한 것이 있습니다. 사람이 나면서부터 편안히 노는 것을 좋아하는 것은 인정(人情)이 지극히 바라는 것이고, 죽음이나 고생은 인정이 가장 괴롭게 여기는 것입니다. 그런데 군대란 그들로 하여금 흰 칼날과 날아오는 화살을 무릅쓰고 죽음에 나아가게 하기를 사는 것에 나아가게 하듯이 해야 하며, 고생스러움에 나아가게 하기를 편안히 노는 것에 나아가게 하듯이 해야 하는 것입니다. 이 때문에 평소부터 방략(方略)을 세워 그들을 가르치고 기르지 아니하면 뜻하지 아니한 때에 혹 잘못된 근심이 있게 될 것입니다. 옛날에 양병(養兵)을 잘한 사람은, 나라가 잘 다스려지고 천하가 태평하여 한가한 때에 범이나 곰과 같은 군사를 기르고 그들을 어짊과 의로움[仁義]으로 품어주며, 은혜와 신의로써 맺고 법률로써 위엄을 보여주며 부오(部伍-부대의 대오)를 정돈하고 호령을 엄하게 하며 대군(大軍)을 휴식시켜 사기(士氣)를 진작시킨 까닭에 그들로 하여금 적과 대항케 하면 반드시 이겼고, 그들로 하여금 수어(守禦-방어)케 하면 튼튼했으니 이것이 어찌 가르치고 길러줌[敎養]이 평소부터 있었던 밝은 효험[明效]이라 아니하겠습니까?

한(漢)나라 이래로 군사를 기르는 방법이 당(唐)나라만큼 좋은 것은 없습니다. 우리나라의 부병(府兵) 제도는 한결같이 당나라의 제도를 따라 대장(隊長), 대부(隊副)와 수천 명의 무리들이 모두 다 금위(禁衛)의 군사들입니다. 그러나 이들을 각사(各司)의 창고(倉庫)와 여러 도감(都監)에 천례(賤隸)의 역(役)으로 나누어 부리기 때문에 한 해 동안 내내 노고에 종사하여 진실로 휴식하는 날이 없습니다. 이른바 어짊과 의로움, 은혜와 신의, 휴식과 사기 진작 등의 일에 대해서는 잠잠하고 들리지 않습니다. 그러나 이는 모두 전조(前朝) 말년의 적폐(積弊)가 아직도 다 혁파되지 못해서 그런 것입니다. 신 등이 생각건대 오래된 적폐를 혁파하려면 마땅히 새로운 법을 세워야 합니다. 무인년으로부터 (노비) 변정도감(辨定都監)에서 문적(文籍)이 분명하지 못하다 하여 속공(屬公)시키고, 몸은 양인(良人)인데 역(役)은 천역(賤役)으로 정하여 사수감(司水監)에 붙인 자가 많습니다. 이들로 하여금 저들의 역사를 대신하게 할 수 있습니다. 만약 모자라면 서운관(書雲觀)에서 아뢴 바대로 "밀기(密記)에 오르지 않은 여러 절의 노비"를 모두 찾아내어 분속(分屬)시켜도 좋을 것입니다. 그렇게 되면 각사(各司)의 사령(使令) 등속이 여유가 있을 것이며 삼군(三軍)과 금위(禁衛)의 군사가 튼실하게 될 것입니다. 공손히 생각건대 전하께서 전조의 적폐를 모두 혁파하시어 새로운 성대(盛代)의 병률(兵律)을 쓰신다면 만세에 다행함이 클 것입니다.'

그대로 따랐으나 다만 사사(寺社)의 노비를 사역시키자는 것은 불허했다.

○삼도 도체찰사 임정(林整)에게 말 1필을 내려주었다. 정(整)이 충청·경상·전라도의 쌀과 콩을 조운했는데 이때를 전후로 운반한 것이 모두 10만 2,314석(石)이다.

을묘일(乙卯日-3일)에 순군만호부(巡軍萬戶府)를 고쳐 순위부(巡衛

府)²라고 했다.

○ 전라도의 영선만호(領船萬戶)를 순위부에 가뒀다. 왜선(倭船)이 밤에 들어와 전라도의 조운선이 함께 모여 정박해 있는 곳에서 배 1척을 훔쳐 달아났는데 붙잡지 못했기 때문이다.

정사일(丁巳日-5일)에 예조에서 의례상정소(儀禮詳定所) 제조들과 함께 의견을 한데 모아[同議] 악조(樂調)를 올렸다.
동의

'신 등이 삼가 고전(古典)을 살펴보건대 "음(音)을 살펴서 악(樂)을 알고, 악(樂)을 살펴서 정사(政事)를 안다"³고 했고 또 "악(樂)을 합하여 신기(神祇)를 이르게 하며 나라를 화(和)하게 한다"⁴고 했으며 또 "정성(正聲-바른 소리)은 사람을 감동시키되 기운의 응함을 순조롭게 하고, 간성(姦聲-간사한 소리)은 사람을 감동시키되 기운의 응함을 거슬리게 한다"⁵고 했습니다. 그러므로 『주관(周官)』 「대사악(大司樂)」에서는 음성(淫聲-마음을 혼란하게 하는 소리), 과성(過聲-지나친 소리) 흉성(匈聲-흉흉한 소리), 만성(曼聲-길게 끄는 소리)을 금(禁)하

---

2 원나라의 직제를 본떠서 설치한 순군만호부가 1369년(공민왕 18년) 6월에 사평(司平)순위부로 바뀌었다. 관직으로 제조(提調) 1인, 판사 3인, 참상관(參詳官) 4인, 순위관(巡衛官) 6인, 평사관(評事官) 5인을 두었다. 이는 만호, 천호 등 순군만호부의 체제를 완전히 벗어나 새로운 직제로 개편되었음을 의미하는 것이다. 그러나 사평순위부는 우왕 초 이인임(李仁任) 등의 친원 세력이 강화됨에 따라 또 순군만호부로 개편하게 됐으며 이때 순위부(巡衛府)로 바뀌었다가 이듬해 6월 의용순금사(義勇巡禁司) 등으로 바뀌었으며 1414년(태종 14년) 의금부(義禁府)가 됐다.

3 『예기(禮記)』 「악기(樂記)」에 나오는 말이다.

4 『주관(周官)』 「대사악(大司樂)」에 나오는 말이다.

5 『예기(禮記)』 「악기(樂記)」에 나오는 말이다.

도록 했습니다.

신 등이 가만히 살펴보건대 전조(前朝)는 삼국(三國)의 말세를 잇다 보니 그 악도 그대로 이어받아 썼고 또 (중국) 송조(宋朝-송나라)를 따라 교방(敎坊)[6]의 악(樂)을 쓰기를 청했으며 그 말세[季世]에 이르러 또한 음란한 소리[哇淫之聲]가 많았는데도 조회(朝會)와 연향(宴享)에서 일절 그것을 썼으니 볼만한 것이 없습니다. 지금 나라를 세운 초기[國初]를 맞아 그대로 인습(因襲)해서는 안 됩니다. 신 등이 삼가 중국과 우리 전통의 악(樂)에서 그 성음(聲音)이 조금이라도 바른 것을 취하고 풍아(風雅)의 시(詩)[7]를 참조해 조회와 연향의 악을 정하고 신민(臣民)이 통용하는 악에 이르기까지도 미쳤습니다. 아래에 갖추어 열거했으니 상께서 밝게 보시고 시행하시어 성음(聲音)을 바로잡음으로써 천하에 화기(和氣)를 부르소서.

국왕 연사신악(國王宴使臣樂)[8]: 왕과 사신이 자리에 앉으면 차(茶)를

---

6   교방은 중국의 당나라 고조가 처음 궁중에 설치한 기관으로 현종대에 확대됐는데 배우의 잡기(雜技)나 여악의 습악을 주로 담당했었다. 이후 교방은 송대(宋代)에 와서도 속악을 연주하는 핵심 기관이었다. 고려 광종대에 송나라로부터 중국의 속악(俗樂)과 악기, 악공을 들여왔을 때 중국 교방의 전통이 같이 들어온 것으로 보인다. 고려조에는 국가의 음악기관으로 대악서와 관현방이 있었으며, 궁중에 왕실 소속으로 교방을 두어 많은 수의 여악을 두었다. 이렇게 교방은 여제자(女弟子)나 교방여제자(敎坊女弟子)로 불린 여악을 중심으로 구성됐다. 고려의 교방은 창기(倡妓)들을 훈련시켜 대악서와 관현방에 공급했으며, 연등회나 팔관회, 왕실의 중요한 연회에 가무와 풍류에 따라 찬양하는 말을 바쳤다. 조선조 초기에는 고려조의 음악 전통이 그대로 이어졌기에 교방 역시 여기의 습악과 연주를 담당하는 기관으로 존속했으며 교방의 여악은 궁중의 잔치에 계속 사용됐다. 교방은 중앙의 한 기관으로 왕실 소속이었으며 향악이나 당악의 연향악을 담당했던 관습도감에 소속됐다가 후에 장악원으로 이관됐다.
7   풍과 아는 시의 장르로 곧 『시경(詩經)』에 실려 있는 시들을 가리킨다.
8   국왕이 사신에게 연회를 베풀며 연주하는 음악이다.

올리고 당악(唐樂)으로 하성조령(賀聖朝令)을 연주한다. 첫 잔을 올리고 조(俎)⁹를 올릴 때 이르러 녹명(鹿鳴)¹⁰을 노래하되 중강조(中腔調)¹¹를 쓴다. 헌화(獻花)하면 황황자화(皇皇者華)¹²를 노래하되 전화지조(轉花枝調)를 쓴다. 둘째 잔을 올리고 첫 번째 탕(湯)을 올릴 때 이르러 사모(四牡)를 노래하되 금전악조(金殿樂調)를 사용한다. 셋째 잔을 올리면 오양선 정재(五羊仙呈才)¹³를 하고, 두 번째 탕(湯)을 올리면 어리(魚麗)¹⁴를 노래하되 하운봉조(夏雲峯調)를 사용한다. 넷째 잔(盞)을 올리면 연화대 정재(蓮花臺呈才)¹⁵를 하고, 세 번째 탕(湯)을 올리

---

9   산적 등을 담는 도마를 가리키는데 작은 음식물을 뜻한다.

10 원래는 『시경(詩經)』 「소아(小雅)」의 편이름이다. 군신(君臣)의 분의(分義)는 엄한 것이 주가 되고 조정의 예의는 삼감이 주가 되나 엄경(嚴敬)에만 치우치면 화락하게 상하의 정을 다하지 못하기 때문에 음식으로 잔치를 마련하여 연향(宴饗)의 예악(禮樂)을 갖춘다는 내용과 임금이 베풀어준 은혜에 여러 신하들이 충성을 맹세하는 내용으로 이루어진다. 때문에 임금이 신하에게 잔치를 베푸는 것을 녹명연이라 이름하고 군신(君臣)이 서로의 본분, 즉 임금은 신하에게 예의를 갖추고 신하는 임금에게 충성을 다할 것을 다짐하는 기회로 삼았다.

11 이것의 음악적 특징은 아직 밝혀지지 않았다.

12 『시경(詩經)』 「소아(小雅)」 6편 중의 한 곡(曲)이다. 녹명(鹿鳴), 사모(四牡)와 함께 임금이 여러 신하와 귀한 손님에게 잔치를 베풀고 사신(使臣)을 송영(送迎)하는 데 쓰인 악가(樂歌)였는데, 그 후에 연례(燕禮)와 향음주(鄉飲酒)에서 쓰였다.

13 고려 때부터 시작된 궁중 정재 춤의 하나로 왕조(王朝)의 상서로운 기운을 노래하며 춤추는 궁중무(宮中舞)로서 당악(唐樂) 무용에서 전래됐다. 죽간자(竹竿子) 두 사람이 좌우(左右)에 벌려 서고 왕모(王母)는 가운데에 서며 좌우협(左右挾) 넷이 네 귀에 벌려 서서 주악(奏樂)에 맞추어 사(詞)를 부르며 춤을 춘다.

14 『시경(詩經)』 「소아(小雅)」 6편 중의 한 곡(曲)으로 사방이 평정되고 만물이 풍성하여 신명(神明)에게 고(告)하며 칭송하는 내용이다.

15 고려시대부터 전하는 궁중 무용의 한 가지로 합립(蛤笠) 두 개를 갖다 놓고 죽간자(竹竿子) 두 사람이 나와 마주 선 다음 동기(童妓)들이 앞에 서고 여기(女妓)들이 뒤에 서서 주악(奏樂)에 맞추어 사(詞)를 부르며 춤을 추다가 동기가 잇대어 합립을 쓰고 춤을 춘다.

면 수룡음(水龍吟)¹⁶을 노래하며, 다섯째 잔을 올리면 포구락 정재(抛毬樂呈才)¹⁷를 하고, 네 번째 탕(湯)을 올리면 금잔자(金盞子)¹⁸를 읊고, 여섯째 잔을 올리면 아박 정재(牙拍呈才)¹⁹를 하고, 다섯 번째 탕을 올리면 억취소(憶吹簫)²⁰를 부르며, 일곱째 잔을 올리면 무고 정재(舞鼓呈才)²¹를 하고, 여섯 번째 탕을 올리면 신공(臣工)²²을 노래하되 수룡음조(水龍吟調)를 사용한다. 여덟째 잔을 올리면 녹명(鹿鳴)을 노래하고, 일곱 번째 탕을 올리고 아홉째 잔에 이르면 황황자화(皇皇者華)를 노래하며, 여덟 번째 탕을 올리고 열째 잔에 이르면 남유가어(南有嘉魚)²³를 노래하되 낙양춘조(洛陽春調)를 사용하며, 아홉째 탕을 올

---

16 전통악곡의 한 형태이면서 연주 형태를 가리키는 말이다.

17 고려 때부터 시작한 정재 춤의 이름이다. 여기(女妓)들이 주악에 맞춰 노래를 부르며 공을 포구문(抛毬門)으로 빠지게 던져 재주를 부린다. 죽간자(竹竿子)가 나와 마주 서고, 여기(女妓) 하나는 꽃을 들고 포구문의 동편에 서고 또 하나는 붓을 들고 서편에 선다. 열두 사람이 여섯 대(隊)에 나뉘어 제1대 두 사람이 용알을 가지고 주악에 맞추어 사(詞)를 부르며 춤을 추다가 위로 던지어 구멍으로 나가게 한다. 제1대가 춤추며 물러서면 차례로 제2대, 제3대가 춘다. 공을 구멍으로 넘기면 상으로 꽃 한 가지를 주고, 못 하면 벌로 얼굴에 먹점을 찍는다.

18 고려 때 '금잔자령(金盞子令)'과 '금잔자만(金盞子慢)'은 당악정재(唐樂呈才) 헌선도(獻仙桃)의 반주음악으로 연주됐다. 조선 초기에 '금잔자만'은 수명명(受明命)과 헌선도의 반주음악으로 연주됐다.

19 정재무(呈才舞)의 한 가지다. 고려 때 송나라의 무용을 본받은 것으로 두 사람이 손에 박(拍)을 들고 치며 주로 '동동(動動)'을 부르면서 정읍만기(井邑慢機)에 맞추어 추었다.

20 『고려사』 악지에 전하는 송나라 사악이다.

21 정재(呈才) 때에 추는 북춤의 한 가지다. 고려 때 시중(侍中) 이혼(李混)이 영해(寧海)에서 유배살이할 때 꾸몄다는 북춤으로 원래는 2명이 추었으나 조선 세종(世宗) 때 8명, 4명, 2명이 출 수 있도록 바뀌었다.

22 『시경(詩經)』 「주송(周頌)」에 실려 있는 편이름이다.

23 『시경(詩經)』 「소아(小雅)」의 편이름이다. 내용은 어진 사람을 얻어 함께 벼슬에 올라 잔치를 베풀고 즐거워함을 노래한 것이다.

리고 열한 번째 잔에 이르면 남산유대(南山有臺)²⁴를 노래하되 풍입송조(風入松調)나 낙양춘조(洛陽春調)를 사용한다.

국왕 연종친형제악(國王宴宗親兄弟樂)²⁵: 왕이 전(殿)에 나와 앉으시면 하성조조(賀聖朝調)를 연주한다. 조(俎)를 올릴 때에 태평년(太平年)²⁶을 연주한다. 헌화하면 행위(行葦)²⁷를 노래하되 금강성조(金剛城調)²⁸를 사용한다. 첫 번째 탕(湯)을 올리면 관저(關雎)²⁹를 노래하고 첫째 잔(盞)을 올리면 수보록 정재(受寶籙呈才)³⁰를 한다. 두 번째 탕(湯)을 올리면 인지(麟趾)³¹를 노래하고, 둘째 잔(盞)을 올리면

24 『시경(詩經)』「소아(小雅)」의 편이름이다. 덕성이 있고 지위가 높은 사람을 기리는 내용으로 5장으로 돼 있다.

25 국왕이 종친 형제들과 더불어 연향을 베풀 때 사용하는 음악이다.

26 고려시대에 송나라에서 전래된 사악(詞樂)의 하나다. 본래 당악(唐樂)의 산사(散詞)에 속하는 곡의 하나로 곡의 구조는 쌍조(雙調) 45자에 전·후단 각 4구 4측운(四仄韻)으로 돼 있다. 악보는 현재 전하지 않고 그 가사가 『고려사』 악지에 실려 전하는데 그 내용은 봄을 찬양한 것이다.

27 『시경(詩經)』「대아(大雅)」의 편이름이다. 내용은 주(周)나라 왕실의 충후(忠厚)와 어짐이 초목에까지 미침을 노래한 것이다.

28 고려향악(高麗鄕樂)의 한 곡명이다. 작자 및 제작연대 미상이다. 거란의 성종(聖宗)이 개성(開城)을 침범하여 궁궐을 불태우자 고려의 현종이 다시 개성을 수복하고 나성(羅城)을 구축한 것을 나라 사람들이 기뻐하며 지은 노래다. 곡명은 성의 견고함이 쇠같이 단단함을 뜻한 데서 유래됐다.

29 『시경(詩經)』「국풍(國風)」의 편이름이다. 내용은 숙녀(淑女)를 얻어 군자의 도움이 될 것을 생각하는 것이다.

30 정재 때 추는 춤의 이름이다. 당악(唐樂)이며 여악(女樂)이다. 봉족자(奉簇子), 보록(寶籙) 각 한 사람과 지선(地仙), 죽간자(竹竿子), 인인장(引人杖), 용선(龍扇), 봉선(鳳扇), 작선(雀扇), 미선(尾扇) 각 두 사람과 정절(旌節) 여덟 사람과 합하여 스물네 사람의 여기(女妓)가 주악(奏樂)과 박(拍)의 소리를 맞추어 배열(排列)을 바꾸면서 절차를 따라 구호(口號), 치어(致語), 창사(唱詞)를 부르며 족도(足蹈)하고 춤을 춘다.

31 『시경(詩經)』「국풍(國風)」의 편이름이다. 주나라 문왕이 후비(后妃)의 덕으로 자손이 많고 현명했다는 것으로, 인후한 후비를 살아 있는 풀은 절대로 밟지 않는다는 어진 동물인 기린에 비유한 것이다.

몽금척 정재(夢金尺呈才)[32]를 한다. 세 번째 탕(湯)을 올리면 갈담(葛覃)[33]을 노래하되 자하동조(紫霞洞調)를 사용한다. 셋째 잔(盞)을 올리면 오양선 정재(五羊仙呈才)를 하고, 네 번째 탕(湯)과 넷째 잔(盞)을 올리면 포구락 정재(抛毬樂呈才)를 하고, 다섯 번째 탕(湯)을 올리면 신공(臣工)을 노래하고, 다섯째 잔(盞)을 올리면 무고 정재(舞鼓呈才)를 한다. 여섯 번째 탕(湯)을 올리고, 여섯째 잔(盞)을 올리면 문덕곡(文德曲)[34]을 노래한다. 일곱 번째 탕(湯)을 올리고, 일곱째 잔(盞)을 올리면 남산유대(南山有臺)를 노래한다.

국왕 연군신악(國王宴群臣樂)[35]: 처음의 의식[初儀]은 위와 같다. 헌화하면 녹명(鹿鳴)을 노래하되 금강성조(金剛城調)를 사용한다. 일곱 번째 탕(湯)을 올리고, 일곱째 잔(盞)을 올리면 억편(抑篇)[36]을 노래한다. 그 나머지는 모두 위의 의식과 같다.

국왕 견본국사신악(國王遣本國使臣樂)[37]: 처음의 의식은 위와 같다. 첫째 잔(盞)을 올리면 황황자화(皇皇者華)를 노래하고, 여덟째 잔을

---

32 조선 태조(太祖)의 창업(創業)을 기리어 만든 정재(呈才)춤. 향악(鄕樂)에 속하며 17명이 장춘불로지곡(長春不老之曲)에 맞추어 절차에 따라 구호(口號)와 치어(致語)를 부르며 춤춘다.

33 『시경(詩經)』「국풍(國風)」의 편이름이다. 문왕의 후비(后妃)인 태사(太似)가 부도(婦道)에 철저해 귀하게 되어서도 부지런하고 부유하면서도 검소하며 자라서도 스승을 공경함에 해이하지 않고 출가해서도 부모에 대한 효성이 지극했음을 노래한 시다.

34 이 춤은 조선 초 태조(太祖)에게 새로 지어 올린 악장가사(樂章歌詞)인 문덕곡의 개언로장(開言路章), 보공신장(保功臣章), 정경계장(正經界章), 정례악장(定禮樂章)인 4시가(詩歌)를 무원들이 차례로 부르며 추는 것으로 무용적인 표현이나 형태, 격식 등이 거의 없이 악장가사(樂章歌詞)를 영창(詠窓)하는 것에만 치중해 진행한 춤이라 할 수 있다.

35 국왕이 군신들과 더불어 연향을 베풀 때 사용하는 음악이다.

36 『시경(詩經)』「대아(大雅)」의 편이름이다.

37 국왕이 우리나라 사신을 보낼 때 사용하는 음악이다.

올리면 사모(四牡)를 한다. 나머지는 위의 의식과 같다.

국왕 노본국사신악(國王勞本國使臣樂)[38]: 처음의 의식은 위와 같다. 첫째 잔(盞)을 올리면 사모(四牡)를 노래하고, 세 번째 탕(湯)을 올리면 황황자화(皇皇者華)를 노래한다. 그 나머지는 모두 위와 같다.

국왕 견장신악(國王遣將臣樂)[39]: 처음의 의식은 위와 같다. 헌화하면 채미(采薇)[40]를 노래하고, 나머지는 모두 위의 의식과 같다.

국왕 노장신악(國王勞將臣樂)[41]: 처음의 의식은 위와 같다. 헌화하면 체두(杕杜)[42]를 노래하고, 세 번째 탕(湯)을 올리면 채미(采薇)를 노래하고, 나머지는 모두 위와 같다.

정사를 볼[視朝] 때에는 당악(唐樂)을 사용하고, 대가 앞[駕前]에서는 당악(唐樂)과 호부악(胡部樂)[43]을 사용하며, 강무(講武)할 때에는 종고(鍾鼓)를 쳐서 악절(樂節)을 짓고, 대사(大射)할 때에는 녹명(鹿鳴)을 노래한다.

의정부 연조정사신악(議政府宴朝廷使臣樂)[44]: 첫째 잔(盞)과 조(俎)를 올리면 녹명(鹿鳴)을 노래하고 헌화하며, 둘째 잔을 올리면 황황

---

38 국왕이 우리나라 사신을 위로할 때 사용하는 음악이다.

39 국왕이 장신(將臣)을 보낼 때 사용하는 음악이다.

40 『시경(詩經)』「소아(小雅)」의 편이름이다.

41 국왕이 장신(將臣)을 위로할 때 사용하는 음악이다.

42 『시경(詩經)』「소아(小雅)」의 편이름이다.

43 오랑캐 음악 혹은 악기라는 말이다. 『문헌통고』(文獻通考)에 "박판(拍板)의 길이와 너비는 손과 같다. 큰 것은 판(板)이 9개이다. 작은 것은 6개로, 그것들을 가죽 끈으로 엮는다. 오랑캐 땅에서 이것으로 악절(樂節)을 짓는데 그것은 손뼉 치는 것의 대신이다'라고 했다.

44 의정부에서 중국 사신에게 연향을 베풀 때 사용하는 음악이다.

자화(皇皇者華)를 노래하며, 첫 번째 탕(湯)을 올리면 사모(四牡)를 노래하고, 셋째 잔을 올리면 연화대 정재(蓮花臺呈才)를 하며, 두 번째 탕을 올리면 남유가어(南有嘉魚)를 노래하고, 넷째 잔을 올리면 아박 정재(牙伯呈才)를 하며, 세 번째 탕을 올리면 어리(魚麗)를 노래한다. 다섯째 잔을 올리면 무고 정재(舞鼓呈才)를 하고, 네 번째 탕을 올리면 남산유대(南山有臺)를 노래하며, 여섯째 잔을 올리면 삼현(三絃)을 연주하고, 다섯 번째 탕을 올리고, 일곱째 잔을 올리면 문덕곡(文德曲)의 대육(大肉)을 연주하며, 여덟째 잔을 올리면 송산조(松山操)[45]를 부르되 낙양춘조(洛陽春調)를 사용한다.

의정부 연본국사신악(議政府宴本國使臣樂)[46]: 위와 같다.

의정부 전본국장신악(議政府餞本國將臣樂)[47]: 첫째 잔(盞)과 조(俎)를 올리면 채미(采薇)를 노래하고, 그 나머지는 위와 같다.

의정부 노장신악(議政府勞將臣樂)[48]: 첫째 잔(盞)과 조(俎)를 올리면 체두(杕杜)를 노래하고, 그 나머지는 모두 위와 같다.

1품 이하 대부·사 공사연악(一品以下大夫士公私宴樂)[49]: 첫째 잔(盞)과 조(俎)를 올리면 녹명(鹿鳴)을 노래하되 금강성조(金剛城調)를 사용한다. 초미(初味)와 둘째 잔(盞)에는 오관산(五冠山)[50]을 노래

---

45 이때 처음으로 만들었다.

46 의정부에서 우리나라 사신에게 연향을 베풀 때 사용하는 음악이다.

47 의정부에서 우리나라 장신(將臣)을 전송(餞送)할 때 사용하는 음악이다.

48 의정부에서 장신(將臣)을 위로할 때 사용하는 음악이다.

49 1품 이하의 대부(大夫)·사(士)의 공사연향(公私宴享)에 사용하는 음악이다.

50 오관산(五冠山) 밑에 살던 효자(孝子) 문충(文忠)이 어머니가 늙어감을 탄식하여 지은 노래다.

하고, 이미(二味)와 셋째 잔(盞)에는 관저(關雎)를 노래하되 자하동조(紫霞洞調)를 사용하며, 삼미(三味)와 넷째 잔(盞)과 유식(侑食)[51]에 이르러서는 삼현(三絃)을 연주하고, 사미(四味)와 다섯째 잔(盞)에는 방등산(方等山)[52]을 연주하며, 오미(五味)와 여섯째 잔(盞)에는 칠월편(七月篇)[53]을 노래하되 낙양춘조(洛陽春調)를 사용한다.

서인 연부모형제악(庶人宴父母兄弟樂)[54]: 초미(初味)와 잔이 오르면 오관산(五冠山)을 노래하고, 이미(二味)와 잔이 오르면 방등산(方等山)을 노래하고, 종미(終味)와 잔이 오르면 권농가(勸農歌)를 부른다.'

상이 그대로 따랐다.

무오일(戊午日-6일)에 일본국 대상국(大相國-재상)에게 토산물을 내려 그가 보내온 사람에게 주어 보냈다. 은준(銀樽-은 술통) 1개, 도금은규화배(鍍金銀葵花杯) 1개, 은탕관(銀湯罐) 1개, 흑사피화(黑斜皮靴) 1개, 죽모자(竹帽子) 10개, 저포(紵布)·마포(麻布) 각각 15필, 인삼(人蔘) 50근, 호피(虎皮)·표피(豹皮) 각각 3장, 잡채화석(雜彩花席) 12장, 만화방석(滿花方席)·만화침석(滿花寢席) 각각 5장이다.

---

51 음식을 권하는 것이다.
52 고려에 전승된 백제가요(百濟歌謠)의 한 곡이다. 전라도 나주(羅州)의 속현(屬縣)인 장성(長城)에 있는 방등산에 신라 때 도적(盜賊)의 근거지가 있었다. 양가(良家)의 자녀들이 그곳으로 잡혀갔고, 장일현(長日縣)의 한 여인 역시 그곳으로 잡혀갔다. 자기 남편이 곧 와서 구출해줄 것이라고 믿고 이 노래를 지었다.
53 『시경(詩經)』「빈풍(豳風)」의 편이름이다.
54 서인(庶人)이 부모형제에게 연향할 때 사용하는 음악이다.

○ 밭 74결을 회암사(檜巖寺)에 내려주었다. 태상왕이 청했기 때문이다.

기미일(己未日-7일)에 전 사직(司直) 김구(金龜)가 복주(伏誅-사형) 됐다. 애초에 구(龜)가 검교전서(檢校典書) 이신언(李臣彦)과 노비[臧獲]를 다투다가 얻지 못하자 신언이 모반(謀叛)했다고 무고해 반좌(反坐)[55]에 걸렸기 때문이다.

경신일(庚申日-8일)에 사평부 영사 하륜, 의정부 참찬사 권근, 예문관 대제학 이첨에게 명해 『삼국사(三國史)』를 수찬(修撰)하게 했다.

○ 호조전서 김첨(金瞻)에게 명해 『서경(書經)』의 「재재(梓材)」편[56]을 강(講)하게 했다. 임금이 악가(樂歌)의 일로 인해 첨(瞻)을 오라고 불렀다. 상이 마침 『서경』의 「재재」편을 보고 있다가 첨에게 그것을 강해보라고 명하니 첨이 구두점(句讀點)을 떼지 못해 부끄럽게 여기며 사과했다.

"오늘날의 유생(儒生)들은 「우공(禹貢)」과 「재재(梓材)」편은 배움에 절실치 못하다고 여겨 모두 읽지 않습니다."

○ 전농시 판사(判典農寺事) 허주(許周)를 양주(楊州)로 유배 보내고[竄] 사헌장령 현맹인(玄孟仁), 병조의랑(兵曹議郞) 김단(金端), 사재감(司宰監) 조휴(趙休), 공조의랑(工曹議郞) 김분(金汾) 등을 면직시

---

55 사람을 무고(誣告)한 자는 무고를 입은 사람에게 과(科)한 죄만큼 과죄(科罪)하는 것이다.
56 주서(周書)의 편이름이다.

켰다. 애초에 맹인(孟仁)은 경기좌도 안렴사(京畿左道按廉使), 단(端)은 우도, 주(周)는 경상도, 휴(休)는 전라도, 이지직(李之直)은 강원도, 분(汾)은 풍해도 안렴사가 됐는데 이때에 새로 개간된 토지를 측량하여[打量] 보고하라는 명령이 있었으나 주는 사무실에 내팽개치고 시행하지 않았고 나머지 사람들도 모두 문서만 넘겼을[移文] 뿐이었다. 헌사에서 탄핵해 파면할 것을 아뢰었다. 지직은 일찍이 다른 죄로 파직된 까닭에 논죄하지 않았다[勿論].

○ 죄(罪)가 거주(擧主)[57]에게 미치는 법을 거듭[申=重] 엄격하게 했다. 사헌부에서 말씀을 올렸다.

"『경제육전(經濟六典)』[58]의 한 조항에 '수령은 백성에게 가까운 벼슬이라 백성의 휴척(休戚-평안과 근심)이 이에 달려 있으니 선거(選擧)를 정밀하게 하지 않을 수 없다'고 했습니다. 바라건대 이제부터는 양부(兩府)와 현관(顯官) 6품에 이르기까지도 각각 아는 사람을 천거하게 하되 일찍이 현질(顯秩-높은 작질)을 지낸 명망(名望)이 있는 사람과 중외(中外)에 두루 벼슬하여 명성과 공적[聲績]이 있는 사람을 천거하게 하여 제수(除授)에 대비하소서. '천거한 바가 자격자가

---

57 추천한 사람을 가리킨다.

58 1397년(태조 6년) 12월 26일 영의정 조준(趙浚)의 책임 하에 편찬 반포된 법전으로 1388년부터 1397년까지 10년간 시행된 법령과 장차 시행할 법령을 수집하여 편집했다. 오늘날 원문이 전해지지 않아 자세한 내용을 알 수는 없으나 『조선왕조실록』에 간헐적으로 기록된 바에 따라 유추하면 이전, 호전, 예전, 병전, 형전, 공전의 육전(六典)과 각 전마다 강목을 나누어 편찬했던 것으로 보인다. 법전의 문장 형태는 한자와 이두 및 방언이 혼용되어 사용됐고, 과거 공포된 원문과 시행 연월일이 붙어 있는 내용을 그대로 실어놓았다. 뒤에 일부 수정 보완된 법전이 하륜(河崙), 이직(李稷), 황희(黃喜) 등에 의해 편찬되었다. 수정 보완된 법전과 조준이 만든 법전을 구별하기 위해 조준의 『경제육전』을 『경제원육전(經濟元六典)』, 『원육전(元六典)』 등으로 부른다.

아니면 죄가 거주(擧主)에게 미친다'고 이미 판지(判旨)가 있었습니다. 근래에 수령으로 임명한 사람들이 일찍이 일을 겪어보지 못한 자가 간혹 있어도 다만 감사(監司)의 포폄(褒貶)과 용사(用捨-쓰고 버림)에 의할 뿐입니다. 죄가 거주(擧主)에게 미치지 않기 때문에 거주는 태평하여 부끄러워할 줄 모르고 있으니 바라건대 이제부터는 각 도(各道)의 감사(監司)에게 영(令)을 내리시어 계월(季月)마다 포폄할 때에 한 벌[件]을 본부(本府)에 보내게 해 그 거주를 고찰하게 하시고 한결같이 『육전(六典)』에 의해 출척(黜陟)을 거듭 밝힘으로써 뒷사람들이 경계하게 하소서."

그대로 따랐다.

신유일(辛酉日-9일)에 태상왕이 소요산에서 회암사로 행차했다[幸=行幸]. 태상이 회암사를 중수(重修)하고 또 궁실(宮室)을 지어 머물러 살려고 하니 임금이 그 뜻을 어기기가 어려워[重=難] 대부(隊副-하급 장교) 150명을 보내 부역(赴役)하게 했다. 어느 한 사람이 도망치자 태상이 체포하여 죽이라고 명했다.

○사평부 영사 하륜이 악장(樂章)[59] 두 편을 올리니, 교서(敎書)를

---

59 조선이 건국되면서 조선의 통치자들은 동양적 통치 관례에 따라 예악(禮樂)을 정비(整備)했는데, 이때 나라의 공식적 행사인 제향(祭享)이나 연향(宴享) 혹은 각종 연회(宴會)에 쓰기 위해 새로 지은 노래 가사들을 특별히 따로 묶어 '악장'이라고 했다. 따라서 조선 초기 악장의 내용은 건국의 업적을 칭송하고 임금의 위업 및 공덕을 기리고 있는 내용이 대부분이다. 악장은 조선 전기의 성종대까지 지어졌고 한동안 중단됐다가 조선 후기에 많은 정재(呈才)의 창사로 다시 생성됐는데 조선 후기의 많은 정재악장은 금상의 만수 및 자손의 번성을 송축하는 내용으로 돼 있다. 조선 전기의 악장은 고려 말의 1행 4구 2절의 형식을 지녔던 경기체가(景幾體歌)의 영향을 직접 받아 이루어졌으며 초기에

내려주어 칭찬했다[獎諭].
장유

성대하도다, 왕자(王子)시여! 하시는 말씀[德音] 크게 빛나시도다.
덕음

그 배움[學] 눈부시게 밝으시고[緝熙]⁶⁰ 그 문장은 경서(經書)
학　　　　　　　　집희

[奎璧]와 같도다.
규벽

천자께서 교지를 내리시니 이 나라 사람들 놀라서 두려움에 떨

도다.

아! 군부(君父-태조)의 사신이라 감히 받들기에 겨를이 없구나.

이미 천자를 뵈옵고 연유 소상히 다 아뢰니

얽은 죄는 사라지고 국가는 창성하리라!

매사 힘쓰시는 왕자시여! 의로운 도리를 삼가 따르셨도다.

전대(專對)⁶¹하고 돌아오시니 종묘사직의 영광이로다.

굳세도다[桓桓], 우리 임금이시여! 만수무강하소서.
환환

왕자께서 돌아오시니 그 즐거움 끝이 없어라.

이상은 근천정(覲天庭)⁶² 다섯 장이다.

부지런하시도다[亹亹],⁶³ 우리 임금이시여! 다움을 밝히셨고[德
미미　　　　　　　　　　　　　　　　　　　　　　덕

는 중국 고시(古時)의 형식을 빌려서 많이 지었다.

60 『시경(詩經)』 「대아(大雅)」 '문왕(文王)'에 나오는 표현이다.

61 전권을 갖고 자유로이 응답(應答)한다는 뜻이다.

62 태종이 왕자 시절 직접 중국 조정에 들어가 천자를 뵙고[覲天] 조선왕조의 창건을 설명
근천
하여 오해를 풀게 했다는 내용이다.

63 『시경(詩經)』 「대아(大雅)」 '문왕(文王)'에 나오는 표현이다.

明]⁶⁴ 삼감을 오래 간직하셨도다.

효심과 우애를 정사에도 펼치시니 아름다운 명망 그치지 않았네.

조심조심[翼翼]⁶⁵ 그 마음 삼가시어 사대를 한결같이 하셨네.

말씀과 가르침 높이 받들어 해돋는 곳까지 점차 나아갔도다.

제(帝)께서 밝은 명을 내려주시니 금인(金印)이 눈부셨고

또 무엇을 주셨던가? 구장(九章)⁶⁶의 곤의(袞衣-곤룡포)였다네.

왕께서 절하여 명을 받으시니 천자께서는 빼어나고 밝으셨도다[聖明].

왕께서 절하여 명을 받으시니 종묘와 사직도 더불어 영광이라네.

아! 즐겁도다 우리 왕이시여 하늘의 도리[休]를 받으셨도다.

어짊을 본받아 백성들을 보호하며 천년을 사시옵소서.

아! 즐겁도다, 우리 왕이시여, 해가 떠오르는 것과 같으시도다.

바른 법도와 계책을 이루시어 만세를 이어가게 하소서.

이상은 수명명(受明命)⁶⁷ 여섯 장이다.

상이 이를 읽어보고 김첨을 불러 그것을 주면서 말했다.

"관현(管絃)의 곡을 입혀 연향악(宴享樂)으로 쓰도록 하라."

의정부 참찬사 권근에게 명해 교서를 짓게 하고 좌대언 이승상을
보내 이를 가지고 가서 륜에게 내려주도록 했다. 다음은 교서다.

---

64 『대학(大學)』의 첫 구절 밝은 다음을 밝힌다는 명명덕(明明德)에서 가져온 표현이다.
65 『시경(詩經)』「대아(大雅)」'대명(大明)'에는 여기서와 같은 조심하는 마음의 뜻으로 사용
됐고 「소아(小雅)」'채기(采芑)'에서는 씩씩하다, '채미(采薇)'에서는 나란하다는 뜻으로 사
용됐다.
66 임금의 정복(正服)에 놓인 산, 용 따위의 아홉 가지 수를 가리킨다.
67 태종이 명나라로부터 왕의 인준을 받은 사실을 주내용으로 하고 있다.

'왕은 이르노라. 대개 듣건대 임금과 신하 사이에는 경계의 말을 올리는 것[進戒]이 소중하고 성악(聲樂)의 도리는 형상[象-모범]을 이루는 데 있다고 했다. 그래서 구서(九敍)[68]의 노래를 우(禹)가 벌써 지었고, 갱재(賡載)[69]의 노래를 고요(皐陶)[70]도 또한 불렀다. 이것이 순(舜)임금의 조정[虞庭]에서 임금과 신하가 서로 경계함으로써 지극한 다스림[至治]을 일으킨 이유다. 주(周)나라에 이르러서는 그 도리가 점점 갖추어져 아(雅)와 송(頌)을 짓게 돼[71] 지금까지 널리 사랑받고 있다. 경은 타고난 자질이 명민한 데다 학술(學術)이 정밀하니 보는 바[所見]의 바름은 그 탁월함[卓爾]이 매우 높고 (내면적으로) 지키는 바[所守]의 굳셈은 그 확고함을 뽑을 수가 없도다. 들어와서 모책(謨策)을 개진할 때에는 반드시 바르게 하고 이익됨을 다 말하며 나가서 정사(政事)를 시행함에 반드시 정밀하고 자상하게 했다. 일찍이 죽을힘을 다해 사직(社稷)을 안정시켰고 또 정성을 다해 천명(天命)을 도왔다. 그대의 크나큰 업적을 가상하게 여기어 다시 동맹(同盟)을 하고 여러 관료(官僚)의 장(長)이 되게 하여 나의 다스림을 돕게 했다. 이제 올린 근천정(覲天庭), 수명명(受明命) 두 편(篇)의 악장(樂章)을 보니 그냥 노래 부름에 그치는 것이 아니라 경계(警戒)를 말

---

68 구공(九功)이 순서 있게 잘 다스려지는 것을 가리킨다. 구공은 백성 생활의 근본이 되는 화(火), 수(水), 목(木), 금(金), 토(土)와 곡물의 육부(六府)를 잘 다스리고 정덕(正德), 후생(厚生), 이용(利用)의 세 가지 일을 정비하는 천자의 아홉 가지 선정(善政)을 말한다.

69 임금의 시(詩)에 화답하여 시(詩)를 짓는 것을 가리킨다.

70 순(舜)의 신하로 법리(法理)에 통달(通達)하여 법을 세워 형벌을 제정하고 또 옥(獄)을 만들었다. 고대의 명재상이다.

71 『시경(詩經)』을 가리킨다.

함이 절실하도다. 오직 내가 천정(天庭-천자의 궁궐)에 들어가 뵌 것은 신하의 직분(職分)으로 당연한 것이며 그 밝은 명(命)을 받은 것은 천자의 은수(恩數-은혜)가 다행하게도 부덕(否德)한 이 사람에 이른 것이니 모두 아름다울 것이 없다. (그런데) 경이 이에 시가(詩歌)를 지어 권면하고 경계하는 뜻을 붙였으니 아마도 영원히 그 어려움을 생각하여 무궁토록 보전하게 하려 함이다. 충의(忠義)의 정성이 지극하여 아름다이 여길 만하고 또한[矧] 말의 뜻[辭義]의 우아함과 성기(聲氣-소리의 기운)의 어우러짐[和]은 옛날의 작자에게 뒤지지 않아 진실로 후세(後世)에 전할 만하도다. 이를 볼 때에 진실로 부끄러움을 느끼는 바이다. 이미 유사(有司)에게 명하여 관현(管絃)의 곡을 입혀 연향악(宴享樂)으로 삼아 경계한 말을 잊지 않도록 했다. 아! 칠덕(七德)[72]으로 춤추며 노래함에 사공(事功)이 미치지 못함을 부끄러워하고, 오언(五言)[73]을 출납함에 이익[益]이 다스림에 있으니 소홀히 하여 어기는 일이 없도록 해야 할 것이다.'

임술일(壬戌日-10일)에 호조에 명해 저화로 민간의 오승포 2만 4,600필을 바꿔[貿=易] 얻었다. 처음에 저화 한 장(張)을 오승포 4필에 준하도록 하니 백성들이 모두 쓰지 않았다. 임금이 이 말을 듣고 호조에 명하여 오승포 1필을 저화 한 장에 준하게 하니 며칠 안 되어

---

72 정치상의 일곱 가지 덕(德)을 말한다. 곧 존귀(尊貴), 명현(明賢), 용훈(庸勳), 장로(長老), 애친(愛親), 예신(禮新), 친구(親舊)를 가리킨다.
73 인(仁), 의(義), 예(禮), 지(智), 신(信) 다섯 가지를 가리킨다.

2만여 장을 바꿔 얻었고 이에 오승포 3필을 저화 한 장에 준하여 그 포(布)를 세 번 끊어 나누어 주니 백성들이 다투어 그것을 바꿨다.

계해일(癸亥日-11일)에 일본의 지좌전(志佐殿)[74]이 보낸 사람 구랑문(仇郎文), 송라군(松羅君) 등이 돌아갔다.

○ 삼군 도총제(三軍都摠制) 이하의 관(官)을 두었다. 각 1군(軍)마다 도총제(都摠制) 1, 총제(摠制) 2, 동지총제(同知摠制) 2원(員)을 두어 10사(司)로 나눠 소속시키고, 모두 갑사(甲士)라 불렀다. 내갑사(內甲士)는 400명이고, 외갑사(外甲士)는 600명이다. 내갑사를 나누어 4번(番)으로 하니 좌우(左右)가 각각 200명이므로 윤번(輪番)으로 입직(入直)하게 했다. 이숙번이 좌번(左番)을, 조연(趙涓, 1374~1429년)[75]이 우번(右番)을 관장했다. 외갑사는 삼군에 나눠 소속시키고 매군(每軍)에 각각 200명씩 나눠 3패(牌)로 하고 상호군이나 대호군을 패두(牌頭)로 삼고, 호군이 이를 관장했다.

○ 예조에서 수수법(蒐狩法)을 올렸다. 아뢰어 말했다.

'삼가 고전(古典)을 살펴보건대 '천자(天子)와 제후(諸侯)는 나라가 무사하면 한 해에 세 번 사냥한다[三田]. 일이 없어도 사냥하지 아니함은 불경(不敬)이라 하고, 사냥을 예(禮)로써 하지 않는 것을 포진
삼전

---

74 일기주 태수 지좌(壹岐州太守志佐)를 가리킨다.

75 조선 태조 즉위 후 별운검이 되고, 1409년(태종 9년)에 길주도 안무찰리사 겸 길주목사가 되어 변방의 오랑캐를 소탕해 그 위세가 북방에 떨쳤다. 재화를 탐하지 않고 오로지 국정에 힘써 가사를 염려함이 없었으며 벼슬에 나아가 좌천된 일이 없었다. 문신이면서 지략이 뛰어나 변방 방어에 많은 공을 세웠다.

천물(暴殄天物-하늘이 준 물건을 마구 쓰는 것)이라 한다'[76]고 했고, 또 이르기를 '이미 세 가지 짐승[三牲]이 있는데도 반드시 사냥을 하는 것은 효자(孝子)의 마음에 천지 자연(天地自然)의 짐승의 고기가 자기가 기른 것보다 좋다고 여기기 때문이다. 짐승이 많으면 오곡(五穀)을 해치기 때문에 병사(兵事)를 익힐 겸 사냥을 한다.'[77] 설자(說者-예를 풀이한 이)가 말하기를 '불경이라 한 것은 제사를 대충 지내고 빈객(賓客)을 소홀하게 대접함을 말함이며, 포진천물이라 한 것은 못[澤]을 포위하여 통째로 짐승을 잡아 새끼와 알을 취하며, 뱃속의 태(胎)를 죽이며, 단명(短命)에 죽게 하며, 둥우리를 뒤엎어버리는 것'[78]이라고 했습니다. 그렇다면 나라가 무사할 때 사냥하지 않아서도 안 되고, 사냥을 할 때 물건을 아끼지 않아서도 안 됩니다. 신 등은 역대(歷代)로 사냥하던 의례를 참고해 아래에 갖추어 아뢰옵니다. 엎드려 바라건대 전하께서 해마다 세 번씩 친히 근교에서 사냥하시어 종묘(宗廟)를 받드시고 무사(武事-군사의 일)를 강습하소서. (사냥의 법은 아래와 같습니다.)

7일 전에 날을 기약해[前期] 병조에서 사람들을 모아 사냥하는 법[田法]을 잘 준수토록 한다. 승추부(承樞府)에서는 사냥할 곳에다 표지를 붙이고 그날 해가 밝기 전[未明] 사냥할 곳의 뒤, 근교(近郊)의 적당한 곳에다 기(旗)를 세운다. 여러 장수는 각각 병졸을 거느리고

---

76 『예기(禮記)』「왕제(王制)」에 나오는 말이다.
77 『춘추공양전(春秋公羊傳)』 풀이에 나오는 말이다.
78 『예기주소(禮記注疏)』에 나오는 말이다.

기 아래로 모이고 먼동이 트면[質明] 기를 거두고 늦게 온 자는 벌을
질명
준다. 병조에서 나누어 사냥의 영[田令]을 내리고 드디어 사냥터를
전령
빙 둘러선 다음 양 날개의 장수는 모두 기를 세우고 사냥터를 포위
한다. 대궐 앞에 대가(大駕)가 나와 출발하고 인도하며 쉬는 것은 보
통 때의 의식[常儀]대로 한다. 장차 사냥터에 이르면 대가가 북을 치
상의
며 병사들이 둘러싼 안[圍內]으로 들어가고 유사(有司)가 대가 앞에
위내
서 북을 울리면 동남쪽에 있는 사람들은 서쪽으로 향하고, 서남쪽
에 있는 사람들은 동쪽으로 향하여 모두 말에 올라탄다. 장수들은
모두 북을 치며 포위해나가고 이에 반대쪽에서 몰이하는 기군(騎軍)
을 배치한다. 상이 말을 타고 남쪽으로 향하면 유사가 따르고, 여러
군(君) 이하는 모두 말을 타고 활과 화살을 찬 채 대가의 앞뒤로 벌
여서고, 유사가 또 따르며 이에 짐승을 상 앞으로 몰아댄다.

초일구(初一驅)[79]가 지나가면 유사가 활과 화살을 정돈하여 앞으
로 나아가고, 재구(再驅)[80]가 지나가면 병조(兵曹)가 활과 화살을 받
들어 올리고, 삼구(三驅)[81]가 지나가면 상이 곧 짐승의 왼쪽으로부
터 쏜다. 매구(每驅)마다 반드시 세 마리 이상이다. 상이 화살을 쏜
뒤에야 여러 군(君)들이 이를 쏘고 여러 장수들도 차례로 이를 쏘고
그친다. 이어서 반대쪽에서 몰던 기군도 멈춘다. 이런 연후에야 백
성들의 사냥을 허용한다. 무릇 짐승을 쏘는 데 있어서는 왼쪽 갈비

---

79 첫 번째의 짐승몰이다.
80 두 번째의 짐승몰이다.
81 세 번째의 짐승몰이다.

[膘]로부터 쏘아 오른쪽 어깻죽지[臑]에 이른 것을 상(上)으로 삼아
건두(乾豆)[82]로 하여 종묘(宗廟)에 바치고, 왼쪽 귀 밑에 이른 것은
그다음으로 삼아 빈객(賓客)에게 바치고, 왼쪽 넓적다리[髀]에서 오
른쪽 갈비에 이른 것은 하(下)로 삼아 포주(庖廚-주방)에 채운다. 여
러 짐승들이 서로 따라다녀도 다 죽이지는 않으며 이미 화살에 맞
은 것은 다시 쏘지 않고 또 그 얼굴을 쏘지 않으며 그 털도 깎지 않
고 표지(標識) 밖으로 나간 것은 쫓지도 않는다. 장차 사냥을 마치려
하면 승추부에서 사냥터 안[田內]에다 기(旗)를 세우고 우레와 같
이 대가의 북과 여러 장수의 북을 치며, 군졸들은 급하게 소리쳐 부
른다. 여러 장수로서 짐승을 잡은 사람은 기(旗) 아래에 바치되 그
왼쪽 귀를 바친다. 큰 짐승은 공물(公物)로 하고 작은 짐승은 사사로
이 가진다. 사자(使者)를 보내 잡은 짐승을 가지고 달려가 종묘(宗廟)
에 올리게 하고, 다음에 악전(幄殿)에서 연회를 한다. 따라간 관원들
에게 술 세 순배를 돌린다.'

그대로 따랐다.

○ 충청도 병마도절제사(忠淸道兵馬都節制使) 김남수(金南秀, 1350~
1423년)[83]를 파직하여 장단(長湍)에 안치했다. 도관찰사(都觀察使) 함
부림(咸傅霖, 1360~1410년)[84]이 남수(南秀)는 용맹을 좋아하나 계책

---

82 말린 제물(祭物)이다.

83 여말선초의 무신으로 훗날 공조판서에 올랐다.

84 이성계(李成桂)를 도와 조선 개국에 공을 세워 개국공신 3등에 책록되고, 예조의랑(禮曹
議郞)을 거쳐 좌산기상시 겸 상서소윤(左散騎常侍兼尙瑞少尹)을 지냈으며, 명성군(溟城君)
에 봉해졌다. 1403년(태종 3년) 의정부 참지사(議政府參知事)가 되고 동원군(東原君)으로
개봉된 뒤 다음 해 대사헌이 됐다. 1405년 앞서 1395년(태조 7년)의 1차 왕자의 난 때 정

이 없고[好勇無謀] 이익을 보면 의로움을 잊고[見利忘義][85] 욕심을 채워 백성들을 어지럽게 하는 등 8개 조목을 들어서 논죄하니 그 글을 사헌부에 내려 죄를 주게 했다.

○ 사헌부에서 김남수와 (사간원의) 좌사간대부 최긍(崔兢), 사간원 지사 이흥(李興), 우헌납 이양명(李陽明)을 죄주어야 한다고 청했으나 모두 윤허하지 않았다. 소는 대략 이러했다.

'상(賞)과 벌(罰)은 국가의 큰 칼자루[大柄]이므로 한 사람을 벌해도 천만 사람이 두려워합니다. 지금 김남수는 불의를 자행해 범한 바가 깊고 무거워 전일(前日)에 탄핵하여 아뢰었으나 전하께서 특별히 그 죄를 너그럽게 보시어 장단에 두도록 명하셨습니다. 장단은 기내(畿內-경기권)에 있기 때문에 본래 죄인을 내치는 곳이 아니고, 죄는 무거운데 벌이 가벼우면 어찌 뒷사람을 경계하겠습니까! 그리하여 다시 죄주기를 청했으나 또 "다시 거론하지 말라"고 하셨습니다. 남수는 특별한 공로도 없이 자리가 재상(宰相)에 이르렀으니 마땅히 조심하여 충성을 다해야 할 것인데 마침내 재주를 믿고 방자하여 무거운 죄를 범했습니다. "그대로 두고 논하지 말라"고 하시니 누가 기꺼이 절조(節操)에 힘쓰겠습니까? 바라건대 직첩(職牒)을 거두고 외방으로 내쫓아야 합니다. 이양명은 간관으로서 일을 토의하고 말씀

도전(鄭道傳)과 함께 왕자 방석(芳碩)을 옹립했다는 혐의로 탄핵을 받기도 했다. 1408년 형조판서가 되고, 병으로 물러난 뒤 경기·충청·경상·전라·황해 등 각 도의 도관찰출척사(都觀察黜陟使), 동북면 도순문찰리사(東北面都巡問察理使)를 지내고 1410년 파직됐다.

85 『논어(論語)』「헌문(憲問)」편에 나오는 구절 '견리사의(見利思義)', 즉 이익을 보면 의로움을 생각하라는 구절과 정반대로 행동한 것이다.

을 올릴[上言] 때를 맞아 마침내 말하기를 "이에 앞서 간관이 어떤
말을 하자 상께서는 시비를 묻지 아니하시고 즉각 죄를 주셨으니 부
모가 남겨주신 몸[遺體]86을 아껴야겠다"고 했고, 이흥은 말하기를
"옛날 군왕(君王)으로서 처음에는 비록 욕심이 나는 대로 했으나, 개
과천선(改過遷善)하여 마침내는 훌륭한 임금이 된 사람이 있었으니
태갑(太甲)87의 일이 그것이다"라고 했으며, 최긍은 흥과 양명의 불공
(不恭)스러운 말을 듣고도 곧 탄핵하여 묻지 아니하였사오니 그 죄
가 같다고 생각됩니다. 전하께서는 간관(諫官)의 일을 가지고 다시
거론하지 말라고 하셨습니다. 비록 간관의 말이라 하더라도 이와 같
은 불공스러운 말은 신하로서 임금을 사랑하는 뜻에 있어서 어떠합
니까? 청컨대 그 죄를 논해야 할 것입니다.'

○ 사고(史庫)를 상의원(尙衣院)88으로 옮겼다. 애초에 사고는 수창
궁(壽昌宮) 안에 있었는데 궁의 화재로 중추원(中樞院)으로 옮겼다.
또 근래에 사선시(司膳寺)89 주방(廚房)에서 화재가 날 것을 두려워해
다시 상의원으로 옮긴 것이다.

○ 박저생(朴抵生)을 사주(泗州-경상도 사천)로 유배 보냈다. 저생(抵

---

86 『예기(禮記)』 제의(祭義)편에 나오는 말로 자신의 몸을 가리키는 표현이다. 말조심해야
   겠다는 말이다.
87 성탕(成湯)의 손자이고, 태정(太丁)의 아들이다. 중임(仲壬)을 이어 즉위했다. 즉위한 뒤
   법을 어기고 방탕 포악하게 생활하여 이윤(伊尹)에 의해 쫓겨났다. 3년 뒤 자신의 잘못
   을 반성하자 이윤이 맞아 복위시켰다. 일설에는 이윤이 태갑을 내쫓고 왕위에 올랐는데,
   7년 뒤에 몰래 들어와 이윤을 죽이고 재차 등극했다고도 한다. 복위한 뒤 정치에 힘써
   제후들이 상나라로 귀의했고, 백성들도 안정을 되찾았다. 12년 동안 재위했다.
88 조선시대 임금의 의복 등 왕실의 재물을 관리, 공급하는 일을 담당했던 관청이다.
89 궁중의 술과 음식을 담당하던 관청이다.

生)은 부친상(父親喪)을 당했을 때 호군(護軍)에 임명돼 기복(起復)되었고[90] 삼척군 지사로 임명됐는데 관(官)에 있으면서 기생에게 빠지니 사헌부에서 탄핵해 상에게 아뢰어 그를 파면했다. 서울에 들어와 또 그 계집종을 가까이하여 그 아내가 질투하자 저생은 고기 굽는 쇠[炙鐵]로 아내를 때렸다. 그 아내는 재신(宰臣) 이서원(李舒原)의 딸이다. 서원(舒原)이 헌부에 고발하니 사헌부에서 탄핵해 아뢰어 저생은 사주(泗州)로 그 아내는 (전라도) 김제(金堤)로 유배 보냈다.

○ 의정부에서 삼도 도체찰사(三道都體察使) 임정(林整)에게 서강(西江)에서 잔치를 베풀어주었다. 정(整)이 병선(兵船)을 많이 만들고 두 번째 조운선을 거느리고 서강에 정박했기 때문이다.

을축일(乙丑日-13일)에 삼관(三館)[91]에 통경(通經)[92]의 많고 적음으로 천전(遷轉)시키는 법을 세우고, 또 경중(京中-도성 안)의 대소 아문(大小衙門)의 이전(吏典)은 그 많고 적음에 따라서 둘을 병합하기도 하고 혹은 셋을 병합하여 하나의 도목(都目)[93]으로 했다. 또 세 도감(都監)의 계제(階除)[94]에 따르는 사람을 제외하고 거관(去官)[95]하는 자는

---

90 상중에 있는 관리를 탈상 전에 관직에 복직시키는 것을 가리킨다.

91 예문관, 성균관, 교서관을 가리킨다. 성종 이후에는 성균관 대신 홍문관이 포함됐다.

92 경전을 외워 통과하는 것을 말한다.

93 이조와 병조에서 중앙과 지방의 관리의 치적을 종합 조사하여 그 결과에 따라 영전, 좌천 또는 파면을 시키던 일을 가리킨다.

94 품계(品階)에 따라서 차례로 벼슬에 임명하고, 임기가 끝나면 거관(去官)하는 것을 말한다.

95 관리가 실제 근무한 날짜를 계산하여 이를 기준으로 인사를 행하는 법에 따라 다른 자리로 옮겨가는 일을 말한다.

외임(外任)에 서용(敍用)하게 했다. 모두 하륜(河崙)이 결정했다.

병인일(丙寅日-14일)에 사간원에서 상소했는데 소는 이러했다.

'신 등이 가만히 생각건대 옛날에는 임금에게 간언(諫言)하는 관인(官人)이 따로 없었으니 사람들은 누구나 간언할 수 있었습니다.[96] 그래서 임금이 천하 사람들의 귀와 눈[耳目]으로 자신의 보고 듣는 것[視聽]을 삼아 언로(言路)가 넓었습니다. 한(漢)나라 때에 이르러 비로소 간관(諫官)을 두어 그로 하여금 임금의 득실(得失)과 정치의 아름다움과 나쁨[美惡]을 말하게 하여 그 직책이 언관(言官)이 아닌 자는 간언할 수 없게 됐으니 이는 천하의 이목이 간관에게 집결된 것이요, 임금이 이에 의지하여 보고 듣게 된 것입니다. 만약 간관을 두고서도 그 말을 듣지 않는다면 이는 임금이 스스로 그 눈과 귀를 틀어막는 것입니다. 그러므로 임금은 마땅히 묻기를 좋아하고 간언하는 말을 좇는 것을 직무로 삼아야 하고, 신하는 마땅히 어려운 일을 실행하도록 재촉하고[責難], 좋은 일을 행하도록 말씀드리는 것[陳善]을 직분으로 삼아 임금과 신하가 각각 그 도리를 다한 뒤에야 천하와 국가를 다스릴 수 있는 것이옵니다.

옛날 한(漢)나라 문제(文帝) 때 가산(賈山)[97]이 상언(上言)하여 치

---

96 이는 사마광의 「간원제명기(諫院題名記)」에 나오는 말로 『고문진보(古文眞寶)』에 실려 있다.

97 한나라 초 사람이다. 처음에는 영양후(潁陽侯) 관영(灌嬰)의 급사(給事)였다. 현신(賢臣)을 쓰고 간언(諫言)을 받아들이며, 예의를 일으키고 요역(徭役)과 세금을 경감할 것을 주장했다. 나중에 문제가 주전령(鑄錢令)을 발표하자 글을 올려 이를 중지할 것을 건의했다. 또 회남왕(淮南王)이 큰 죄를 진 것이 없다면서 빨리 귀국하도록 해야 한다고 주장했다. 언사(言辭)가 직설적이고 격렬하면서도 힘이 있어 사리의 논증을 잘했다.

란(治亂)의 도리를 말하기를 "천둥[雷]과 날벼락[霆=疾雷]이 치면 꺾이거나 부러지지 않는 것은 아무것도 없고 만균(萬鈞-30만 근)으로 누르면 가루가 나지 않을 것은 아무것도 없습니다.[98] 지금 임금의 위엄은 단지[特=獨] 천둥과 날벼락에 비할 바가 아니고 위세의 무거움[勢重]은 단지 만균에 비할 바가 아닙니다. 말길을 열어놓고 간언을 구하며 온화한 낯빛으로 그것을 받아들이고 그 말을 써서 그 사람을 높은 지위에 드러내셔도 선비들은 오히려 두려움에 떨며 감히 자신의 뜻한 바를 다 말하지 못합니다. 하물며 (욕심에 휘둘려 포학스러움을 마구 자행하면서도 자신의 허물을 듣기 싫어한다면 어떻겠습니까?)[99] 이들에게 벼락치듯 위엄을 부리고[震=動] 무거움으로 이들을 누르면 비록 요임금이나 순임금 같은 지혜와 맹분(孟賁-고대의 용맹한 인물이다) 같은 용맹을 갖고 있다 해도 어찌 꺾이고 부러지지 않을 수 있겠습니까? 이렇게 되면 임금이 자신의 허물과 잘못[過失]을 들을 수 없게 되고, 그러면 사직은 위태로워집니다"라고 하니 문제는 그 말을 아름답게 받아들여 한나라의 다스림을 일으켜서 거의 성왕과 강왕[成康]에 이르렀습니다.[100]

공손히 생각건대 전하께서는 저위(儲位-세자)에 계실 때부터 인효(仁孝)하고 공검(恭儉)하며 귀 밝고 눈 밝으시며 문무(文武)를 고루 갖추셨고 전고(前古-옛 일)에 높이 뛰어나셨습니다. 대위(大位)에 오

---

98 여기서 엄청난 힘이나 기세를 뜻하는 '뇌정만균(雷霆萬鈞)'이라는 사자성어가 나왔다.

99 『한서(漢書)』 「가산전(賈山傳)」에는 이 부분이 실려 있는데 내용이 민감해 생략한 것으로 보인다.

100 성왕과 강왕은 주나라의 중흥군주다.

르심에 이르러서는 아침 일찍부터 밤늦도록 근심하고 부지런하며 정성을 다해 정사에 힘쓰시고, 씀씀이를 절약하여 백성을 사랑하고, 옥송(獄訟)을 공평히 하고 형벌을 너그럽게 하며, 힘써 교화(敎化)를 숭상하시므로 태평한 정치를 곧 기대할 수 있습니다. 신 등이 가만히 보건대 대간(臺諫)들이 말하는 일[言事]로 인해 간혹 힐문(詰問)과 견책(譴責)을 받는 일이 있사오니 진실로 전하의 지극하신 임금다움[德]에 누(累)를 끼칠까 염려됩니다. 무릇 대간이 천안(天顏-임금의 안색)을 범(犯)하고 천위(天威-임금의 위엄)를 무릅쓰며 항언직사(抗言直辭)하여 부월(鈇鉞)이 이르러도 물러서지 않는 것은 제 집을 이롭게 하고 제 한 몸을 이롭게 하기 위한 것이 아니라 국가에 유익하게 하고자 함이옵니다. 바라건대 천지와 같이 도량을 넓히시고 비루한 것도 받아들이는 다움을 쌓으시어 대간이 하는 말 중에 간혹 사안에 적중하지 못함[不中]이 있다 하더라도 진실로 마땅히 도탑게 용납하시어 간언하는 기풍을 떨치게 하신다면 위로는 (따로) 말을 구하는[求言] 수고로움이 없을 것이요, 아래로는 말길이 막힐 근심이 없어져 조정(朝廷)은 높아지고 국가는 편안해질 것이옵니다. 신 등은 언사로 인해 죄를 얻는 것을 근심하거나 죄가 있는데도 구차하게 면하는 것을 다행으로 여기는 것도 아니고 진실로 전하의 성덕(盛德)에도 오직 이 한 가지 허물이 있어 감히 이 점을 말씀드리오니 유의(留意)해주실 것을 엎드려 생각합니다.'

○ 경상도 견내량 만호(見乃梁萬戶) 목철(睦哲)을 주살했다. 철(哲)이 신사년(1401년) 6월에 왜선(倭船) 1척을 잡아 15명을 참수(斬首)하고 도적을 잡았다고 아뢰어 후한 상을 받았다. (그런데) 금년에 일본

의 사자가 와서 말했다.

"우리나라 사선(使船)이 지난해 5월 조선으로 향하여 떠났는데 지금까지 돌아오지 않았습니다. 해도(海道)의 만호(萬戶)에게 반드시 죽임을 당했을 것입니다. 국가에서 혹시 이 사실을 아십니까? 추국(推鞫)하여 죄주시기를 엎드려 바랍니다."

전 지평(持平) 김치(金峙)를 보내 목철에게 가서 묻게 했더니 철이 사실대로 답했다[實對]. 치(峙)가 돌아와 보고하니 그를 베고 일본국에 이를 알려주었다.

정묘일(丁卯日-15일)에 청화정(淸和亭)에 나아가 사평부 영사 하륜과 삼도 도체찰사 임정에게 연회를 베풀었다. 륜은 악장(樂章)을 지어 올렸고 정은 조선(漕船)을 거느리고 서울에 이르렀기 때문이다.

무진일(戊辰日-16일)에 사헌부에 명해 감옥의 모든 죄수들을 빨리 처결해 지체하지 말도록 했다. 때가 바야흐로 힘든 더위[苦熱]이기 때문이다.

기사일(己巳日-17일)에 좌사간 대부 최긍, 사간원 지사 이흥, 내서사인 이맹균(李孟畇) 등이 우사간 대부 송인(宋因), 우헌납 이양명, 좌정언 신개 등을 탄핵했다. 애초에 인(因) 등이 앞장서 의견을 냈다.

"근래에 상이 간관을 꺾으니[摧折] 마땅히 소를 올려 간언해야겠다." 긍 등은 안 된다고 했다가 결국 마지못해 이를 따르면서 인 등으로부터 탄핵을 받을까 두려워하여 이에 먼저 탄핵했다.

경오일(庚午日-18일)에 사간원에서 시무(時務) 여러 조목을 올렸다.

'하나, 정사(政事)를 듣는 데 부지런하셔야 합니다. 옛날에 고요(皐陶)가 순(舜)임금에게 아뢰기를 "하루이틀 사이에 만기(萬幾)가 일어납니다"[101]라고 했습니다. 대개 하루이틀이란 그 날이 지극히 짧은 것을 말하며, 만기란 그 기사(幾事)[102]가 지극히 많음을 말합니다. 하루이틀 사이에 기사가 오는 것이 또한 만 가지에 이르니 어찌 하루 동안이라 하여 부지런하지 않을 수 있겠습니까? 지금 우리 전하께서는 아일(衙日)마다 여러 신하들의 조회를 받으시고 이어서 대신(大臣)으로부터 여러 신료들에 이르기까지 각각 맡은 바 일을 아뢰게 하여 해가 저물어서야 파(罷)하시니 이는 진실로 근심하고 부지런하여 정사(政事)를 도모하는 아름다운 뜻이옵니다. 그러나 청화정(淸和亭)은 곧 한가로이 거처하는[燕居] 곳이지 정사를 듣는[聽政] 곳은 아닙니다. 바라건대 이제부터는 청화정에 납시지 마시고 늘 정전(正殿)에 앉으시어 대신들을 맞이해 치도(治道)를 강론하시면 하루 동안에 일어나는 만기(萬幾)가 내팽개쳐지지 않음으로써 서적(庶績-많은 공적)이 빛날 것이옵니다.

하나, 경연(經筵)에 나오셔야 합니다. 부열(傅說)[103]이 고종(高宗)에게 아뢰기를 "생각함의 시작과 끝을 오직 배움에만 둔다면 그 다움[德]이 닦아지는 것을 자신도 깨닫지 못할 것입니다"[104]라고 했습

---

101 『서경(書經)』「우서(虞書)」 '고요모(皐陶謨)'에 나오는 말이다.

102 정무(政務)를 가리킨다.

103 은(殷)나라 고종(高宗) 때의 명재상이다.

104 『서경(書經)』(『상서(商書)』)「부열(傅說)」편에 나오는 말이다. 기존 실록은 이 부분의 번역

니다. 무릇 한 가지 생각의 시작과 끝이 늘 배움에 있는 것이 잠시라도 중단함이 없을 때라야 다움이 닦아지는 바가 자신도 그런지를 모르는 사이에 그렇게 되는 것입니다. 생각건대 우리 전하께서는 옛날 동궁(東宮)에 계실 때 『대학연의(大學衍義)』를 읽으시어 격물(格物), 치지(致知), 성의(誠意), 정심(正心), 수신(修身), 제가(齊家), 치국(治國), 평천하(平天下)의 배움에 대해 강구(講究)하고 절차탁마(切磋琢磨)하신 공부가 무르익으셨습니다. 보위(寶位)에 즉위하심에 이르러서는 만기(萬幾)의 여가에 곧장 능히 경학(經學)에 마음을 두시어 늘 익힘[時習]¹⁰⁵이 그침이 없으셨습니다. 지금은 또 『서경(書經)』을 강(講)하시어 이제(二帝)¹⁰⁶ 삼왕(三王)¹⁰⁷이 천하(天下)를 다스리던 대경대법(大經大法)¹⁰⁸을 정밀하게 탐구하지 아니함이 없으시니 대개 마음에 얻으신 바를 여러 일들을 행함에 구현하려고 하심입니다. 비록 옛날의 밝은 임금[明王]이라 하더라도 아마 배움을 좋아함의 돈독함은 누구도 전하를 앞설 수 없을 것입니다. 그러나 제왕학[聖學]이란 처음을 잘 시작하고 끝을 잘 맺는 것을 귀하게 여기는 반면 사람의 마음[人心]이란 어떤 때는 마음을 다잡다[操=操心]가도 어떤 때는 마음을 놓아버린다[捨=放心]는 점을 경계해야 됩니다.

이 모호하다. "처음부터 끝까지 항상 학문에 종사할 것을 생각하신다면 그 덕(德)이 닦아지는 것을 깨닫지 못합니다."

105 학이시습(學而時習)의 시(時)는 때때로가 아니라 항상이란 뜻이다.

106 요임금과 순임금이다.

107 하나라를 세운 우왕, 은나라를 세운 탕왕 그리고 주나라를 세운 문왕과 무왕을 가리킨다.

108 큰 통치원리를 뜻한다.

진실로 이런 마음을 다잡고서 놓아버리지 않아 배움에 힘써서 끝이 있게 된다면[有終]¹⁰⁹ 나라를 다스림에 있어서 무슨 어려움이 있겠습니까. 엎드려 바라옵건대 전하께서는 전일에 이미 이루신 배움에 의거해 더욱 힘쓰시어 반드시 요(堯)임금의 빼어난 다움을 능히 밝히신 경지[克明峻德]¹¹⁰에 이르신 뒤에야 그만두소서. 이것이 신 등이 깊이 전하께 바라는 바입니다. 지금부터는 정사를 들으시는 여가에 날마다 경연에 납시어 서로 어려운 것을 묻고 대답함으로써 천지 성명(天地性命)의 이치를 밝히고 학술의 그릇됨과 바름[邪正]의 근원을 분별하시며 고금(古今)의 치란(治亂)의 이유와 군자, 소인의 나뉨에 이르기까지 강론(講論)하지 아니함이 없으시되 잠시라도 중단함이 없도록 하시어 제왕학의 처음과 끝을 완성함으로써 빼어난 다스림[聖治]의 본원(本源)을 터다지셔야 합니다.

하나, 원자(元子)의 입학(入學)입니다. 『주역(周易)』에 이르기를 "어릴 때 바르게 길러주는 것이 빼어난 이[聖人]가 되는 공부다"¹¹¹라고 했습니다. 대개 순일(純一)하고 아직 피어나지 않아 어릴 때 바르게 기르면 곧 빼어난 이가 되는 공부요, 피어난 뒤에 금(禁)하면 저항하여 이기기가 어려우니 어릴 때 바르게 기르는 것이 배움의 제일 좋은 방법입니다. 하물며 원자는 제2의 임금이라 장차 종묘사직(宗廟社稷)과 민생(民生)의 책임이 그 몸에 달려 있으니 평소부터 교

---

109 끝까지 잘하여 좋은 결과를 얻는다는 말이다.

110 『서경(書經)』「우서(虞書)」 '요전(堯典)'에 나오는 말이다. 흔히 요임금의 다움[德]을 이렇게 풀이한다.

111 몽(蒙)괘(☶ ☵)의 괘 풀이에 나오는 말이다.

육하고 미리부터 길러두지 않을 수 있겠습니까? 가의(賈誼, 기원전 200~168년)[112]가 말하기를 "태자의 선(善)함은 일찍이 교육으로 달래고 좌우의 보필을 선택하는 데 달렸다"고 했습니다. 이 때문에 전하께서 원자를 위해 유신(儒臣)을 골라 빈사(賓師)로 삼으시고, 또 유선(諭善), 시학(侍學)의 관직을 두어 그들로 하여금 날마다 서연(書筵)을 열고 『효경(孝經)』을 강습(講習)하게 하며 이에 유사(有司)에 명해 원자께서 입학(入學)할 궁(宮)을 세우게 하여 이제 이미 낙성이 되었사오니 바라건대 길일(吉日)을 택해 원자를 보내 입학하게 하여 그 빈사와 유선, 시학으로 하여금 아침저녁으로 좌우에서 떠나지 못하게 하고 항상 효제충신(孝悌忠信)의 도(道)를 날마다 앞에서 강의하게 하신다면 자연히 훈도(薰陶)되고 점점 감화되어 다움의 그릇[德器]이 성취되고 국본(國本-세자)이 오래도록 튼튼해질 것입니다.
덕기

하나, 순작(巡綽)을 엄하게 해야 합니다. 한(漢)나라 제도에 남군(南軍)과 북군(北軍)이 있어 남군은 전문(殿門)의 숙위를 관장했고 북군은 경성(京城)의 순찰을 관장했습니다. 그 체통(體統)이 엄하고 호령(號令)이 엄했기 때문에 공고(鞏固)함을 잘 유지해 국가가 편안했습니다. 대개 뜻하지 아니한[不虞] 변고는 흔히 야심한 밤사이에 생
불우
기는 까닭에 마땅히 순작(巡綽)의 법을 엄하게 해야 합니다. (우리의

---

112 시문에 뛰어나고 제자백가에 정통해 18세 때 벌써 문명(文名)을 떨쳤다. 문제(文帝)의 총애를 받아 약관의 나이로 최연소 박사가 되었다. 1년 만에 태중대부(太中大夫)가 되어 진(秦)나라 때부터 내려온 율령(律令)과 관제(官制), 예악 등의 제도를 개정하고 전한의 관제를 정비하기 위한 많은 의견을 상주했다. 그러나 주발(周勃)과 관영(灌嬰) 등 당시 고관들의 시기를 받아 장사왕(長沙王)의 태부(太傅)로 좌천됐다.

경우) 날마다 각 경(各更)에 순관(巡官)이 그 부(部)에 소속된 병졸을 거느리고 맡은 바 시간을 순찰하되, 끝나면 바로 흩어져 집으로 돌아가는 까닭에 병졸은 감소되고 군령(軍令)은 해이해지니 금란비환(禁亂備患-난을 막고 환란에 대비함)의 법에 있어서 미진한 바가 있습니다. 또 맡은 바 시간의 순찰을 끝내고 흩어져 돌아가는 병졸들이 다음 시간의 순찰을 어기더라도 수하(誰何)하지 아니하니 만약 무뢰배가 함부로 "순찰을 끝내고 돌아가는 병졸이다"라고 말한다 하더라도 식별하기 어렵습니다. 바라건대 이제부터는 대궐 가까운 곳에 군포(軍鋪)를 지어 해가 지면 당직(當直)인 각 군(各軍)의 총제(摠制)가 친히 군포에 가서 순찰하는 병졸을 검열하게 하되 경(更)으로 나누어 붙이고 각 령(各領)의 상호군, 대호군, 호군이 통솔하는 사람들로 하여금 북소리가 끝난 뒤에 초경(初更)의 순찰을 출발하게 하고, 2경(更) 이후의 각 경 순관(各更巡官)과 병졸은 모두 군포에서 회숙(會宿)하게 하여 초경의 순찰이 끝나면 즉시 군포로 돌아오게 하고 2경의 순찰이 바로 출발하게 해야 합니다. 경과 경의 순찰이 서로 잇대어 나가고 돌아와 군포에 모여서 자게 하면 금란 비환(禁亂備患)의 법이 거의 묘책을 얻었다 할 것입니다.'

그대로 윤허했다.

○ 예조에서 상소하여 승려로서 젊은 사람은 머리를 기르게 할 것을 청했다. 소는 이러했다.

'불씨(佛氏)의 도는 청정 과욕(淸淨寡欲)을 으뜸으로 삼습니다. (그런데) 지금 그 무리들이 정욕을 마음대로 풀어대어 닿지 않는 것이 없으면서도 그것을 좋은 일이라 일컬어가며 어리석은 백성들을 속이고 꾀어 재화를 거둬들이고 모두 다 자신의 의식(衣食)의 계책으로 삼고 있습니다. 심한 자는 불사(佛事)는 행하지 않고 사사로이 처자(妻子)까지 부양하고 있으니 그들의 스승의 도(道)에 대해 훈유(薰蕕-향기 나는 풀과 구린내 나는 풀)나 빙탄(氷炭-얼음과 숯)과 같이 상반될 뿐만 아니라 또 그 의식(衣食)도 귀신이 가져다준 것이 아니고 모두 우리 백성들이 경작하고 길쌈한 것[耕織]에서 나온 것인데도 요역(徭役)은 피하니 이치에 어긋나는 바가 너무 심합니다. 바라건대 지금부터는 경중(京中-도성)에 도량(道場) 2~3곳을 두어 계행(戒行)이 있고 청정(淸淨)한 자를 골라 액수(額數-정원)를 정해 여기에 살게 하고, 외방(外方) 각 도(各道)에는 도회소(都會所)를 설치하되 경중(京中)의 예와 같도록 해야 합니다. 그리고 승도(僧徒)들로서 젊은 사람은 머리를 기르게 하여 백성으로 삼고 승니(僧尼)로서 나이가 젊은 사람은 남편이 죽어서 수신(守信)하는 자를 제외하고는 역시 집으로 돌아가게 하여 머리를 기르고 시집가도록 허락해야 합니다.'

의정부에 내려 헤아리고 토의해서 아뢰도록 했다. 정부에서 사평 및 승추와 더불어 의견을 모았다.

"무릇 승니(僧尼)는 재주를 시험[試才]하여 도첩(度牒)을 발급해주고 삭발(削髮)하도록 허용하는 것이 『육전(六典)』에 실려 있습니다. (그런데도) 무식한 무리들 중에 나라의 명령[國令]을 따르지 않고 몰래 투신하여 머리를 깎는 자가 자못 많습니다. 그러나 일시에 그들을 도태시킨다면 소동이 없지 않을 것이니 지금 이후로 양민(良民)으로서 만약 자원하여 삭발할 자가 있으면 그 부모 일족이 각각 그 이유를 갖추어 신고하기를 경중(京中)은 한성부(漢城府)와 유후사(留

後司)에 하고, 외방(外方)은 본관(本官)에 하여 도관찰사(都觀察使)에게 보고하고, 도관찰사는 의정부에 전보(傳報)하여 예조에 내려보내 본관(本貫)과 사조(四祖-4대조)를 고찰하게 하여 적당한 자에 한해 이름을 갖추어 재가를 받은 뒤에 승록사(僧錄司)로 넘겨 도첩(度牒)을 주게 하여 마침내 삭발하도록 허락하고 여전히 영(令)을 위반하고 삭발한 자는 가까운 이웃[切隣]과 이정(里正)으로 하여금 고발하게 해야 합니다.

만약 고발하지 아니하여 다른 사람이 신고하게 되면 호주(戶主), 이정(里正)과 그 사승(師僧)을 판지(判旨)를 좇지 않은 율(律)로써 논죄하고, 이를 깨우치고 살피지 못한 수령도 역시 율에 의해 논죄하고, 범인의 재산은 몰수하여 절반은 고발한 사람에게 상급(賞給)으로 주어야 합니다. 경외(京外) 각 종(各宗)의 사사(寺社)에는 주지(住持)란 이름을 없애고 종문(宗門)의 도반(道伴)을 구애치 말고 계행이 있고 청정한 사람을 골라 주법(主法)으로 삼고 그 주법이 될 자는 승록사에서 각 종문(宗門)의 중망(衆望)[113]을 갖추어 의정부에 보고하면 의정부에서 계문(啓聞)하여 시행하게 해야 합니다."

상이 말했다.

"승니의 일은 큰일이다."

이를 삼부(三府)에서 의논하라고 내려보냈다. 삼부의 의견은 다음과 같았다.

"이는 승도들로 하여금 그 도(道)에 더욱 정통하게 하여 숭신(崇信)

---

113 여러 명의 후보자를 뜻한다.

케 하는 것입니다. 비록 승도들로 하여금 한 절에 모여 있게 한다 하더라도 기타의 사사(寺社)에서 모두 전과 같이 노비를 둔다면 어찌 예전과 다르겠습니까? 이는 다만 주지의 이름만 바꾼 것일 뿐입니다."[114]

을해일(乙亥日-23일)에 달이 필성(畢星)을 범했다.

○ 용화원(龍化院)의 못에 작은 물고기들 수백 마리가 죽어서 떠올랐다.[115]

○ 사헌부에서 좌사간 대부 최긍, 사간원 지사 이흥, 내서사인 이맹균, 좌헌납 권우(權遇) 등을 탄핵했다. 애초에 헌납 이양명, 정언 신개 등이 의견을 말했다.

"근래에 상께서 간관을 꺾은 것이 한 번이 아닙니다. 상소(上疏)하여 간언하는 것이 어떻겠습니까?"

최긍과 이흥 등이 말했다.

"이미 지나간 일이니 허물하지 마십시다[旣往不咎].
기왕   불구"

양명 등이 말했다.

"그 지나간 일을 말함으로써 앞으로 닥쳐올 일을 막는 것이 참으로 좋지 않겠습니까?"

서로 힐난하다가 결국 마침내 의견이 모여 상소문을 봉했다. 긍 등이 그대로 머물러 두고 "일단 그대로 두었다가 천천히 올리자"고 했

---

114 기존 번역은 이 말을 태종의 말로 연결해서 옮겼다. 그러나 원문에 대한 표점과 교감에 따르면 이는 3부의 의견이기 때문에 표점과 교감에 따라 옮겼다.

115 개성 시내에서 남쪽에 숭교사(崇教寺)라는 절이 있었고 이 사찰과 함께 있던 원시설이 용화원이다. 이와 같은 일들은 고려사에도 자주 기록돼 있다.

으나 우사간 송인이 그 상소문을 아전[掾吏]에게 주어 대언사(代言司
-승정원의 전신)에 바쳤다[呈]. 궁, 홍, 맹균, 우 등이 도리어 인 등이
자기들을 탄핵할까 두려워하여 사직의 뜻을 밝히며 먼저 인 등을
탄핵했다. 헌부에서 궁 등이 같이 의견을 내 상소하기로 해놓고 도리
어 인 등을 탄핵했다고 그들을 탄핵한 것이었다.

정축일(丁丑日-25일)에 천보산(天寶山)[116]에서 바위 2개가 무너졌다.
○ 호군 목인해(睦仁海, ?~1408년)[117]의 죄를 속(贖)해주도록 명했다.
인해는 이미 세상을 떠난 재신(宰臣) 목신우(睦臣祐)의 기첩(妓妾) 자
식이다. 눈 하나의 애꾸였지만 상이 무재(武才)가 있다 하여 시위(侍
衛)하도록 했다. 인해가 아내가 없으므로 명하여 통사(通事) 곽해
룡(郭海龍)의 처에게 장가들도록 했는데 그 아내는 자식이 없이 죽
었다. 뒤에 인해가 밤에 그 집에 가서 도둑질을 하려다가 붙들려 싸
웠는데 이튿날 그 아내의 어머니가 형조(刑曹)에 신고하여 인해의
종을 잡아다 국문하니 사실대로 말했다[吐實]. 마침 바로 전날에 잃
었던 단자(段子) 30필과 금은(金銀) 한 부대[帒]를 찾아내니 모두 인

---

116 경기도 포천시 소흘읍과 양주시 회암동에 걸쳐 있는 산이다.

117 힘이 세고 활을 잘 쏘아 정안군(靖安君) 이방원(李芳遠)을 섬기다가 호군(護軍)에 올
랐다. 1398년(태조 7년) 1차 왕자의 난이 일어나 정도전(鄭道傳) 일파가 제거될 때 그들
과 한패라는 누명을 쓰고 청해(靑海)의 수군에 충군됐으나 곧 풀려났다. 1400년 2차 왕
자의 난이 일어났을 때에는 이방원을 도와 회안대군(懷安大君) 이방간(李芳幹)과 박포(朴
苞) 일당을 무찌르는 데 공을 세웠다. 1405년(태종 5년)에는 남편의 3년상도 채 치르지
않은 자기 여동생을 상호군 김만수(金萬壽)에게 재가시켜 탄핵을 받았다. 1408년 자신
의 출세를 위해 태종의 부마인 조대림(趙大臨)이 역모를 꾀한다고 조작했다가 지신사(知
申事) 황희(黃喜)에 의해 무고로 밝혀져 능지처참됐다.

해가 도둑질한 것이었다. 형조에서 장(杖) 100대, 도(徒-일종의 징역형) 3년에 처하도록 조율(照律)해서 아뢰니 상이 즉각 인해를 순위부(巡衛府)에 내려 속장(贖杖)[118] 70대에 처하게 했다. 상의 잠저(潛邸) 시절 시종(侍從)했기 때문이다.

무인일(戊寅日-26일)에 조회가 끝나자 특별히 의정부 영사 이거이, 사평부 영사 하륜, 좌정승 김사형, 우정승 이무, 승추부 판사 조영무 등을 불러 대전(大殿)에 오르게 했다. 상은 사형에게 눈을 돌려 안부를 묻고 위로했는데 사형이 병으로 인하여 오랫동안 조회에 참석하지 못했기 때문이었다. 이어 농사의 풍흉(豊凶)과 전함(戰艦)의 허실(虛實)을 논했다.

기묘일(己卯日-27일)에 사헌부에서 글을 올려 다시 김남수(金南秀)에게 죄줄 것을 청했으나 윤허하지 않았다. 지평 이지(李漬)를 명소(命召)하여 말했다.

"너희 헌사(憲司)에서 최긍 등을 탄핵한 것은 잘못이다. 또 박저생(朴抵生) 부처(夫妻)를 외방(外方)에 부처(付處-유배)하라고 재가한 뒤에 3일 동안이나 머물게 했다가 보냈으니 이 또한 잘못이다. 김남수는 사사로이 말을 타고 서울로 올라와 벌써 죄를 받았는데 다시 그에게 죄주기를 청하는 것 역시 잘못이다. 지금 (내가) 너희들을 잡아

118 장형(杖刑)의 판결을 받은 자가 그 장수(杖數)에 따라 돈[代錢]을 바치고 면형(免刑)되는
대전
장형이다.

가둬 그 까닭을 묻고 싶지만 간관들이 나더러 '간관들을 꺾는다'고 여기는 까닭에 일단은 너희들을 그냥 두라 한 것이다. 너희들은 물러가서 집에 있으라."[119]

경진일(庚辰日-28일)에 천사성(天駟星)[120]이 빛 꼬리를 달고서 떨어졌다.

○좌사간 대부 최긍, 사간원 지사 이흥, 내서사인 이맹균, 좌헌납 권우 등에게 명해 집에 가서 가만히 있게 했다[沈]. 상이 긍 등을 불러 지신사 박석명으로 하여금 묻게 했다.

"우사간 송인, 우헌납 이양명, 좌정언 신개 등을 탄핵한 것은 무슨 까닭인가?"

긍이 대답했다.

"사간원 안[院中]의 토의는 감히 밖으로 말해서는 안 되는데 상께서 지금 물으시니 어찌 감히 말하지 않을 수 있겠습니까! 지난번에 내서사인 이지직과 정언 전가식 등이 성상(聖上)의 없는 과실을 가지고 극언했다 하여 신 등이 글을 올려 죄줄 것을 청하려 했더니 인이 말하기를 '간관의 말은 비록 사안에 적중치 못했다 해도 참으로 죄줄 수 없는 것인데 어찌 죄주기를 청하겠는가?'라고 했고, 양명은

---

119 기존 번역은 잡아 가둬 그 까닭을 물으려는 사람의 주어를 태종이 아니라 사헌부 사람들로 옮겼다. 원문을 보면 그 사람들은 주어가 아니라 목적어다. 기존 번역이다. "지금 너희는 잡아 가두려고 그 까닭을 묻기는 했지만, 그러나 간관(諫官)들이 나더러 '간관들을 꺾는다'고 하는 까닭에 아직은 정지하니 너희들은 물러가서 집에 있으라."
120 말의 조상으로 알려진 별이다.

말하기를 '상께서 즉위하신 이래로 간관을 많이 꺾어버렸으니 그 허물을 청하여 말하자'고 해서 신 등이 묻기를 '간관을 꺾어버렸다고 하니 누구냐?' 했더니 양명이 말하기를 '상께서 평주(平州)에 행차하셨을 때에 장령 박고(朴翺)를 내치셨고, 그 뒤에는 사간 윤사수, 김첨 등을 순위부에 잡아 가두고, 또 사간 진의귀와 헌납 김여지 등을 잡아 가두고 채찍질을 했으며, 또 장령 정구진(鄭龜晉)과 지평 김성간(金成侃)을 아울러 잡아 가두었으니 이것이 간관을 꺾어버린 것이 아니란 말인가?'라고 했습니다. 신이 말하기를 성인(聖人-공자)도 또한 '이미 지나간 것은 허물하지 말라[旣往不咎]'[121]고 했으니 앞으로 올 일이나 말할 것이지 어찌 지나간 일을 가지고 간언할 필요가 있겠느냐고 하자 양명이 말하기를 '만약 앞으로 올 일을 말하자면 먼저 간관을 꺾는 것부터 간언해야 옳다'고 했습니다. 신개가 말하기를 '임금은 대신들과 같이 일을 도모하지 않고 혼자서만 정사(政事)를 하니 잘못됐다'고 하기에 신 등이 '오직 임금이라야 위엄도 짓고 복(福)도 짓는 것이니 상께서 스스로 정사를 보지 아니하고 누구와 더불어 하겠는가?' 하여 서로 힐난했습니다.

양명이 간언하는 소를 초안 잡고 송인은 이것을 수식(修飾)했습니다. 신 등은 비록 함께 서명은 했습니다[着名]만 미뤄두고 결정을 내리지 못하고 있었습니다. 인이 혼자 사간원 아전을 불러 말하기를 '이미 다 끝난 일이니 빨리 대언사에 바치라'고 했습니다. 신 등이 일찍이 지직의 죄를 청했으나 인이 이를 저지해 신이 감히 청하지 못했

---

121 『논어(論語)』 「팔일(八佾)」편에 나오는 공자의 말이다.

습니다. (그런데) 지금 신 등이 그 소장을 올리지 않으려고 했으나 인이 듣지 않는 까닭에 그를 탄핵했습니다. 또 양명은 뒤늦게 지나간 일을 허물하려 했고 신개는 '임금이 혼자서만 정사를 한다'고 논(論)했으니 모두 참으로 옳지 못합니다. 하물며 신 등이 먼저 저들을 탄핵하지 아니한다면 저들이 반드시 신 등을 탄핵할 것이므로 그래서 신 등이 먼저 그들을 탄핵했습니다."

상이 말했다.

"경들이 시비를 가리려고 하면서 이미 함께 상소에 서명하고 도리어 그들을 탄핵하니 이것도 역시 시비(是非)를 분별치 못한 것이니 집으로 물러가 있음이 마땅하다."

사헌 지평 이지를 불러 명했다.

"경들이 상소하여 좌사간 최긍 등의 죄를 청했으므로 내가 긍을 불러 물었더니 최긍 등의 한 일이 옳으므로 그 상소를 머물러 두고 내려보내지 않을 것이니 너희들은 출사(出仕)하라."

○ 경중(京中)의 감옥에 있는 죄수 중에서 이죄(二罪)[122] 이하는 풀어주었다. 가뭄을 근심해서였다.

신사일(辛巳日-29일)에 송충이가 송악산(松岳山)의 솔잎을 먹었다.

○충청도 임주(林州)[123]의 백성 상좌(上佐)의 죄를 감해주라고 명했다. 상좌는 그 아비 쌍범(雙凡)과 함께 백성 정원(丁原)을 죽여 관

---

122 일죄(一罪)에 해당하는 십악(十惡) 이외의 경죄(輕罪)로서, 강도와 절도를 가리킨다.
123 오늘날의 충청남도 부여군 임천면을 가리킨다.

(官)에서 캐묻자 부자가 서로 다투어 죽으려고 하여 경중을 가리기 어려웠다. 감사(監司)가 의정부에 보고해 형조에 내려보내 국문(鞫問)하게 했더니 상좌는 교형(絞刑)에 해당하고 쌍범은 장(杖) 100대에 3,000리 유배형에 해당됐다. 이를 갖추어 보고하니 상이 말했다.

"상좌가 그 아비를 위해 대신 죽으려고 하니 그 정상이 가엾다. 특별히 죄를 감등(減等)하여 그 아비의 죄와 같게 하라."

○장연(長延)과 장풍(長豊)을 합쳐 연풍현(延豊縣)으로 했다.[124]

○상이 날마다 청심정(淸心亭)에 나아가 글을 읽는데 무더위 장마가 그치지 않았다. 일찍이 시강(侍講) 김첨(金瞻)에게 말했다.

"수 양제(隋煬帝)[125]가 우세기(虞世基)[126] 때문에 천하를 잃었다고 하는데 그러한가?"

첨이 대답했다.

"세기(世基)는 진실로 죄가 있습니다만 그를 쓴 사람은 양제입니다.

---

124 고려 현종(顯宗) 9년에 장연(長延)·장풍(長豊) 두 현(縣)을 모두 충주(忠州) 임내에 붙였는데, 본조 태조(太祖) 3년 갑술에 합쳐 장풍현(長豊縣)으로 하고 비로소 감무(監務)를 두었다. 그리고 이때 연풍현으로 통합한 것이다.

125 수나라의 제2대 황제로 이름은 양광(楊廣)이고 연호는 대업(大業)이며, 수 문제의 둘째 아들이다. 시호 양제의 '煬'은 악랄한 황제를 뜻한다고 한다. 인수(仁壽) 4년(604년) 아버지 문제의 병이 중해지자 살해하고 제위에 올랐다. 즉위한 뒤 만리장성(萬里長城)을 수축했고 낙양(洛陽)에 동경(東京)을 조영했으며 남북을 연결하는 대운하(大運河)를 완성하는 등 큰 토목공사를 자주 벌였고 서원(西苑)을 조성하고 이궁(離宮)을 건설하는 등 백성에게 과중한 부담을 주었다. 대업(大業) 9년(613년) 고구려 제2차 침공을 하다가 양현감(楊玄感)의 반란이 일어나 철수했다. 단순한 폭군만은 아니어서 대업례(大業禮)와 대업율령(大業律令)의 정비와 대운하의 완성 같은 업적을 남기기도 했다. 만년에 사치스런 생활이 더욱 극으로 치달면서 백성들의 원망은 높아갔고, 전국에서 군웅(群雄)들이 봉기했다. 나중에 강도(江都)를 남순(南巡)하다가 신하 우문화급(宇文化及)에게 살해됐다. 14년 동안 재위했다.

126 수 양제 때의 간신이자 탐관오리였다.

252

또한 성색(聲色)으로 망했습니다."

상이 말했다.

"그렇다! 성색은 실로 천하를 망치는 근본이다."

癸丑朔 上欲詣逍遙山獻壽 不果. 司諫崔兢 正言申槪等請曰:
계축삭 상욕예 소요산 헌수 불과 사간 최긍 정언 신개 등 청왈

"時方盛農 且待七月." 上曰: "減侍從 且非狩于田中也 何傷於
시방성농 차대칠월 상왈 감시종 차비수우전중야 하상어

農! 已令州郡 毋煩供億 又欲一宿而往 一宿而還." 兢等再請:
농 이영주군 무번공억 우욕일숙이왕 일숙이환 긍등재청

"雖減侍從 禾稼蔽野 豈無踏損之弊? 雖省供億 未必無弊. 太上
수감시종 화가폐야 기무답손지폐 수성공억 미필무폐 태상

之意以爲 百姓因觀我而受弊 則恐有不安於心." 上曰: "然則春夏
지의이위 백성인관아이수폐 즉공유불안어심 상왈 연즉춘하

不得覲父王乎?"
부득근부왕호

與河崙等議築西北諸州城. 河崙等啓曰: "今中國兵興 宜築
여하륜등의축서북제주성 하륜등계왈 금중국병흥 의축

西北面城." 李茂曰: "宜築平壤 安州 義州 泥城 江界等五城." 崙
서북면성 이무왈 의축평양 안주 의주 이성 강계등오성 륜

曰: "若不得以石築之 則木柵猶可." 上曰: "工省而城成 猶愈於
왈 약부득이석축지 즉목책유가 상왈 공생이성성 유유어

無城也." 金士衡曰: "三國戰爭之時 皆用木柵. 今中國大亂 我國
무성야 김사형왈 삼국전쟁지시 개용목책 금중국대란 아국

無事 宜於此時築之." 上曰: "然. 待秋遣使築之."
무사 의어차시축지 상왈 연 대추견사축지

上問金士衡等曰: "議政府宴日本使僧 坐次如何?" 李茂曰:
상문김사형등왈 의정부연일본사승 좌차여하 이무왈

"坐日本僧南行." 上曰: "政丞亦對酌乎?" 士衡對曰: "政丞對酌
좌일본승남행 상왈 정승역대작호 사형대왈 정승대작

其來久矣. 近以朝廷使臣 應對無暇 使人餉之. 僧言: '待我不如
기래구의 근이조정사신 응대무가 사인향지 승언 대아불여

舊 我欲去矣." 上曰: "政丞以下對酌可矣."
구 아욕거의 상왈 정승이하대작가의

上曰: "今年農事如何?" 皆曰: "茂盛." 河崙曰: "唯慶尙
상왈 금년농사여하 개왈 무성 하륜왈 유경상

全羅道 因早旱不如舊耳." 上曰: "前年五月二十日雨 猶不失農.
_{전라도　인　조한　불여　구이　상왈　전년　오월　이십　일우　유　부실　농}

況今年五月初八日大雨乎?"
_{황　금년　오월　초　팔일　대우　호}

承樞府進養兵數條. 疏曰:
_{승추부　진　양병　수조　소왈}

'竊見盛代用兵收將之制 載諸令典 節目詳盡 而養兵之方 尙有
_{절견　성대　용병　수장　지제　재제　영전　절목　상진　이　양병　지방　상유}

可言者矣. 生而安逸 人情之所至願 死亡勞苦 人情之所甚苦 而
_{가언자　의　생이안일　인정　지　소지원　사망　노고　인정　지　소심고　이}

兵者 將使之觸白刃冒流矢 赴死如赴生 赴勞如赴逸者也. 是故
_{병자　장　사지　촉　백인　모　유시　부사　여　부생　부로　여　부일　자야　시고}

非素設方略以敎養之 則倉卒之際 或有違忤之患矣. 古之善養兵
_{비　소설　방략　이　교양　지　즉　창졸　지제　혹유　위오　지환　의　고지　선　양병}

者 當治平閑暇之日 養彪虎熊羆之士 懷之以仁義 結之以恩信
_{자　당　치평　한가　지일　양　표호　웅비　지사　회지　이　인의　결지　이　은신}

威之以法律 整部伍嚴號令 休息徒衆 振勵士氣 故使之抗敵則勝
_{위지　이　법률　정부오　엄　호령　휴식　도중　진려　사기　고　사지　항적　즉승}

使之守禦則固. 此豈非敎養有素之明效歟!
_{사지　수어　즉고　차기비　교양　유소　지　명효　여}

自漢以來 制兵之術 莫善於唐. 我朝府兵之制 一遵唐制 隊長
_{자한　이래　제병　지술　막선　어당　아조　부병　지제　일준　당제　대장}

隊副數千之衆 悉皆禁衛之兵. 然而分使於各司倉庫 諸都監賤隸
_{대부　수천　지중　실개　금위　지병　연이　분사　어　각사　창고　제　도감　천예}

之役 終歲服勞 固無休息 所謂仁義恩信休養振勵之事 闃然無聞.
_{지역　종세　복로　고무　휴식　소위　인의　은신　휴양　진려　지사　격연　무문}

然此皆前朝之季 積弊之未盡革者也. 臣等以爲欲革積久之弊 當
_{연차　개　전조　지계　적폐　지　미진　혁자야　신등　이위　욕혁　적구　지폐　당}

設惟新之法. 自戊寅年 辨定都監以文籍不明屬公與身良役賤
_{설　유신　지법　자　무인　년　변정도감　이　문적　불명　속공　여　신양　역천}

定屬司水監多矣. 是足以代彼之役 如有不周 依書雲觀所啓密記
_{정속　사수감　다의　시　족이　대　피지역　여유　부주　의　서운관　소계　밀기}

付外諸寺奴婢 刷出分屬 亦可也. 然則各司使令之屬有餘 而三軍
_{부외　제사　노비　쇄출　분속　역　가야　연즉　각사　사령　지속　유여　이　삼군}

禁衛之兵有實矣. 恭惟殿下一革前朝之積弊 用新盛代之兵律 則
_{금위　지병　유실　의　공유　전하　일혁　전조　지　적폐　용신　성대　지　병률　즉}

萬世幸甚'
_{만세　행심}

從之 但不許役寺社奴婢.
_{종지　단　불허　역　사사　노비}

賜三道都體察使林整馬一匹. 整漕運忠淸 慶尙 全羅道米豆
사 삼도 도체찰사 임정 마 일필 정 조운 충청 경상 전라도 미두

前後運總十萬二千三百十四石.
전후 운총 십만 이천 삼백 십사 석

乙卯 改巡軍萬戶府于巡衛府.
을묘 개 순군 만호부 우 순위부

囚全羅道領船萬戶于巡衛府. 倭船夜入全羅漕運會泊處 盜一
수 전라도 영선 만호 우 순위부 왜선 야입 전라 조운 회 박처 도 일

艘而去 不能捕也.
소 이거 불능 포야

丁巳 禮曹與儀禮詳定提調同議 進樂調:
정사 예조 여 의례 상정 제조 동의 진 악조

'臣等謹按古典: "審音以知樂 審樂以知政." 又曰: "合樂以致
신등 근안 고전 심음 이 지악 심악 이 지정 우왈 합악 이치

神祇 以和邦國." 又曰: "正聲感人而順氣應 姦聲感人而逆氣應."
신지 이 화 방국 우왈 정성 감인이순 기응 간성 감인이역 기응

以是周官大司樂 禁其淫聲過聲凶聲曼聲. 臣等竊觀前朝承三國
이시 주관 대사악 금 기 음성 과성 흉성 만성 신등 절관 전조 승 삼국

之季 因用其樂 又從宋朝 請用敎坊之樂 及其季世 又多哇淫之
지계 인용 기악 우종 송조 청용 교방 지악 급기 계세 우다 왜음 지

聲 朝會宴享 一切用之 無足可觀 今當國初 不可因襲. 臣等謹於
성 조회 연향 일절 용지 무족 가관 금당 국초 불가 인습 신등 근어

兩部樂 取其聲音之稍正者 參以風雅之詩 定爲朝會宴享之樂 以
양부악 취 기 성음 지 초정 자 참 이 풍아 지시 정위 조회 연향 지악 이

及臣庶通行之樂 具列于左. 上鑑施行 以正聲音 以召和氣.
급 신서 통행 지악 구열 우좌 상감 시행 이정 성음 이소 화기

國王宴使臣樂: 王與使臣坐定 進茶 唐樂奏賀聖朝令. 進初盞
국왕 연 사신 악 왕 여 사신 좌정 진다 당악 주 하성조령 진 초잔

及進俎 歌鹿鳴 用中腔調. 獻花 歌皇皇者華 用轉花枝調. 進
급 천조 가 녹명 용 중강 조 헌화 가 황황자화 용 전화지조 진

二盞及進初度湯 歌四牡 用金殿樂調. 進三盞 五羊仙呈才. 進
이잔 급 진 초도 탕 가 사모 용 금전악 조 진 삼잔 오양선 정재 진

二度湯 歌魚麗 用夏雲峰調. 進四盞 蓮花臺呈才. 進三度湯
이도 탕 가 어리 용 하운봉 조 진 사잔 연화대 정재 진 삼도 탕

水龍吟. 進五盞 抛毬樂呈才. 進四度湯 金盞子. 進六盞 牙伯
수룡음 진 오잔 포구락 정재 진 사도 탕 금잔자 진 육잔 아백

呈才. 進五度湯 憶吹簫. 進七盞 舞鼓呈才. 進六度湯 歌臣工
정재 진 오도 탕 억취소 진 칠잔 무고 정재 진 육도 탕 가 신공

用水龍吟調. 進八盞 歌鹿鳴. 進七度湯及九盞 歌皇皇者華. 進
용 수룡음 조 진 팔잔 가 녹명 진 칠도 탕급 구잔 가 황황자화 진

八度湯及十盞 歌南有嘉魚 用洛陽春調. 進九度湯及十一盞 歌
팔도 탕 급 십잔 가 남유가어 용 낙양춘 조 진 구도 탕 급 십일잔 가

南山有臺 用風入松調 或洛陽春調.
남산유대 용 풍입송 조 혹 낙양춘 조

國王宴宗親兄弟樂: 王坐殿 奏賀聖朝調 進俎 奏太平年 獻花
국왕 연 종친 형제 악 왕 좌전 주 하성조조 친조 주 태평년 헌화

歌行葦 用金剛城調. 進初度湯 歌關雎. 進初盞 受寶籙呈才. 進
가 행위 용 금강성 조 진 초도 탕 가 관저 진 초잔 수보록 정재 진

二度湯 歌麟趾. 進二盞 夢金尺呈才. 進三度湯 歌葛覃 用紫霞洞
이도 탕 가 인지 진 이잔 몽금척 정재 진 삼도 탕 가 갈담 용 자하동

調. 進三盞 五羊仙呈才. 進四度湯及進四盞 抛毬樂呈才. 進五度
조 진 삼잔 오양선 정재 진 사도 탕급진 사잔 포구락 정재 진 오도

湯 歌臣工. 進五盞 舞鼓呈才. 進六度湯及進六盞 文德曲. 進
탕 가 신공 진 오잔 무고 정재 진 육도 탕급진 육잔 문덕곡 진

七度湯及進七盞 歌南山有臺.
칠도 탕 급 진 칠잔 가 남산유대

國王宴群臣樂: 初儀上同. 獻花 歌鹿鳴 用金剛城調. 進七度湯
국왕 연 군신 악 초의 상동 헌화 가 녹명 용 금강성 조 진 칠도 탕

及進七盞 歌抑篇. 餘皆上同.
급 진 칠잔 가 억편 여개 상동

國王遣本國使臣樂: 初儀上同. 進初盞 歌皇皇者華. 進八盞 歌
국왕 견 본국 사신 악 초의 상동 진 초잔 가 황황자화 진 팔잔 가

四牡. 餘皆上同.
사모 여개 상동

國王勞本國使臣樂: 初儀上同. 進初盞 歌四牡. 進三度湯 歌
국왕 노 본국 사신 악 초의 상동 진 초잔 가 사모 진 삼도 탕 가

皇皇者華. 餘皆上同.
황황자화 여개 상동

國王遣將臣樂: 初儀上同. 獻花 歌采薇. 餘皆上同.
국왕 견 장신 악 초의 상동 헌화 가 채미 여개 상동

國王勞將臣樂: 初儀上同. 獻花 歌杕杜. 進三度湯 歌采薇. 餘
국왕 노 장신 악 초의 상동 헌화 가 체두 진 삼도 탕 가 채미 여

皆上同.
개 상동

視朝唐樂 駕前唐樂胡部樂. 講武擊鐘鼓 以爲節. 大射 歌鹿鳴.
시조 당악 가전 당악 호부악 강무 격종고 이 위절 대사 가 녹명

議政府宴朝廷使臣樂: 初盞及進俎 歌鹿鳴 獻花. 及進二盞 歌
의정부 연 조정 사신 악 초잔 급 친조 가 녹명 헌화 급 진 이잔 가

皇皇者華. 初度湯 歌四牡. 進三盞蓮花臺呈才. 二度湯 歌南有
황황자화 초도 탕 가 사모 진 삼잔 연화대 정재 이도 탕 가 남유

嘉魚. 進四盞 牙伯呈才. 三度湯 歌魚麗. 進五盞 舞鼓呈才. 四度
湯 歌南山有臺. 進六盞 三絃. 五度湯及進七盞 大肉 進八盞
松山操 用洛陽春調.

議政府宴本國使臣樂: 上同.

議政府餞本國將臣樂: 初盞及進俎 歌采薇. 餘皆上同.

議政府勞將臣樂: 初盞及進俎 歌杕杜 餘皆上同.

一品以下大夫士公私宴樂: 初盞及進俎 歌鹿鳴 用金剛城調.

初味及二盞 五冠山. 二味及三盞 歌關雎 用紫霞洞調. 三味及
四盞 侑食 三絃. 四味及五盞 方等山. 五味及六盞 七月篇 用
洛陽春調.

庶人宴父母兄弟樂: 初味及盞 五冠山 二味及盞 方等山 終味
及盞 勸農歌.

從之.

戊午 賜日本國大相國土物 授所遣人以送之. 銀樽一 鍍金銀
葵花杯一 銀湯罐一 黑斜皮靴一 竹帽子一十 苧麻布各十五匹
人蔘五十斤 虎豹皮各三張 雜彩花席十二張 滿花方席 滿花寢席
各五張.

賜田七十四結于檜巖寺. 太上王請之也.

己未 前司直金龜伏誅. 初 龜與檢校典書李臣彦爭臧獲不得
誣告臣彦謀叛 反坐.

258

庚申 命領司平府事河崙 參贊議政府事權近藝文館大提學

李詹 修三國史.

命戶曹典書金瞻講書梓材篇. 上以樂歌事召瞻至 上方覽書梓材

命瞻講之 瞻不能句讀 愧謝曰:"今之儒生 以禹貢梓材不切於學

皆不讀."

竄參判典農寺事許周于楊州 司憲掌令玄孟仁 兵曹議郎金端

司宰監趙休 工曹議郎金汾等免. 初 孟仁爲京畿左道按廉 端

右道 周慶尙道 休全羅道 李之直江原道 汾豊海道. 時有新墾田

打量啓聞之命 周廢閣不行 餘皆移文而已 憲司劾聞罷之. 之直曾

以他罪罷職 故勿論.

申嚴罪及擧主之法. 司憲府上言:

"經濟六典一款:'守令近民之職 民之休戚係焉 選擧不可不精.'

願自今兩府以至顯官六品 各擧所知以曾經顯秩有名望者 歷仕

中外有聲績者 以備除授 '所擧非人 罪及擧主.' 已有判旨. 近來

除拜守令 曾不更事者 間或有之 而但以監司褒貶用捨而已 罪

不及擧主 故擧主恬不爲愧 願自今下令各道監司 每季月褒貶之

際 一件送于本府 考其擧主 一依六典 申明黜陟 以戒後來."

從之.

辛酉 太上王自逍遙山幸檜巖寺. 太上欲重修檜巖寺 且營宮室

而留居 上重違其意 遣隊副一百五十名赴役. 有一人亡命太上命

捕而殺之.
포 이 살지

領司平府事河崙進樂章二篇 賜敎書獎諭:
영 사평부 사 하륜 진 악장 이편 사 교서 장유

'振振王子 德音孔彰 緝熙其學 奎璧其章.
진진 왕자 덕음 공창 집희 기학 규벽 기장

天子有旨 邦人震惶 惟君父使 不敢或遑.
천자 유지 방인 진황 유 군부 사 불감 혹황

旣見天子 敷納維詳 貝錦消沮 家國之昌.
기현 천자 부납 유상 패금 소저 가국 지창

勉勉王子 夙遵義方 專對來歸 宗社之光.
면면 왕자 숙준 의방 전대 내귀 종사 지광

桓桓我王 壽考而康 王子來歸 其樂無疆.'
환환 아왕 수고 이 강 왕자 내귀 기악 무강

右覲天庭五章.
우 근천정 오 장

'亹亹我王 德明敬止 孝友施政 令望不已.
미미 아왕 덕명 경지 효우 시정 영망 불이

翼翼乃心 事大惟一 奉揚聲敎 漸于出日.
익익 내심 사대 유일 봉양 성교 점우 출일

帝錫明命 金印斯煌 又何錫之 袞衣九章.
제 석 명명 금인 사황 우 하 석지 곤의 구장

王拜受命 天子聖明 王拜受命 宗社與榮.
왕 배수명 천자 성명 왕 배수명 종사 여영

於樂我王 荷天之休 體仁保民 壽考千秋.
어 락 아왕 하 천지휴 체인 보민 수고 천추

於樂我王 如日之升 貽謀克正 萬歲其承.'
어 락 아왕 여 일지승 이모 극정 만세 기승

右受明命六章.
우 수명명 육 장

上覽之 召金瞻授之曰: "被之管絃 以爲宴享之樂." 命參贊
상 람지 소 김첨 수지 왈 피지 관현 이위 연향 지악 명 참찬

議政府事權近製敎書 遣左代言李升商齎賜崙:
의정부 사 권근 제 교서 견 좌대언 이승상 재 사륜

'王若曰 蓋聞君臣之間 貴於進戒 聲樂之道 在乎象成. 故九敍
왕 약왈 개문 군신 지간 귀어 진계 성악 지도 재호 상성 고 구서

之歌 禹旣作之 賡載之歌 皐陶亦陳之 此虞庭君臣交相警戒 以
지가 우기 작지 갱재 지가 고요 역 진지 차 우정 군신 교상 경계 이

興至治者也. 追乎成周 其道寖備 雅頌之作 洋洋至今. 惟卿天資
흥 지치 자야 태호 성주 기도 침비 아송 지작 양양 지금 유 경 천자

明敏 學術精微 所見之正 卓爾甚高 所守之堅 確乎不拔. 入

而陳謨 必盡其規益, 出而施政 必極其精詳. 嘗戮力以定社 又

殫誠而佐命. 嘉乃丕績 再與同盟 俾長庶僚 以輔予治. 今觀所進

觀天庭 受明命樂章二篇 匪直詠歌 切於陳戒. 唯予之入覲也

臣子職分之當然 其受命也 天子恩數之幸. 及其在否德 皆無可嘉

卿乃作爲詩歌 以寓勸勉規戒之意 皆欲永思其艱 以保其成於

無窮也. 忠義之誠 藹然可嘉 矧其辭義之雅 聲氣之和 所以追配

古之作者 亦可以傳之後世也. 觀覽之際 良深感愧. 已令有司

被之管絃 以爲宴享之樂 不忘規戒之辭 於戲! 七德舞歌 雖可愧

事功之不逮 五言出納 宜益在治忽而罔愆.

壬戌 命戶曹 以楮貨貿得民間五升布二萬四千六百匹. 初 以

楮貨一張準五升布四匹 民皆不用. 上聞之 命戶曹以五升布一匹

準楮貨一張 不日而貿得二萬餘張 乃以五升布三匹準楮貨一張

三斷其布而與之 民爭易之.

癸亥 日本志佐殿所遣人仇郞文 松羅君等還.

置三軍都摠制以下官. 每一軍置都摠制一 摠制二 同知摠制二

以十司分屬之 皆謂之甲士. 內甲士四百 外甲士六百. 內甲士分爲

四番 左右各二百輪番入直. 李叔蕃掌左番 趙涓掌右番. 外甲士則

分屬三軍 每軍各二百 分爲三牌 以上大護軍爲牌頭 護軍掌之.

禮曹上蒐狩之法. 啓曰:

“謹按古典:‘天子諸侯 無事則歲三田. 無事而不田曰不敬 田
_{근안 고전 천자 제후 무사 즉세 삼전 무사 이 부전 왈 불경 전}

不以禮曰暴殄天物.’ 又曰:‘已有三牲 必田狩者 孝子之意以爲 己
_{불이 예 왈 포진 천물 우왈 이유 삼생 필 전수 자 효자 지의 이위 기}

之所養 不如天地自然之牲逸豫肥美也. 禽獸多則傷五穀 因習
_{지 소양 불여 천지 자연 지생 일예 비미 야 금수 다 즉 상 오곡 인습}

兵事.’ 說者謂:‘不敬者 簡祭祀略賓客. 暴殄天物者 圍澤捔群 取
_{병사 설자 위 불경 자 간 제사 약 빈객 포진 천물 자 위택 엄군 취}

麛卵殺胎 殀夭覆巢也.’ 然則無事而不田爲不可 田而殄物 亦
_{미란 살태 요요 복소 야 연즉 무사 이 부전 위불가 전 이 진물 역}

不可也. 臣等參考歷代蒐狩之儀 開具于後. 伏望殿下 歲以三時
_{불가 야 신등 참고 역대 수수 지의 개구 우후 복망 전하 세 이 삼시}

親田近郊 以奉宗廟 以講武事.
_{친전 근교 이봉 종묘 이강 무사}

前期七日 兵曹徵衆 庶循田法. 承樞府表所田之地 其日未明
_{전기 칠일 병조 징중 서순 전법 승추부 표 소전 지지 기일 미명}

建旗於所田之後 近郊隨田之宜. 諸將各率士徒集旗下 質明敝旗
_{건기 어 소전 지후 근교 수전 지의 제장 각 솔 사도 집 기하 질명 폐기}

後至者罰之. 兵曹分申田令 遂圍田 其兩翼之將 皆建旗圍之
_{후지자 벌지 병조 분신 전령 수 위전 기 양익 지장 개 건기 위지}

闕前駕出發引次舍如常儀. 將至田 所駕鼓行入圍 有司陳鼓於
_{궐전 가 출발 인차 사여 상의 장지전 소가 고행 입위 유사 진고 어}

駕前 在東南者西向 在西南者東向 皆乘馬. 諸將皆鼓行赴圍 乃
_{가전 재 동남 자 서향 재 서남 자 동향 개 승마 제장 개 고행 부위 내}

設驅逆之騎. 上乘馬南向 有司以從 諸君以下 皆乘馬帶弓矢 陳
_{설 구역 지기 상 승마 남향 유사 이종 제군 이하 개 승마 대 궁시 진}

駕前後 有司又從 乃驅獸出上前. 初一驅過 有司整筋弓矢以前
_{가 전후 유사 우종 내 구수 출 상전 초일구 과 유사 정칙 궁시 이전}

再驅過 兵曹奉進弓矢 三驅過 上乃從禽左而射之. 每驅必三獸
_{재구 과 병조 봉진 궁시 삼구 과 상내 종금 좌이 사지 매구 필 삼수}

以上 上發矢 然後諸君發矢 諸將以次射之訖 驅逆之騎止 然後
_{이상 상 발시 연후 제군 발시 제장 이차 사지 흘 구역 지기 지 연후}

許百姓獵. 凡射獸自左膘而射之 達于右腢爲上 以爲乾豆 奉
_{허 백성 렵 범 사수 자좌 표 이 사지 달우 우우 위상 이위 건두 봉}

宗廟. 達左耳本者次之 以供賓客. 射左髀達于右䯒爲下 以充
_{종묘 달 좌이 본자 차지 이공 빈객 사 좌비 달우 우요 위하 이충}

庖廚. 群獸相從 不盡殺 已被射者不射 又不射其面 不翦其毛 其
_{포주 군수 상종 부진살 이 피사 자 불사 우 불사 기면 부전 기모 기}

表出者不逐. 將止 承樞府建旗於田內 乃雷擊駕鼓及諸將之鼓
_{표출 자 불축 장지 승추부 건기 어 전내 내 뇌격 가고 급 제장 지고}

士徒躁呼. 諸將得獸者 獻於旗下 致其左耳. 大獸公之 小獸私之.

遣使以所獲獸馳薦宗廟 次宴幄殿 從官酒三行."

從之.

罷忠清道兵馬都節制使金南秀職 置諸長湍. 都觀察使咸傅霖

論南秀好勇無謀 見利忘義 逞欲擾民八條 下其書司憲府 罪之.

司憲府請金南秀及左司諫大夫崔兢 知司諫院事李興 右獻納

李陽明罪 皆不允. 疏略曰:

'賞罰 國之大柄 罰一人而千萬人懼. 今金南秀恣行不義 所犯

深重 故前日劾聞 殿下特寬其罪 命置長湍. 長湍在畿內 本非

竄逐罪人之地. 罪重罰輕 何以警後! 故再請罪 又命勿復舉論.

南秀別無功勞 位至宰相. 宜操心盡忠 而乃恃才頑恣 故犯重罪.

置而勿論 誰肯勵節! 願收職牒 竄逐外方. 李陽明 當諸諫官議事

上言之時 乃謂:"前此諫官有所言 上不問是非 卽加罪焉 父母

之遺體可愛." 李興言:"古之君王 有始雖縱欲 遷善改過 而終

爲令主 如太甲之事是也." 崔兢聞興與陽明不恭之言 不卽劾問

厥罪惟均 殿下以諫官之事 更不舉論. 雖諫官之事 若此不恭之言

其於臣子愛君之意何? 請論其罪'

移史庫於尙衣院. 初 史庫在壽昌宮內 宮災移於中樞院. 又近

司膳之廚 火災可畏 又移于尙衣院.

流朴抵生于泗州. 抵生居父喪 除護軍起復 旋拜知三陟郡事

居官而淫于妓 憲府劾聞罷之. 到京又私其婢 其妻妬 抵生以炙鐵
거관 이 음 우 기 헌부 핵문 파지 도경 우 사 기 비 기처 투 저생 이 자철

擊之. 其妻宰臣李舒原之女也. 舒原告于憲府 憲府劾聞 流抵生
격지 기처 재신 이서원 지 녀 야 서원 고 우 헌부 헌부 핵문 유 저생

于泗州 其妻于金堤.
우 사주 기처 우 김제

議政府宴三道都體察使林整于西江. 整多造兵船 領二運漕船
의정부 연 삼도 도체찰사 임정 우 서강 정 다 조 병선 영 이 운조 선

泊于西江.
박 우 서강

乙丑 立三館以通經多少遷轉之法 又京中大小衙門吏典 隨其
을축 입 삼관 이 통경 다소 천전 지 법 우 경중 대소 아문 이전 수 기

多少 或幷二或幷三爲一都目. 又除三都監階除去官者 敍于外任.
다소 혹병이혹병삼위일도목 우 제 삼 도감 계제 기관 자 서 우 외임

皆河崙所定也.
개 하륜 소정 야

丙寅 司諫院上疏 疏略:
병인 사간원 상소 소략

'臣等竊惟 古者諫無官人 人皆得以諫 故人主以天下之耳目爲
신등 절유 고자 간 무관인 인 개 득 이 간 고 인주 이 천하 지 이목 위

視聽 而言路廣矣. 逮至于漢 始置諫官 俾言人主得失 政治美惡
시청 이 언로 광의 체 지 우 한 시 치 간관 비언 인주 득실 정치 미악

而職非言官者 莫得以諫 是天下之耳目 總于諫官 而人主所由以
이 직 비 언관 자 막 득 이 간 시 천하 지 이목 총 우 간관 이 인주 소유 이

視聽者也. 若置諫官而不聽其言 則是人主自廢其耳目也. 故人君
시청 자 야 약 치 간관 이 불청 기언 즉 시 인주 자 폐 기 이목 야 고 인군

當以好問從諫爲務 人臣當以責難陳善爲職 君臣各盡其道 然後
당 이 호문 종간 위무 인신 당 이 책난 진선 위직 군신 각 진 기도 연후

可以治天下國家也.
가이 치 천하 국가 야

昔漢文帝時 賈山上言治亂之道曰: "雷霆之所擊 無不摧折者
석 한문제 시 가산 상언 치란지도 왈 뇌정 지 소격 무불 최절 자

萬鈞之所壓 無不糜滅者. 今人主之威非特雷霆也 勢重非特萬鈞
만균 지 소압 무불 미멸 자 금 인주 지 위 비특 뇌정 야 세 중 비특 만균

也. 開道而求諫 和顏色而受之 用其言而顯其身 士猶恐懼而不敢
야 개도 이 구간 화 안색 이 수지 용 기언 이 현 기신 사 유 공구 이 불감

自盡. 又況震之以威 壓之以重 雖有堯舜之智 孟賁之勇 豈有不
자진 우황 진지 이위 압지 이중 수유 요순 지지 맹분 지용 기유 불

摧折者哉! 如此則人主不得聞其過 社稷危疑" 文帝嘉納其言 以
최절 자재 여차즉 인주 부득 문 기과 사직 위의 문제 가납 기언 이

興漢家之治 而庶幾於成康.
흥 한가 지치 이 서기 어 성강

　恭惟殿下 自從儲位 仁孝恭儉 聰明文武 高出前古. 及登大位
　공유 전하 자종 저위 인효 공검 총명 문무 고출 전고 급 등 대위

夙夜憂勤 勵精圖治 節用愛民 平獄緩刑 務崇敎化 太平之治 可
숙야 우근 여정 도치 절용 애민 평옥 완형 무숭 교화 태평 지치 가

立待也. 臣等竊見 臺諫言事 或被詰譴 誠恐有累於殿下之至德也.
립대 야 신등 절견 대간 언사 혹 피 힐견 성공 유누 어 전하 지 지덕 야

夫臺諫犯天顏冒天威 抗言直辭 以底斧鉞而不辭者 非以利吾家
부 대간 범 천안 모 천위 항언 직사 이저 부월 이 불사 자 비이 이 오가

也利吾身也 欲其有益於國家也. 伏望廓乾坤之量 畜納汚之德
야 이오신 야 욕기 유익 어 국가 야 복망 확 건곤 지량 축납 오 지덕

臺諫所言 設或不中 亦宜優容 以振敢諫之風 則上無求言之勞 下
대간 소언 설혹 부중 역의 우용 이진 감간 지풍 즉상 무 구언 지로 하

無壅滯之患 朝廷尊國家安矣. 臣等非以言事得罪爲憂 有罪苟免
무 옹체 지환 조정 존 국가 안의 신등 비이 언사 득죄 위우 유죄 구면

爲幸 誠以殿下之盛德 獨有此一失 故敢爲之言 伏惟留意焉.'
위행 성이 전하 지 성덕 독유 차 일실 고감 위지 언 복유 유의 언

　誅慶尙道見乃梁萬戶睦哲. 哲於辛巳六月 獲倭船一隻 斬首
　주 경상도 견내량 만호 목철 철 어 신사 육월 획 왜선 일척 참수

十五 以捕賊聞 得蒙厚賞. 今有日本使者來云: "我國使船 去年
십오 이 포적 문 득몽 후상 금유 일본 사자 내운 아국 사선 거년

五月 發向朝鮮 至今不還. 必被海道萬戶殺之也. 國家其知之乎?
오월 발향 조선 지금 불환 필피 해도 만호 살지 야 국가 기 지지 호

伏望推鞫罪之." 遣前持平金峙往問 哲以實對. 峙回以聞 命誅之
복망 추국 죄지 견전 지평 김치 왕문 철 이 실대 치 회 이문 명 주지

諭日本國.
유 일본국

　丁卯 御淸和亭 宴領司平府事河崙及三道都體察使林整. 以崙
　정묘 어 청화정 연 영 사평부 사 하륜 급 삼도 도체찰사 임정 이 륜

進樂章 整領漕船到京故也.
진 악장 정 영 조선 도경 고야

　戊辰 命司憲府 凡獄囚速決毋滯. 以時方苦熱也.
　무진 명 사헌부 범 옥수 속결 무체 이시 방 고열 야

　己巳 左司諫大夫崔兢 知司諫院事李興 內書舍人李孟畇等 劾
　기사 좌사간 대부 최긍 지 사간원 사 이흥 내서사인 이맹균 등 핵

右司諫大夫宋因 右獻納李陽明 左正言申槪等. 初 因等首議云:
우사간 대부 송인 우헌납 이양명 좌정언 신개 등 초 인등 수의 운

"近來 上摧折諫官 宜上疏以諫." 兢等不可 卒乃不得已而從之
근래 상 최절 간관 의 상소 이간 긍등 불가 졸내 부득이 이 종지

恐被因等之劾 乃先之.
공 피 인 등 지 핵 내 선 지

庚午 司諫院上時務數條:
경오 사간원 상 시무 수조

‘一 勤聽政. 昔皐陶之告舜曰:“一日二日萬幾.”蓋一日二日者
일 근 청정 석 고요 지 고 순 왈 일일 이일 만기 개 일일 이일 자

言其日之至淺 萬幾者 言其幾事之至多也. 一日二日之間 事幾
언 기일 지 지천 만기 자 언 기 기사 지 지다 야 일일 이일 지간 사기

之來 且至萬焉 豈可一日而不勤乎? 今我殿下 每於衙日 受群臣
지 래 차 지만 언 기 가 일일 이 불근 호 금 아 전하 매 어 아일 수 군신

朝 仍使大臣至於群僚 各啓其事 日晏而罷 此誠憂勤圖治之美意
조 잉사 대신 지어 군료 각 계 기사 일안 이 파 차 성 우근 도치 지 미의

也. 然淸和亭 乃燕居之處 非聽政之所. 願自今 勿御淸和亭 每坐
야 연 청화정 내 연거 지처 비 청정 지소 원 자금 물어 청화정 매좌

正殿 延訪大臣講論爲治之道 則一日萬幾 不至廢墜 而庶績熙矣.
정전 연방 대신 강론 위치 지도 즉 일일 만기 부지 폐추 이 서적 희의

一 御經筵. 傅說之告高宗曰:“念終始典于學 厥德修罔覺.”夫
일 어 경연 부열 지고 고종 왈 염 종시 전우학 궐 덕수 망각 부

一念終始 常在於學 無小間斷 則德之所修 有不知其然而然者
일념 종시 상 재어학 무소 간단 즉 덕지 소수 유 부지 기연 이 연자

矣. 惟我殿下 昔在東宮 讀大學衍義 其於格致誠正修齊治平之
의 유 아 전하 석재 동궁 독 대학연의 기어 격치성정 수제치평 지

學 講磨切磋之功熟矣. 及卽寶位 萬幾之暇 乃能留心經學 時習
학 강마 절차 지공 숙의 급 즉 보위 만기 지가 내능 유심 경학 시습

不已 今又講書 二帝三王治天下之大經大法 靡不精究 蓋欲心得
불이 금 우 강서 이제 삼왕 치 천하 지 대경 대법 미불 정구 개 욕 심득

而現諸行事也. 雖古之明王 其好學之篤 未能或之先也. 然聖學貴
이 현제 행사 야 수 고지 명왕 기 호학 지독 미능 혹지 선야 연 성학 귀

乎成始而成終 人心戒乎或操而或捨. 苟能操此心而不捨 勉其學
호 성시 이 성종 인심 계호 혹조 이 혹사 구능 조 차심 이 불사 면 기학

而有終 則其於治國乎何有! 伏望殿下因前日已成之學而益勉 必
이 유종 즉 기어 치국 호 하유 복망 전하 인 전일 이성 지학 이 익면 필

欲至乎帝堯之克明克明峻德而後已. 此臣等所以深有望於殿下也.
욕 지호 제요 지 극명 극명 준덕 이후 이 차 신등 소이 심 유망 어 전하 야

自今聽政之餘 日御經筵 更相問難 明天地性命之理 辨學術邪正
자금 청정 지여 일어 경연 경상 문난 명 천지 성명 지리 변 학술 사정

之源 至於古今治亂之由 君子小人之分 莫不講論 無小間斷 以成
지원 지어 고금 치란 지유 군자 소인 지분 막불 강론 무소 간단 이성

聖學之始終 以基聖治之本源.
성학 지 시종 이기 성치 지 본원

一 元子入學. 易曰:"蒙以養正 聖功也." 蓋純一未發之蒙而養
일 원자 입학 역왈 몽이양정 성공야 개 순일 미발 지몽이양

其正 乃作聖之功也. 發而後禁 則扞格而難勝 養正於蒙 學之
기정 내 작성 지공야 발이후금 즉 한격 이 난승 양정 어몽 학지

至善也. 況元子 君之貳 將有宗社生靈之責於身 其可不素敎而
지선 야 황원자 군지이 장유 종사 생령 지책 어신 기가불소교이

預養之乎? 賈誼曰:"太子之善 在於早諭敎與選左右." 是以殿下
예양 지호 가의왈 태자 지선 재어조 유교 여 좌우 시이 전하

乃爲元子擇儒臣爲賓師 又置諭善侍學之官 使之日開書筵 講習
내 위 원자 택 유신 위 빈사 우치 유선 시학 지관 사지 일개 서연 강습

孝經 爰命有司 建元子入學之宮 今已告成 願卜吉辰 特遣元子
효경 원명 유사 건 원자 입학 지궁 금이 고성 원복 길진 특견 원자

入學 使其賓師及諭善侍學 朝夕不離左右 常以孝悌忠信之道
입학 사가 빈사 급 유선 시학 조석 불리 좌우 상이 효제충신 지도

日講於前 自然薰陶漸染 德器成就 國本永固.
일강 어전 자연 훈도 점염 덕기 성취 국본 영고

一 謹巡綽. 漢制南北軍 南軍掌殿門宿衛 北軍掌京城徼巡. 其
일 근 순작 한제 남북 군 남군 장 전문 숙위 북군 장 경성 요순 기

體統嚴而號令肅 故維持鞏固 而國家安矣. 蓋不虞之變 例生乎
체통 엄이 호령 숙 고 유지 공고 이 국가 안의 개 불우 지변 예생호

暮夜之間 故當謹其巡綽之法. 每日各更 巡官率其所部兵衆巡 其
모야 지간 고당 근기 순작 지법 매일 각경 순관 솔기 소부 병중 순 기

更旣終 則輒散而歸 故兵卒減少 軍令緩弛 其於禁亂備患之法 有
경 기종 즉 첩산 이귀 고 병졸 감소 군령 완이 기어 금란 비환 지법 유

所未盡. 且其罷更散歸之卒 犯次更之巡 亦不誰何 設有無賴之
소미진 차기 파경 산귀 지졸 범 차경 지순 역불 수하 설유 무뢰지

徒 冒稱罷巡之卒 則亦難辨矣. 願自今於近闕處 營建軍鋪 每當
도 모칭 파순 지졸 즉역 난변 의 원 자금 어 근궐처 영건 군포 매당

日暮 當直各軍摠制 親到軍鋪 簡閱徼巡之卒 分屬五更 使各領
일모 당직 각군 총제 친도 군포 간열 요순 지졸 분속 오경 사 각령

上大護軍護軍統之 人停鼓後 發初更巡 其二更已後各更 巡官
상 대호군 호군 통지 인정고후 발 초경 순 기 이경 이후 각경 순관

與兵卒 皆會宿于軍鋪 初更巡罷 卽還軍鋪 二更之巡乃發 更更
여 병졸 개 회숙 우 군포 초경 순파 즉환 군포 이경 지순 내발 경경

相續 還聚軍鋪而宿 則禁亂備患之法 庶乎得矣.'
상속 환취 군포 이숙 즉 금란 비환 지법 서호 득의

允之.
윤지

禮曹上疏請髮僧尼壯者. 疏曰:
예조 상소 청발 승니 장자 소왈

'佛氏之道 以淸淨寡欲爲宗 今其爲徒者 放情肆欲 無所不至
불씨 지도 이 청정 과욕 위종 금기 위도 자 방정 사욕 무 소부지

稱爲善事 誑誘愚俗 聚斂財貨 皆爲自身衣食之計. 甚者不作佛事
칭위 선사 광유 우속 취렴 재화 개위 자신 의식 지계 심자 부작 불사

私養妻子 於其師道 不啻如薰蕕氷炭之相反. 且其衣食非神輸鬼
사 양처자 어기 사도 불시여 훈유 빙탄 지 상반 차기 의식 비신 수귀

轉 皆出於吾民之耕織 而逃避徭役 甚爲無理. 願自今於京中 置
전 개출어 오민 지 경직 이 도피 요역 심위 무리 원 자금 어 경중 치

道場二三處 擇戒行淸淨者 定額數使居之 外方各道 置都會所如
도량 이삼 처 택 계행 청정 자 정 액수 사 거지 외방 각도 치 도회소 여

京中例. 其僧徒年壯者 長髮爲民 尼壯者 除夫亡守信者外 亦使
경중 례 기 승도 연장자 장발 위민 니 장자 제 부망 수신 자외 역사

歸家 長髮 許令適人.'
귀가 장발 허령 적인

下議政府擬議以聞. 政府與司平承樞同義:
하 의정부 의의 이문 정부 여 사평 승추 동의

"凡僧尼試才行給度牒 許令削髮 六典所載. 無識之徒 不遵
범 승니 시재 행급 도첩 허령 삭발 육전 소재 무식 지도 부준

國令 潛投剃髮者頗多. 然一時沙汰 則不無騷動 今後凡良民 如
국령 잠투 체발 자 파다 연 일시 사태 즉 불무 소동 금후 범 양민 여

有自願削髮者 其父母一族 各具其由陳告 京中漢城府留後司
유 자원 삭발 자 기 부모 일족 각구 기유 진고 경중 한성부 유후사

外方本官報都觀察使 傳報議政府 下禮曹考本貫四祖 其限當者
외방 본관 보 도관찰사 전보 의정부 하 예조 고 본관 사조 기한 당자

具名受判 移關僧錄司 給度牒 方許削髮 如前違令削髮者 令
구명 수판 이관 승록사 급 도첩 방허 삭발 여전 위령 삭발 자 영

切隣及里正現告. 若不現告 而他人告 則戶主里正及其師僧 以
절린 급 이정 현고 약 불현고 이 타인 고 즉 호주 이정 급기 사승 이

判旨不從論 其失覺察守令 亦照律論罪 籍沒犯人家産 爲半賞給
판지 부종 론 기실 각찰 수령 역 조율 논죄 적몰 범인 가산 위반 상급

告者. 京外各宗寺社 除住持之名 不拘宗門道伴 擇戒行淸淨者爲
고자 경외 각종 사사 제 주지 지명 불구 종문 도반 택 계행 청정 자위

主法 其爲主法者 僧錄司備各宗衆望 報政府啓聞施行."
주법 기위 주법 자 승록사 비 각종 중망 보 정부 계문 시행

上曰: "僧尼之事 大事也."
상왈 승니 지사 대사 야

下其議於三府. 三府之議:
하 기의 어 삼부 삼부 지의

"是使僧徒益精於其道而崇信之也. 雖令僧徒會於一寺 其他
시사 승도 익정 어 기도 이 숭신 지야 수령 승도 회어 일사 기타

寺社 皆仍舊有奴婢 則何異於前日乎? 但改住持之名而已."
사사 개 양구 유 노비 즉 하이 어 전일 호 단 개 주지 지 명 이이

乙亥 月犯畢星.
을해 월 범 필성

龍化院池 小魚死而浮者數百.
용화원 지 소어 사 이 부자 수백

司憲府劾左司諫大夫崔兢 知司諫院事李興 內書舍人李孟畇
사헌부 핵 좌사간 대부 최긍 지 사간원 사 이흥 내서사인 이맹균

左獻納權遇. 初 獻納李陽明 正言申槪等議曰: "近來 上摧折
좌헌납 권우 초 헌납 이양명 정언 신개 등 의 왈 근래 상 최절

諫官非一度. 上疏以諫若何?" 崔兢 李興等曰: "旣往不咎." 陽明
간관 비 일도 상소 이 간 약하 최긍 이흥 등 왈 기왕 불구 양명

等曰: "言其往者 以止來者 不亦善乎!" 相詰 卒乃議合封疏. 兢
등 왈 언 기 왕자 이 지 내자 불역 선호 상힐 졸 내 의합 봉소 긍

等尙且猶豫曰: "姑徐徐." 右司諫宋因授其疏掾吏 呈代言司. 兢
등 상차 유예 왈 고 서서 우사간 송인 수 기소 연리 정 대언사 긍

興 孟畇 遇等反恐因等劾己 托辭先劾因等. 憲府以兢等同議上疏
흥 맹균 우 등 반공 인 등 핵기 탁사 선핵 인 등 헌부 이 긍 등 동의 상소

而反劾因等 劾之.
이 반핵 인 등 핵지

丁丑 天寶山二石崩.
정축 천보산 이 석붕

命贖護軍睦仁海罪. 仁海 卒宰臣臣祐妓妾子也. 眇一目 上以
명 속 호군 목인해 죄 인해 졸 재신 신우 기첩 자야 묘 일목 상 이

有武才令侍衛. 仁海無妻 命娶通事郭海龍之妻 其妻無子死. 後
유 무재 영 시위 인해 무처 명 취 통사 곽해룡 지 처 기처 무자 사 후

仁海夜欲爲盜於其家 見獲因鬪 翌日 其妻之母告刑曹 執仁海奴
인해 야 욕 위도 어 기가 견획 인투 익일 기처 지 모 고 형조 집 인해 노

鞫之 吐實. 乃得昔日所失段子三十匹 金銀一佟 皆仁海所竊也.
국지 토실 내 득 석일 소실 단자 삼십 필 금은 일 대 개 인해 소절 야

刑曹以杖一百徒三年照律以聞 上卽下仁海于巡衛府 命贖杖七十.
형조 이 장 일백 도 삼년 조율 이문 상 즉 하 인해 우 순위부 명 속 장 칠십

以潛邸時侍從也.
이 잠저 시 시종 야

戊寅 朝罷 特召領議政府事李居易 領司平府事河崙 左政丞
무인 조파 특소 영의정부 사 이거이 영 사평부 사 하륜 좌정승

金士衡 右政丞李茂 判承樞府事趙英茂升殿. 上目士衡問慰
김사형 우정승 이무 판 승추부 사 조영무 승전 상 목 사형 문위

士衡因疾久未朝也. 因論農事豊凶 戰艦虛實.
사형 인질 구 미조 야 인 논 농사 풍흉 전함 허실

己卯 司憲府上書復請金南秀罪 不允. 命召持平李漬曰: "爾
憲司劾崔兢等 非矣. 又朴抵生夫妻 外方夫妻判付後 留三日發送
亦非也. 金南秀私馬上京 旣已受罪 更請其罪 亦非也. 今欲囚
爾等 問其故 然諫官以予爲摧折諫官 故姑停之. 爾等往在汝家."

庚辰 天駟星曳光而隕.

命左司諫大夫崔兢 知司諫院事李興 內書舍人李孟昀 左獻納
權遇等沈于家. 上召兢等 使知申事朴錫命問曰: "劾右司諫宋因
右獻納李陽明 左正言申槪 何也?" 兢對曰: "院中之議 不敢
外說 上今問之 安敢不言! 向者 內書舍人李之直 正言田可植
等 極言聖上所無之失 臣等欲上書請罪 因曰: '諫官言雖不中
亦不加罪 何可請罪?' 陽明曰: '上卽位以來 摧折諫官 請言
其失.' 臣等曰: '諫官摧折者誰歟?' 陽明曰: '幸平州時 黜掌令
朴翶 厥後囚司諫尹思修 金瞻等於巡衛府 又囚司諫陳義貴 獻納
金汝知等而鞭之 又掌令鄭龜晉 持平金成侃 幷囚之. 是非摧折
諫官而何?' 臣曰: '聖人亦曰旣往不咎. 言其將來 何必追諫
往事?' 陽明曰: '若言將來 先諫摧折可也.' 申槪言: '上不謀大臣
而獨爲政事 非也.' 臣等曰: '惟辟作福作威 上不自爲政 而誰與
爲之!' 乃與相詰. 陽明草諫疏 宋因修飾之. 臣等雖同着名 猶豫
未決. 因獨召院吏曰: '已畢事 速呈代言司.' 臣等曾請之直之罪
而因沮之 臣不敢請. 今臣等欲止其狀 而因不聽 故劾之. 且陽明

270

追咎旣往之事 申槩獨自爲政之論 亦皆非矣. 況臣等不劾彼 彼必
劾臣等 故先劾之."

上曰: "卿等欲辨是非 旣同着名 而反劾之 是亦不分是非 宜退
于家."

召司憲持平李漬命曰: "卿等疏請左司諫崔兢等罪 予召兢問之
兢等之事是 故留其疏不下 爾等出仕."

釋京中獄囚二罪以下. 憂旱也.

辛巳 蟲食松岳山松葉.

命減忠淸道林州民上佐罪. 上佐與其父雙凡殺百姓丁原 及官
按問 父子爭欲死 輕重難分. 監司報議政府 下刑曹鞫問 上佐當
絞 雙凡當杖一百 流三千里. 具以聞 上曰: "上佐欲爲父代死①
其情可矜 特令減等 與父罪同."

合長延 長豊爲延豊縣.

上日於淸心亭講書 暑雨不輟. 嘗謂侍講金瞻曰: "隋煬帝以
虞世基失天下 然乎?"

瞻對曰: "世基固有罪矣 用之者煬帝也. 且以聲色而亡."

上曰: "然. 聲色實敗天下之本也."

① 上佐欲爲父代死. 欲은 代死에 걸린다. 爲는 동사가 아니라 '위하여'라는
  상좌 욕 위 부 대사 욕   대사   위

뜻이다.

태종 2년 임오년
7월

七月

임오일(壬午日-1일) 초하루에 우박이 내렸다. 이날은 곧 상왕의 탄신일이므로 상이 인덕궁(仁德宮)¹에 나아가 하례(賀禮)를 행하려고 했으나 상왕이 병이 있다며 사양했다. 상왕은 천성이 겸손하여[謙退] 상이 가뭄을 근심하는 것을 알고서 번거롭게 하례를 받지 않으려고 하여 병을 칭탁해 사양한 것이다.

계미일(癸未日-2일)에 대신들을 나눠 보내 종묘사직(宗廟社稷), 명산대천(名山大川)과 소격전(昭格殿)에 비를 빌었다[祈雨].

○ 문무 신료들에게 명해 각각 시정(時政)의 폐단을 개진하게 하고 서울과 지방의 이죄(二罪) 이하의 죄수들을 풀어주었다. 시장을 옮기고, 무녀(巫女)들을 사평부(司平府)에, 장님[瞽者]들을 명통사(明通寺)에, 승도(僧徒)를 연복사(演福寺)에 모이게 해 비를 빌었다[禱雨]. 상이 말했다.

"지금 이렇게 가뭄이 심하니 내 생각에 반드시 그것에 관해 말하는 자가 있으리라 여기고 이를 기다린 지 여러 날이 됐으나 한 사람도 가뭄에 대하여 언급하는 자가 없었다. 내가 이에 먼저 발언을 하

---

1 정종(定宗)이 왕위를 세자(世子-태종)에게 물려주고 상왕(上王)으로 있을 때 거처한 작은 왕궁이다.

고 나서야 여러 신하들이 기도(祈禱)를 서두르니[汲汲] 어찌 그리 늦
은가? 어제 통사(通事) 원민생(元閔生, ?~1435년)[2]이 서북면(평안도)에
서 왔기에 거쳐 온 곳[所歷]에 대해 물어보았더니 벼와 곡식들이 다
말랐다고 했다. 어째서 비가 내리지 않는 것이 이토록 심한 것인가?
내가 마음이 너무도 아프다. 지난번에 벼와 곡식들이 무성하다고 아
뢴 자들이 자못 많았고 그 와중에 간혹 무성하지 못하다고 아뢴 자
도 있었는데 나는 진실로 뜬소문[浮言]을 가지고 근심하거나 즐거
워하지 않는다. 어찌 일을 아뢰는 곡직(曲直-실상)이 이와 같단 말인
가? 『서경(書經)』에 이르기를 '참람(僭濫-윗사람에게 기어오르다)하면
항상 볕이 난다'[3]고 했는데 내가 대국(大國)을 섬기는 데 있어 결단
코 참람한 생각이 없으니 어찌 나라 안에 참람한 신하가 있어 비가
내리지 않는 것이 이 지경이란 말인가? 하늘은 참으로 헤아리기가

---

2 중추원 부사를 지낸 원빈(元賓)의 아들로 판중추 부사 민부(閔富)에게 입양돼 이름을 민
   덕생(閔德生)으로 바꾸어 생활하다가 후에 관직 생활을 하면서 본래의 이름으로 환원
   했다. 중국어에 능통하여 역관으로 활약했다. 1403년(태종 3년) 계품사(計稟使)의 통사가
   돼 명나라에 다녀오고 1414년에는 흠문기거사(欽問起居使)의 통사로 명나라에 갔다 오
   면서 황제의 조서를 받아 왔다. 1417년 하정사의 통사로 명나라에 다녀올 때 밀무역을
   한 것이 드러나 옥에 갇혔다가 곧 풀려나 처녀주문사(處女奏聞使)로 다시 명나라에 파견
   됐다. 1418년 사은사 동지총제가 되어 명나라에 가서 양녕대군(讓寧大君)을 폐하고 충녕
   대군(忠寧大君)을 세자로 책봉한 데 이어 양위한 전후 사정을 알리고 돌아왔으며 이듬해
   에는 진헌사가 되어 백후지(白厚紙) 2,000장을 바치고 왔다. 1423년 중군총제, 우군총제
   등을 거쳐 1425년 안주선위사와 평양선위사를 지내며 명나라 사신을 접대했다. 이후 사
   역원 제조, 중추원 동지사, 인순부윤(仁順府尹) 등을 역임했다. 모두 21차례에 걸쳐 명나
   라를 왕래하며 두 나라의 관계 개선에 큰 역할을 했다. 특히 명나라 사신으로 우리나라
   에 자주 왕래한 황엄(黃儼)과 교분이 돈독했다. 또한 진헌녀(進獻女)로 명나라에 가서 태
   종(太宗)의 총애를 받은 현인비(顯仁妃)의 인척이었으므로 태종이 그의 주청은 거의 들
   어주었다고 한다.

3 「주서(周書)」 '홍범(洪範)'에 나오는 말이다.

어렵도다."

승추부 판사 조영무가 대답했다.

"이것은 중국(中國)의 여열(餘烈)이니' 우리가 근심할 바가 아닙
니다."

상이 말했다.

"아니다. 옛날 사람들은 재앙을 만나면 반드시 자기를 책망했지 남
탓으로 돌리지 않았다."

영무는 할 말이 없었다. 상이 하륜에게 말했다.

"바야흐로 지금 백성들에게 불편한 것이 무슨 일인가? 저화를 시
행하여 그러한 것은 아닌가?"

대언 이응(李膺)이 말했다.

"저화는 백성들이 이미 편하게 여깁니다."

륜이 말했다.

"전하께서 매사 두려워하시며[恐懼] 수성(修省)하소서."
_{공구}

상이 말했다.

"다시 수성(修省)을 더하자면 무슨 도리가 있겠는가?"

륜이 말했다.

"우리나라 사람들이 노비를 아끼기를 손발과 같이하는데 지금 말
하기를 '신사년 8월 이전에 이미 관청의 판결을 거친 것은 비록 오결
(誤決)이 있더라도 다시 제소하지 말라'고 하니 이것이 원통하고 억

---

4   이때 연왕(燕王-훗날의 성제(成帝-영락제))이 혜제(惠帝)를 향해 반란을 일으켜 내분이 한
     창이었다.

울함이 큰 것입니다. 청컨대 다시 주장관(主掌官-실무 담당 관리)에게 명해 전법(前法)에 의해 판결하게 하신다면 인심이 조금 안정될 것입니다."

대언 박신(朴信)이 말했다.

"송사의 결단이 기한이 없으면 마침내 끝날 날이 없습니다."

륜이 말했다.

"이것이 바로 백성들이 원망스럽게 여기는 말입니다."

상이 륜에게 물었다.

"지금 유성(流星)의 이변은 어떤 뜻인가?"

륜이 대답했다.

"이번 유성은 천사성(天駟星)입니다. 천사(天駟)는 천자의 말[馬]입니다."

상이 말했다.

"지난번에 내구마(內廐馬) 3필이 죽은 것이 아마 이 응험(應驗)인가 보다."

상이 가뭄을 근심해 초하룻날부터 하루에 한 번씩만 수라[御膳]를 들고 눈물을 줄줄 흘렸으며, 공상(供上-제물)을 위한 사냥[田獵]을 없애도록 명했다. 지신사 박석명이 말했다.

"한 나라의 수백 사람이 전하를 봉양하니 (제대로 매 끼니 수라를 드셔도) 폐단이 될 것이 없습니다."

듣지 않았다.

갑신일(甲申日-3일)에 금주령을 내리고 대궐 안의 술그릇은 모두 창고에 넣도록 명했다.

풍저창사(豊儲倉使)⁵ 김명윤(金明允), 감찰(監察) 전엄(田淹)을 순위부에 가두었다가 이튿날 석방했다. 풍저창 사령(使令)이 죄가 있었는데 명윤과 엄이 부병(府兵)을 자기 마음대로 형벌할 수 없다 하여 쌀 3석(石)으로 눌러놓아 거의 죽게 했다. 승추부 판사 조영무가 보고하니 상이 말했다.

"내 이미 그것을 알고 있었으나 여러 아랫사람들이 나더러 참소(讒訴-중상모략)를 듣는다고 할까 염려하여 발설하지 않은 채 아뢰는 자가 있기를 기다렸는데 참혹하기 그지없는 일이다."

이에 이런 명이 있었다.

○ (관리의) 업적을 상고해[考績] 내쫓거나 올리는[黜陟] 법을 세웠다. 의정부에서 소를 올려 말했다.
　　　　　　　　　고적　　　　　　　　　　출척

'전조(前朝-고려) 때에 고공사(考功司)⁶를 두어 내외(內外-중앙과 지방) 원리(員吏-관원)의 부지런함과 태만함[勤慢＝勤怠]을 상고해 내쫓
　　　　　　　　　　　　　　　　　　　　　　　근만　　근태

5　풍저창은 국가의 재용인 미곡(米穀), 두류(豆類), 뜸, 종이 등의 물품에 관한 사무를 관장(管掌)한다.

6　개국 초기에는 사적(司績)이라고 부르다가 995년(성종 14년) 상서고공(尙書考功)으로 고쳤다. 관원으로는 문종 때 정5품의 낭중(郎中) 2인, 정6품의 원외랑(員外郎) 2인을 두었다가 1275년(충렬왕 1년)에 낭중을 정랑(正郎), 원외랑을 좌랑(佐郎)으로 고쳤으며 1298년 충선왕이 전조(銓曹)에 병합했다. 1356년(공민왕 5년) 다시 고공사를 설치해 낭중, 원외랑을 두었다가 1362년 정랑, 좌랑으로 개칭했다. 1369년 직랑(直郎), 산랑(散郎)으로 고쳤으며 1372년 다시 정랑, 좌랑으로 개칭했다. 조선시대 이조와 병조의 정랑과 좌랑은 이로부터 비롯된 것이다. 1344년(충목왕 즉위년) 이제현(李齊賢)이 상소문에서 "정방(政房)의 명칭은 권신(權臣)들의 세대에 생긴 것이지 옛 제도는 아닙니다. 마땅히 정방제도를 혁신하여 이것을 전리(典理)와 군부(軍簿)에 귀속시키고 고공사를 설치하여 그 공과를 평정하며…"라고 한 것으로 볼 때 최우(崔瑀)가 정방을 설치한 뒤로는 고공사의 기능이 거의 유명무실해졌다가 공민왕 이후에야 되살아났음을 알 수 있다.

거나 올리는 근거자료[憑=憑據]로 삼았는데 고려 말년[衰季]에 이르러 폐기되고 해이해져 제대로 시행되지 못했습니다. 우리 태상왕께서 개국하시던 초창기에 법제(法制)를 세워 그사이에 폐기되거나 엉망이 된 것을 거두고 고쳐 이조(吏曹)의 정랑(正郞), 좌랑(佐郞) 각각 한 사람으로 하여금 고공(考功-공적을 상고함)의 임무를 겸하여 맡게 했습니다[兼掌]. 그러나 예전의 폐습을 그대로 이어받는 바람에 그 일의 봉행(奉行)이 제대로 이뤄지지 못했기 때문에 경외(京外)의 직사(職事-직책과 업무)가 점점 허물어지기에[陵夷] 이르렀습니다. 감히 조목별로 적어 올리오니 엎드려 바라옵건대 오래토록 항식(恒式)으로 삼아야 합니다.

하나, 이조 의랑(吏曹議郞) 이하 각 한 사람이 고공을 겸하게 하여 그 부지런함과 태만함을 상고해 명령을 받아[承稟] 내쫓거나 올린다.

하나, 중앙과 지방 각사(各司)의 공좌부(公座簿)[7]를 시도 때도 없이 고찰해 별다른 이유 없이 출근하지 않는 자는 그 이름 밑에 권점(圈點-동그란 점)을 찍고, 세 번 이상 출근하지 않은 자는 소사(所司-해당 기관)에 이관하여 그 종을 가두어 징계하고, 열 번 이상 출근하지 않은 자는 부과(附過)[8]하고, 스무 번 이상 출근하지 않은 자는 아뢰어 파직(罷職)한다. 그리고 형조(刑曹)와 개성 유후사(開城留後司) 이하 송사(訟訴)를 듣는 각사(各司)에서는 아무 방[某房]에 아

---

7 관원들의 출근 및 근무 상황을 기록한 장부다.

8 부과(附過)라고도 하는데 관리가 잘못을 저질렀을 때 그 과오를 별지(別紙)에 써서 정안(政案)에 붙여 두던 일이다. 훗날 도목정사(都目政事)에 자료로 삼기 위한 것이다. 표부과명(標付過名)의 줄임말이다.

무 연월[某年月]에 올린 소지(所志)⁹가 몇 사람이며, 이달 보름 전에
모연월
미결된 것은 몇 통이며, 보름 뒤에 미결된 것은 몇 통인가를 매월
그믐날 이조에 보고하고, 이조에서는 매월 초하룻날 계본(啓本-보고
서)으로 신정(申呈)¹⁰하고, 매년 연말에 신문(申聞)하여 내쫓거나 올
린다.

하나, 각 도(各道) 각 관(各官)의 공부(貢賦)는 감사와 수령이 때
에 맞추어[趁節=從節] 마련하고 준비해[備辦] 위에 바치고 녹전(祿
진절   종절   비판
轉)¹¹과 군자(軍資)¹²는 가까운 도(道)는 연말에, 먼 도는 이듬해에
조전(漕轉-배로 운반)하도록 기한을 정해 완납하게 한다. 사평부에
서 이를 상고해 만일 미납했거나 완납하지 못한 자가 있으면 현임
(現任)이거나 체임(遞任)¹³이거나를 막론하고, 직(職)을 받은 자는
모두 다 정직(停職)시키고, 직을 받지 않은 자는 본향(本鄕)에 안치
(安置)시키며, 그중에 더욱 심한 자는 직첩(職牒)을 회수하여 외방
에 유배 보내고, 감사로서 이상의 것들을 미리 깨달아 살피지 못
한 자는 정직시키고, 더욱 심한 자 또한 외방에 유배 보내도록 해야
한다.'

그대로 따랐다.

○ 상왕전의 의성고(義成庫), 덕천고(德泉庫)의 공상(供上)을 정지시

---

9 청원이 있을 때 관아에 올리던 문서다.

10 아래 관원이 위 관원에게 글을 써서 아뢰는 것이다.

11 녹봉(祿俸)에 충당된 민전(民田)의 조세다.

12 군대에 필요한 재용을 말한다.

13 정해진 임기가 차서 그 벼슬을 해임하는 것이다. 체직(遞職)이라고도 한다.

켰다. 상왕이 환관을 시켜 상에게 말했다.

"나는 사사로운 창고[私庫]가 있어 진실로 재용이 충분하니 두 창
고의 공상을 일절 정지하시오."

상은 꿇어앉아서 그 말을 들었다. 상왕은 상이 가뭄을 근심해 술
을 금하고 수라를 줄인 것을 알고서 본인 또한 공상을 줄인 것이
었다. 이때 보화고(保和庫)[14]를 인덕궁(仁德宮)에 속하게 해 상공(上
供)하도록 했다.

을유일(乙酉日-4일)에 의정부와 백사(百司)가 글을 올려 각각 시무
(時務)를 진술했다. 예문관에서 말씀을 올렸다.

"하나의 법이 서면 하나의 폐단이 생기는 것은 예나 지금이나 공
통된 근심입니다. 근래에 연혁(沿革)[15]이 너무 번거로워 폐단이 이
에 따라 생겨나니 관리(官吏)는 받들어 실행하는 데 어둡고 일반 백
성들은 손발을 둬야 할 곳[所措][16]을 모릅니다. 바라건대 지금부터라
도 이미 이루어진 법을 준수하고 자주 고치지 말아서 인심을 다독
여 따르게 하여[鎭服] 나라의 큰 줄기[國脈]를 편안케 해야 합니다.
우리 태상왕께서는 가시는 행재소(行在所)마다 곧장 궁실을 지으십
니다. 비록 백성들의 힘을 사용하는 것은 아니지만 역사를 하는 자
는 오직 백성이 아니겠습니까? 또 지존(至尊)으로서 오랫동안 밖에

---

14 태상전에 속했던 창고다.

15 법이 자주 바뀌어 그것들이 변천돼온 과정이나 내력을 말한다.

16 이는 『논어(論語)』 「자로(子路)」편에서 나온 표현이다. 공자가 말했다. "형벌이 알맞지 못
하면 백성들이 손발을 둘 곳이 없게 된다[刑罰不中 則民無所措手足]."

계시어 결국 전하의 어질고 효성스런 마음씨를 아침저녁으로 펼 수 없게 하시니 천심(天心)에 어긋남이 있을까 봐 두렵습니다. 바라건대 전하께서 백관을 거느리고 행재소에 납시어 지성으로 돌아오시기를 청하셔야 합니다. 만일[設若] 윤허하지 않으시면 전하께서도 초막[草次]에 머무르시고 백관유사(百官有司)가 모두[咸=皆] 가서 거가(車駕)를 옮기시겠다는 명을 기다려야 합니다."

○ 경상도 도관찰사 이문화(李文和)가 사직을 청했으나 윤허하지 않았다. 문화(文和)가 정부에 보고했다.

"6월 초2일에 비가 온 뒤로 지금까지[迨今=至今] 비가 내리지 않아 이 도의 가뭄이 더욱 심하니 이는 분명 신의 죄입니다. 청컨대 보고를 올려[啓聞] 신의 직사(職事)를 바꿔주소서."

정부에서 보고하니 상이 말했다.

"무릇 가뭄은 과인(의 잘못)이 부른 것이지 경의 죄가 아니다."

○ 각사(各司)에서 진언(陳言)한 것을 친히 살펴보고서[親覽] 시독 김과(金科)를 불러 말했다.

"지금 하늘이 비를 내리지 않는데 이는 부덕(否德)한 내가 왕위에 있기 때문이다. 내가 왕위를 사양하고자 한다."

이어 눈물을 흘리니 과도 눈물을 흘렸다. 상이 말했다.

"바야흐로 요사이[方今] 무슨 일이 제대로 안 되고[未便] 있는가? 죄 없이 형벌을 받는 자가 있는 것은 아닌가?"

이에 외방(外方)의 시위군(侍衛軍)을 놓아주어 각기 자기 집으로 돌아가게 했다. 해가 중천에 떠올라도 오히려 수라를 들지 않았고 그로 인해 몸이 안 좋았다[不豫].

병술일(丙戌日-5일)에 큰 바람이 동남쪽으로부터 불어와서 먼지가 하늘을 뒤덮고[漲] 지붕의 기왓장이 날아서 떨어지고 비가 조금 내리다가 곧 개었다.

정해일(丁亥日-6일)에 비를 비는 기도[禱雨]를 그쳤다. 비가 내리기를 기원하는 승려들 가운데 팔뚝에 불을 지지는[燃臂] 자, 손가락을 태우는[燒指] 자까지 있었으나 비를 얻지 못하자 명을 내려 기도를 그치도록 했다.

무자일(戊子日-7일)에 짙은 구름이 끼고 보슬비가 내렸다.

○ 각사의 진언을 의정부에 내려 사평부, 승추부와 함께 시행할 만한 것을 토의해 보고하게 했다.

○ 사헌부 대사헌 이지(李至)와 지평 김천(金闡)이 집의 윤창(尹彰), 지평 이지(李漬)를 탄핵했다. 애초에 의정부가 (상으로부터) 명을 받아 사헌부에 이문(移文)하여 각 도(各道)의 안렴사들 중에서 교명(敎命)을 관청에 처박아두고 새로 개간한 토지를 일찍이 측량하지 않은 자를 규찰하게 했다. 이에 허주 등이 모두 죄에 걸려들었다[坐罪]. (그런데) 창(彰)이 일찍이 충청도 안렴사로 있으면서 그 또한 이 교명을 봉행치 않았는데 버젓이 벼슬에 나왔다[仕進]. 지(至) 등은 창이 이미 보고했으리라 여겼다가 이때에 이르러 보고하지 않았다는 말을 듣고서 마침내 탄핵했다. 지(漬)는 창을 탄핵하지 않고 함께 벼슬에 나왔기 때문에 아울러 탄핵했다.

○ 사간원에서 지평 김천을 탄핵했다. 허주를 탄핵할 때 윤창을 탄

핵하지 않았기 때문이었다.

기축일(己丑日-8일)에 밤에 비가 내렸다. 안평부원군(安平府院君) 이서(李舒)가 희우시(喜雨詩)를 지어 올렸다.

경인일(庚寅日-9일)에 비가 내렸다. 정승 김사형, 이무가 대궐에 나아가 하례하고[稱賀] 약주를 들기를 청하니 상이 허락하고서 이에 의정부에 술을 내려주었다.
_{칭하}

○ 애초에 예문관 직제학(藝文館直提學) 정이오(鄭以吾)가 진양(晉陽-경상도 진주) 사람 문가학(文可學)[17]이 술법이 있어 능히 비를 내리게 할 수 있다[致雨]며 천거하니 상이 내관(內官)을 시켜 그를 불러 역마(驛馬)를 타고[乘馹] 오게 해 함께 이르렀다. 상이 말했다.
_{치우}
_{승일}

"듣건대 네가 능히 비를 내리게 할 수 있다고 하니 나를 위해 한 번 비가 오게 빌어보라."

이에 가학이 재계(齋戒)하고 지금부터 사흘 안에 반드시 비가 올 것이라고 기약했는데 기한이 돼도 비가 오지 않았다. 상이 사람을 시켜 가학에게 명했다.

"다시 치재(致齋)하는 것은 어떠냐?"

가학이 대궐에 나와서 말했다.

"역마를 타고 급히 오느라고 정성과 삼감[誠敬]이 부족했으니 다시 송림사(松林寺)에서 치재하게 해주시옵소서."
_{성경}

---

17 문익점의 조카로 훗날 역모에 연루돼 형장의 이슬로 사라진다.

이튿날 가학이 대궐에 와 말했다.

"오늘 해시(亥時)에 비로소 비가 내리기 시작해 내일은 큰비가 올 것입니다."

해시가 되자 과연 비가 내렸고 이튿날에도 비가 왔기 때문에 이에 가학에게 쌀과 옷을 내려주었다. 가학이 일찍이 광주(廣州)에 있을 때 봄에 가물어 목사(牧使)가 가학이 능히 비를 내리게 할 수 있다는 소문을 듣고 그에게 청했는데 가학이 사양하다가 굳이 청하므로 마침내 가서 과연 비를 오게 했고, 이렇게 한 것이 세 번이었다. 이 때문에 사람들이 크게 혹(惑)했다. 그 술법을 물으니 이렇게 말했다.

"내가 능히 할 수 있는 것이 아니라 왕공(王公)과 대신(大臣)들이 가뭄을 근심해 청하면 나는 이 뜻을 상제(上帝)께 전할 뿐이다."

또 말했다.

"내가 젊어서부터 늘 『신중경(神衆經)』[18]을 외어 그 도(道)를 얻었다. 무릇 평생에 원하고 바라는 것은 모두 내 술수 안에 있다."

그 모습이 보통 사람과 달라 마치 넋이 빠져 멍하니 뭔가에 홀린 사람 같았다.

신묘일(辛卯日-10일)에 사헌부에서 소를 올려 다시 김남수(金南秀)와 최긍(崔兢), 이흥(李興), 이양명(李陽明) 등의 죄를 청했으나 윤허

---

18 불교 중에서 밀교 계통의 경전이다. 복을 빌고 재앙을 막는 데 효험이 있다는 속설이 있었다.

하지 않았다.

임진일(壬辰日-11일)에 사헌부에서 여흥부원군(驪興府院君) 민제(閔
霽), 총제 윤곤(尹坤), 호군 이공효(李公孝)[19]를 탄핵했다. 일찍이 '천거
받은 사람이 적임자[其人]가 아니면 죄가 천거한 사람[擧主]에게 미
친다'는 영이 있기 때문이다.

○ 의정부에서 일본국 대장군(大將軍)에게 아래와 같은 글을 보
냈다. 글은 아래와 같다.

'지난해에 왕명(王命)을 받들어 비서감(祕書監) 박돈지(朴惇之)를
보내 화호(和好)를 청했더니 곧 집사(執事-상대방에 대한 경칭)께서
특별히 의병(義兵)을 일으켜 해구(海寇)를 모조리 잡아서 변경(邊境)
을 편안하게 했으니[載寧] 엄위(嚴威)와 용렬(勇烈)이 전에 없이 탁월
하고 위대하여 참으로 기쁘고 경사스러운 일입니다. 예조전서(禮曹典
書) 최운사(崔云嗣)를 보내서 성대한 뜻으로 사례하게 했는데 바닷가
에 이르러 바람에 막혀 불행하게도 운사 일행이 반은 물에 빠져 죽
고 가지고 가던 신물(信物)도 모두 물에 빠져 잃어버렸습니다. 이에
길이 막혀 다시 신사(信使)를 보내지 못함을 깊이 찜찜하게 여겼습
니다. 지금 다시 왕명을 받들어 조관(朝官)을 보내 사례(謝禮)의 성의
를 전하고 예전의 우호를 닦고자 하니 바라건대 집사께서는 더욱 교
린(交隣)의 신의를 두텁게 하고 다시 도적을 금지하는 의로움에 힘써
서 영원토록 추한 무리들을 제거하여 뒷근심이 없게 해주십시오. 사

---

19 정승 이무의 아들이다.

로잡혀 간 사람들 중에 귀하의 경내(境內)에서 돌아오지 못한 자를 두루 찾아내어[推刷] 모두 돌려보내 줌으로써 은혜를 베푸는 일을 이어가기를 바랍니다.'

○ 사평부 영사 하륜, 정승 김사형, 이무를 불러 신도(新都-한양)로 돌아갈 것에 대한 가부(可否)를 토의했다. 상이 바야흐로 다스림[治]에 뜻이 있어 늘 조회를 보는데[視朝] 하늘이 밝지 않아 여러 신하가 간혹 이에 이르지 못하는 자가 있었다. 이날 무일전(無逸殿)에 나아가 조회를 보고 돌아와 경연에 나아갔는데 편치 못한 기색이 있었다. 륜 등을 불러 이르니 박석명을 시켜 뜻을 전했다.

"도읍을 정하는 일을 하나로 정해 보고하도록 하라."

문무 각사(各司)에서 진언했는데 누구는 신도로 돌아가야 한다고 하고 누구는 구도(舊都-개경)에 있어야 된다고 하고 누구는 도읍을 무악(毋岳)으로 옮겨야 된다고 해 의견이 분분했다[紛紜]. 삼부(三府)에서 헤아려 토의해 아뢰었는데 구도에 있는 것이 좋고 신도로 돌아가는 것은 불편하다고 했다. 상이 신도는 태상왕께서 창건하신 땅이고 구도는 인심이 안정된 곳이라 뜻을 결단하지 못했다. 삼부에서 헤아려 토의한 것을 보고 마음이 불편해 가까운 신하들에게 물었다.

"(주나라) 성왕(成王)은 호경(鎬京)에 있고 종묘는 풍(豊)에 있었는가, 낙(洛)에 있었는가?"

아무도 대답하지 못했다. 또 김첨을 불러 물으니 역시 대답하지 못했다. 상이 말했다.

"주공(周公)이 낙읍(洛邑)을 완성하고서 문왕(文王)에게 붉은 소[騂牛] 하나로, 무왕(武王)에게 붉은 소 하나로 제사를 지냈다고 하

288

니 종묘(宗廟)는 반드시 낙(洛)에 있었을 것이다."

김과가 말했다.

"성왕이 호에 있으면서 큰일[大事]이 있으면 풍(豊)에 이르렀으니
대사
종묘는 분명 풍에 있었을 것입니다."

능히 결단하지 못했다. 상은 이렇게 생각했다.

'만일 성왕이 호에 있고 종묘가 낙읍에 있었으면 지금 내가 구도
에 있고 종묘가 신도에 있어도 역시 마땅할 것이다.'

하륜, 김사형, 이무, 조영무 등이 도읍을 정하는 일에 대하여 토의
했는데 해가 장차 반나절이 돼도 결정하지 못한 채 끝냈다.

○사헌부에서 소를 올려 다시 김남수와 최긍, 이양명, 이홍 등의
죄를 청했으나 윤허하지 않았다. 상이 말했다.

"김남수는 외방에 유배를 보내도 괜찮지만 낭사(郎舍)의 경우에는
어찌 나를 꾸짖었다 하여 죄줄 수 있겠는가?"

계사일(癸巳日-12일)에 각사(各司) 이전(吏典)의 천전법(遷轉法)[20]을
세웠다. 직무에 나아간 일수(日數)가 차서 마땅히 벼슬을 제수할 자
는 이조(吏曹)에서 서산(書算)[21]을 시험해 통과하는 자는 동반(東班-
문관)에 제수하고 통과하지 못하는 자는 서반(西班-무관)에 제수하
도록 했다.

---

20 근무 일수를 채운 관리를 타직(他職)으로 전임(轉任)시키는 법을 말한다.
21 서예와 산수를 가리킨다.

갑오일(甲午日-13일)에 왕사(王師) 자초(自超, 1327~1405년)[22]를 회암사(檜巖寺) 감주(監主)[23]로 삼고 조선(祖禪)을 주지(住持)로 삼았다. 태상왕의 뜻을 따른 것이다.

경자일(庚子日-19일)에 춘추관(春秋館)에 명해 전조(前朝)의 역대 관제의 연혁과 이원(吏員-관리 정원)의 많고 적음을 상고하게 했다.

신축일(辛丑日-20일)에 내서사인 이맹균(李孟畇)이 대자(大字)로 쓴 『채전상서(蔡傳尙書)』[24]를 바쳤는데 요전(堯典)과 순전(舜典)이 빠져 있어 상이 직예문관(直藝文館) 이담(李擔)에게 명해 그것을 보충하게 했다.

○ 사헌부 대사헌 이지(李至) 등을 면직했다. 좌사간 최긍, 우사간 송인, 우헌납 이양명, 좌정언 신개, 집의 윤창, 지평 이지(李漬)·김천(金闡)을 모두 파직시켰다. 지(至)와 지(漬)가 간관을 탄핵하기를 두세 번에 이르렀기 때문이다.

---

22 1392년 조선 개국(開國) 후 왕사(王師)가 되고 대조계종사 선교 도총섭 전불심인변지무애부종수교 홍리보제 도대선사 묘엄존자(大曹溪宗師禪敎都總攝傳佛心印辯智無碍扶宗樹敎弘利普濟都大禪師妙嚴尊者)의 호를 받고 다시 회암사에 있다가 그다음 해에 수도를 옮기려는 태조를 따라 계룡산(鷄龍山) 및 한양(漢陽)을 돌아다니며 지상(地相)을 보고 마침내 한양으로 정하는 데 찬성했다. 1397년(태조 6년) 왕명으로 그의 수탑(壽塔)이 회암사(檜巖寺) 북쪽에 세워지고 1402년(태종 2년) 회암사 감주(檜巖寺監主)가 됐으나 이듬해 사직하고 금강산 금장암(金藏菴)에 가 있다가 사망했다.

23 선종(禪宗)에서 사원의 사무를 도맡아 보는 사람이다.

24 채침(蔡沈)이 주석(註釋)한 『서전(書傳)』을 말한다. 채침은 남송(南宋)의 학자로 자(字)는 중묵(仲默)이고 주희(朱熹)에게 사사(師事)했다. 평생(平生)을 구봉(九峰)에서 은거했기 때문에 구봉선생(九峰先生)이라 불렸고 그 학파를 구봉학파(九峰學派)라 일컫는다.

○우정언 김섭(金涉)이 면직됐다. 애초에 대사헌 이지(李至)가, 이지직(李之直)과 전가식(田可植)이 올린 글이 실언(失言)이라 하여 죄주기를 청하고 또 감찰 오부(吳傅)의 고신(告身)에 대해 의견을 내기를 "마땅히 서경(署經)[25]해야 한다"고 했다. 집의 윤창(尹彰)이 이에 말했다.

"간관이 간언하다가 실언한 것이니 반드시 탄핵해야 할 필요는 없다. 오부는 그 본방(本房)에서 동료로 삼으려고 하지 않으니 서둘러 서경할 필요가 없다."

(그래서) 지(至)는 창(彰)이 자기를 탄핵할까 두려워 한꺼번에 안렴사가 모두 폄출(貶黜)됐는데도 혐의를 피하지[避嫌][26] 않았다 하여 탄핵했다. 섭(涉)이 장령 안등(安騰)과 상의하여 소를 올렸다.

'대사헌 이지가 금년 6월 초8일에 각 도의 안렴사가 새로 개간한 토지를 양전하지 않았다는 이유로 소를 올려 죄주기를 청해 모두 파직됐으나 충청도 안렴사였던 집의 윤창만은 일이 끝났기 때문에 홀로 청죄(請罪)의 예(例)에 들지 않았으므로 그 뒤 두어 달 동안 함께 벼슬에 나와 조금도 꺼리는 바가 없었습니다. 이에 이달 초2일에 지평 이지를 몰래 꾀어[陰誘] 창(彰)을 탄핵하게 했으나 지(漬)가 응하지 않았고 또 초9일에 지평 김천과 함께 "양전(量田)하고 문부(文簿)를 만드는 것이 늦었다"고 말을 만들어[爲辭] 창을 탄핵했고,

---

25 조선시대 관리의 임명이나 법령의 제정 등에 있어 대간(臺諫)의 서명을 거치는 제도다.

26 헌사(憲司)에서 논핵(論劾)하는 사건(事件)에 관련(關聯)이 있는 관원(官員)이 벼슬에 나가는 것을 피(避)하던 일로 사건(事件)에서 혐의(嫌疑)가 풀릴 때까지 벼슬길에 나가지 않는 것이 관례(慣例)였다.

또 이지(李漬)를 탄핵함에 있어 "공사(公事)를 내팽개쳤다"고 이유를 달고서는 곧장 신문(申聞)하지 않았습니다. 동료를 가볍게 탄핵한 것이 어린애 장난[兒戲]과 같아 풍기(風紀)를 맡은 관사의 수장에 어울리지 않습니다. 청컨대 그를 파직하여 그 삼가지 못함[不恪=不敬]을 징계하셔야 합니다. 이제부터 대간(臺諫)에 명령하시어 마땅히 직책을 다하는 데 힘쓰고 서로 가볍게 탄핵하지 말도록 해야 하고, 혹 탄핵할 만한 과실이 있으면 사실을 조사해[覈實] 신문해서 그 죄를 징계하셔야 합니다. 만일 혹시라도 전의 잘못을 그대로 답습하거든 마땅히 유사(攸司)로 하여금 법으로 엄히 다스리고[痛繩] 이를 영구히 항식(恒式)으로 삼아야 합니다. 또 무릇 수령(守令)이란 백성을 가까이하는 직책[近民之職]이어서 백성들의 평안과 근심[休戚]이 이에 달려 있으니 골라 뽑는 일[選擧]을 정밀하게 하지 않을 수 없고 그로 인한 죄가 거주(擧主)에게 미치는 법이 영전(令典-아름다운 법전)에 나타나 있습니다. 근래에 헌사에서 또 봉장(封章)을 올려 거주에게 죄주기를 청해 전하께서 이미 윤허하셨습니다. 직책이 헌사에 있는 자는 마땅히 폄출해야 할 실상을 조사해 보고하고서 파직시켜 민생을 편안케 하고, 다음에 거주를 논하여 뒷사람을 경계하는 것이 그 직무입니다. (그런데) 지평 김천은 다만 거주만 탄핵하고 수령의 죄는 논하지 않아 백성이 피해를 입는 것이 평소와 다름없사오니 청컨대 천(闡)을 파직해야 합니다. 또 각 도의 관찰사가 다만 전최(殿最)만을 상고하여 아뢰고 곧바로 폄출하지 않아 백성들의 폐해를 가져오니 출척(黜陟)의 뜻에 어그러짐이 있습니다. 바라건대 이제부터 각 도 관찰사에 명령하여 수령의 전최를 살펴

백성들에 임하기에 적당치 않은 자가 있거든 곧바로 파직하고, 죄건(罪件)을 써서 성상[宸聰]께 곧바로 아뢰고 다음에 한 건(件)은 헌사(憲司)에 보내 거주를 징계하게 하도록 하여 이를 영구히 항식으로 삼아야 합니다.'

상은 대간(臺諫)이 서로 탄핵하는 것을 미워해 섭(涉)을 파직하도록 명했다.

계묘일(癸卯日-22일)에 이저(李佇)를 의정부 찬성사로, 이빈(李彬)을 사평부 좌사로, 강회백(姜淮伯)을 승추부 참판사(參判承樞府事) 겸 경상도 도관찰출척사로, 이첨(李詹)을 예문관 대제학으로, 김희선(金希善)을 의정부 참지사 겸 서북면 도순문찰리사로, 임정(林整)을 승추부 참지사 겸 충청·전라·경상도 도체찰사로, 유창(劉敞)을 예문관 제학으로, 이래(李來)를 승추부 첨서사(簽書事)로, 여칭(呂稱)을 우군 동지총제 겸 강원도 도관찰출척사로, 장자충(張子忠)을 우군총제 겸 풍해도 도관찰출척사로, 이문화(李文和)를 의정부 참찬사로, 박신(朴信)을 사헌부 대사헌으로, 조용(趙庸)·권담(權湛)을 좌우 사간대부로, 장덕량(張德良)을 성균 대사성(成均大司成)으로 삼았다. 상이 단주(端州)와 청주(靑州)[27]의 인심과 사정[人物]이 다른 도들만 못해 근심하니 도관정랑(都官正郎)[28] 정복주(鄭復周, 1367~?)[29]가 이무(李茂)

---

27 둘 다 동북면 고을이다.
28 도관이란 고려시대 노비의 부적(簿籍)과 결송(決訟)을 담당하던 형부의 속사(屬司)다. 이 때까지 남아 있었다.
29 그 뒤 첨절제사·판사 등을 역임했다. 1406년 본처를 버리고 화산군(花山君) 장사길(張思

에게 말했다.

"내가 만일 한다면 며칠 안 돼 다른 도와 같아질 것이다."

무(茂)가 그의 말대로 아뢰니 상이 말했다.

"복주는 나의 동년(同年)[30]이다. 젊어서부터 안다."

박석명이 말했다.

"부지런하고 검소하여[勤儉] 부릴 만한 자입니다."
　　　　　　　　근검

상이 말했다.

"시험해보는 것은 괜찮겠다. 만일 직위가 높다면 찰리사(察理使)를 시키겠지만, 지금 직위가 낮으니 마땅히 중훈(中訓)[31]을 더해 경성군 지사(鏡城郡知事) 겸 병마방어지사(兼兵馬防禦知事)로 삼는다."

회백은 아비의 상(喪)을 마치지 못했기에 전(箋)을 올려 기복(起復)을 사양했으나, 윤허하지 않았다.

갑진일(甲辰日-23일)에 대사헌 박신과 좌사간 조용을 불러 각각 그 직무에 힘쓸 것을 명했다. 그리고 명하여 말했다.

"근래에 대간들이 대체(大體)는 돌보지 않고 소절(小節)에만 힘을 써 출근하는 날에 생각하기를 '무슨 일을 간언할 것인가? 어떤 사람을 탄핵할 것인가?' 하여 밤낮으로 생각하고 찾아내어 반드시 그

吉)의 기첩(妓妾)의 딸을 계실(繼室)로 맞아 사헌부로부터 "풍속을 문란하게 했으니 치죄해야 한다"는 논핵이 있었으나 태종과의 고려 말 이래의 친분으로 면죄됐다. 성격이 활달하고 언변에 능했으며, 학문과 법의 정통을 주장하고 이단을 배척함에 엄격했다.

30　같은 해에 문과에 급제한 사람을 가리킨다.

31　종3품 중훈대부를 말한다.

것을 행하려고 하니 임금과 신하 사이가 소원해지고 동료들이 꺼려 서로를 용납하지 못하고 있다. 내가 이전의 대간들과는 서로 사이가 좋지 못했다. 대개 대간이 된 자는 말할 만한 일을 말하고 논핵할 만한 일을 논핵해야 하니 너희들은 직책에 삼가고 조심하여 이전 사람들의 소절(小節)에만 얽매였던 일을 본받지 말라. 나의 이 말은 나의 과실을 말하지 말고 백료의 옳고 그름을 탄핵하지 말라고 하는 것이 아니라 다만 바르게 간언하고 공정하게 탄핵하기를 바라는 것뿐이다."

박신, 조용 등이 대답했다.

"신 등이 이미 명을 들었으니 어찌 감히 털 한 오라기의 사사로운 뜻이 있겠습니까!"

기유일(己酉日-28일)에 전 완산판관(完山判官) 허조(許稠, 1369~1439년)[32]를 이조정랑(吏曹正郎)으로 삼고 전 우정언(右正言) 김섭(金涉)을 호조좌랑(戶曹佐郎)으로 삼았다. 상이 좌대언 이승상(李升商)에게 물었다.

---

32 판도판서(版圖判書)를 지낸 허귀룡(許貴龍)의 아들로 권근(權近)에게 학문을 배웠다. 진사시와 생원시를 거쳐 1390년(공양왕 2년) 식년문과에 급제했다. 조선 개국 초 좌보궐(左補闕)·봉상시승(奉常寺丞) 등을 역임하고 1397년(태조 6년)에는 전적으로 재임하며 석전(釋奠)의 의식을 개정했다. 태종 초에는 직언으로 미움을 받았으나 곧 강직한 성품을 인정받아 이조정랑, 호군, 경승부소윤(敬承府少尹), 사섬시판사 등을 지냈다. 1411년(태종 11년) 예조참의로 학당의 설립에 힘썼으며 왕실의 의식과 일반 백성의 상제(喪祭)를 법제화했다. 세종 때에는 예조판서·이조판서 등을 지냈으며, 1422년(세종 4년) 『신속육전(新續六典)』의 편수에 참여했다. 1438년 우의정을 거쳐 이듬해 좌의정을 지냈다. 세종대의 명재상 중 한 명이다.

"정언 김섭은 어째서 속산(屬散)³³됐는가?"

대답했다.

"신도 알지 못합니다."

상이 말했다.

"섭은 장령 안등(安騰)과 사안이 같은데 혼자만 파직됐으니 심히 이치에 닿지 않는다[無理]."
<small>무리</small>

그리고 곧바로 호조좌랑을 제수했다. 이때 이조정랑 한 사람이 결원(缺員)이었는데 상이 전함(前銜)³⁴의 관안(官案)을 가져다가 허조의 이름을 보고서 말했다.

"내가 사람을 얻었다."

석명(錫命)에게 물었다.

"조(稠)가 어디 있는가? 이조정랑을 제수하면 어떠한가?"

석명도 따라서 그를 칭찬했고 이에 조에게 이조정랑을 제수했다.

○ (일본) 일기도(一岐島) 지주(知主)가 사자를 보내 예물을 바치고 잡혀갔던 사람을 돌려보냈다.

○ 명하여 강회백(姜淮伯)이 상제(喪制)를 마치도록 허락했다. 사헌부에서 소를 올려 말했다.

'3년상은 천하의 공통된 상이므로 천자로부터 서인에 이르기까지 감히 지나쳐도 안 되고 감히 못 미쳐서도 안 되는 것이니 이는 옛날 성인(聖人)께서 사람의 지극한 마음[至情]에 바탕을 두고 알맞게 제
<small>지정</small>

---

33 관직 없이 산직(散職)에 속해 있는 것을 말한다.
34 전직 관리 혹은 관직을 말한다.

도를 만들어서 천하 만세에 드리워 보여준 것입니다. 후세로 내려오면서 사공(事功)에 급하여 기복(起復)의 법이 비로소 시행됐는데 이것은 다만 '병란(兵亂-금혁)' 때의 변례(變例)이니 평상시에는 시행할 수 없는 것입니다. 무릇 사람이 태어난 지 3년이 된 연후에야 부모의 품에서 떨어지기 때문에[35] 3년의 슬픔이 있는 것은 하늘과도 같은 이치[天理]로서 인정이 지극한 것입니다. 비록 우부(愚夫), 우부(愚婦)일지라도 모두 마땅히 스스로 슬픔을 다해야 합니다. 그런데 하물며 사대부는 성인의 가르침[聖訓]을 익혔으니 슬픔을 마치려는 정리가 어찌 일반인과 같겠습니까? 지금 승추부 참판사 강회백(姜淮伯)은 바야흐로 우복(憂服) 중에 있는데, 전하께서 그가 뛰어나고 유능하다고 여기시어 경상도 관찰(觀察)의 임무를 주시어 탈정 기복(奪情起復)[36]하게 하셨습니다. 신 등이 생각건대 병혁(兵革)의 급하고 어려운 때가 아니면 성인(聖人)의 제도를 가볍게 고치는 것이 풍속을 두텁게 하는 것이 아닐 것입니다. 또 때가 중추(仲秋)를 맞이했으니 사전(祀典)에 실려 있는 경내(境內) 산천에 관찰사가 몸소 친히 제사지내야 할 터인데 지금 비록 기복(起復)의 명령이 있다 하더라도 어찌 공복(公服)으로 행할 수 있겠습니까? 만일 요좌(僚佐-부하직원)를 시켜 대행하게 한다면 전하께서 제사(祭祀)를 중하게 여기는 정성이 아닙니다. 이 직임에 적합한 자가 어찌 없겠습니까? 바라건대 전하께

---

35 『논어(論語)』 「양화(陽貨)」편에 나오는 말이다. 제자 재아가 1년상만 해도 되지 않느냐고 하자 공자가 3년상을 해야 하는 근거로 제시한 것이 이 말이다.

36 부모의 상중에 인정에 거슬러가며 벼슬에 복임시키는 것을 가리킨다.

서 회백으로 하여금 그 상제를 마치게 하고 다른 사람으로 대신하게 하소서. 이제부터 이후로는 나라에 급하고 어려운 일이 없으면 무릇 우복(憂服)을 당한 자는 대소(大小)의 임명[除拜]을 허락하지 마시어 옛 성인이 정한 제도를 잘 따르시고 한 나라의 아름다운 교화[美化]를 이루소서.'

상이 회백에게 상제를 마칠 것을 허락했다.

壬午朔 雨雹. 是日乃上王誕晨 上欲詣仁德宮行賀禮 上王辭以
<small>임오 삭 우박 시일 내 상왕 탄신 상 욕 예 인덕궁 행 하례 상왕 사 이</small>

病. 上王天性謙退 知上憂旱 不欲煩賀禮 故托疾以辭.
<small>병 상왕 천성 겸퇴 지 상 우한 불욕 번 하례 고 탁질 이사</small>

癸未 分遣大臣 祈雨宗廟社稷 名山大川及昭格殿也.
<small>계미 분견 대신 기우 종묘 사직 명산 대천 급 소격전 야</small>

命文武臣僚 各陳時政之弊. 釋京外二罪以下囚. 徙市 聚巫女
<small>명 문무 신료 각 진 시정 지폐 석 경외 이죄 이하 수 사시 취 무녀</small>

于司平府 瞽者于明通寺 僧徒于演福寺禱雨. 上曰: "今玆旱甚
<small>우 사평부 고자 우 명통사 승도 우 연복사 도우 상왈 금자 한심</small>

予謂必有言之者 待之有日矣 無一人言及旱者. 予乃先發 然後
<small>여 위 필 유언 지자 대지 유일 의 무 일인 언급 한자 여 내 선발 연후</small>

群臣汲汲於祈禱 何其晚哉! 昨日通事元閔生來自西北面 問其
<small>군신 급급 어 기도 하 기 만재 작일 통사 원민생 내 자 서북면 문기</small>

所歷 禾穀皆枯槁. 何不雨至此極也! 予所痛心也. 往者告禾穀之
<small>소력 화곡 개 고고 하 불우 지차 극야 여 소통심 야 왕자 고 화곡 지</small>

盛頗多 間有告以未盛者 予固不以浮言爲憂樂. 何曲直若是哉!
<small>성 파다 간 유고 이 미성 자 여 고 불이 부언 위 우락 하 곡직 약시 재</small>

書曰: '曰僭恒暘.' 若予於事大 固無僭越之念 國中豈有僭越之臣
<small>서왈 왈 참 항양 약 여 어 사대 고 무 참월 지념 국중 기 유 참월 지신</small>

不雨至此? 天固難忱."
<small>불우 지차 천 고 난침</small>

判承樞府事趙英茂對曰: "是則中國餘烈 非我所憂." 上曰:
<small>판 승추부 사 조영무 대왈 시즉 중국 여열 비아 소우 상왈</small>

"非也. 古人遇災 必責之於己 不歸之於人." 英茂黙然. 上謂河崙
<small>비야 고인 우재 필 책지 어기 불귀 지어 인 영무 묵연 상 위 하륜</small>

曰: "方今未便於民何事? 無乃行楮貨之致然歟?" 代言李膺
<small>왈 방금 미편 어민 하사 무내 행 저화 지 치연 여 대언 이응</small>

曰: "楮貨則百姓已便之矣." 崙曰: "殿下恐懼修省." 上曰: "更加
<small>왈 저화 즉 백성 이 편지 의 륜왈 전하 공구 수성 상왈 갱가</small>

修省 有何道歟?" 崙曰: "我國人愛奴婢如手足 今謂自辛巳年
<small>수성 유 하도 여 륜왈 아국인 애 노비 여 수족 금 위 자 신사년</small>

八月以前已經官決者 雖有誤決 毋得更呈 此冤抑之大者. 請

更命主掌官 依前法決之 人心稍安." 代言朴信曰:"決訟無限 則

終無已日." 崙曰:"此乃百姓所怨之言也." 上問崙曰:"今流星之

異何如?" 崙對曰:"此流星 天駟星也. 天駟 天子之馬也." 上曰:

"前日廐馬三匹死 疑其此應也." 上憂旱 自朔日日一御膳 流涕 命

罷供上田獵. 知申事朴錫命言:"以一國數百人奉殿下 不足爲弊."

不聽.

甲申 下禁酒令 闕內酒器 命皆藏之.

囚豐儲倉使金明允 監察田渰于巡衛府 翌日釋之. 豐儲倉使令

有罪 明允 渰以府兵不可擅刑 以米三石壓之 濱死. 判承樞府

事趙英茂以聞 上曰:"予已知之 恐群下以予爲聽讒 故不發而待

有告者 其慘刻甚矣." 乃有是命.

立考績黜陟之法. 議政府上疏曰:

'前朝置考功司 考內外員吏勤慢 以憑黜陟 及其衰季 廢弛

不行. 我太上王開國之初 立經陳紀 修舉廢墜 考功之任 使吏曹

正郎佐郎各一員兼掌. 然因循舊弊 奉行未至 以致京外職事陵夷.

敢錄條件 伏望舉行 永爲恒式.

一 吏曹議郎以下各一員兼考功 考其勤慢 承稟黜陟.

一 京中各司公座簿 無時考察 無緣故不仕者 圈其名下, 三

不仕以上 移關所司 囚其奴以懲之, 十不仕以上 附過, 二十以上

申聞罷職. 刑曹開城留後司以下聽訟各司 某房某年月 呈所志
幾人 今月望前未決幾道 望後未決幾道 每月晦日報于吏曹 每月
初一日 啓本申呈 每年歲末 申聞黜陟.

一 各道各官貢賦 監司守令趁節備辦上納 祿轉軍資 近道歲末
遠道明年 漕轉爲限畢納. 司平府考之 如有未納及未畢納者 見任
與遞任受職者 竝皆停職, 未受職者 本鄉安置. 其中尤甚者 職牒
收取 竄于外方, 監司失覺察者 停職 尤甚者 亦 竄于外.'

從之.

停上王殿義成 德泉庫供上. 上王使宦官言於上曰:"予有私庫
亦足用矣 兩倉供上 一皆除罷."上跪而聽之. 上王知上憂旱 禁酒
減膳 亦減供上. 時以保和庫屬仁德宮上供.

乙酉 議政府及百司上書 各陳時務. 藝文館上言:

'一法立一弊生 古今通患. 近來沿革太煩 弊隨以生 官吏昧於
奉行 庶民罔知所措. 願自今 遵守已成之法 毋數更改 鎭服人心
以安國脈. 我太上王每於行在 輒營宮室. 雖不用民力 其服役
者 獨非民乎? 且以至尊 久居于外 遂令殿下仁孝之心 不得伸於
朝夕 恐有戾於天心. 願殿下率百官詣行在 至誠請還. 設若不允
殿下亦從而草次 百官有司咸往 以俟命駕.'

慶尙道都觀察使李文和請辭 不允. 文和報政府曰:"六月初
二日雨後 迨今不雨 此道之旱尤甚 是必臣之罪也. 請啓聞 遞臣

職事." 政府以聞 上曰:"凡旱寡人之所召 非卿之罪也."
직사 정부이문 상왈 범한과인지소소 비경지죄 야

親覽各司陳言 召侍讀金科曰:"今天之不雨 是予否德在位
친람 각사 진언 소시독 김과 왈 금천지불우 시여부덕 재위

故也. 予欲辭位." 因涕泣 科亦涕泣. 上曰:"方今何事有未便?
고야 여욕사위 인체읍 과역체읍 상왈 방금하사유미편

無乃有無罪而就刑者乎?" 乃放外方侍衛軍 各還其家. 日中猶不
무내유무죄이취형자호 내방외방 시위군 각환기가 일중유불

御膳 因而不豫.
어선 인이 불예

丙戌 大風自東南來 塵埃漲天 屋瓦飛落 小雨卽晴.
병술 대풍자동남 래 진애 창천 옥와 비락 소우 즉청

丁亥 罷禱雨. 祈雨僧徒有燃臂者 有燒指者 不得雨 命罷之.
정해 파노우 기우승도유현비자 유소지자 부득 우 명 파지

戊子 密雲微雨.
무자 밀운 미우

下各司陳言于議政府 與司平府承樞府 議其可行者以聞.
하 각사 진언우 의정부 여 사평부 승추부 의기 가행자 이문

司憲府大司憲李至 持平金闐 劾執義尹彰 持平李濆. 初
사헌부 대사헌 이지 지평 김천 핵집의 윤창 지평 이지 초

議政府承命移文司憲府 使糾各道按廉使廢閣敎命 不曾打量
의정부 승명 이문 사헌부 사규 각도 안렴사 폐각 교명 부증 타량

新墾田者. 於是許周等皆坐罪. 彰曾爲忠淸道按廉 亦不奉行
신간전 자 어시 허주 등개 좌죄 창증위 충청도 안렴 역불 봉행

任然而仕. 至等謂彰爲已報而不劾 至是聞其不報 乃劾之. 濆則
임연 이사 지등위창위이보이불핵 지시문기불보 내핵지 지측

不劾彰而同仕 故幷劾之.
불핵 창이동사 고병 핵지

司諫院劾持平金闐. 以不劾尹彰於劾許周之時也.
사간원 핵 지평 김천 이불핵 윤창 어핵 허주 지시야

己丑 夜雨. 安平府院君李舒作喜雨詩以獻.
기축 야우 안평 부원군 이서 작 희우 시 이헌

庚寅 雨. 政丞金士衡 李茂詣闕稱賀 請進藥酒 上許之 仍賜酒
경인 우 정승 김사형 이무 예궐 칭하 청진 약주 상 허지 잉 사주

于議政府.
우 의정부

初 藝文館直提學鄭以吾薦晋陽人文可學有術能致雨 上使內官
초 예문관 직제학 정이오 천 진양인 문가학 유술 능치우 상사 내관

召之 乘馹偕之. 上曰:"聞汝能致雨 爲予一禱焉." 於是可學齋戒
소지 승일 해지 상왈 문여능치우 위여일도언 어시 가학 재계

302

自期三日必得雨 至期不雨. 上使人命可學曰: "更致齋若何?"
자기 삼일 필득우 지기 불우 상 사인 명 가학 왈 갱 치재 약하

可學詣闕曰: "乘馹急來 誠敬未足 請更致齋於松林寺." 翼日
가학 예궐 왈 승일 급래 성경 미족 청 갱 치재 어 송림사 익일

可學詣闕曰: "今日亥時始雨 明日大雨." 至亥時果雨 翼日又雨
가학 예궐 왈 금일 해시 시우 명일 대우 지 해시 과우 익일 우우

故乃賜可學米及衣. 可學嘗在廣州 春旱 牧使聞可學能致雨請之
고 내사 가학 미급의 가학 상재 광주 춘한 목사 문 가학 능치우 청지

可學辭 强之乃往 果能致雨 如是者三. 是以人多惑焉. 問其術則
가학 사 강지 내왕 과능치우 여시 자삼 시이 인다혹언 문 기술 즉

曰: "非予之所能爲也. 王公大臣憂旱請之 我以是意達于上帝耳."
왈 비여지 소능위 야 왕공 대신 우한 청지 아 이시의 달우 상제 이

又曰: "我自少常誦神衆經 得其道矣. 凡平生所可願欲 皆在吾術
우 왈 아 자소 상송 신중경 득 기도 의 범 평생 소가 원욕 개재 오술

中." 其容殊常 若遺忘怳惚者然.
중 기용 수상 약 유망 황홀 자연

辛卯 司憲府上疏復請金南秀及崔兢 李興 李陽明等罪 不允.
신묘 사헌부 상소 부청 김남수 급 최긍 이흥 이양명 등죄 불윤

壬辰 司憲府劾驪興府院君閔霽 摠制尹坤 護軍李公孝. 以嘗有
임진 사헌부 핵 여흥 부원군 민제 총제 윤곤 호군 이공효 이 상유

舉非其人 罪及舉主之令故也.
거 비 기인 죄급 거주 지령 고야

議政府致書日本國大將軍書曰:
의정부 치서 일본국 대장군 서왈

'往年 奉承王命 遣秘書監朴惇之 請修和好 卽蒙尊執事特興
왕년 봉승 왕명 견 비서감 박돈지 청수 화호 즉몽 존 집사 특흥

義兵 勦捕海寇 使邊境載寧 嚴威勇烈 卓偉無前 良用欣慶. 爲遣
의병 초포 해구 사 변경 재녕 엄위 용렬 탁위 무전 양용 흔경 위견

禮曹典書崔云嗣 往謝盛意 行至海上 不幸阻風 云嗣一行 半爲
예조 전서 최운사 왕사 성의 행지 해상 불행 조풍 운사 일행 반위

渰死 齎去信物 盡爲沒失. 乃緣路梗 未克更遣信使 深以爲嫌. 今
엄사 재거 신물 진위 몰실 내연 노경 미극 갱견 신사 심이 위혐 금

又敬奉王命 差朝官以達謝忱 用修舊好 惟尊執事益惇交隣之信
우 경봉 왕명 차 조관 이달 사침 용수 구호 유존 집사 익돈 교린 지신

更礪禁賊之義 永除群醜 俾無後虞. 俘虜人口 在貴境未還者 遍
갱려 금적 지의 영제 군추 비무 후우 부로 인구 재 귀경 미환 자 편

行推刷 盡數發還 以永修惠.'
행 추쇄 진수 발환 이영 수혜

召領司平府事河崙 政丞金士衡 李茂 議還新都可否. 上方有志
소 영 사평부 사 하륜 정승 김사형 이무 의환 신도 가부 상방 유지

於治 每視朝天未明 群臣或有未及者. 是日 御無逸殿視朝 還御
어치 매 시조 천 미명 군신 혹 유 미급 자 시일 어 무일전 시조 환어

經筵 有不豫色然. 召崙等至 使朴錫命傳旨曰: "定都之事 一定
경연 유 불예 색연 소 륜 등 지 사 박석명 전지 왈 정도 지사 일정

以聞." 文武各司陳言 或言當還新都 或言當在舊都 或言移都
이문 문무 각사 진언 혹언 당환 신도 혹언 당재 구도 혹언 이도

毋岳 議論紛紜. 三府擬議以聞 以在舊都爲可 還新都爲不便. 上
무악 의논 분운 삼부 의의 이문 이재 구도 위가 환 신도 위 불편 상

以新都 太上王創建之地 舊都人心所安 意未決 見三府之議 心
이 신도 태상왕 창건 지지 구도 인심 소안 의 미결 견 삼부 지의 심

不便 問近臣曰: "成王在鎬 宗廟在豐乎 在洛乎?" 皆不能對.
불편 문 근신 왈 성왕 재호 종묘 재풍 호 재낙 호 개 불능 대

又召金瞻問之 亦不能對. 上曰: "周公成洛邑 而祭文王騂牛一
우 소 김첨 문지 역 불능 대 상왈 주공 성 낙읍 이제 문왕 성우 일

武王騂牛一 則宗廟必在洛矣." 金科曰: "成王居鎬 有大事則至豐
무왕 성우 일 즉 종묘 필재 낙 의 김과 왈 성왕 거호 유 대사 즉 지풍

宗廟必在豐矣." 未能決之. 上意以爲: "若成王居鎬 宗廟在洛邑
종묘 필재 풍 의 미능 결지 상 의 이위 약 성왕 거호 종묘 재 낙읍

則今予在舊都 而宗廟在新都亦宜." 河崙 金士衡 李茂 趙英茂等
즉 금 여재 구도 이 종묘 재 신도 역의 하륜 김사형 이무 조영무 등

議定都事 日將半 未定而罷.
의 정도 사 일장 반 미정 이파

司憲府上疏復請金南秀及崔兢 李陽明李興等罪 不允. 上曰:
사헌부 상소 부청 김남수 급 최긍 이양명 이흥 등 죄 불윤 상왈

"金南秀流于外方可矣 郞舍則豈可以責予而罪之哉!"
김남수 유우 외방 가의 낭사 즉 기 가이 책여 이 죄지 재

癸巳 立各司吏典遷轉之法. 仕日數滿 當除官者 吏曹試其書算
계사 입 각사 이전 천전 지법 사일 수만 당 제관 자 이조 시기 서산

通者除東班 否者西班.
통자 제 동반 부자 서반

甲午 以王師自超爲檜巖寺監主 以祖禪爲住持. 從太上王之志
갑오 이 왕사 자초 위 회암사 감주 이 조선 위 주지 종 태상왕 지지

也.
야

庚子 命春秋館 考前朝歷代官制沿革 吏員多少.
경자 명 춘추관 고 전조 역대 관제 연혁 이원 다소

辛丑 內書舍人李孟畇 進大字蔡傳尙書. 書闕堯舜典 上命直
신축 내서사인 이맹균 진 대자 채전 상서 서궐 요순 전 상명 직

藝文館李擔補之.
예문관 이담 보지

司憲府大司憲李至等免. 左司諫崔兢 右司諫宋因 右獻納

李陽明 左正言申槩 執義尹彰 持平李漬 金闌俱罷 至與漬 彈劾

諫官至再至三故也.

右正言金涉免. 初 大司憲李至 以李之直 田可植上書失言請罪

及議監察吳傅告身曰:"當署." 執義尹彰乃曰:"諫官因諫失言

不必劾也. 吳傅則其本房不欲同僚 不可遽署." 至恐彰劾己 託言

一時按廉皆貶 而不避嫌 劾之. 涉與掌令安騰議 上疏曰:

'大司憲李至於今年六月初八日 以各道按廉不量新田之故

上疏請罪 俱罷其職 而忠淸道按廉執義尹彰 獨以事畢 不在請罪

之例 厥後同仕數月 略無忌憚. 乃於今月初二日 陰誘持平李漬

令劾彰 漬不應 又於初九日 與持平金闌 劾彰以量田成籍之緩

爲辭 又劾李漬以公事廢閣爲辭 而不卽申聞. 其輕劾同僚 有同

兒戲 不合首於風紀之司. 請罷其職 以懲不恪. 自今命令臺諫 當

以盡職爲務 而毋相輕劾 或有當劾之過 覈實申聞 以懲其罪. 苟

或猶蹈前失 宜令攸司 痛繩以法 永爲恒式. 且夫守令 近民之

職 民之休戚係焉 選擧之不可不精 與夫罪及擧主之法 著於令典.

近者 憲司亦上封章 請罪擧主 而殿下已允之矣. 職在憲司者 卽

當考其貶狀 啓聞罷職 以便民生 次論擧主 以誠其後 職也. 持平

金闌 但劾擧主 而不論守令之罪 民之受害 無異平日 請罷闌職.

且各道觀察使但考殿最以聞 不卽貶黜 以致民弊 有乖黜陟之

意. 願自今 命令各道觀察使 察其守令殿最 其有不當臨民者 卽

罷其職 俾書罪件 馳聞宸聰 次將一件 送于憲司 以懲擧主 永爲

恒式.'

上惡臺諫相劾 命罷涉職.

癸卯 以李佇爲議政府贊成事 李彬司平府左使 姜淮伯參判

承樞府事 慶尙道都觀察黜陟使 李詹藝文館大提學 金希善

參知議政府事 西北面都巡問察理使 林整參知承樞府事 忠淸

全羅慶尙道都體察使 劉敞藝文館提學 李來簽書承樞府事 呂稱

右軍同知摠制 江原道都觀察黜陟使 張子忠右軍摠制 豐海道

都觀察黜陟使 李文和參贊議政府事 朴信司憲府大司憲 趙庸

權湛左右司諫大夫 張德良 成均大司成. 上以端靑州人物 不如

他道爲憂. 都官正郎鄭復周言於李茂曰: "予若爲之則不日如

他道矣." 茂以啓 上曰: "復周 予之同年也. 自少知之." 朴錫命曰:

"勤儉可使者也." 上曰: "試可乃已. 若職高則可爲察理使 今職卑

宜加中訓 知鏡城郡事兼知兵馬防禦事." 淮伯 以未終父喪 上箋

辭起復 不允.

甲辰 召大司憲朴信 左司諫趙庸 命各虔其職. 命之曰: "近來

臺諫不顧大體 小節是務 上官之日 以爲何事可諫 何人可劾

日夜思索 必欲行之 君臣斯疎 而同寮有忌 至若不相容. 予與前

等臺諫不能相善矣. 大抵爲臺諫者 可言之事言之 可劾之事劾之

爾等恪謹乃職 毋效前等區區於小節之爲. 予之此言 非欲不言予
<small>이등 각근 내직 무효 전등 구구 어 소절 지위 여지차언 비욕 불언 여</small>

之過失 不劾庶僚之是非也. 但期其諫必以正 劾必以公耳."
<small>지 과실 불핵 서료 지시비 야 단기 기간 필이정 핵필이공 이</small>

朴信 趙庸等對曰: "臣等旣聞命矣 安敢有一毫私意!"
<small>박신 조용 등 대왈 신등 기문 명의 안감 유 일호 사의</small>

己酉 以前完山判官許稠爲吏曹正郞 前右正言金涉爲戶曹
<small>기유 이전 완산 판관 허조 위 이조 정랑 전 우정언 김섭 위 호조</small>

佐郞. 上問左代言李升商曰: "正言金涉 何爲屬散乎?" 對曰:
<small>좌랑 상문 좌대언 이승상 왈 정언 김섭 하위 속산 호 대왈</small>

"臣亦未知也." 上曰: "涉與掌令安騰 事同而獨罷職 甚無理也."
<small>신 역 미지 야 상왈 섭여 장령 안등 사동이독 파직 심 무리 야</small>

卽除戶曹佐郞. 時 吏曹正郞闕一員 上將前銜官案 見許稠名曰:
<small>즉제 호조 좌랑 시 이조 정랑 궐 일원 상장 전함 관안 견 허조 명왈</small>

"予得人矣" 問錫命曰: "稠安在? 欲除吏曹正郞 何如?" 錫命從
<small>여 득인 의 문 석명 왈 조 안재 욕제 이조 정랑 하여 석명 종</small>

而譽之 乃除稠吏曹正郞.
<small>이 예지 내제 조 이조 정랑</small>

一岐島知主 使人獻禮物 發還俘虜.
<small>일기도 지주 사인 헌 예물 발환 부로</small>

命許姜淮伯終制. 司憲府上疏曰:
<small>명 허 강회백 종제 사헌부 상소 왈</small>

'三年之喪 天下之通喪 自天子達于庶人 不敢過不敢不及①
<small>삼년 지상 천하 지 통상 자 천자 달 우 서인 불감 과 불감 불급</small>

此古昔聖人因人至情 定爲中制 垂示天下萬世. 降及後世 迫於
<small>차 고석 성인 인인 지정 정위 중제 수시 천하 만세 강급 후세 박어</small>

事功 起復之法始行 此特金革變例 不可行於平常之時也. 夫子生
<small>사공 기복 지법 시행 차특 금혁 변례 불가 행어 평상 지시 야 부자 생</small>

三年 然後免於父母之懷 故人之有三年之哀 乃天理人情之至 雖
<small>삼년 연후 면어 부모 지회 고인 지유 삼년 지애 내 천리 인정 지지 수</small>

愚夫愚婦 皆當自盡. 而況士大夫習於聖訓 其終哀之情 豈啻萬萬
<small>우부 우부 개당 자진 이황 사대부 습어 성훈 기 종애 지정 기시 만만</small>

哉! 今參判承樞府事姜淮伯 方在憂服之中 殿下念其賢能 授以
<small>재 금 참판 승추부 사 강회백 방재 우복 지중 전하 염기 현능 수이</small>

慶尙道觀察之任 而使之奪情起復. 臣等以謂非金革急難之際 而
<small>경상도 관찰 지임 이 사지 탈정 기복 신등 이위 비 금혁 급난 지제 이</small>

輕改聖人之制 非所以厚風俗也. 又時當仲秋 祀典所載境內山川
<small>경개 성인 지제 비 소이 후 풍속 야 우시 당 중추 사전 소재 경내 산천</small>

觀察使身親祀之. 今雖有起復之命 豈可以公服行之! 若以僚佐
<small>관찰사 신친 사지 금수유 기복 지명 기 가이 공복 행지 약이 요좌</small>

攝之 則非殿下重祀事之誠也. 膺是任者 豈乏其人哉? 願殿下
섭지　즉비　전하　중사사　지성야　응시임자　기핍기인재　원전하

令淮伯得終其制 代以他人. 自今以後 國無急難 凡丁憂者 勿許
영회백득종기제　대이타인　자금이후　국무급난　범정우자　물허

大小除拜 以遵先聖之定制 以成一國之美化.
대소제배　이준선성지정제　이성일국지미화

上許淮伯終喪制.
상허회백종상제

| 원문 읽기를 위한 도움말 |

① 不敢過不敢不及. 이는 중복을 통한 강조의 표현법이다. 그냥 不敢過
　불감　과　불감　불급　　　　　　　　　　　　　　　　　　　　　　불감　과
不及이라고 해도 무방하다. 그러나 過와 不及을 나누면서 동시에 각각
불급　　　　　　　　　　　　　　　　　과　　불급
을 강조해줌으로써 강조의 효과를 높인다.

태종 2년 임오년
8월

八月

임자일(壬子日-1일) 초하루에 사은사(謝恩使) 박돈지(朴惇之)가 길이 막혀[路梗] 경사(京師)에 조회하지 못하고 돌아왔는데 황제(皇帝)[1]의 조서(詔書)를 베껴 왔다. 봉천승운황제(奉天承運皇帝)[2]는 다음과 같이 조(詔)[3]했다.

'짐(朕)이 삼가 황조(皇祖)[4]의 보명(寶命)을 받들고 상하(上下)의 신기(神祇)[5]를 이어 받들었는데 연(燕)나라 사람들이 무도하게 마음대로 군대[干戈]를 움직여 만백성[萬姓]을 포악하게 해치므로 여러 차례 대병(大兵)을 일으켜 토벌했다. 근래에 여러 장수가 군율(軍律)을 잃어 도적의 군대[寇兵]가 회수(淮水)를 침범해 강을 건너 대궐을 범하고자 하므로 이미 대장군에게 명하여[勅] 군사를 거느리고 막아

---

1 이는 혜제(惠帝)를 가리킨다. 이름은 주윤문(朱允炆)이다. 태조 주원장의 손자이고 황태자 주표(朱標)의 아들이다. 홍무(洪武) 25년(1392년) 아버지가 죽자 황태손이 되었다. 31년(1398년) 태조가 죽은 뒤 즉위했다. 다음 해 건문(建文)으로 연호를 고쳤다. 제태(齊泰)와 황자징(黃子澄)의 계책을 받아들여 삭번(削藩)을 실시했다. 원년(1399년) 숙부 연왕(燕王) 주체(朱棣)가 병사를 일으켰는데 '정난(靖難)'을 명분으로 내세웠다. 4년(1402년) 연왕이 장강(長江)을 건너 경사(京師)를 격파했다. 궁중에 있다가 몸에 불을 질러 자살했다. 원래 시호가 없었는데, 청나라 건륭(乾隆) 때 공민혜황제(恭閔惠皇帝)라 추시했다.

2 봉천승운(奉天承運)은 명나라를 세운 주원장이 하늘을 받들어 명을 이어받았다는 뜻으로 조서 앞에 반드시 쓰도록 했다. 이는 청나라 황제 때까지 이어졌다.

3 황제의 명이나 영을 조(詔) 혹은 제(制)라고 한다.

4 주원장을 가리킨다.

5 천신지기(天神地祇)의 준말로 신령스러움을 뜻한다.

서 소탕해 없애도록 힘쓰고 있다. 너희들 사방의 도사(都司), 포정사(布政司),[6] 안찰사(按察使)와 여러 부위(府衛)[7]의 문무 신하들은 나라에 위급한 일이 있음을 들었을 터이니 각각 충용(忠勇)을 분발하기를 생각하고 의사(義士)와 장용(壯勇)한 사람을 모집해 거느리고 대궐에 다다라 근왕(勤王)하여 도적의 난을 평정하고 큰 공을 이루어 종사(宗社)를 붙들어 유지하라. 아, 슬프도다! 짐이 황제답지 못해[不德] 도둑을 불러들인 것은 진실로 말할 것이 없거니와, 내 신자(臣子)들이 짐을 버리고 돌보지 않겠는가? 각각 마음을 다하여 난을 평정하면 봉상(封賞)의 법전(法典)에 의해 공로를 논해 행함에 있어 짐은 결코 인색하지 않을 것이다. 그래서 이에 조서로 일깨우는[詔諭] 바이니 지극한 마음을 각자 체인(體認)토록 하라.'

○ 군정(軍丁)의 장적(帳籍)을 만드는 법을 정했다. 승추부(承樞府)에서 아뢰었다.

"지금 중국에 병란이 일어나 염려하지 않을 수 없습니다. 마땅히 국내 인민(人民)의 수를 알아서 갑수(甲首)와 조호(助戶)[8]를 실(實)한 사람으로 골라 임무를 주어 일을 맡기는 것[差定]이 오늘의 급선무입니다. 무릇 중외(中外)의 인민에게 모두 호패(號牌)를 주고 그에 바탕을 두고서 명수를 기록하여 장적(帳籍)을 만드는 것이 어떻겠습

---

6 중국 명(明)나라 홍무(洪武) 9년(1376년)에 제정한 지방관 제도의 하나다. 본래의 행중서성(行中書省)을 고쳐서 12개의 포정사(布政司)를 설치했는데 홍무 25년(1392년)에 운남(雲南)에 포정사를 설치함에 따라 모두 13개의 포정사가 있었다.

7 군사기구이다.

8 병역에 복무하는 사람의 뒷바라지를 하는 집을 가리킨다.

니까? 경작(耕作)하는 것의 많고 적음을 감안해 장적을 만드는 것은 어떻겠습니까?"

삼부(三府)에 명해 회의를 갖도록 하고 각사(各司)에 가부(可否)를 물으니 의견과 논의가 어지러워 결국 경작의 많고 적음을 감안해 장적을 만드는 일이 좋다고 여겨 그것을 이행할 것을 아뢰었다.

계축일(癸丑日-2일)에 중군총제 유용생(柳龍生, ?~1434년)[9]을 경사(京師)에 보냈는데 성절(聖節)을 하례하기 위함이었다.

○ 의정부에서 사람마다 호패(號牌)[10]를 주고 그것을 바탕으로 호구

---

9 아버지는 문하찬성사 연(淵)이다. 공민왕 때 궁중에서 자랐으며 20세에 벼슬길에 올라 창왕 때에 문하부 밀직사(門下府密直使)가 됐다. 1390년(공양왕 2년)에는 자혜부 판사(慈惠府判使)로, 이듬해에는 동북면 도절제사가 됐다. 1392년 동북면 도절제사 겸 화령부윤(和寧府尹)으로 있을 때 왜구를 포획하는 데 공이 컸다. 1401년(태종 1년) 중군총제가 됐고 이때 성절사(聖節使)로 명나라에 다녀왔다. 1404년 경상도 도절제사 및 경상도 병마절제사로 있을 때도 왜구 퇴치에 큰 공을 세웠다. 1407년 공조판서 및 의정부 참찬사가 됐으며 이듬해 성절사로 다시 명나라에 다녀왔다. 1409년 호조판서 중군도총제 등을 역임하고 형조판서가 됐다. 당시 민무구(閔無咎)·무질(無疾) 형제의 사건 관련자를 국문할 때 형관으로서 엄하게 하지 않았다는 문책을 당해 파직되어 외방(外方)으로 유배 갔다. 이듬해 과전(科田)은 환급받았다. 성품이 너그러우면서 강직했으며, 문관으로 무관도 겸하면서 특히 왜구 퇴치에 큰 공을 세웠다.

10 오늘날의 주민등록증과 같은 것으로 호구 파악, 유민 방지, 역(役)의 조달, 신분 질서의 확립, 향촌의 안정 유지 등을 통한 중앙집권을 강화하기 위해 실시되었다. 그 유래는 고려 말 1391년(공양왕 3년) 도평의사사(都評議使司)의 계청에 따라 군정(軍丁)에게 이를 패용하게 한 데서 시작됐다. 이는 원나라의 제도를 참작한 것이었다. 조선시대에 들어와 1398년(태조 7년) 이래 이의 실시에 대한 논의가 꾸준히 제기됐다. 그러다가 1413년(태종 13년) 9월 전 인녕부윤(前仁寧府尹) 황사후(黃士厚)의 건의를 받아들여 먼저 호패사목(號牌事目)을 작성하고 이에 따라 실시했다. 호패제는 그 뒤 지속적으로 실시되지 못하고 여러 차례 중단됐다. 호패 폐지론자들은 위조패(僞造牌), 무패(無牌), 불개패(不改牌), 불각패(不刻牌), 실패(失牌), 환패(換牌) 등 호패법을 위반하는 자에 대한 치죄(治罪)로 형옥(刑獄)이 번거롭고 이에 따라 민심이 소란한 점 등을 들어 국가에 무익하다는 입장을 제시했다. 반면 호패 실시론자들은 도적 및 백성의 유리(流離)를 방지할 수 있고 모든 백성의

(戶口)의 장적을 만들기를 청하니 윤허했다. 그 법은 하나같이 무인년(戊寅年-1398년)의 수교(受敎)에 입각해 시행했다.

○ 상이 회암사에 가서 태상왕을 조알했다. 애초에 태상왕이 왕사(王師) 자초(自超)의 계(戒)를 받아 육선(肉膳-고기 반찬)을 들지 않으니 날로 점점 파리하고 야위어졌다. 상이 이 말을 듣고 환관을 시켜 자초에게 말했다.

"내가 태상전에 나아가 헌수(獻壽)하고자 하는데 만일 태상왕께서 육선을 드시지 않는다면 내 장차 왕사에게 그 허물을 돌릴 것이다."

초(超)가 근심하고 두려워하여 회암사를 사양하고 작은 암자에 나가 있다가 상이 이른다는 말을 듣고 회암사 주지 조선(祖禪)과 함께 태상왕께 고하여 말했다.

"상께서 육선을 드시지 아니하여 안색이 파리하고 야위어지십니다. 우리들이야 오직 상위(上位)께서 부처를 좋아하시는 은혜를 입어 미천한 생을 편안히 지내는데, 지금 상의 안색이 파리하고 야위신 것을 보니 우리들의 이런 생이 오래가지 못할 것이라는 것을 알겠습니다."

태상왕이 말했다.

"국왕이 나처럼 부처를 숭상한다면 내 마땅히 고기를 먹을 것이다."

상이 들어가 술잔을 올리니 태상왕이 그것을 허락하고 얼굴빛이

신분과 직임을 밝힐 수 있으며 호구를 장악해 군정을 확보할 수 있어 국가에 유익하므로 다시 복구해야 한다고 주장했다.

편안하고 온화해졌다. 상이 기뻐하여 삼현(三絃-3줄 현악기)을 들여와 연주하도록 명하고 소선(素膳)¹¹을 올렸는데 태상의 뜻을 거스를까 두려워함이었다. 태상왕이 조용히 상에게 말했다.

"왕사가 그러는데 '술을 마시고 고기를 먹으면 다음 생에 반드시 머리 없는 벌레[無首蟲]가 된다'고 해서 내가 고기를 먹지 않는 것이다."

무수 충

상이 말 4필을 태상전에 바쳤다.

을묘일(乙卯日-4일)에 태상왕이 다시 육선을 들었다. 상이 태상왕에게 헌수하고 육선을 올리고자 나아가 앞에 엎드려 말했다.

"신(臣)이 옛 사람들의 글을 보고 (경연에서의) 강관(講官)의 말을 들어보면 '70세에 고기가 아니면 배부르지 않다'고 했습니다. (그런데) 지금 부왕께서 왕사의 말을 들으시고 육선을 끊으시어 안색이 평소와 같지 않으시니 신이 어찌 슬프지 않겠습니까?"

그러고는 눈물을 흘리니 태상왕이 말했다.

"내가 왕사에게 말하기를 '내가 사(師)를 좇은 지가 이미 7년이 되었소. 어째서 한마디 말로 나를 일깨워주는 바가 없는가?'라고 하니 사(師)가 말하기를 '왕께서 지금부터 술과 고기를 끊으소서'라고 했다. 내가 이를 행하고 싶지만 술은 병(病)이라 끊을 수 없고 다만 고기만 먹지 않는 것이다. 네가 만일 불법(佛法)을 높여 신앙한다면 비록 밀기(密記)에 오르지 않은 사사(寺社)라 할지라도 그 토전(土田)

---

11 생선이나 고기를 쓰지 않는 간소한 반찬을 가리키는 궁중 용어다.

을 모두 돌려주고 또 승려의 도첩(度牒)을 추문(推問)하지 말고 부녀자들이 절에 올라오는 것을 금하지 말며 나아가 부처를 만들고 탑을 세워 내 뜻을 이어라. 그러면 내가 비록 파계(破戒)하고 청(請)을 좇는다 하더라도 거의 사(師)의 가르침에 부끄러움이 없을 것이다. 대개 불법은 전조(前朝)의 성시(盛時)에도 오히려 폐하지 아니하고 오늘에 이르렀으니 마땅히 소사(所司)로 하여금 헐지 말게 하라."

상이 머리를 조아리며 말했다.

"신이 죽는 것도 감히 사양할 수 없는데 하물며 이런 일이겠습니까!"

곧바로 지신사 박석명에게 명해 의정부에 이 뜻을 전하게 하면서 한결같이 태상왕의 가르침대로 하게 했다. 태상왕이 말했다.

"국왕의 정성이 이와 같고, 대소 신료들 또한 모두 간청하는데 내 감히 좇지 않으리오!"

곧 육선(肉膳)을 들자 상이 일어나 사례했다. 정승 이무가 대간들을 거느리고 감사의 절을 올렸다. 태상왕이 사람을 시켜 무(茂)에게 말했다.

"국왕이 사사(寺社)의 전지를 돌려주라고 했으니 내가 기쁘다. 일은 이미 정해진 것이니 경 등은 다시는 이를 폐지해서는 안 된다."

태상왕이 의안대군(義安大君) 이화(李和), 창녕부원군(昌寧府院君) 성석린(成石璘), 의정부 영사(議政府領事)로 벼슬에서 물러난 이서(李舒)를 불러 술시중을 들게 했다. 상이 기뻐서 성악(盛樂-다 갖춘 음악)을 연주하도록 명하고 일어나서 춤을 추며 장수를 기원했다. 태상왕이 술이 취하자 명하여 피리와 요고(腰鼓-허리춤에 차는 북)를 그치게 하고 기생을 시켜 삼현(三絃)을 가지고 앞에서 연주하게 했다.

석린 등에게 명해 연구(聯句)를 지어 부르게 하고 이에 화답하며 극진히 즐기니 석린 등이 번갈아 일어나 춤을 추었다. 태상왕이 박석명을 앞으로 나오게 하고서 말했다.

"사사의 전지를 돌려주도록 한 일들을 이미 해당 부서에 내렸느냐?"

석명이 대답했다.

"이미 내렸습니다."

태상왕이 말했다.

"이미 내린 초문(草文-초안)을 보고 싶구나."

석명이 곧바로 올리니 태상왕이 보고 나서 내수(內竪-내시)에게 주어 간직하게 하고 일어나서 읍(揖)하여 사례하고 들어갔다. 상이 매우 기뻐하여 좌우를 돌아보며 말했다.

"오늘의 일은 참으로 즐겁도다. 내가 친히 이 당(堂)에서 풍악을 연주하겠다."

악차(幄次)로 돌아오는데 대가(大駕) 앞에서 피리를 불도록 명했는데 밤은 이미 깊었다. 총제 이숙번에게 명하여 활을 잘 쏘는[善射]선사 군사들을 뽑아 새를 사냥하여 태상전에 바치니 태상왕이 말했다.

"왕은 빨리 서울로 돌아가는 게 좋겠소."

상이 하직했다. 박석명에게 명하여 말했다.

"비록 밀기(密記)에 오르지 않은 사사(寺社)라 하더라도 그 전지를 모두 원래대로 돌려주고 패망한 사사의 전지는 성중(成衆)[12] 작법처

---

12 원나라 간섭기에 몽골의 영향을 받아 성중관이라는 고려 특유의 직명과 직임이 같은

(作法處)에 이속(移屬)시켰다가 다시 창건하기를 기다려서 되돌려 주
도록 하고 금후로는 삭발하는 자가 있으면 그 소원대로 하도록 허락
하여 도첩(度牒)에 구애하지 말 것이며 부녀(婦女)가 부모를 추모하기
위해 100일 안에 절에 오르는 것을 금하지 말라. 전조(前朝-고려)의
성시(盛時)에도 불법을 폐기하지 아니하여 지금에 이르렀으니 이제부
터는 비록 소사(所司)라 하더라도 비방하지 말고 헐뜯지 말라."

이때에 가을걷이를 다 마치지 못해 곡식들이 들에 가득했다. 상은
이를 짓밟아 손실될까 두려워하여 매와 개를 금하고, 5~6명에게 명
하여 순찰하게 하니 왕래하는 길 옆의 곡식이 하나도 손상된 것이
없었다.

○어가가 서울로 돌아오던 길에 (경기도) 장단(長湍)에 장막을 쳤
는데[次] 내관 이용(李龍), 김완(金完), 노희봉(盧希鳳), 신용명(辛用
明) 등을 순위부에 가두었다. 상이 연어(年魚)를 상왕전에 바치라고
명했는데 보내지도 않고 이미 보냈다고 거짓말을 했고, 의안대군에
게 내려준 것이 있는데 명을 받고서 (직접 하지 않고) 소환(小宦)[13]에
게 그것을 대신하게 한 때문이다. 이들 네 사람은 모두 상이 아주 가
까이 여기는 자들이다. 그러나 조금이라도 더디거나 늦거나 하면 엄

몽골어 'aimaq' 혹은 'ayimor'의 한자 가차음(假借音)인 애마(愛馬)가 합쳐져 성중애마
(成衆愛馬)로 통칭되기도 했다. 그 밖에 성중아막(成衆阿幕), 애마 등의 별칭으로 불렸다.
애마는 부락, 부대(部隊), 주현(州縣), 단체 행정구역의 통치자를 가리키는 것에서 유래되
었다. 하지만 뒤에는 주로 숙위를 임무로 하는 관원인 동시에 특수 군인층을 가리켰다.
그러나 조선시대에는 대체로 성중관으로 쓰였다. 성중관을 형성하는 관인층은 고려시대
에는 내시(內侍), 다방(茶房), 사순(司楯), 사의(司衣), 사막(司幕), 사옹(司饔) 등 궁내직에
속했고 따라서 국왕을 시종하고 궁궐을 숙위하는 관인층에 대한 총칭이었다.

13 나이가 젊고 지위가 낮은 환관을 가리킨다.

하게 징벌을 가했기 때문에 환시(宦寺)들이 감히 제 뜻대로 하지 못했다. 모두 4일 만에 풀어주었다.

○ 경상도에 황충(蝗蟲)이 있었다. 순[心]을 잘라 먹어서 이삭이 여물지 못한 고을이 39곳이고 잎사귀를 잘라 먹은 고을이 28곳이었다.

무오일(戊午日-7일)에 회암사에서 (서울로) 돌아왔다.

기미일(己未日-8일)에 왕녀(王女)가 죽었는데[卒] 나이가 3세였다. 조회를 3일 동안 정지하고 백관들이 조문했다. 선의문(宣義門) 밖에 장사를 지냈다. 이날 날씨는 맑은데 조금 추우니 상이 박석명에게 말했다.

"메밀[蕎麥]이 아직 여물지[結實] 않았는데 날씨가 이와 같으니 서리가 내릴 것 같아 걱정스럽다. 만일 서리가 내리면 올해 메밀은 반드시 먹지 못하게 될 것이다."

○ 회암사에 밭 120결(結)을 주었다. 태상왕의 뜻에 따른 것이다.

○ 명나라 조정의 좌군 도독부(左軍都督府) 자문(咨文)이 이르렀다. 자문은 이러했다.

'좌군도독부에서 군무(軍務)의 일을 말합니다. 건문(建文) 4년 5월 21일에 병과(兵科)에서 골라 뽑아[抄出] 요동도사(遼東都司)에게 아뢰기를 "토인(土人)이 도망하여 반란을 일으킴으로 말미암아 참장(參將) 서변(徐便)이 이미 도지휘(都指揮) 호경(胡璟) 등을 조발(調發)[14]

---

14 전쟁이나 요역에 조달(調達)하기 위해 징발(徵發)하는 것으로 일종의 군사 용어다.

하여 관군(官軍)을 거느리고 쫓게 하여 용주(龍州)의 강변(江邊)에 이르러 처음에 도망한 도적의 우두머리[首賊] 장사백호(壯士百戶) 이용(李勇) 등을 사로잡았는데 공술(供述)에 의하면 '모반한 뒤로부터 먼저 가족을 누자산(樓子山) 등지에 숨겨놓고 해(海), 개(蓋) 지역에서 인구(人口)를 노략하고 마필(馬匹)을 빼앗았으며 차사(差使-임시관리) 인원(人員)을 살상했습니다. 또 아비 이전이(李典伊) 등으로 하여금 단자(段子), 포견(布絹), 의복을 가지고 살불랑마두(撒不郎馬頭)를 경유하여 뗏목[筏]을 타고 강을 건널 수 있게 했고 말을 용주(龍州)의 파절만호(把截萬戶)에게 보내 본관(本官)에서 차발(差撥)한 배 5척이 와서 먼저 와 있던 우리들 가족 300여 명을 받아 싣고 강을 건넜다고 했습니다'라고 했습니다. 지금 조사해보니 살불랑마두는 조선의 지방이고, 용주만호(龍州萬戶)와 본국 인원(人員)과 이용(李勇) 등은 모두 도망하여 반란을 일으킨 사람들입니다. 건문(建文) 4년 5월 20일 늦게 장부사(掌府事) 용호장군(龍虎將軍) 주국(柱國), 부마도위(駙馬都尉) 경선(耿璿) 등이 병부(兵部) 등의 관리들과 함께 봉천문(奉天門)에서 성지(聖旨)를 받들었는데 "사로잡힌 사람들이 저쪽에서 호령(號令)에 복종하지 않았고 용주만호가 도망하여 반란을 일으킨 사람의 재물을 받고 저들을 놓아주어 강을 건너게 했으니 좌군은 문서를 띄워 조선 국왕(朝鮮國王)에게 알리라"고 했습니다. 삼가 받들어 이 초정(抄呈)이 부(府-좌군 도독부)에 이르렀으므로 본국(本國)에 자문하는 바이니 삼가 사리에 의해 용주만호는 편의에 따라 처치하고[撥落] 이를 바탕으로 소속 관리를 시켜 마음을 다해서 도망한 도적 이전이(李典伊) 등을 조사하여 잡되 이를 잡거든 사람을

시켜 요동도사에 보내 문초하여 시행하게 하고 모름지기 처리 결과 자문을 기다리겠습니다.'

갑자일(甲子日-13일)에 상왕이 제릉(齊陵)에서 추석제(秋夕祭)를 지 냈다.

○ 대궐 북쪽에 누각(樓閣)을 세우고 누각 앞에 연못을 팠는데 정 의궁주(貞懿宮主)[15]를 위함이었다.

기사일(己巳日-18일)에 사간원에서 동서(東西) 양계(兩界)의 양전(量 田)을 정지할 것을 청했다. 소는 대략 이러했다.

'민심을 모아[結=集] 변방[疆圉]을 튼튼하게 하는 것은 나라를 다 　　　　　　결　집　　　　강어 스리는 급선무입니다. 가만히 생각건대 동서 양계의 인심과 지방 풍 속이 다른 도와 다른데 근년 이래로 흉년이 서로 겹쳐 백성들이 삶 을 즐기기가 어렵고 특히 서북(西北) 일계(一界)는 사신을 공궤(供饋- 음식물 등을 접대)하는 비용과 마필을 수송하는 역사로 인해 그 폐단 이 더욱 심합니다. (그런데) 지금 전하께서 양전하여 경계를 바로잡으 려 하시니 참으로 아름다운 뜻입니다만 양계의 백성들이 구습(舊習) 에 젖어 반드시 싫어하는 마음[厭斁之心]이 생길 것이니 엎드려 바 　　　　　　　　　　　　　염두 지 심 라옵건대 전하께서는 신 등의 어리석은 견해[一得之愚=愚見][16]를 도 　　　　　　　　　　　　　　　　일득 지 우　　우견

15　태종의 후궁 의빈(懿嬪) 권씨(權氏)를 말한다. 권씨는 성균 악정 권홍의 딸로 태종이 여색 　　을 좋아한다는 논란을 빚은 장본인이기도 하다.

16　일득지우(一得之愚)란 천 번을 생각해 겨우 하나를 얻는다는 뜻이다. 우자일득(愚者一得) 　　이라고도 하는데 자신의 견해를 겸손하게 부르는 말이다.

탐게 받아들이소서[優納=嘉納].'
우납   가납

의정부에 내려 헤아려 상의하게 했다.

사간원에서 숙직의 법을 엄하게 할 것[申]을 청하니 윤허했다. 소
신
는 이러했다.

'본 관아에 숙직하여 궁금(宮禁-궁궐)을 호위하는 것은 신하로서
마땅히 조심해야 할 일입니다. 옛날 건국 초기에 숙직을 빼먹으면 파
직하도록 이미 법으로 정해놓았는데 지금은 공공연하게 숙직을 빼
먹는 자를 용납하는 일이 간혹 있으니 바라건대 이전의 명령을 거듭
엄격히 하고 이를 범하는 자는 파직시켜 일에 정성을 다하지 않는
자[不恪]를 징계해야 합니다.'
불각

○ 강원도 울진(蔚珍)과 고성(高城)에 황충(蝗蟲)이 생겼다.

○ 1필에 준하는 저화를 각 도(各道)에 나누어 주었는데 (도마다)
차등을 두었다.

○ 경차관(敬差官)을 각 도에 나누어 보내 곡식의 손실(損實)을 검
사하게 했다. 애초에 대사헌 박신(朴信) 등이 청했다.

"금년에 가뭄과 흉년으로 인해 각 도 고을의 곡식의 손실이 한결
같지 않습니다. 바라건대 경차관을 나누어 보내어 손실을 조사해야
합니다."

의정부에 내렸다. 정부에서 다음과 같은 의견을 냈다.

"마땅히 헌부의 청을 좇도록 하고 그중에 수령으로서 공평치 못한
자가 있으면 3품 이상은 도관찰사로 하여금 논죄하게 하고, 4품 이
하는 경차관이 직접 청단하게 해야 합니다[直斷]."
직단

경오일(庚午日-19일)에 달이 필성(畢星)을 범했다.

○ 사헌부에서 형조전서 윤사수, 장무(掌務-담당)인 좌랑 이숙명(李叔明)의 죄를 논핵(論劾)해서 청했다. 애초에 헌부에서 상피(相避)하는 바가 있으므로 노비 소송을 형조로 넘겼는데[移文] 상피해야 할 자가 조금 뒤에 다른 자리로 옮겼다. 이에 형조에서 그 소송문을 돌려보냈다. (그러나) 헌부에서는 "형조에서 이미 송사(訟事)를 듣고서 그 실상과 거짓됨[情僞]을 살폈으니 어찌 반드시 환송할 필요가 있겠는가? 하물며 본부에서 이미 형조로 넘겼는데 갑자기 헌부로 되돌려 보내는 것은 예(禮)가 아니다"며 받지 않았다. 형조에서 또 헌부로 되돌려 보냈고 이렇게 하기를 모두 다섯 번이나 했다. 헌부에서 형조를 논핵해 죄주기를 청했으나 상이 윤허하지 않았다.

임신일(壬申日-21일)에 태백성(太白星)이 낮에 나타난 것이 6일이나 됐다.

정축일(丁丑日-26일)에 여흥부원군 민제(閔霽)의 집에 행차하여 잔치를 베풀었다. 상은 북벽(北壁)에 앉아 남쪽을 향하고[向南=南面][17] 민제는 동벽(東壁)에, 제(霽)의 매부 의정부 찬성 곽추(郭樞 1338~1405),[18] 제의 처남 개성유후 송제대(宋齊岱), 제의 아우 승녕부

---

17 임금은 어디서나 남쪽을 향해 앉는다.

18 포은(圃隱) 정몽주(鄭夢周)와 동문수학해 사이가 좋았다. 1360년(공민왕 9년) 과거에 급제했고 이후 여러 관직을 거쳐 1376년(우왕 2년) 지신사로서 국자감시를 주관했다. 1388년(우왕 14년)에는 정당문학으로서 명(明)나라에 가서 약재를 내려준 것에 대해

윤(承寧府尹) 민량(閔亮, ?~1408)[19]은 모두 남쪽에 앉았다. 정비(靜妃)는 여러 택주(宅主)[20]를 거느리고 대부인(大夫人) 송씨(宋氏)에게 방 안에서 연향(宴享)을 베풀었는데 안팎 모두에서 성대한 음악을 연주했다. 상이 매우 즐거워하며 일어나 춤을 추었다. 이튿날[翼日=翌日]익일 익일 제가 대궐에 나와 베풀어준 은혜에 감사인사를 올렸다[謝恩].사은

○ 진산부원군(晉山府院君) 하륜이 조선성덕가(朝鮮盛德歌)[21] 12장(章)을 (지어) 올렸다.

사례했다. 고려가 망하자 두문동(杜門洞)에 들어가 임금이 불러도 나가지 않았다. 그러나 태종의 집권으로 벼슬에 나왔다.

19 한성판윤을 지냈다.

20 정2품의 정헌제군(正憲諸君)과 종2품의 가정제군(嘉靖諸君)의 처(妻)의 작호다.

21 악장인데 내용은 전하지 않는다. 태조를 위해 지었다고 하며 정도전(鄭道傳)의 수보록(受寶錄)을 대신하고자 한 것이다.

壬子朔 謝恩使朴惇之以路梗 不得朝京而還. 傳寫皇帝詔書而
임자 삭 사은사 박돈지 이 노경 부득 조경 이환 전사 황제 조서 이

來. 奉天承運皇帝詔曰:
래 봉천 승운 황제 조 왈

'朕欽奉皇祖寶命 嗣奉上下神祇 燕人不道 擅動干戈 虐害
짐 흠봉 황조 보명 사봉 상하 신기 연인 부도 천동 간과 학해

萬姓 屢興大兵致討. 近者 諸將失律 寇兵侵 淮 意在渡江犯闕
만성 누흥 대병 치토 근자 제장 실률 구병 침 회 의재 도강 범궐

已勑大將軍 率師控遏 務在掃除. 爾四方都司布政司按察使及
이 칙 대장군 솔사 공알 무재 소제 이 사방 도사 포정사 안찰사 급

諸府衛文武之臣 聞國有急 各思奮其忠勇 率慕義之士 壯勇之人
제 부위 문무 지신 문국 유급 각사 분기 충용 솔 모의 지사 장용 지인

赴闕勤王 以平寇難 以成大功 以扶持宗社. 嗚呼! 朕不德而致寇
부궐 근왕 이평 구난 이성 대공 이 부지 종사 오호 짐 부덕 이 치구

固不足言 然我臣子其肯棄朕而不顧乎! 各盡乃心 以平其難 則
고 부족 언 연 아 신자 기 긍 기짐 이 불고 호 각 진 내심 이평 기난 즉

封賞之典 論功而行 朕無所吝. 故茲詔諭 其體至懷'
봉상 지전 논공 이행 짐 무소인 고자 조유 기체 지회

定軍丁成籍之法. 承樞府啓:
정 군정 성적 지법 승추부 계

"今中國兵興 不可不慮. 宜知國內人民之數 甲首助戶 擇實
금 중국 병흥 불가 불려 의지 국내 인민 지수 갑수 조호 택실

差定 今日之急務也. 凡中外人民 皆給號牌 因錄其名數而成籍
차정 금일 지 급무 야 범 중외 인민 개급 호패 인록 기 명수 이 성적

如何? 所耕多少 相考成籍如何?"
여하 소경 다소 상고 성적 여하

命三府會議 取可否於各司 議論紛紜 卒以考其所耕多少成籍
명 삼부 회의 취 가부 어 각사 의논 분운 졸 이고 기 소경 다소 성적

事 啓聞行移.
사 계문 행이

癸丑 遣中軍摠制柳龍生于京師 賀聖節也.
계축 견 중군 총제 유용생 우 경사 하 성절 야

議政府請人給號牌 因成戶口 允之. 其法一依戊寅年受敎施行.
의정부 청인급 호패 인성 호구 윤지 기법 일의 무인 년 수교 시행

上朝太上王于檜巖寺. 初 太上王受王師自超戒 不御肉饍 日漸
상조 태상왕 우 회암사 초 태상왕 수 왕사 자초 계 불어 육선 일점

消瘦. 上聞之 使宦官言于自超曰: "予欲詣太上殿獻壽. 若太上王
소수 상문지 사환관 언우 자초 왈 여욕예 태상 전 헌수 약 태상왕

不御肉饍 予將歸咎於王師矣." 超憂懼 辭檜巖出居小菴 聞上至
불어 육선 여장 귀구 어 왕사 의 초우구 사 회암 출거 소암 문상지

與檜巖住持祖禪告太上王曰: "上不御肉饍 顔色消瘦 吾輩專蒙
여 회암 주지 조선 고 태상왕 왈 상불어 육선 안색 소수 오배 전몽

上位好佛之恩 以安微生. 今覩上之顔色消瘦 知吾輩之生不久
상위 호불 지은 이안 미생 금도 상지 안색 소수 지오배 지생 불구

也." 太上王曰: "國王若能如予之崇佛 則予當食肉矣." 上入進杯
야 태상왕 왈 국왕 약능 여여지 숭불 즉여당 식육 의 상입 진배

太上王許之 顔色安和. 上喜 命三絃入奏 進以素膳 恐忤太上之
태상왕 허지 안색 안화 상희 명삼현 입주 진이 소선 공오 태상 지

意也. 太上王從容語上曰: "王師曰: '飮酒食肉 則後生必爲無首
의야 태상왕 종용 어상 왈 왕사 왈 음주 식육 즉 후생 필위 무수

蟲.' 故予不食肉也." 上進馬四匹于太上殿.
충 고여불 식육 야 상진마 사필 우 태상 전

乙卯 太上王復進肉饍. 上獻壽于太上王 欲進肉饍 進伏于前
을묘 태상왕 부진 육선 상 헌수 우 태상왕 욕진 육선 진복 우전

曰: "臣觀古人之書 聞講官之言 七十非肉不飽. 今父王聽王師之
왈 신관 고인 지서 문 강관 지언 칠십 비육 불포 금 부왕 청 왕사 지

言 絶肉饍 顔色不如平日 臣安敢不悲!" 因涕泣 太上王曰: "予
언 절 육선 안색 불여 평일 신안감 불비 인체읍 태상왕 왈 여

告王師曰: '我之從師 已七年矣. 何無一言誨我!' 師曰: '王自今
고 왕사 왈 아지 종사 이 칠년 의 하무 일언 회아 사왈 왕자금

斷酒肉焉.' 予欲行之 酒則病矣 不可止 但不食肉. 爾若崇信佛法
단 주육 언 여욕 행지 주즉 병의 불가지 단 불식육 이약 숭신 불법

雖密記不付寺社 其土田皆還給之. 又勿推僧尼度牒 不禁婦女
수 밀기 불부 사사 기 토전 개 환급 지 우물추 승니 도첩 불금 부녀

上寺 又造佛造塔 以繼我志 則予雖破戒而從請 庶無愧於師敎也.
상사 우 조불 조탑 이계 아지 즉여수 파계 이종청 서무괴 어 사교 야

蓋佛法 前朝盛時 尙且不廢 以至今日 宜令所司毋毁." 上叩頭
개 불법 전조 성시 상차 불폐 이지 금일 의령 소사 무훼 상 고두

曰: "臣死且不敢辭 況此事乎!" 卽命知申事朴錫命 傳旨議政府
왈 신사 차 불감사 황 차사 호 즉명 지신사 박석명 전지 의정부

一遵太上王之敎. 太上王曰: "國王之誠如此 大小臣僚亦皆懇請
일준 태상왕 지교 태상왕 왈 국왕 지성 여차 대소 신료 역개 간청

予敢不從!"卽進肉饍. 上起謝. 政丞李茂率臺諫拜謝. 太上王
여 감 부종 　 즉 진 육선 　 상 기사 　 정승 이무 솔 대간 배사 　 태상왕

使人謂茂曰: "予悅國王寺社田地還給. 事已定之矣. 卿等毋更
사인 위 무 왈 　 여 열 국왕 사사 전지 환급 　 사이 정지 의 　 경등 무갱

廢閣." 太上王召義安大君和 昌寧府院君成石璘 領議政府事
폐각 　 태상왕 소 의안대군 화 　 창녕 부원군 성석린 　 영 의정부 사

致仕李舒入侍宴. 上喜 命奏盛樂 起舞獻壽. 太上王酒酣 命除笛
치사 이서 입 시연 　 상 희 명주 성악 기무 헌수 　 태상왕 주감 명 제적

與腰鼓 令妓持三絃奏于前 命石璘等聯句唱和 極懽 石璘等迭起
여 요고 영기 지 삼현 주 우전 명 석린 등 연구 창화 극환 석린 등 질기

而舞. 太上王進朴錫命曰: "寺社田地還給等事已下乎?" 錫命
이 무 　 태상왕 진 박석명 왈 　 사사 전지 환급 등 사 이 하 호 　 석명

對曰: "已下矣." 太上王曰: "欲見已下草文." 錫命卽進之 太上王
대왈 　 이하 의 　 태상왕 왈 　 욕견 이하 초문 　 석명 즉 진지 　 태상왕

覽之 授內豎藏之 起揖謝之而入. 上喜甚 顧謂左右曰: "樂哉!
람지 　 수 내수 장지 　 기읍 사지 이입 　 상 희심 고위 좌우 왈 　 낙재

今日之事! 予可親自奏樂于此堂矣." 還幄次 命吹笛於駕前 夜
금일 지사 　 여 가 친자 주악 우 차당 의 　 환 악차 　 명 취적 어 가전 야

已半矣. 命摠制李叔蕃 選善射軍士獵禽 獻于太上殿 太上王曰:
이 반의 　 명 총제 이숙번 　 선 선사 군사 엽금 헌우 태상 전 태상왕 왈

"王速還京可矣." 上辭. 命朴錫命曰: "雖密記付外寺社 其田地
왕 속환 경 가의 　 상사 　 명 박석명 왈 　 수 밀기 부외 사사 기 전지

皆還屬 敗亡寺社田地 移屬成衆作法處 待重創還屬之. 今後有
개 환속 패망 사사 전지 이속 성중 작법처 대 중창 환속 지 금후 유

剃髮者 許從其願 毋拘度牒 毋禁婦女父母追薦百日內上寺 前朝
삭발 자 허종 기원 무구 도첩 무금 부녀 부모 추천 백일 내 상사 전조

盛時 尙且不廢佛法以至今 自今雖所司 毋得謗毁." 時 秋未穫
성시 상차 불폐 불법 이 지금 자금 수 소사 무득 방훼 　 시 추 미확

禾穀蔽野 上恐有蹂損 禁鷹犬 命人五六巡察之 往來道傍之穀
화곡 폐야 상 공 유 유손 금 응견 명 인 오륙 순찰 지 왕래 도방 지곡

一無所損.
일무 소손

還次長湍 囚內官李龍 金完 盧希鳳 辛用明等于巡衛府. 上命
환차 장단 수 내관 이용 김완 노희봉 신용명 등 우 순위부 　 상명

進年魚于上王殿 未遣而妄言已遣 有賜于義安大君 受命而代
진 연어 우 상왕 전 미견 이 망언 이견 유사 우 의안대군 수명 이대

以小宦故也. 此四人 皆上之所親近者也. 然小有遲緩 嚴加懲治
이 소환 고야 　 차 사인 개 상지 소친근 자야 　 연 소유 지완 엄가 징치

宦寺等不敢肆志. 凡四日而釋之.
환시 등 불감 사지 　 범 사일 이 석지

慶尙道蝗. 食心不穗州郡三十九 食葉州郡二十八.

戊午 至自檜巖.

己未 王女卒 年三歲. 輟朝三日 百官陳慰. 葬于宣義門外. 是日
氣淸稍寒 上語朴錫命曰: "蕎麥未結實 天氣如斯 恐是霜候. 若
霜降則蕎麥必不得食矣."

給檜巖寺田一百二十結. 從太上王之志也.

朝廷左軍都督府咨文至. 咨曰:

'左軍都督府爲軍務事. 建文四年五月二十一日 兵科抄出
遼東都司奏 "爲因土人逃叛 參將徐便已調都指揮胡璟等 率領
官軍 追至龍州江邊 擒獲原逃首賊壯士百戶李勇等 供: '自
謀叛之後 先將家小 於樓子山等處藏放 節次於海 蓋地面 擄掠
人口 搶劫馬匹等物 殺傷差使人員. 又令父李典伊等將段子布絹
衣服 由撒不郎馬頭箚筏過江 送馬龍州把截萬戶. 有本官差撥船
五隻 前來接取家小三百餘口'過去訖." 今照撒不郎馬頭係朝鮮
地方 龍州萬戶本國人員 兼李勇等俱是逃叛人數. 建文四年五月
二十日晚 掌府事龍虎將軍柱國駙馬都尉耿璿等同兵部等官 於
奉天門 欽奉聖旨:"見擒獲的人 就那裏廢了號令 龍州萬戶受逃叛
人財物 放他過江 左軍行文書與朝鮮國王知道." 欽此 抄呈到府
除外 合咨本國 依欽奉事理 煩將龍州萬戶就便撥落 仍行所屬
用心跟 捉逃賊李典伊等 得獲差人 送與遼東都司 取問施行 須

至咨者.'
지 자 자

甲子 上王行秋夕祭于齊陵.
갑자 상왕 행 추석제 우 제릉

闕北起樓 鑿池於樓前 爲貞懿宮主也.
궐북 기루 착지 어 누전 위 정의 궁주 야

己巳 司諫院請停東西兩界量田. 疏略曰:
기사 사간원 청 정 동서 양계 양전 소 약왈

'結民心以固疆圉 爲國之急務也. 竊惟東西兩界人心土俗 異
결 민심 이고 강어 위국 지 급무 야 절유 동서 양계 인심 토속 이

於他道 比年以來 凶險相仍 民不聊生 而西北一界 因使臣供億
어 타도 비년 이래 흉험 상잉 민 불료생 이 서북 일계 인 사신 공억

之費 馬匹輸將之役 其弊尤甚. 今殿下將欲量田 以正經界 誠爲
지비 마필 수장 지역 기폐 우심 금 전하 장욕 양전 이정 경계 성위

美意 然兩界之民 狃於舊習 必生厭斁之心 伏望殿下優納臣等
미의 연 양계 지민 뉴어 구습 필생 염두 지심 복망 전하 우납 신등

一得之愚.'
일득 지 우

下議政府擬議.
하 의정부 의의

司諫院請申直宿之法 允之. 疏曰:
사간원 청 신 직숙 지법 윤지 소왈

'直宿本衙 以衛宮禁 臣子之所當謹者. 昔在國初 闕直罷職 已
직숙 본아 이위 궁금 신자 지 소당근자 석 재 국초 궐직 파직 이

有著令 然今公然闕直者 容或有之 願更申前令 犯者罷職 以懲
유 저령 연금 공연 궐직자 용혹 유지 원 갱신 전령 범자 파직 이징

不恪.'
불각

江原道 蔚珍 高城蝗.
강원도 울진 고성 황

分賜準一匹楮貨于各道有差.
분사 준 일필 저화 우 각도 유차

分遣敬差官于各道 檢禾穀損實. 初 大司憲朴信等請曰: "今年
분견 경차관 우 각도 검 화곡 손실 초 대사헌 박신 등 청왈 금년

因旱荒 各道州郡禾穀 損實不一. 願分遣敬差官 審其損實." 下
인 한황 각도 주군 화곡 손실 불일 원 분견 경차관 심기 손실 하

議政府. 政府議之: "宜從憲府之請 其中守令有不公者 三品以上
의정부 정부 의지 의종 헌부 지청 기중 수령 유 불공자 삼품 이상

令都觀察使論罪 四品以下 敬差官直斷."
영 도관찰사 논죄 사품 이하 경차관 직단

庚午 月犯畢星.
경오　월범필성

司憲府劾請刑曹典書尹思修 掌務佐郎李叔明罪. 初 憲府以
사헌부　핵청형조　전서　윤사수　장무　좌랑　이숙명　죄　초　헌부　이

有相避奴婢訟 文移刑曹 其有相避者 尋遷他官 刑曹乃還其文.
유상피　노비송　문이　형조　기유상피자　심천타관　형조　내환기문

憲府以爲: "刑曹已聽訟 審其情僞 何必還送! 況府旣移刑曹 而
헌부　이위　형조　이청송　심기정위　하필　환송　황부기이형조　이

遽然還於憲府 非禮也." 不受. 刑曹又還憲府 如是者凡五. 憲府
거연　환어　헌부　비례야　불수　형조　우환　헌부　여시　자범오　헌부

劾刑曹請罪 上不允.
핵형조　청죄　상불윤

壬申太白晝見六日.
임신　태백　주현　육일

丁丑 幸驪興府院君閔霽第設宴. 上御北壁向南 霽東壁 霽之
정축　행여흥　부원군　민제　제　설연　상어북벽　향남　제동벽　제지

妹夫議政府贊成郭樞 霽之妻弟開城留後宋齊岱 霽之弟承寧府
매부　의정부　찬성　곽추　제지처제　개성　유후　송제대　제지제　승녕부

尹閔亮俱在南. 靜妃率諸宅主 享大夫人宋氏於內 內外皆奏盛樂
윤민량　구　재남　정비　솔제　택주　향　대부인　송씨　어내　내외　개주　성악

上歡甚起舞. 翼日 霽詣闕謝恩.
상　환심　기무　익일　제　예궐　사은

晋山府院君河崙進朝鮮盛德歌十二章.
진산　부원군　하륜　진　조선성덕가　십이　장

태종 2년 임오년
9월

九月

신사일(辛巳日-1일) 초하루에 밤사이 천둥이 쳤다.

임오일(壬午日-2일)에 천둥이 치고 우박이 내렸다.

○ 풍해도(豊海道)에 눈이 내렸는데 깊이가 5촌(寸)이나 됐다.

○ 사간원 좌사간대부 조용(趙庸) 등이 병으로 휴가(休暇)를 청했다[告病].[1] 실제 이유는 서북면의 양전(量田)을 정지시키지 못한 때문이었다.[2]

계미일(癸未日-3일)에 유배죄[流罪]에 대해 죄를 면해주는 대신 돈을 거두는[收贖] 법을 정했다. 의정부에서 아뢰어 말했다.

"대명률(大明律)[3]에 3,000리 유배형은 동전(銅錢) 36관(貫)으로 죄를 면해주도록 돼 있습니다. 본국의 오승포(五升布) 15필이 동전 1관

---

1 병을 핑계 대어 사직을 청한다는 뜻으로 볼 수도 있다.

2 사간원의 청을 태종이 들어주지 않았다.

3 명률이라고도 한다. 명의 홍무제(洪武帝)는 당률을 이상으로 하여 1367년 『대명률』을 제정하고 이듬해 이를 공포했다. 이후 『대명률』은 1374년, 1389년, 1397년에 걸쳐 수정됐다. 『대명률』의 기본 원칙은 당률과 대동소이하나 당률의 형벌체계가 태(笞), 장(杖), 도(徒), 유(流), 사(死)의 오형이며 사형(死刑)의 경우 교(絞)와 참(斬)으로 나누어져 있는 데 대해 자자(刺字)의 형을 추가하고 사형에도 능지처사(凌遲處死)와 같은 극형을 새로 넣는 등 엄격한 성격을 보여준다. 조선의 경우 대명률을 특히 형법의 기본으로 삼아 우리의 실정에 맞도록 조금씩 조정했다.

에 해당하니 계산해보면 오승포 540필입니다. 본국의 경내는 유배형 3,000리를 채울 곳이 없는데 죄를 면해주는 대신 돈을 거두는 것은 3,000리의 수(數)를 채우니 명칭과 실상이 서로 맞지 않습니다. 본국 경내의 이수(里數)로 계산하면 가장 먼 (동북면) 경원부(慶源府)가 1,680리이니 그 36관(貫)에 대해 3분의 1을 줄인 24관에 준해 계산해서 오승포 360필로 해야 합니다. (대명률에) 2,500리 유배형은 동전 33관으로 죄를 면해주도록 돼 있습니다. (경상도) 동래현(東萊縣)이 다음으로 멀어 1,230리이므로 33관에 대해 3분의 1을 줄인 22관에 준해 계산해서 오승포 330필로 해야 합니다. 2,000리 유배형은 동전 30관으로 죄를 면해주도록 돼 있습니다. 축산도(丑山島)⁴가 그다음으로 멀어 1,065리이므로 30관에 대해 3분의 1을 줄인 20관에 준해 계산해서 오승포 300필로 해야 합니다. 지금 이후부터는 모든 유배죄에 대해 죄를 면해주는 일은 위에서 말한 본국의 이수(里數)에 입각해 계산해야 합니다."

그대로 따랐다.

병술일(丙戌日-6일)에 폭우가 쏟아지고 천둥과 번개가 쳤다. 유성이 북극성에서 나와 상서성(尙書星)⁵으로 들어갔다.

---

4 지금의 경상북도 영덕군 영해면에 있다.

5 문창(文昌) 6성의 하나다. 문창은 하늘나라의 정치를 다스리는 6개의 별로 대장(大將)은 군사를 담당하고 상서(尙書)는 좌우 신하들을 관장하며 귀상(貴相)은 문서를 다스리고 사록(司祿)은 공로가 있는 자를 포상하는 일을 담당하며 사명(司命)은 재앙이 일어나지 않도록 하는 일을 주관하고 사구(司寇)는 군주를 지키고 나라의 보물을 관장한다.

○ 풍해도 곡산군(谷山郡)에 눈이 내렸다.[6]

○ 호조에 명해 속자정전(續字丁田)[7]을 모두 군자(軍資)에 속하게 했다. 사헌부에서 아뢰었다.

"개국 초기에 사전(私田)을 혁파한 뒤로 경기좌우도(京畿左右道)에 원래부터 군자(軍資)에 속한 전지(田地)가 6,000여 결(結)이었고, 속자정(續字丁)이 1만 6,000여 결로 모두 합쳐 2만 2,000여 결이 이미 군자에 속해 있었습니다. 모든 속자정에서 나오는 쌀이 좌우도 모두 합쳐 1,300여 석뿐이다 보니 경성(京城) 창고의 비축이 비게 돼 이 지경에 이르렀습니다. 속자정(續字丁)의 전지(田地)를 전(前)에 과전(科田)으로 이미 떼어준 것이라 하여 내버려두지 말고 모두 다 군자에 환속(還屬)시키고 원래부터 군자에 속한 전지 가운데서 좌명공신(佐命功臣)에게 내려준 것 이외에는 원안(原案)을 상고하여 모두 다 그대로 유지해야 합니다. 애초에 속자정을 진지(陳地)[8]라고 하여 측량하지 않았거나 혹은 과전(科田)의 표내(標內)에 끼어 있음으로 인해 가경(加耕)[9]을 명목 삼아 침탈하는 자가 간혹 있습니다. 이제부터 각기 그 관(官)에서 사표(四標)[10]를 서로 비교하여 분간(分揀)해서 수

---

6 이는 아마도 첫눈이 내렸다는 뜻일 것이다.

7 자정(字丁)이란 양전을 할 때 구역 표시법이다. 천자문을 활용해 천자정(天字丁), 지자정(地字丁)으로 이어나갔는데 속(續)이라고 한 것을 보아 정식 양전에 포함되지 못했던 좋지 못한 땅을 가리키는 것으로 보인다.

8 묵은 땅을 가리킨다.

9 새로 개간(開墾)하여 경작하는 것을 말한다. 가경전이라 하면 아직 토지대장인 양안(量案)에 올라 있지 않은 땅을 가리킨다.

10 전답의 사방에 있는 표지로 사표(四表)라고도 한다.

조(收租)하고 또 농한기에 양전하여[打量] 영구히 군자에 속하게 해
불의의 사태[不虞]에 대비해야 합니다."

의정부에 내려 이에 관한 의견을 내도록 하니 대부분이[僉] 좋다
고 해 그대로 따랐다.

무자일(戊子日-8일)에 청화정(淸和亭)에 나아가 여러 종친들을 불러
활쏘기를 구경했다[觀射].

○ 일본 원뢰수(源賴秀)¹¹의 사인(使人-외교관)이 떠난다고 인사를
하니 쌀·콩 각각 50석과 만화석(滿花席), 흑마포(黑麻布), 백저포(白
苧布)를 내려주었다.

○ 병조에서 삼군 도총제와 총제의 정안(政案)¹²을 병조에서 관장
하도록[掌] 허락해줄 것을 청했다. 소(疏)는 이러했다.

'문무(文武)의 직(職)은 어느 한쪽만 내팽개칠 수 없기 때문에 우
리나라에서는 이조를 두어 문자(文資-문관 자원)를 맡게 하고 병조
를 두어 무자(武資)를 맡게 했는데 무릇 그렇게 함으로써 각각 통할
과 소속[統屬]이 있게 되니 참으로 아름다운 법도[令典]입니다. 정안
에 이르러서는 전조(前朝-고려)의 구제(舊制)를 이어받아 문관의 경
우 1품에서 9품에 이르기까지 이조에서 맡고 무관의 경우 상·대호

---

11 살주산성(薩州山城)의 태수(太守)다.
12 여기에는 관원의 성명과 생년월일, 출사(出仕)의 과정, 관원으로서의 경력, 사조(四祖) 및
    장인의 성명과 관직, 친가와 외가의 본향(本鄕), 현재의 거주지는 물론이고 공적과 과실,
    능력의 유무 등에 관한 사항이 모두 기록됐다. 따라서 정안은 인사행정을 위한 근거가
    되는 문서이며 관인으로서의 신분을 가장 정확히 증명해주는 기록이다.

군(上大護軍)에서 산원(散員)[13]에 이르기까지 병조에서 맡습니다. 지금의 승추부는 전조의 추밀(樞密)에 해당하는 직(職)입니다. 추기(樞機)의 임무는 군무(軍務)에만 국한되는 것이 아니어서[14] 마땅히 전조의 구제에 따라 (그 나머지 것들은) 이조에서 맡고 있습니다. (그렇다면) 삼군(三軍)의 경우에는 이미 상호군과 대호군을 두고 또 도총제와 총제를 두어 전적으로 군무만 맡게 했으니 이에[其=於是] 도총제
         기   어시
이하의 정안은 우리 병조에서 맡도록 허락하시어 문무가 각각 통할과 소속을 갖출 수 있게 해주소서.'

그대로 따랐다.

경인일(庚寅日-10일)에 천둥이 치고 우박이 내렸다. (황해도) 우봉(牛峰)과 토산(兔山)에는 눈이 내렸다.

신묘일(辛卯日-11일)에 천둥이 쳤다.

○ 좌정승 김사형, 우정승 이무, 승추부 판사 조영무와 함께 동북면과 서북면에서의 양전(量田)의 일을 토의했다[議]. 사형이 말했다.
                                              의
"전일에 내려주신 간원(諫院-사간원)의 소장은 의견이 일치되지 않아 아직 아뢰지 못하고 있습니다."

이무가 말했다.

"간원의 소는 국가의 일을 염려한 것입니다. 동북면과 서북면은 땅

---

13 고려 및 조선 초기의 무관(武官) 벼슬이다. 정8품관으로 1영(領)에 5인씩 배치했다.
14 고려 때는 군사 업무 외에 왕명출납도 추밀이 맡았다.

이 중국에 접하고 있습니다. (그런데) 지금은 중국에 병란이 일어났고 기근이 거듭[荐=重] 찾아와 얼음이 얼게 되면 노략질당할 우환이 있을까 염려스럽습니다. 그래서 그 지역 인민들은 늘 걱정과 두려움을 품고 있습니다. (그런데) 지금[今者] 이미 경차관(敬差官)을 보내 전지(田地)의 손실(損實)을 조사하고 심지어[又] 양전(量田)의 일을 계속한다면 백성들은 반드시 불안해할 것입니다. 또 그 지역은 눈이 많이 쌓이면 사람이 다닐 수가 없으니 비록 측량하게 하더라도 올겨울에는 마치지 못하고 반드시 내년에 눈이 녹기를 기다려야 겨우 마칠 수가 있을 것입니다."

상이 말했다.

"양전하여 조(租)를 거두려 하는 것은 그 지역에 군자(軍資)를 마련하고자 해서다. 만일 예기치 못한 변란이 있게 되면 그 지역 사람들은 바로 이 군자를 갖고서 살아가야 할 것인데 어찌 양전을 꺼린단 말인가?"

무가 말했다.

"백성들 중에 그런 계책이 있는 자는 드뭅니다."

상이 말했다.

"성을 쌓는 일은 이미 끝났는가?"

모두 말했다.

"이성(泥城)과 강계(江界)는 이미 마쳤고 의주(義州)는 돌이 없는 곳이라 지금까지 아직 마치지 못했습니다."

무가 자리를 뜨며[避席] 말했다.

"근래에[日者] 하늘의 변고가 여러 번 나타났는데 신은 섭조(燮調)

하는 직위에 있으면서도 상의 다움[德]에 도움이 되지 못했고 무릇
일을 베풀어 행하는 바[所施爲]가 하나같이 물망(物望)에 어그러지
니 하물며 능히 위로 천심(天心)에 답할 수 있겠습니까? 바라건대 신
의 자리를 거두시어 그에 맞는 다움을 갖춘 사람[有德=有德者]에게
주소서."

상이 말했다.

"하늘의 변고가 어찌 재상(宰相)과 관계되는가?"[15]

계사일(癸巳日-13일)에 우정승 이무가 사직의 뜻을 담은 전(箋-짧은
글)을 올렸다.

갑오일(甲午日-14일)에 천둥이 쳤다.

○ 예문관 대제학 이첨(李詹)을 보내 소격전(昭格殿)에 초제(醮祭)
를 행했다. 애초에 상이 김과에게 명해 『속통감(續通鑑)』을 올리게
하고 효종(孝宗)의 융성과 건도(乾道)[16] 연간의 천변(天變), 뇌동(雷動)
등의 일을 열람했는데 대개 재이에 대해 기도하고자[祈禳] 함이었다.
이때에 이르러 초제를 행해 유성과 천둥, 번개의 변고에 대해 기도하
고 또 시령(時令-월령이나 절기)이 조화를 이루기를 빌었다.

○ 예조전서 김첨(金瞻) 등이 제의(祭儀-제례 절차) 몇 조를 올렸다.

---

15 이날 대화는 태종과 이무의 미묘한 신경전을 치밀하게 드러내주고 있다. 결국 이틀 후 이
   무는 사직의 뜻을 밝힌다.
16 중국 송나라 효종의 연호다.

소는 이러했다.

'삼가 제례(祭禮)를 가만히 살펴보건대 임금이 친히 제사하면 태자(太子)와 공(公), 후(侯), 백(伯)은 아헌(亞獻)하고 태위(太尉)는 종헌(終獻)[17]합니다. 만일 이를 다른 이가 대행하면[攝行=代行] 태위가 초헌(初獻)하고 태상경(太常卿)이 아헌하며 광록경(光祿卿)이 종헌했습니다. 그런데 일찍이 종실 사람이 대행한 일이 없었던 것은 주변 종친[旁親]은 감히 종사(宗祀)를 전적으로 주관할 수 없고 또 정통(正統)이 아니기 때문입니다.

『예기(禮記)』에 이르기를 "서자(庶子)가 제사하지 않는 것은 그 종통(宗統)을 밝히기 위함이다"라고 했습니다. 옛 뛰어난 임금들[先王]께서 예를 제정함에 있어 의심스러운 바를 분별하고 은미한 것을 밝힌 것[別嫌明微]이 이처럼 엄격한데 지금 마침내 종친으로서 종묘의 제사를 대행하는 것은 예(禮)가 아닙니다. 바라건대 지금부터 종친은 상께서 친히 제사하는 때의 아헌(亞獻)과 진전(眞殿),[18] 산릉(山陵)의 제사 이외에는 종묘에서 주상의 지위를 대행해[攝位] 제사를 주관하는 것을 불허해야 합니다.

한(漢), 당(唐) 이래로 태위(太尉), 사도(司徒), 사공(司空)을 삼공(三公)으로 삼았습니다. 삼공의 직책은 원수(元首-임금)의 고굉(股肱-팔다리)이어서 음양을 고르게 하고[調] 백관을 총괄해 통솔치 않는

---

17 제사지낼 때에 세 번째로 잔을 올리는 것이다. 첫 번째 잔은 초헌, 두 번째 잔은 아헌이라고 한다.

18 역대 군왕의 초상화인 어진(御眞)을 봉안하는 의례를 말한다.

것이 없기 때문에 임금에게 무슨 일이 있으면[有故] 대신 맡아서 하
는 것이 예(禮)입니다. (그런데) 지금은 재신(宰臣)들 중에서 지위가
낮은 사람을 태위로 삼고, 전서(典書)를 사도나 사공으로 삼으니 이
런 처사는 옛 일을 본받은 것[師古]이 아니고 이름은 과분한데 실상
에 어긋나는 것이 이보다 심할 수 없으니 이는 제례를 중하게 하는
까닭이 아닙니다. 바라건대[望=願] 지금부터 태위는 정승(政丞) 이상
으로 하고 사도와 사공은 문무(文武)의 자헌(資憲-정2품 대부) 이상
과 이성(異姓)의 제군(諸君)[19]으로 채운다면 거의 고례(古禮)에 부합
할 것입니다.

　의견을 내는 자들[議者]이 말하기를 군관(軍官)은 제사를 행해서
는 안 된다고 합니다. 이 때문에 교묘(郊廟-교외에서 하늘에 지내는 교
제사의 사당)의 일에 승추(承樞)가 참여하지 못하는데 이는 (원래 중
국에서) 태위(太尉)가 군관(軍官)이라는 것을 모르기 때문입니다. 태
상은 예악(禮樂)을 맡고 광록(光祿)은 주선(酒膳-술과 음식)을 맡았
는데 지금의 봉상(奉常)과 전농(典農)이 곧 그 임무입니다. 그들로 향
관(享官)을 삼는 것은 대개 각기 그 직책을 닦아서 신명(神明)을 섬
기는 도리를 다하게 하려고 한 것인데 지금은 정작 일에 임하면 다
른 관원으로 대체하니[差=差定] 체상(禘嘗)[20]의 뜻이 무엇인지 도무
지[漫] 알지를 못합니다. 바라건대 지금부터 태상과 광록은 마땅히
본관(本官-예조)의 경(卿)을 보내 일을 맡아 준비하게 하여[判=判備]

19　전주 이씨가 아니면서 군(君)의 봉작을 받은 사람들을 가리킨다.
20　임금이 종묘에 신곡(新穀)을 올리는 큰 제사다.

이름에 걸맞게 실상을 책임지게 하면 거의 일에 임하여 구차하고 덜렁덜렁하게 되는[苟簡] 잘못이 없을 것이고 전하의 신명(神明)을 공경하시는 뜻에 거의 맞게 될 것입니다.'

그대로 따랐다.

병신일(丙申日-16일)에 남교(南郊)에 행차해 매를 풀어[放鷹]²¹ 저물녘에 돌아왔다. 찬성사 이저(李佇), 여강군(驪江君) 민무구(閔無咎), 여성군(驪城君) 민무질(閔無疾), 총제(摠制) 이숙번(李叔蕃), 청평군(清平君) 이백강(李伯剛)이 따랐다. 갑사(甲士) 10여 명과 응인(鷹人) 20여 인뿐이었다.

정유일(丁酉日-17일)에 사간원에서 소를 올렸다. 소는 이러했다.

'신 등은 들건대 거둥[舉動]은 임금의 큰 마디[大節]이니 삼가지 않으면 안 됩니다. 공손히 생각건대 전하께서는 영명한 자질과 풍부한 학문으로 대통(大統)을 이어받아 날마다 경연(經筵)에 납시어 도리와 의로움[道義]을 강구하고 밝히시며 하나의 움직임이나 하나의 고요함[一動一靜]이라도 반드시 예(禮)에서 상고하시니 신민(臣民)이 전하께 바라는 바가 지극합니다. 이달 16일에 여러 신하들이 모두 조정에 모였는데 이에 조회를 보지[視朝] 않으시고 가만히 교외로 행차하셨으니 신민의 바라는 것이 어떻게 되겠습니까? 하물며 근래에 [日者] 하늘의 변고가 여러 번 일어났으니 진실로 마땅히 두려운 마

---

21 매사냥을 했다는 말이다.

음으로 몸가짐을 갈고닦아[恐懼修省] 상천(上天)의 어짊과 아껴줌
[仁愛]에 보답하려는 것이야말로 전하께서 가지셔야 할 마음입니다.
이번의 한 차례 거둥이 비록 성대한 다움[盛德]에 누(累)가 되지 않
고 백성들의 일[民事=農業]에 아무런 방해가 되지 않는 것 같지만 위
징(魏徵)²²이 정관(貞觀)²³의 성대한 시대[盛時]를 맞아 오히려 십점(十
漸)²⁴으로 경계를 올렸습니다. 신 등은 앞으로 사냥하여 즐기는[遊畋]
실마리가 이번 일로부터 시작될까 두렵습니다. 바라건대 전하께서는
거둥을 예법에 따라 하시어 신민의 바라는 바에 부응하소서.'

상이 이를 깊이 받아들였다[深納].

○ 요동에서 도망쳐 온 군사 임팔랄실리(林八剌失里) 등을 여러 도
에 나누어 두었다. 팔랄실리 등의 가족이 서울에 들어오자 곧바로
나누어 두었다. 경상도에 1,297명, 충청도에 854명, (경기도) 좌우도
(左右道)에 488명, 전라도에 1,585명이었다.

○ 이무(李茂)가 다시 전(箋)을 올려 사직하겠다 하니 상이 전을 보
면서 말했다.

"정승이 늙고 병든 것도 아닌데 굳이 사직을 청하는 것은 무슨 일
인가? 평양군(平壤君) 조준(趙浚)은 병으로 인해 면직시켰고 진산군
(晉山君) 하륜(河崙)은 비방으로 인해 사직했으니 장차 어떤 사람으

---

22 당 태종(唐太宗) 때의 현신(賢臣)이다.

23 당 태종의 연호다.

24 열 가지의 조짐(兆朕)이라는 뜻이다. 중국 당(唐)나라 위징(魏徵)이 정관(貞觀) 13년
(639년)에 5개월 동안 비가 내리지 않아 가뭄이 들자 태종(太宗)에게 올린 열 가지 점차
로 나빠지는 풍속의 개혁을 요구하는 상소를 가리킨다.

로 그 자리를 대신하게 할 것인가?"

무술일(戊戌日-18일) 밤에 지진이 일어났다.

기해일(己亥日-19일)에 사간원에서 소를 올려 온천[溫井] 행차를 정
지할 것을 청했다. 소는 이러했다.

'신 등이 엎드려 입으로 전해온 것을 보건대 26일에 (풍해도) 평주
(平州)의 온천에 대가로 행차하신다[駕幸]고 했습니다. 이는 성체(聖
體)가 반드시 탕목(湯沐)하셔야만 하겠기 때문에 그러한 것이겠으나
근래에 성변(星變)이 여러 차례 있어 하늘의 견책[天譴]이 특별히 깊
으니 진실로 전하께서는 몸에 돌이켜 자책하고 몸가짐을 닦아 조심
해야 할 때입니다. 얼마 전 교외 들판[郊原]의 행차가 이미 잘못된
것인데 얼마 안 돼[尋] 온천의 행차가 있다 하시니 과연 하늘을 두려
워하는 뜻이 어디에 있다 하겠습니까? 또 신 등은 후세에 이르기를
"전하께서 춘추(春秋)가 한창이라[鼎盛] 분명 병환은 없을 것이고 비
록 탕목의 명목을 빌렸으나 실은 사냥하고 노는 즐거움을 좋아했기
때문이다"라고 할까 봐 두렵습니다. 하물며 지금은 벼와 곡식들이 들
을 뒤덮고 있고 백성들은 바야흐로 수확하고 있으니 땔나무와 마초
(馬草)를 운반할 때에 어찌 백성의 일에 방해가 되지 않겠습니까? 바
라건대 전하께서는 이번 행차를 정지하고 두려워하며 몸을 닦으시
어 하늘의 견책에 잘못을 빌어야 할 것입니다.'

상이 말했다.

"간원에서 말하기를 '후세에 반드시 이르기를 전하께서는 비록 탕

344

목의 명목을 빌렸으나 실은 사냥하고 노는 즐거움을 좋아했기 때문이라고 할 것'이라 했는데 간관은 어떻게 내가 명목을 빌렸다는 것을 아는가? 봄·가을로 강무(講武)하는 것은 이미 법으로 정해져 있다. 만일 사냥하고 놀고 싶다면 탕목의 명목을 빌릴 필요가 없다. 내가 지금 36세인데 일찍이 창종(瘡瘇)의 병이라고는 알지 못했는데 금년에 창종이 생겨난 것이 열 번이다. 의자(醫者) 양홍달(楊弘達)에게 물으니 말하기를 '깊은 궁중에 있으면서 밖으로 나가지를 않아 기운이 막혀 그런 것이니 마땅히 탕욕을 하셔야 한다'고 했다. 내가 말하기를 '온천이 있는데 어찌 반드시 탕목을 할 필요가 있겠는가?' 하고 이에 온천에 갈 것을 명했다. 내가 만일 빈말[妄言]을 한다면 백일하
_{망언}
에 드러날 것이다. 간관이 또 말하기를 '전하께서 춘추(春秋)가 한창이라[鼎盛] 분명 병환은 없을 것'이라 했는데 그렇다면 20~30세의
_{정성}
젊은 사람들은 반드시 아무런 병이 없는가? 간관이 내 병의 치료를 바라지 않아 그것을 막으니 나는 그렇다면[其] 가지 않겠다. 봄·가
_기
을의 강무는 간원에서 만든 법이니 내 장차 (풍해도) 해주(海州)에서 강무를 하겠다."

지신사 박석명이 대답했다.

"온천의 행차는 이미 명이 계셨으니 그대로 하는 것이 좋겠습니다."

상이 말했다.

"간관이 내가 목욕하려고 하는 것을 막으려 하니 내 장차 강무할 것이다."

석명 등이 다시 청했으나 상은 안 된다고 했고 또 대간(臺諫)이 거가(車駕)를 호종(扈從)하지 못하게 했다. 석명 등이 이를 청하니 상이 말했다.

"태상왕 때에도 역시 그것을 따르지 않았다."

이응(李膺)이 아뢰었다.

"그때에는 따르기도 하고 따르지 않기도 했습니다. 그러나 따르지 않을 수가 없습니다. 비록 명이 있다 하더라도 저들은 장차 청할 것입니다."

상이 살짝 미소를 지으며[微哂] 말했다.
미신

"저들이 장차 반드시 청할 것이야."

장령 이담(李擔)과 헌납 허지(許遲) 등을 불러 친히 물었다.

"내가 일찍이 종기가 난 적이 없었는데 금년에는 열 번이나 나길래 이에 의자(醫者)에게 물었더니 의자가 말하기를 '탕목만 한 것이 없다'고 하길래 온천에 가려고 했건만 (간원에서) 글을 올려 '비록 탕목의 명목을 빌렸으나 실은 사냥하고 노는 즐거움을 좋아했기 때문'이라고 했다. 어떻게 내가 명목을 빌렸다는 것을 아는가? 만일 사냥하고 놀기 위한 것이라면 『춘추(春秋)』의 강무(講武)가 이미 법으로 제정되어 있으니 어찌 반드시 그런 명목을 빌려 행하겠는가? 너희들은 이에 대해 말해보라."

따져 묻기를 두세 번 하니 허지(許遲) 등이 대답하여 말했다.

"신 등은 이번 행차를 가지고 명목을 빌렸다고 말한 것이 아닙니다. 만일 온천에 행차했을 때 조금이라도 사냥하는 일이 있게 된다면 후세의 의견들이 '명목을 빌린 것이다'라고 할 것을 염려한 것입니다."

상이 말했다.

"내가 힐문하는 것은 화가 나서도 아니고 또한 간언을 거부하는 것도 아니니 너희들은 다 말하라. 금후로는 대신(大臣)의 득실과 민간의 이해(利害) 외에는 과인의 몸[寡躬]의 거동에 대한 것은 마땅히 직접 들어와서 고할 일이지 무얼 반드시 장소(狀疏)로 간언하느냐? 말하면 듣는 것이 내가 바라는 바다. 임금과 신하 사이가 어찌 그리 먼 것이겠는가? 온천에 가는 것을 이미 '명목을 빌리는 것이다'라고 말했으니 내가 마땅히 그만두겠다."

담(擔) 등이 명을 듣고 물러나왔다. 석명에게 명해 전교(傳敎)했다.

"해주에서 강무할 터이니 군사들로 하여금 열흘 양식을 싸도록 하라."

상호군 박순(朴淳)이 아뢰기를 "해주는 지금 개간한 곳이 많아 가서 사냥할[狩] 수가 없습니다"라고 하자 상이 말했다.

"사냥하겠다는 것이 아니라 강무하는 것뿐이다."

영무(英茂-조영무)[25]가 말했다.

"여러 아랫사람들이 사냥하며 노는 것을 안 하셨으면 하는 것은 진실로 전하께서 마음대로 말을 달리는 것을 두려워해서입니다. 청컨대 궁시(弓矢)를 차지 마시고 응구(鷹韝)[26]만을 잡으소서."

장령 이담(李擔)이 해주 행차를 정지할 것을 다시 청했다.

○사간원에서 소를 올렸다. 소는 이러했다.

'근래에 헌사에서 각 도의 감사 및 수령의 손실(損實) 조사에 맞지

---

25 원문에는 영무(英武)로 돼 있는데 착오다.
26 매사냥할 때에 사용하는 팔찌다.

않은 것[未協=不中]과 손분(損分)의 법 중에서 고쳐야 할 점을 갖추어 보고하니 전하께서는 그대로 하라고 윤허하시고[兪允] 경차관(敬差官)[27]을 나누어 보내 손실을 조사해서 그 실(實)에 따라 수조(收租)하게 하셨으니 진실로 국용(國用)을 넉넉하게 하는 좋은 법입니다. 그러나 수령들 중에 혹 전하께서 백성들을 편안케 하려는 뜻을 제대로 깨닫지 못하고[不體] 쓸데없이 의심과 우려를 품어 설사 완전히 망가진[全損] 밭이라도 또한 그 실에 따르지 않아 폐단이 참으로 적지 않습니다. 바라건대 전하께서 특지(特旨)를 밝게 내리시어 이익을 백성에게 돌아가게 함으로써 더욱 너그럽고 어진[寬仁] 정사를 펴야 할 것입니다.'

회답하지 않았다[不報].

○ 호군 윤종(尹琮)을 파직했다. 종(琮)이 고신(告身)에 아직 서경(署經)[28]하기도 전에 녹(祿)을 받았다. 사헌부에서 소를 올려 그 녹을 빼

---

27 이들은 특히 손실경차관을 가리킨다. 조선시대에 해마다 곡식의 잘되고 못된 것을 직접 살펴 그 손실(損實)에 따라 조세를 매기기 위해 중앙 정부에서 파견했던 임시 관원이다. 경차관 가운데 손실(損實)과 재상(災傷)은 매우 중요시되어 거의 매년 파견됐다. 주로 청렴하고 정직한 5품 이상의 관원이 뽑혔는데 때로는 당상관이 파견되기도 했다. 이들의 임무는 화곡손실심검(禾穀損實審檢)과 지방관의 검핵, 전토의 재해상황 검사, 도이인 추쇄(逃移人推刷-도망자 체포) 등의 임무를 담당했다.

28 『서경』은 내용상 고신서경(告身署經)과 의첩서경(依牒署經)으로 나누어졌다. 고신서경은 문무 관리를 임명함에 있어 수직자(受職者)에게 발급하는 고신에 대간이 서명하는 것을 말한다. 의첩서경은 입법(立法), 개법(改法), 기복(起復-상중에는 벼슬을 하지 않는 것이 관례였으나 국가의 필요에 의해 상제의 몸으로 벼슬자리에 나오게 하는 일) 등 관리 임명 이외의 중요 사안에 대간이 서명하는 것을 말한다. 고신서경의 경우 비록 국왕이 관리의 임명을 재가했더라도 대간이 동의해 고신에 서명을 해야만 비로소 관직에 나아갈 수 있었다. 이때 대간에서는 해당자의 재행(才行), 현부(賢否) 및 하자 여부는 물론, 3대에 걸치는 가세(家世)까지도 심사했다. 이를 위해 조선시대는 수직자가 자기 자신과 부변(父邊), 모변(母邊)의 4조(四祖-父(부), 祖(조), 曾祖(증조), 外祖(외조))를 기록한 서경단자(署經單

앗고 직첩을 회수해 먼 지방에 유배 보낼 것을 청했는데 상은 다만 [止=只] 파직시키도록 명했다.
지 지

○ 형조전서 민계생(閔繼生), 정랑 김치(金峙)를 파직했다. 사헌부에서 소를 올려 말했다.

'본부(本府)에서 장차 거짓으로 고한 사람은 쇄장(鏁匠-쇠창살 장인)을 시켜 거리에 세워 여러 사람들에게 보이게 했는데 계생과 치 등이 "헌사에서 임의로 쇄장을 부리는 것은 과거에 그 전례가 없다"고 하여 세워 보이지 못하게 했습니다. 또 김응(金膺)이란 자가 있는데 박을생(朴乙生)의 노비로 판결된 자를 거짓으로 꾸며 차지하고 있어[據執] 을생이 형조에 제소했으나 수리(受理)하지 않아 특별히 법관(法官)의 뜻을 잃었습니다. 청컨대 이들을 파직하소서.'
거집

경자일(庚子日-20일)에 다시 이무를 우정승으로 삼았다. 상이 일찍이 말했다.

"우정승이 어째서 사직하는가? 내가 심히 근심이 된다."

조영무(趙英茂)가 대답했다.

"무(茂)가 일찍이 말하기를 '상께서 신에게 대임(大任)을 주시는 것이 어찌 이리도 빠른가[早]?'[29]라고 했고 또 말하기를 '새로운 법(法)을 세우면 백성들이 어찌 원망이 없겠는가? 이로 인해 백성들에게
조

子)를 대간에게 제출했다. 심사 결과 관직 임명에 결격 사유가 없으면 심사에 참여한 간관들이 모두 서명하지만 만일 해당 관직에의 임명이 부당하다고 판단되면 '작불납(作不納)'이라 쓰고 서명하지 않았다. 이렇게 되면 그 관직에 오를 수 없었다.

29 태종의 의도에 의심을 품고 있는 것이다. 그 점을 조영무가 태종에게 전해주는 장면이다.

미움을 받는 것이다'라고 하더니 이번에 과연 사직했습니다만 지금의 변괴는 재상(宰相)과 관련되는 것이 아닙니다."

상이 말했다.

"변괴가 재상과 전혀 무관계한 것은 아니지만 임금의 입장에서 그것을 재상 탓으로 돌릴 수는 없다."

○ 이직(李稷)을 의정부 참찬사, 권근(權近)을 예문관 대제학, 이문화(李文和)를 사평부 우사, 윤저(尹柢)를 승추부 참판사, 이첨(李詹)을 의정부 지사, 박돈지(朴惇之)를 공안부윤, 서유(徐愈)를 풍해도 도관찰사(豊海道都觀察使), 유기(柳沂)를 전라도 도관찰사, 정부(鄭符)를 경상도 도관찰사, 조희민(趙希閔, ?~1410년)[30]을 완산부윤(完山府尹)으로 삼았다. 희민(希閔)은 검교 정당(檢校政堂-검교 정당문학) 조호(趙瑚)의 첩(妾)의 아들이다. 술수(術數)의 학(學)이 있어 공신(功臣)에 참여할 수 있었고 갑자기 높은 작질[峻秩]에 오르니 사람들이 모두 비웃었다.
준질

갑진일(甲辰日-24일)에 명을 내려 저화와 상오승포를 겸하여 쓰도록 하고 다시 경상도에서 주포(紬布)의 세(稅)를 거뒀다. 사헌부와 사간원에서 교장(交章-공동 작성)으로 말씀을 올렸다.

---

30 1400년(정종 2년) 이방원이 그의 동복형인 방간(芳幹)이 일으킨 난을 평정하고 왕위에 오르는 데 협력한 공으로 1401년(태종 1년) 익대좌명공신(翊戴佐命功臣) 3등에 책록됐다. 이때 완산부윤이 됐고 1405년에 평천군(平川君)에 봉작되면서 한성부윤이 된다. 1409년 10월에 민무구(閔無咎), 민무질(閔無疾)의 옥사에 연루돼 광양에 유배됐다가 이듬해인 1410년 2월에 유배지에서 처형됐다. 이때 아버지와 아들도 연좌돼 일문이 화를 입는다.

'가만히 보건대 경상도는 산이 험하고 바다가 막혀 조세를 운반해 거두는 어려움이 사실상 다른 도의 배가 되기 때문에 고려씨(高麗氏) 이래로 그 땅에서 나는 것의 편의에 따라 혹은 주포(紬布-명주와 베)[31]로 거두고 혹은 면서(綿絮-솜)로 거뒀기에 일찍이 조와 쌀을 거두지 않았으니 이는 백성의 희망에 따른 것이라 아예 그것을 제도로 정해 500년을 내려오며 시행했어도 폐단이 없었습니다.[32] 근래에 국가의 재용(財用)이 모자라게 됨으로 인해 각 품(品)의 녹봉으로 주는 포화(布貨)를 4필(匹)에 준하는 저화로 대체하고 주포를 거두던 밭은 모두 조(租)를 바치게 해 국용(國用-나라의 재용)을 넉넉하게 했습니다. 이는 비록 나라를 넉넉하게 하는[裕國] 아름다운 뜻입니다만 사평부의 문부(文簿-문서)를 상고해보면 지난 신사년(辛巳年-1401년)에 주포전(紬布田)에서 거둔 곡식이 2만 8,000여 석인데 (정작) 조운으로 실어와 상납한 수는 6,000여 석에 지나지 않습니다. 올해 임오년의 초번과 이번[初二番]에 필요한 녹봉(祿俸)을 전청(傳請)[33]한 수가 거의 1만여 석에 이릅니다. 만일 그렇다면 주포전에서 거두는 조(租)는 다만 그 도의 군자(軍資)에 충당할 뿐이고 경성(京城)의 비축에는 아무런 도움이 되지 않습니다. 하물며 지금 경상도는 한재(旱災), 황재(蝗災), 일찍 찾아온 서리로 인한 상재(霜災)로 말미암아 기근이 거듭 찾아와 백성들이 조를 바치는 것이 마치 생살을 베는

---

31 주는 야잠(野蠶), 부잠(副蠶), 옥잠(玉蠶)에서 뽑은 견방사(絹紡絲)를 이용한 평견직물(平絹織物)이다.

32 문장이 조금 길긴 하지만 상소문 본래의 느낌을 살리기 위해 원문의 구두점에 따랐다.

33 관청에 미곡, 포, 잡물 등의 재고가 부족해 다른 관청에서 빌려와 사용하는 것을 말한다.

것과 같습니다. 그런데 뒤쫓듯이 조를 거두게 되면 원망[怨讟]이 장
차 크게 일어날 것이니 이는 진실로 염려하지 않을 수 없습니다. 바
라건대 지금부터 경상도 공안(貢案)은 주포(紬布)에 붙이어 모두 예
전의 수량에 의거해 실어서 바치도록 하고, 녹봉미의 부족한 수는
그 주포로 채워 넣어 초번과 이번의 전청을 모두 다 정지하면 녹봉
은 충분해지고 경성의 비축은 허비되지 않아 원망이 풀리면서 변방
고을의 부세(賦稅)가 다 수납될 것입니다.'

○ 사헌부와 사간원에서 또 교장(交章-공동 작성)으로 말씀을 올
렸다.

'예로부터 제왕이 법을 세우고 제도를 만들 때[立法創制] 백성들
의 실상[民情]에 뿌리를 두지 않음이 없었습니다. 지금 국가에서 중
조(中朝-중국 조정)를 모방하여 저화를 인쇄해 공사(公私)의 보화(寶
貨)로 삼았으니 국가의 무궁한 이익일 뿐만 아니라 또한 수운(輸運)
하고 저축하는 데 편리한 점이 있습니다. 그래서 법을 세우던 초기
에 조정 신하[廷臣]들은 아름다운 법[美法]이라고 칭송하지 않는 자
가 없었고 나라와 백성을 넉넉하게 하는 좋은 법이라고 여겼습니다.
신 등이 가만히 보건대 저화가 반포 시행된[頒行] 이래로 맨 먼저 창
름(倉廩-창고)을 풀어[發] 백성들이 무역하는 일을 들어주어 백성에
게 믿음[信]을 보였고 또 백성들이 쌓아두고 있는[所儲] 상오승포를
바꿔주고 그것을 끊어서 세 끝[三端]으로 만들어 그들의 의심을 막
았으니 법을 세운 뜻은 엄격하면서도 치밀했습니다. 그러나 풍토와
생산물[民産]이 중국과 달라 이 나라의 인민들이 수군거리기만 하
고[嚻嚻] 믿지를 않아 저화를 무용지물로 여기는 바람에 날로 근심

과 의심이 더해져 물가가 뛰어오르는 것[騰踊]이 끝이 없습니다. 시
관(市官)이 더욱 엄격하게 금지하려 하지만 그럴수록 저화의 가치는
더욱 떨어지니 어찌 시행한 지가 오래되고서 폐단이 없을 수 있겠습
니까? 하물며 지금은 곡식들이 이미 시장 마당에 나왔으니 쌀과 조
의 값은 마땅히 떨어져야 할 것입니다. 길거리[委巷]의 가난한 백성
들이 한 장(張)의 저화를 가지고 한 말의 쌀을 사려고 하지만 도저
히 살 수가 없습니다. 굶주림에 시달리다 보니 원망이 더욱 깊어져
염려하지 않을 수가 없습니다. 중니(仲尼-공자)가 말하기를 "사람들의
실상[人情]은 성인(聖人)의 밭이니 치도(治道)는 바로 거기로부터 나
온다"라고 했습니다. 그래서 육지(陸贄, 754~805년)[34]가 말하기를 "나
라를 다스리는 요체는 백성들을 얻는[得衆] 데 있고, 백성들을 얻는
요체는 실상[情]을 살피는 데 있다"라고 했습니다. 지금 저화를 쓰는
것은 원망만 불러일으킬 뿐이고 이익은 백성에게 미치지 못하니 그
것이 백성들의 실상에 거슬리는 바를 훤하게 볼 수 있습니다. 애초
에 저화를 좋은 법이라고 했다가 시행하기에 이르러 폐단이 이와 같
으니 더욱이 어찌 고치기를 꺼리겠습니까? 바라건대 전하께서는 제
반 사정[群情]을 살피시어 유사(攸司)에 영을 내려 구제(舊制)를 고치

---

34 당나라 소주(蘇州) 가흥(嘉興) 사람으로 덕종(德宗)이 즉위하자 한림학사(翰林學士)가
됐다. 783년[건중(建中) 4년] 주차(朱泚)가 반란을 일으키자 덕종을 따라 봉천(奉天)으
로 달아나 조서(詔書)를 지었는데 문장이 간절하여 무부한졸(武夫悍卒)조차 읽고 눈물
을 흘리며 감동하지 않는 사람이 없었다. 791년[정원(貞元) 7년] 병부시랑(兵部侍郎)에 올
랐다. 다음 해 중서시랑(中書侍郎)과 동문하평장사(同門下平章事)를 지냈다. 재상으로 있
을 때 폐정(弊政)을 없애고 가혹한 세금을 폐지했다. 794년 겨울 호부시랑(戶部侍郎) 배
연령(裵延齡)의 술책으로 재상직에서 파직됐다. 다음 해 충주별가(忠州別駕)로 쫓겨났다.
재주가 남달랐으며 민정(民情)을 몸소 살폈고 성품이 강직했다.

도록 하신다면 참으로 백성들에게 편리하고 이익이 될 것입니다. 만일 갑자기 고칠 수 없다면 저화에 써 있는 글에 "상오승포와 통행(通行)한다"고 했으니 임시로나마[姑] 저화와 함께 쓰게 하여 백성이 좋아하는 바를 들어주시고 그들을 강압으로 부리지 마시어 그 실상을 잘 다스려야 합니다.'

둘 다 의정부에 내려 깊이 헤아려가며 토의하게 했다. 삼부(三府)에서 함께 토의했는데 저화를 쓰자는 의논은 가부(可否)가 서로 반반이고 주포(紬布)를 회복하자는 의견은 가(可)가 반을 넘었다.

병오일(丙午日-26일)에 평주(平州) 온천에 행차하는 길에 강음현(江陰縣) 기탄(岐灘)에 이르러 평구(平丘)에 올라 말에서 내려 장전(帳殿)으로 들어가 김과(金科)를 불러 『상서(尙書)』 한 편(篇)을 보고서 이에 말했다.

"지금 대간(臺諫)으로 거가(車駕)를 따르는 자가 누구인가?"

그리고 개탄하여 말했다.

"간관이 상언(上言)하기를 '전하께서는 비록 탕목(湯沐)한다는 명목을 빌리나 실은 유람하고 사냥하는 낙(樂)을 즐기려고 하는 것입니다'라고 했는데 심하도다! 이 말은."

정미일(丁未日-27일)에 상이 노루[獐]를 쏘아 잡았다. 평주(平州) 미륵당(彌勒堂)에 이르러 말에서 내려 장전(帳殿)으로 들어가 여러 총제(摠制)를 불러 말했다.

"이번 행차에서 바로 군행(軍行-군대 행렬)을 살펴보려고 했는데 여

러 군사가 짐승을 모는 것이 일정하지 못했다[不一]. 뒤에도 만일 이
와 같으면 즉각 군법을 따르겠다."

또 명했다.

"경들이 무슨 까닭으로 나를 일찌감치 장중(帳中)으로 들도록 하
는가? 지금부터는 너무 이르지도 않고 너무 저물지도 않았을 때 끝
마치는 것이 좋겠다."

잡은 새와 짐승들을 종관(從官)에게 나누어 내려주었다.

무신일(戊申日-28일)에 통사(通事) 강방우(康邦祐)가 요동으로부터
평양에 이르렀는데, 서북면 도순문사가 방우(邦祐)의 말을 비보(飛
報)했다.

'6월 13일에 연왕(燕王)이 전쟁에서 승리를 거둬 건문황제(建文皇
帝-혜제)는 봉천전(奉天殿)에 불을 지르게 하고 자기는 대궐 가운데
서 목매달아 죽었으며 후비(后妃), 궁녀(宮女) 40인이 스스로 죽었습
니다. 이달 17일에 연왕이 황제의 위(位)에 나아갔는데 도찰원 첨도
어사(都察院僉都御史) 유사길(兪士吉)과 홍려시 소경(鴻臚寺少卿) 왕
태(汪泰)와 내사(內史) 온전(溫全), 양영(楊寧) 등을 보내 이들이 조서
(詔書)를 가지고 이미 금월 16일에 강을 건너왔고, 역사(力士) 두 사
람과 본국 환자(宦者-환관) 세 사람이 따라옵니다.'

상은 일찍이 박석명(朴錫命)에게 말했다.

"꿈에 중국 사신이 왔는데 내가 사람을 시켜 성지(聖旨)를 전사(傳
寫)하게 하여 읽어보았다. 중원(中原)에는 반드시 기이한 일[奇事]이
있을 것이야."

이때에 이르러 과연 들어맞았다[驗].
험

기유일(己酉日-29일) 밤에 우박이 내렸다.

○ 상이 평주에서 돌아왔다.

○ 일본(日本) 살주산성(薩州山城) 태수(太守) 원뢰수(源賴秀)가 신(臣)이라 일컬으며 글을 올려 예물(禮物)을 바쳤고 일기주 지주(一岐州知主) 원량희(源良喜)도 예물을 바치고 잡혀갔던 사람들을 돌려보냈다.

辛巳朔 夜雷.
신사 삭 야뢰

壬午 雷雨雹.
임오 뇌우박

豊海道雪深五寸.
풍해도 설심 오촌

司諫院左司諫大夫趙庸等告病. 以不得止西北面量田也.
사간원 좌사간 대부 조용 등 고병 이 부득 지 서북면 양전 야

癸未 定流罪收贖之法. 議政府啓曰:
계미 정 유죄 수속 지 법 의정부 계왈

"大明律流三千里 贖銅錢三十六貫. 本國以五升布十五匹準
대명률 유 삼천리 속 동전 삼십 육 관 본국 이 오승포 십오 필 준

銅錢一貫 計五升布五百四十匹. 本國之境 流不滿三千里 其
동전 일관 계 오승포 오백 사십 필 본국 지경 유 불만 삼천리 기

收贖則滿三千里數 名實不相當. 以本國境內里數計之 最遠
수속 즉만 삼천리 수 명실 불 상당 이 본국 경내 이수 계지 최원

慶源府一千六百八十里 其三十六貫減一分 二十四貫 準計
경원부 일천 육백 팔십 리 기 삼십 육 관감 일분 이십 사 관 준 계

五升布三百六十匹. 其流二千五百里則贖錢三十三貫. 東萊縣
오승포 삼백 육십 필 기유 이천 오백 리즉 속전 삼십 삼 관 동래현

爲次一千二百三十里 其三十三貫減一分 二十二貫 準計五升布
위차 일천 이백 삼십 리 기 삼십 삼 관감 일분 이십 이 관 준 계 오승포

三百三十匹. 其流二千里則贖錢三十貫. 丑山爲次一千六十五里
삼백 삼십 필 기유 이천 리즉 속전 삼십 관 축산 위차 일천 육십 오 리

其三十貫減一分 二十貫 準計五升布三百匹. 自今以後 凡贖流罪
기 삼십 관감 일분 이십 관 준 계 오승포 삼백 필 자금 이후 범 속 유죄

以上項本國里數準計."
이 상항 본국 이수 준 계

從之.
종지

丙戌 暴雨震電. 流星出北極 入尙書星.
병술 폭우 진전 유성 출 북극 입 상서성

豐海道 谷山郡雨雪.

命戶曹以續字丁田 皆屬軍資. 司憲府啓:

"國初革私田後 京畿左右道元屬軍資田六千餘結 續字丁一萬

六千餘結 摠計二萬二千餘結 已屬軍資. 凡續字丁所出米 左右道

摠計一千三百餘石而已 京城倉庫蓄積之虛耗至此. 其續字丁

田地 在前科田已折給勿論 竝皆還屬軍資. 元屬軍資田內佐命

功臣賜給外 原案相考 竝皆不動. 初 續字丁 以陳地不行打量 或

科田標內相間 以加耕爲名 侵奪者或有之. 自今各其官四標 相考

分揀收租 又當農隙打量 永屬軍資 以備不虞"

下議政府議之 僉曰: "可." 從之.

戊子 御淸和亭 召諸宗親觀射.

日本源賴秀使人辭 賜米豆各五十石 滿花席 黑麻布 白苧布.

兵曹請三軍都摠制摠制政案 許本曹掌之. 疏曰:

'文武之職 不可偏廢 故本國設吏曹 以掌文資 兵曹以掌武資

凡所施爲 各有統屬 誠爲令典. 至於政案 因前朝之舊 文官則

一品至九品 吏曹掌之; 武官則自上大護軍至散員 兵曹掌之. 今

之承樞府 卽前朝樞機之職也. 樞密之任 不獨軍務 宜因前朝之舊

吏曹掌之. 若三軍則①旣置上大護軍 又置都摠制 摠制 專掌軍務

其都摠制以下政案 許令本朝掌之 使文武各有統屬'.

從之.

庚寅 雷雨雹. 牛峯 兎山雨雪.
경인 뇌우박 우봉 토산 우설

辛卯 雷.
신묘 뇌

與左政丞金士衡 右政丞李茂 判承樞府事趙英茂 議東西北面
여 좌정승 김사형 우정승 이무 판 승추부 사 조영무 의 동 서북면

量田之事. 士衡曰: "前日所下諫院狀疏 議論不同 未能申聞."
양전 지사 사형 왈 전일 소하 간원 장소 의논 부동 미능 신문

李茂曰: "諫院之疏 慮國家之事. 東西北面 地接中國. 今也中國
이무 왈 간원 지소 여 국가 지사 동 서북면 지접 중국 금야 중국

兵興 飢饉荐臻 及其氷凍 恐有攄掠之患 故其界人民常懷憂懼.
병흥 기근 천진 급기 빙동 공유 노략 지환 고 기계 인민 상회 우구

今者已遣敬差官 審其田之損實 又繼以量田之事 則民必不安.
금자 이견 경차관 심 기전 지 손실 우계 이 양전 지사 즉 민 필 불안

且其界雪深 則人不得行 雖令量之 今冬未畢 必待明年雪消 乃
차 기계 설심 즉 인 부득 행 수영 양지 금동 미필 필대 명년 설소 내

可畢也." 上曰: "量田收租 欲其界面有軍資也. 如有不虞之變
가필 야 상왈 양전 수조 욕기 계면 유 군자 야 여유 불우 지변

其面之人所資以生 何憚之有哉!" 茂曰: "民之有此計者鮮矣." 上
기면 지 인 소자 이생 하탄 지유 재 무왈 민지 유 차계 자 선의 상

曰: "城子已畢乎?" 僉曰: "泥城 江界則已畢 義州則無石之地
왈 성자 이필 호 첨왈 이성 강계 즉 이필 의주 즉 무석 지지

今猶未畢." 茂避席曰: "日者天變屢現 臣居燮調之職 無補上德
금 유 미필 무 피석 왈 일자 천변 누현 신거 섭조 지직 무보 상덕

凡所施爲 皆戾物望 況能上答天心乎? 願收臣職 以授有德." 上
범 소시위 개 려 물망 황능 상답 천심 호 원수 신직 이수 유덕 상

曰: "天變豈關於宰相乎?"
왈 천변 기관 어 재상 호

癸巳 右政丞李茂上箋辭.
계사 우정승 이무 상전 사

甲午 雷.
갑오 뇌

遣藝文館大提學李詹 行醮于昭格殿. 初 上命金科進續通鑑 覽
견 예문관 대제학 이첨 행초 우 소격전 초 상명 김과 진 속통감 람

孝宗隆興 乾道年間天變雷動等事 蓋欲祈禳變異. 至是 行醮禳
효종 융흥 건도 연간 천변 뇌동 등사 개욕 기양 변이 지시 행초 양

流星雷電之變 且祈時令調和.
유사 뇌전 지변 차 기 시령 조화

禮曹典書金瞻等 進祭儀數條. 疏曰:
예조 전서 김첨 등 진 제의 수조 소왈

'謹按祭禮 人君親祀 則太子若②公侯伯爲亞獻 太尉爲終獻:
攝事則太尉爲初獻 太常卿亞獻 光祿卿終獻 而未嘗有以宗室
攝行者 旁親不敢專宗祀 而且避正統也. 禮曰:"庶子不祭 明
其宗也."先王制禮 別嫌明微 如此其嚴也 今乃以宗親. 攝祭宗廟
非禮也. 伏望自今 宗親 除親祀亞獻及眞殿山陵外③ 不許於宗廟
攝位以祭.

漢唐以來 太尉司徒司空以爲三公. 三公之職 股肱元首④ 調
陰陽摠百官 無所不統 故人君有故則代攝以行 禮也. 今以宰臣
之位卑者爲太尉 典書爲司徒司空 其事不師古 而僭名背實 莫此
爲甚 非所以重祭禮也. 望自今 太尉政丞以上 司徒司空以文武
資憲以上及異姓諸君充之 庶合古禮. 議者謂軍官不當行祭. 是以
郊廟之事 承樞不與焉 而不知太尉是軍官也. 太常掌禮樂 光祿掌
酒膳. 今之奉常典農 卽其任也. 以之爲享官者 蓋欲各修其職 以
盡事神之道 今乃臨事 差以他官 則漫不知其禘嘗之義爲何事. 望
自今 太常光祿 當遣本官卿判事 循名責實 庶無臨事苟簡之失
庶副殿下敬恭明神之意.'

從之.

丙申 幸南郊放鷹 暮還. 贊成事李佇 驪江君閔無咎 驪城君
閔無疾 摠制李叔蕃 淸平君李伯剛. 從焉. 甲士十餘 鷹人二十餘
人而已.

丁酉 司諫院上疏. 疏曰:

'臣等聞擧動 人君之大節 不可不愼. 恭惟殿下以英明之資 瞻博之學 纘承大統 日御經筵 講明道義 一動一靜 必稽於禮 臣民之望於殿下者至矣. 月十六日 群臣咸集于朝 乃不視朝 潛幸 于郊 臣民之望如何? 況日者天變屢興 誠宜恐懼修省 以答上天 仁愛殿下之心也. 今此一擧 雖若無累於聖德 無防於民事 魏徵當 貞觀盛時 猶以十漸進誠. 臣等恐他日遊敗之端 自此始也. 願殿下 動循禮法 以副臣民之望.'

上深納之.

分置遼東逃軍林八剌失里等于諸道. 八剌失里等家小來京 乃 分置之: 慶尙道一千二百九十七, 忠淸道八百五十四, 左右道 四百八十八, 全羅道一千五百八十五.

李茂復上箋辭 上覽箋曰: "政丞非老疾 固請辭職 何也? 平壤君趙浚以病免 晋山君河崙以⑤謗辭 將以⑥何人代之乎?"

戊戌 夜地震.

己亥 司諫院上疏 請止溫井之行. 疏曰:

'臣等伏覩口傳 二十六日 駕幸平州溫井. 是聖體必有所當湯沐 而然也. 但近者星變屢作 天譴殊深 誠殿下反躬自責 修省惕慮之 秋也. 前日郊原之幸 已爲失矣 尋有溫泉之幸 其畏天之意安在? 且臣等恐後世謂殿下春秋鼎盛 必無疾患 雖假湯沐之名 實好

遊畋之樂也. 況今禾穀被野 民方收穫 其輸柴轉草之際 獨不妨於
民事乎? 願殿下停留此行 恐懼修省 以謝天譴.

上曰: "諫院言: '後世必謂殿下雖假湯沐之名 實好遊畋之樂.'
諫官何以知予之假名乎? 春秋講武 已有成法. 若欲遊畋 則不必
假湯沐也. 予今三十有六歲 曾不知瘡腫之疾 今年發至十次. 問諸
醫者楊弘達 曰: '深居不出 氣塞所致也 宜備湯浴.' 予謂有溫泉
焉 何必湯浴! 是命溫泉之行. 予若妄言 有如白日. 諫官又言:
'殿下春秋鼎盛 必無疾病.' 然則二十三十年少之人 必無疾乎?
諫官不欲予之治病而止之 予其不往. 春秋講武 諫院所成之法也
予將講武於海州矣."

知申事朴錫命對曰: "溫井之行 已有命矣 因之便." 上曰: "諫官
欲止予浴 予將講武矣." 錫命等再請而上不可 又不欲臺諫扈駕.
錫命等請之 上曰: "太上之時 亦不隨之." 李膺啓曰: "其時或隨
或不隨 然不可以不隨也. 雖有命 彼將請之." 上微哂曰: "彼將
必請." 召掌令李擔 獻納許遲等 親問曰: "予未嘗發腫 今年發至
十次 乃問醫者 醫云: '不如湯沐' 欲往溫井 上書言: '雖假湯沐
之名 實欲遊畋之樂.' 何以知予之假乎? 若遊畋 則春秋講武 已有
成法 何必假而行乎? 爾等其言之." 問至再三 許遲等對云: "臣等
非以此行爲假也.⑦ 若行溫井之際 小有田獵 則恐後世之議以爲
假也." 上曰: "予之詰問 非怒也 亦非拒諫也 爾等盡言之. 今後

大臣得失 民間利害外 寡躬擧動 當自入告 何必以狀疏爲諫也?
대신 득실 민간 이해 외 과궁 거동 당 자 입고 하필 이 장소 위간 야

言之則聽 予所願也. 君臣之間 豈其遠乎? 若溫井之行 旣曰假
언지 즉청 여 소원 야 군신 지간 기기 원호 약 온정 지행 기왈 가

也 予當止之.” 擔等聞命而退. 命錫命傳曰: “講武海州 令軍士齎
야 여당 지지 담 등 문명 이퇴 명 석명 전왈 강무 해주 영군사 재

十日糧.” 上護軍朴淳啓以海州今多開墾 不可往狩 上曰: “非狩也
십일 량 상호군 박순 계이 해주 금 다 개간 불가 왕수 상왈 비수야

講武而已.” 英茂曰: “群下之不欲遊畋 誠恐殿下之縱於馳騁也.
강무 이이 영무 왈 군하 지 불욕 유전 성공 전하 지 종어 치빙 야

請毋佩弓矢 但執鷹鞲.” 掌令李擔復請止海州之幸.
청 무패 궁시 단집 응구 장령 이담 부 청지 해주 지행

司諫院上疏. 疏曰:
사간원 상소 소왈

‘日者 憲司以各道監司守令損實有未協者與損分之法可更改者
일자 헌사 이 각도 감사 수령 손실 유 미협 자 여 손분 지법 가경개 자

開具啓聞 殿下兪允 分遣敬差官 令究損實 從實收租 誠裕用之
개구 계문 전하 유윤 분견 경차관 영구 손실 종실 수조 성유 용지

良法也. 然守令或不體殿下便民之意 妄生疑慮 雖於全損之田 亦
양법 야 연 수령 혹 불체 전하 편민 지의 망생 의려 수어 전손 지전 역

不從實⑧ 弊固不細. 願殿下明降特旨 利歸於民 益布寬仁之政.’
부 종실 폐 고 불세 원 전하 명강 특지 이 귀어 민 익포 관인 지정

不報.
불보

罷護軍尹琮職. 琮於告身未署之前受祿. 司憲府上疏請徵其祿
파 호군 윤종 직 종 어 고신 미서 지전 수록 사헌부 상소 청징 기록

收其職牒 竄于遠方 上止命罷之.
수기 직첩 찬우 원방 상 지명 파지

罷刑曹典書閔繼生 正郞金峙職. 司憲府上疏曰:
파 형조 전서 민계생 정랑 김치 직 사헌부 상소 왈

‘府將妄告人 令鑞匠立示于街 繼生 峙等以爲: “憲司擅使鑞匠
부 장 망 고인 영 쇄장 입시 우가 계생 치 등 이위 헌사 천사 쇄장

古無其例” 使不得立示. 又有金膺者據執朴乙生決後奴婢⑨ 而
고 무 기례 사 부득 입시 우 유 김응 자 거집 박을생 결후 노비 이

乙生訴于刑曹 不受理 殊失法官之意 請罷之.’
을생 소 우 형조 불수리 수실 법관 지의 청 파지

庚子 復以李茂爲右政丞. 上嘗曰: “右政丞何以辭職? 予甚閔
경자 부 이 이무 위 우정승 상 상왈 우정승 하이 사직 여 심민

焉.” 趙英茂對曰: “茂嘗言: ‘上授臣大任 何其早也?’ 又謂: ‘立
언 조영무 대왈 무 상언 상 수신 대임 하기 조야 우위 입

新法則民豈無怨？是以見憎於民.' 今果辭 若今變怪 非係於相
신법 즉민기무원 시이 견증 어민 금과사 약금 변괴 비계 어상

也." 上曰:"變怪 於相不無關係 然以人君不可歸之於相也."
야 상왈 변괴 어상불무 관계 연이 인군 불가 귀지 어상야

以李稷爲參贊議政府事 權近藝文館大提學 李文和司平府
이 이직위 참찬 의정부 사 권근 예문관 대제학 이문화 사평부

右使 尹柢參判承樞府事 李詹知議政府事 朴惇之恭安府
우사 윤저 참판 승추부 사 이첨 지 의정부사 박돈지 공안부

尹 徐愈豐海道都觀察使 柳沂全羅道都觀察使 鄭符慶尙道
윤 서유 풍해도 도관찰사 유기 전라도 도관찰사 정부 경상도

都觀察使 趙希閔完山府尹. 希閔檢校政堂趙瑚之妾子也. 有
도관찰사 조희민 완산부 윤 희민 검교 정당 조호 지 첩자 야 유

術數之學 得參功臣 驟居峻秩 人皆譏之.
술수 시학 득참 공신 취기 준질 인개 기지

甲辰 命兼用楮貨常五升布 復慶尙道紬布之稅. 司憲府 司諫院
갑진 명 겸용 저화 상오승포 복 경상도 주포 지세 사헌부 사간원

交章上言:
교장 상언

'竊見慶尙道 阻山隔海 其租稅輸納之難 實倍他道 故自高麗氏
절견 경상도 조산 격해 기 조세 수납 지난 실배 타도 고자 고려씨

以來 因其地産之宜 或收紬布 或收綿絮 而未嘗收其粟米 所以從
이래 인기 지산 지의 혹수 주포 혹수 면서 이미상 수기 속미 소이종

其民望 以爲定制 垂五百年行之無弊. 近因國家財用匱乏⑩ 各品
기 민망 이위 정제 수 오백 년 행지 무폐 근인 국가 재용 궤핍 각품

祿俸布貨 代以準四匹楮貨 其紬布之田 悉令納租 以隆國用. 此
녹봉 포화 대이준 사필 저화 기 주포 지전 실령 납조 이용 국용 차

雖裕國之美意 然以司平文簿考之 去辛巳年紬布之田所收之
수 유국 지 미의 연이 사평 문부 고지 거 신사년 주포 지전 소수 지

粟 二萬八千餘石 其漕轉上納數 不過六千餘石 今壬午年初二
속 이만 팔천 여석 기 조전 상납 수 불과 육천 여석 금 임오년 초이

番祿俸傳請之數 多至萬餘石. 若然則紬布田所收之租 只充其道
번 녹봉 전청 지수 다지 만여석 약 연즉 주포 전 소수 지조 지충 기도

之軍資 而無補於京城之畜. 況今慶尙道旱蝗早霜 飢饉荐至 民
지 군자 이무보 어 경성 지축 황금 경상도 한황 조상 기근 천지 민

之納租 如割肌膚. 又從而斂之 則怨讟將興 此固不可不慮也. 願
지 납조 여할 기부 우종이 렴지 즉 원독 장흥 차고 불가 불려 야 원

自今 慶尙道貢案付紬布 悉依前數而輸納 其祿俸米不足之數 以
자금 경상도 공안 부 주포 실의 전수 이 수납 기 녹봉 미부족 지수 이

其紬布充之 初二番傳請 一皆停止 則祿俸足而京城之畜不耗
기 주포 충지 초이 번 전청 일개 정지 즉 녹봉 족이 경성 지축 불모

364

怨讟?而邊郡之賦畢至.
원독 이 변군 지부필지

司憲府 司諫院又交章上言:
사헌부 사간원 우 교장 상언

'自古帝王 立法創制 莫不本乎民情. 今國家遵倣中朝 印造
자고 제왕 입법 창제 막불 본호 민정 금 국가 준방 중조 인조

楮貨 以爲公私之寶 非特國家無窮之利 又有便於輸貯.⑪ 是以
저화 이위 공사 지보 비특 국가 무궁 지리 우유 편어 수저 시이

立法之始 廷臣莫不稱美 以爲裕國裕民之良法. 臣等竊見 自楮貨
입법 지시 정신 막불 칭미 이위 유국 유민 지 양법 신등 절견 자 저화

頒行以來 首發倉廩 聽民貿易 以示信於民 又換民所儲常五升布
반행 이래 수발 창름 청민 무역 이 시신 어민 우환 민 소저 상오승포

絶爲三端 以沮其疑 立法之意 嚴且密矣. 然土風民産 與中國
절위 삼단 이저 기의 입법 지의 엄차밀의 연 토풍 민산 여 중국

不同 一國人民囂囂不信 視楮貨爲無用之物⑫ 日益憂疑 物價
부동 일국 인민 효효 불신 시 저화 위 무용지물 일익 우의 물가

騰踊 未有紀極 市官之禁愈嚴 而楮貨之直愈賤 豈能行之悠久而
등용 미유 기극 시관 지금 유엄 이 저화 지치 유천 기능 행지 유구 이

無弊哉? 況今穀已登場 米粟之價 宜其賤矣. 委巷窮民 持一張
무폐재 황금 곡이 등장 미속 지가 의기천의 위항 궁민 지 일장

楮貨 售索一斗之米 尙不能得. 迫於飢饉 怨讟莫甚 不可不慮也.
저화 수색 일두 지미 상불능득 박어 기근 원독 막심 불가 불려야

仲尼曰: "人情 聖人之田 治道之所由出也." 故陸贄曰: "爲國之要
중니 왈 인정 성인 지전 치도 지 소유출 야 고 육지 왈 위국 지요

在乎得衆 得衆之要在乎見情." 今楮貨之用 適以斂怨 利不及民
재호 득중 득중 지요 재호 견정 금 저화 지용 적이 렴원 이불급 민

其拂民情 炳炳可見. 初以楮貨爲良法 而及其行也 其弊若此 尙
기불 민정 병병 가견 초이 저화 위 양법 이급 기행 야 기폐 약차 상

何憚於更改耶? 願殿下審察群情 下令攸司 俾改舊制 誠爲便益.
하탄 어 경개 야 원 전하 심찰 군정 하령 유사 비개 구제 성위 편익

如以爲不可遽改 則其楮貨之文 有曰: "與常五升布通行." 姑令
여 이위 불가 거개 즉 기 저화 지문 유왈 여 상오승포 통행 고령

楮貨竝用 聽民所好 毋使强之 以順其情.'
저화 병용 청민 소호 무사 강지 이 순 기정

皆下議政府擬議. 三府會議 用楮貨可否相半 復紬布可者過半.
개 하 의정부 의의 삼부 회의 용 저화 가부 상반 복 주포 가자 과반

丙午 幸平州溫井 到江陰縣岐灘 上平丘下馬 入帳殿召金科
병오 행 평주 온정 도 강음현 기탄 상 평구 하마 입 장전 소 김과

覽尙書一篇 乃曰: "今臺諫隨駕者誰歟?" 慨然曰: "諫官上言:
람 상서 일편 내왈 금 대간 수가 자 수여 개연 왈 간관 상언

'殿下雖假湯沐之名 實欲遊畋之樂.' 甚哉言乎!"

丁未 上射獐獲之. 至平州 彌勒堂下馬 入帳殿 召諸摠制曰:

"此行正欲觀軍行 諸軍驅獸不一. 後若如此 卽從軍法." 又命曰:

"卿輩何故使我早入帳中乎? 今後不早不暮可也." 所獲禽獸 分賜

從官.

戊申 通事康邦祐來自遼東 至平壤. 西北面都巡問使飛報邦祐

言:

'六月十三日 燕王戰勝 建文皇帝命焚奉天殿 而自縊于殿中

后妃宮女四十人自死. 是月十七日 燕王卽皇帝位 遣都察院

僉都御史兪士吉 鴻臚寺少卿汪泰 內史溫全楊寧等齎詔書 已於

今月十六日 越江而來 力士二人 本國宦者三人隨來.'

上嘗語朴錫命曰: "夢朝廷使臣至 予使人傳寫聖旨而觀之.

中原必有奇事." 至是果驗.

己酉 夜雨雹.

上至自平州.

日本 薩州山城太守 源賴秀稱臣奉書獻禮物 一岐州知主

源良喜亦獻禮物 發還俘虜.

|원문 읽기를 위한 도움말|

① 若~則은 '~의 경우에는'이라는 뜻이다.
   약 즉

② 若. 여기서는 아주 드물게 '및'이라는 뜻이다. 즉 與나 及과 같은 뜻이다.
   약   여 급

③ '~를 제외하고'라는 표현일 경우 이처럼 除親祀亞獻及眞殿山陵外, 즉
                                      제 친사 아헌 급 진전 산릉 외

   除~外의 표현법이 주로 사용된다.
   제 외

④ 股肱元首. 이런 경우가 한문 번역에서 어려움을 주는데 이 경우에는
   고굉 원수

   股肱이 동사, 元首가 명사가 되어 '원수에게 팔다리 역할을 하다'라는
   고굉   원수

   뜻이다.

⑤⑥ 晋山君河崙以謗辭 將以何人代之乎? ⑤의 以는 이유를 뜻하는 '때문
    진산군 하륜 이방사 장이 하인 대지 호   이

    에'이고 ⑥은 자격을 뜻하는 '~로서'다.

⑦ 臣等非以此行爲假也. 여기서는 전형적으로 以~爲~라 하여 '이 행차를
   신 등 비 이 차행 위 가 야   이 위

   명목을 빌린 것으로 간주하는 것이 아니다'라는 표현법으로 사용되고

   있다.

⑧ 不從實. 이런 경우에는 독음을 不從實로 해도 상관이 없다. 혹은
   부 종실   부종 실

   不從實도 가능하다.
   부종실

⑨ 朴乙生決後奴婢. 이는 우선 순서대로 풀자면 박을생이 판결 후에 확보
   박을생 결후 노비

   한 노비라는 뜻이다. 決後는 판결이 났다는 뜻이다.
                    결후

⑩ 近因國家財用匱乏. 近은 近來 혹은 近者다. 因에는 이어지는 여섯 글자
   근 인 국가 재용 궤핍 근 근래   근자   인

   가 모두 걸린다. 즉 '국가의 재용이 결핍한 때문'이라는 뜻이다.

⑪ 非特國家無窮之利 又有便於輸貯. 非特~又의 구문으로 '~뿐만 아니라
   비특 국가 무궁 지 리 우유편어 수저 비특 우

   ~도 또한'이라는 표현법이다.

⑫ 視楮貨爲無用之物. 視~爲~의 구문으로 以~爲~와 같다.
   시 저화 위 무용지물 시 위   이 위

태종 2년 임오년
10월

十月

신해일(辛亥日-1일) 초하루에 상이 지신사 박석명에게 명해 회암(檜
巖)으로 가서 태상왕의 환궁(還宮)을 청하게 했다. 상은 사신(使臣)이
태상왕의 안부를 물었다는 말을 듣고서 그 때문에 석명에게 명해
사신이 온다는 일을 (태상왕께) 갖추어 아뢰게 했다.

임자일(壬子日-2일)에 영을 내려 중외(中外)에서 건문(建文) 연호를
쓰지 말도록 했다.

갑인일(甲寅日-4일)에 안개가 꼈다.
○ 김사형을 사평부 영사, 하륜을 좌정승, 성석린을 의정부 영사,
이직을 예문관 대제학, 권근을 의정부 참찬사로 삼았다. 애초에 상이
우정승 이무를 보내 (명나라 황제의) 등극(登極)을 하례(賀禮)하고자
하여 하륜, 김사형, 이무를 불러 말했다.
"우정승은 평소[素] 병이 있어 원행(遠行)하기가 어려울 텐데 어떤
가?"
사형이 말했다.
"신도 병이 있사온데 다만 상감(上鑑)이 두려워 감히 사직하지 못
하고 있습니다."
륜(崙)이 말했다.

"정승들이 모두 병이 있으니 신이 마땅히 가겠습니다."

상이 기뻐서 눈물을 흘렸고 륜도 펑펑 울었다. 이때에 이르러 륜을 좌정승으로 삼았으니 등극을 하례하기 위함이었다.

병진일(丙辰日-6일)에 좌정승 하륜, 의정부 지사 이첨, 한성부 판사 조박(趙璞)에게 양정(涼亭)에서 잔치를 베풀었는데 매우 기뻐서 연구(聯句)를 짓고 밤이 깊어서 끝났다. 륜 등이 장차 명나라 경사에 가게 돼 위로한 것이다.

전농정(典農正) 박실(朴實, ?~1431년)[1]을 (경상도 영덕군) 축산(丑山)으로 유배 보내고, 원윤(元尹) 이징(李澄, 1375~1435년)[2]을 순위부(巡

---

1 아버지는 좌군도총제(左軍都摠制) 자안(子安)이다. 1402년(태종 2년) 전농시정(典農寺正)이 되고 1414년 예조참의(禮曹參議)가 됐는데 그해 왕의 특명으로 전라도 진포(鎭浦)로부터 고만량(高巒梁)까지 수로의 험저 여부와 황곡포(黃谷浦) 등지의 조운(漕運-조세를 운반하던 제도) 가능 여부, 그리고 전라도 용안에서 충청도 내포(內浦)로 육운이 쉬운지의 여부를 면밀히 살피고 돌아왔다. 1417년 경상도 수군도절제사, 이듬해 좌군동지총제(左軍同知摠制), 중군총제(中軍摠制)를 역임하고 이어서 대마도정벌에 좌군도절제사로 참가했다. 정벌에서 돌아와 우군총제를 역임하고 1424년(세종 6년) 도총제가 되어 그해 하정사(賀正使)로 명나라에 다녀왔다. 1426년 전라도 수군처치사(全羅道水軍處置使)가 돼 서해안에 출몰한 왜선을 격파하고 왜적 17급(級)을 베어, 그 공으로 어의(御衣) 한 벌을 하사받았다. 1428년 진하 겸 사은사(進賀兼謝恩使)로 다시 명나라에 다녀왔다. 본래 그는 학술이나 무예에 뛰어나지 않았으나 참형(斬刑)을 당하게 된 아버지의 구명운동을 극진하게 전개하자 이를 가상하게 여긴 태종이 금려(禁旅-근위병)로 채용하면서 벼슬길에 올랐다.

2 아버지는 이성계의 이복동생인 의안대군(義安大君) 화(和)다. 낭장, 장군 등을 거쳐 원윤(元尹)이 됐으나 이때 불미스런 여자 문제로 순위부에 감금됐다. 1412년에 우군총제가 됐고 그해 삼군 설치 이후에는 우일번절제사(右一番節制使)로 별사금 제조(別司禁提調)를 겸했으며 이듬해 병마사가 됐는데 적서와 존비 귀천의 구별 없이 왕족이라는 특혜로 내린 칙서로 불평을 사기도 했다. 1414년 도총제로 있을 때 진하사(進賀使)의 부사로 명나라에 다녀왔다. 1417년 돈녕부 동지사(敦寧府同知事)를 거쳐 이듬해는 좌군도총제로 태종 때를 끝내고 세종 때에는 중군도총제를 거쳐 경상좌도 병마도절제사를 역임했다.

衛府)에 가두었다. 애초에 실(實)이 부사직(副司直) 윤하(尹夏)의 첩(妾)을 몰래 가로채 자기 집에 숨겼는데 하(夏)가 실의 집에 가서 그 첩을 묶어 데리고 돌아오니 실은 그에 대해 원망을 품었다[銜]. 실은 평소 징(澄)과 사이가 좋았기 때문에 징을 자기 집으로 불러 밤에 술자리를 베풀고 그 연유를 말하니 징이 바로[徑] 하의 집으로 가서 방으로 들어가 하의 아내의 머리채를 끌고 나와 매질하니 거의 죽게 됐다. 하가 헌사(憲司)에 고발하니 헌사에서 캐묻고서 소를 올려 말했다.

'징(澄)은 왕실 친족이니 순위부에 가두어 죄를 주고, 실(實)은 국문하여 죄목을 결단해야 합니다.'

징을 순위부에 내려보냈다. 우정승 이무(李茂)가 말했다.

"징은 왕실 친족입니다. 가두지 말 것을 청합니다."

상이 말했다.

"왕실 친족이 죄를 범했는데도 다스리지 않으면 징계하는 바가 없게 된다. 실(實)은 공신(功臣)의 아들이다. 그 아비 박자안(朴子安, ?~1408년)³은 변장(邊將)이 되어 나라의 중대한 일을 맡고 있으니 죄

1429년(세종 11년) 좌군부 판사(左軍府判事)가 돼 사은사로 명나라에 다녀오는 도중에 노루사냥을 한 죄로 외방으로 쫓겨났다가 1431년에 직첩을 다시 받고 그해에 우군부 판사가 됐다. 이어 중추부 판사가 되었다가 1435년에 죽었다.

3 1384년(우왕 10년) 진주목사로서 경상도 도순문사(慶尙道都巡問使) 윤가관(尹可觀)과 함께 함양군에 침략해 온 왜구들을 무찔렀다. 1389년(창왕 1년) 2월 원수로서 경상도 원수 박위(朴葳) 등과 함께 대마도를 정벌해 배 300여 척을 불사르고, 잡혀간 본국인 100여 인을 데려왔다. 1397년(태조 6년) 전라도 도절제사에 임명됐다가 진포(鎭浦)에 이르러 군중(軍中)에서 참형(斬刑)을 당하게 되었다. 그러나 아들 실(實)이 정안군(靖安君-뒤의 태종)에게 호소해 장(杖)을 맞고 삼척에 유배됐다.
1400년 11월 정안군이 왕위를 계승하자 문하평리(門下評理)로서 주청사(奏請使)가 돼

를 더할 수 없다."

다만 외방으로 유배를 보냈다. 사간원에서 소를 올려 청했다.

'실(實)과 징(澄)이 간악하고 포학한 짓을 자행해 헌사에서 죄를 청했는데 전하께서 특별히 너그러운 법[寬典]을 좇아 실(實)은 다만 외방에 유배 보내고, 징(澄)은 비록 순위부에 가뒀으나 조금 뒤에 곧 석방했습니다. 신 등은 가만히 생각건대 예로부터 천하 국가를 다스리는 자로서 어느 누가 법령을 엄격하게 하여 간악하고 포학한 자를 징계하려고 하지 않겠습니까? 그러나 훈척(勳戚)과 귀근(貴近)이 무뢰배들과 결탁하여 세력을 믿고 교만 방자하고 악한 짓을 함께 하여 서로 도와서 꺼리는 바가 없어 이 때문에 기강이 떨치지 않고 풍속이 크게 무너지니 이는 고금(古今)에 어디서나 있는 근심거리입니다. 『서경(書經)』에 이르기를 "일정한 도리를 무너뜨리고 풍속을 어지럽히면 세 가지 작은 허물이라도 용서하지 않는다"⁴라고 했습니다. 엎드려 바라옵건대 전하께서는 유사(攸司)로 하여금 율(律)을 살펴 사안에 맞게 결단케 해서 나라의 법을 엄하게 해야 합니다.'

윤허하지 않았다.

기미일(己未日-9일)에 동북면 도순문사(西北面都巡問使) 박만(朴蔓)이 흰 점박이 매[斑白鷹]를 바쳐 겉감과 안감[表裏]을 내려주었다.

———————

명나라에 가서 주문(奏聞)했고 다음 해 윤3월에 예부(禮部)의 자문(咨文)을 받아 돌아왔다. 1405년 경상도 병마도절제사 겸 수군도절제사 중군도총제를 역임했고 이듬해 공안부사(恭安府事)로 임명됐다가 파면당했다.

4 『주서(周書)』 '군진(君陳)'에 나오는 말이다.

경신일(庚申日-10일)에 상이 지신사 박석명을 회암사(檜巖寺)에 보내 태상왕께 의대(衣襨)를 올렸다. 11일이 태상왕의 탄신일이기 때문이었다.

임술일(壬戌日-12일)에 중국[朝廷] 사신 도찰원 첨도어사(都察院僉都御史) 유사길(兪士吉), 홍려시 소경(鴻臚寺少卿) 왕태(汪泰), 내사(內史) 온전(溫全) 양녕(楊寧)이 조서(詔書)를 받들고 오니 산붕(山棚)을 맺고 나례(儺禮)와 군위(軍威)를 갖췄으며 상은 면복(冕服) 차림으로 여러 신하들을 거느리고 서교(西郊)에 나가서 맞이하여 대궐에 이르러 조서를 선포했다[宣詔]. 봉천승운(奉天承運)황제[5]는 조서에서 이렇게 말했다.

'옛날 나의 부황(父皇) 태조 고황제(太祖高皇帝)께서 천하에 임어(臨御)하시어 40년을 드리웠기에 널리 해내외(海內外)가 모두 신첩(臣妾)이 되었다. 고황제께서 여러 신하들을 버리시자[6] 건문(建文-혜제)이 (황제의) 자리를 이었는데 권세가 간사하고 사특한 자에게 돌아가 헌장(憲章)을 바꿔 어지럽히고 골육을 죽이고 해쳐 화(禍)가 거의 짐(朕)에게도 미치게 되었다. 이에 삼가 조훈(祖訓-조상의 가르침)을 이어받아 부득이하게 군사를 일으켜 큰 악의 무리[慝惡]를 깨끗이 없앴다. 천지 조종(天地祖宗)의 신령과 장사(將士)의 힘에 기대어

---

5 봉천승운(奉天承運)은 하늘을 받들어 대운을 이어받았다는 뜻으로, 주원장이 자기 앞에 붙인 호칭이다. 그 후 조서에서 관용적 표현으로 자리 잡았다.
6 황제의 죽음을 직접 표현할 수가 없어 이렇게 에둘러 표현한 것이다.

싸우면 이기고 치면 물리쳤다. 그러나 애초에 멀리까지 내달려 가려 한 것이 아니어서 처음에는 제남(濟南)에서 군사의 위세를 보였고, 다시 하북(河北)에 오랫동안 머무르다가[逗遛] 가까이 다가가 회수(淮水)와 사수(泗水)에 주둔했고, 이어서 경기(京畿)에 이르러 건문이 저 간사한 자들을 물리치고 죄를 뉘우쳐 허물을 고치기를 기다렸다. 예기치 못하게[不期] 건문이 간사한 권간들에게 핍박과 위협을 받아 궁문(宮門)을 닫고 스스로 불에 타 죽었다. 제왕(諸王), 대신(大臣), 백관(百官), 만백성[萬姓]이 짐이 고황제의 바른 적자[正嫡]라 하여 함께 글을 올려[合辭] 자리에 나아가기를 권해[勸進] 대통(大統)을 잇도록 했다. 짐이 종묘사직이 중하기 때문에 이미 홍무(洪武) 35년 6월 17일[7]에 황제의 자리에 나아가[即] 천하를 크게 사면하고 명년(明年)을 고쳐 영락(永樂) 원년(元年)으로 삼고 만방(萬方)과 더불어 즐겁게 지극한 다스림[至治]에 함께 이르려 한다. 생각건대 너희 조선은 고황제 때 항상 직공(職貢)을 바쳤기[效=獻] 때문에 사신을 보내 조유(詔諭-조서로 일깨움)하노니, 아! 마땅히 이를 다 알아야 할 것이다.'

선포하는 낭독[宣讀]을 마치자 사신들은 태평관으로 갔다.

○부모를 만나보러 온[省親=歸省=寧親] (조선인 출신 명나라 조정) 내관(內官) 정귀(鄭貴) 등 세 사람이 함께[偕=俱] 왔는데 상이 사신들에게 무일전(無逸殿)에서 잔치를 베풀었다. 상이 여러 신하들을 거

---

7 홍무 연호는 1398년까지 사용됐고 1399년부터 4년 동안은 건문 연호를 사용했지만 그것을 무시하고 홍무 31년에 건문 4년을 더해 홍무 35년이라고 한 것이다.

느리고 태평관[館]에 따라갔다가 이들을 청해 환궁하여 잔치를 베푼 것이다. 상이 사신과 이야기를 나눴다.

"부왕께서 한양으로 천도했다가 지금 구경(舊京-개경)으로 돌아왔는데 궁실이 마침[適] 불타서 임시로[姑] 여기에 영건(營建)하다 보니 매우 낮고 누추해 참으로 천사(天使)께 황공합니다."

사길(士吉)이 말했다.

"이것은 상고(上古) 때 풍습인데 어찌 낮고 누추함이 있겠습니까?"

상이 말했다.

"험하고 먼 길에 얼마나 노고가 많으셨습니까?"

사길이 말했다.

"말 타고서 달리고 또 달리는 것[載馳載驅]⁸이야말로 사신의 맡은 바 직분입니다."

상이 좌부대언(左副代言) 김한로(金漢老)에게 명하여 성친(省親)하러 온 내관(內官) 세 사람에게 음식을 대접하게 했다. 잔치가 끝나고 세 사람이 상 앞에서 읍(揖)하니 온전(溫全)이 큰절[拜]을 하도록 가르치고 이어서 상에게 말했다.

"이 사람들은 어릴 때에 왜구에게 잡혀갔다가 상국에 이르렀는데 지금 비록 고향에 돌아왔으나 부모의 얼굴[面目]을 알지 못하니 참으로 불쌍합니다. 이들은 또 황제께 공(功)이 있으니 혹시 국왕께서 부모를 만나보게 해주시겠습니까?"

---

8   재치재구(載馳載驅)는 『시경(詩經)』 「용풍(鄘風)」 '재치(載馳)'에 나오는 표현이다. 「소아(小雅)」 '녹명(鹿鳴)'에도 같은 표현이 나온다.

상이 말했다.

"내 그 명을 들었소이다. 이 사람들이 황제께 공(功)이 있어 부모를 만나보게 보내주셨다 하니 우리나라에도 영광이라 매우 기쁘오."

세 사람이 읍하여 감사의 뜻을 표하자 전이 꿇어앉아 절하도록 [跪拜] 가르쳤다. 상이 사신을 따라 태평관에 가려고 하자 사길 등이 청하여 사양하므로 마침내 그만두었다.

계해일(癸亥日-13일)에 상이 태평관에 가서 사신들에게 잔치를 베풀었다. 온전(溫全)은 자기 자리가 태(泰)의 아래에 있다 하여 병을 핑계로 나오지 않으니 상이 사람을 시켜 재차 청하자 마침내 잔치에 나왔다. 전(全)은 직책이 태(泰)의 위였으나 태가 조명(詔命)을 받들었기 때문에 전의 위에 자리한 것이었는데 이로 인해 두 사람 사이에 꺼리는 바가 있었다. 의안대군(義安大君) 화(和)가 술을 올리자 왕태가 일어서니 상이 말했다.

"천사(天使)는 어찌하여 자리에서 일어나는 것이오?"

태가 말했다.

"제가 들건대 이분은 곧 국왕의 숙부라고 했습니다. 왕께서는 군신(君臣)의 분수에 따라 자리에서 일어나지 않는 것이 당연하지만 저는 손님과 주인[賓主]의 예(禮)에 따라 감히 일어나지 않을 수가 없습니다."

○다시 홍무(洪武)의 연호를 쓰고 (금년을) 칭하여 35년이라고 했다.

갑자일(甲子日-14일)에 부모를 만나보러 온 내관(內官)의 부모들에게 쌀을 각 50석씩 내려주었다.

○ 전라도 흥덕(興德)의 수군 만호(水軍萬戶)가 왜선(倭船) 두 척을
붙잡았다.

을축일(乙丑日-15일)에 민무구(閔無咎)를 승추부 참지사(承樞府參
知事), 민무질(閔無疾)을 의정부 참지사(議政府參知事), 한상경(韓尙
敬, 1360~1423년)⁹을 중군총제(中軍摠制), 이숙번(李叔蕃)을 승추부
지사(承樞府知事), 민여익(閔汝翼, 1360~1431년)¹⁰을 좌군총제(左軍
摠制), 여칭(呂稱, 1351~1423년)¹¹을 강원도 도관찰사, 김희선(金希善,
?~1408년)¹²을 서북면 도순문사로 삼았다.

---

9   1382년(우왕 8년) 문과에 급제해 예의좌랑, 우정언, 전리정랑(典理正郞)을 거쳐 1392년
    (공양왕 4년) 밀직사 우부대언에 승진했다. 이해 이성계(李成桂)를 추대하는 모의에 가담
    하고 보새(寶璽)를 받들어 이성계에게 바쳤으며 그 공으로 개국공신 3등에 추록됐다. 개
    국 후 중추원 도승지가 되고 충청도 도관찰사가 돼 서원군(西原君)에 봉해졌다. 다시 경
    기좌도 도관찰사에 보직되었다가 태종 때 이조판서를 거쳐 서원부원군(西原府院君), 우의
    정, 영의정에 이르렀다. 글씨를 잘 썼다.

10 조선의 개국공신이다. 이성계에게 발탁돼 병조의랑을 거쳐 우간의대부를 역임했다.
    1392년 조선 개국에 협력해 공신에 책록됐다. 공조판서, 호조판서를 역임했고 1426년 여
    천부원군에 진봉됐다.

11 1400년(정종 2년) 병조 전서(典書)가 되고 1402년(태종 2년) 태상왕이 된 태조가 북쪽 지
    방을 순행할 때에 동북면의 도순문찰리사(都巡問察理使)로 배종했다. 1404년에 사은사가
    되어 명나라에 들어가서 왕실의 계통이 잘못 전해진 것을 바로잡는 데 힘쓰는 한편 그때
    명나라에 억류되어 있던 우리 동포들을 본국으로 송환하는 데 노력했다. 명나라에서 돌아
    와 곧 서북면의 도순문찰리사로 병마도절제사를 겸했다. 1407년에 개성유후사 유후(開城
    留後司留後)를 거쳐 1413년 좌군도총제(左軍都摠制)가 됐고 그해에 형조판서가 됐다.

12 1392년(태조 1년) 호조판서를 거쳐 이듬해 전라도 안렴사로 있으면서 전국 각 도에 의학원
    을 설치할 것을 건의했다. 1395년 노비변정도감의 판사가 되었으며 중추부 동지사로 재직
    중 정조사가 돼 명나라에 다녀왔다. 이듬해 중추원 부사로서 충청·전라·경상도에 내려가
    백성들의 병고를 묻고 돌보았다. 1398년 원주목사를 거쳐 1402년 의정부 참지사, 서북면
    도순문찰리사가 됐다. 1404년 대사헌, 의정부 지사를 거쳐 이듬해 경상도 관찰사, 1406년

○ 좌정승 하륜, 의정부 지사 이첨, 한성부 판사 조박(趙璞)을 보내 경사(京師)에 가게 했다. 륜과 첨은 (천자의) 등극(登極)을 하례하기 위함이고 박은 정삭(正朔)을 하례하기 위함이었다. 상이 면복(冕服)을 갖추고[具] 군신을 거느린 채 선의문(宣義門) 밖에서 표문(表文)에 절했다.

○ 사신 유사길(兪士吉)과 왕태(汪泰)가 문묘(文廟)에 배알(拜謁)했다. 학관(學官)과 생도(生徒)가 배례(拜禮)를 행하니 사길 등이 모두 답례했다.

"제향(祭享)을 어떻게 합니까?"

관반(館伴)이 답했다.

"봄·가을의 석전(釋奠)[13]과 삭망제(朔望祭)[14]가 있습니다."

또 물었다.

"제사를 주관하는 사람은 누구입니까?"

답했다.

"국왕이 주관합니다."

○ 유사길과 왕태가 이조와 호조의 관원을 보고자 하니 의정부에서 김첨(金瞻)과 진의귀(陳義貴)를 사신관(使臣館-태평관)에 보내며

형조판서가 됐다. 이어 호조판서가 됐으며 의학에 정통하여 중요한 의학서적들을 저술했다. 편저로는 『향약제생집성방(鄕藥濟生集成方)』과 『우마의방(牛馬醫方)』 등이 있다.

13 문묘(文廟)에서 공자(孔子-文宣王)를 비롯한 4성(四聖) 10철(十哲) 72현(七十二賢)을 제사 지내는 의식이다. 조선시대에는 개국 초부터 성균관에 문묘를 설치하고 여기에 한국의 18현을 합한 112위(位)를 봉안하여 석전제를 지냈는데 이를 위해 성균관에 학전(學田)과 학노비(學奴婢)를 지급했으며 지방에서는 향교에서 석전제를 주관했다.

14 고인의 장례가 끝나면 집 안에 상청을 설치하여 2년 뒤 대상(大祥)을 치를 때까지 신주를 모시고 매월 초하루와 보름에 제사를 지내는데 이를 삭망제(朔望祭)라고 한다.

타일러 말했다.

"사신이 반드시 묻는 바가 있을 것이니 마땅히 말을 잘 갖추어 대답하라."

사길이 첨(瞻)에게 물었다.

"관리의 자급[官資]은 몇 등급입니까?"

첨이 대답했다.

"9등급이 있습니다."

"전선(銓選-인재 선발)과 봉증(封贈)[15]을 본조(本曹)에서 담당합니까?"

"그렇습니다."

"전선은 어떻게 합니까?"

"여섯 과(科)가 있습니다. 문과(文科), 무과(武科), 음양과(陰陽科), 의과(醫科), 율과(律科), 역과(譯科)입니다. 문과는 예조(禮曹)로 하여금 33인을 뽑게 하고 무과는 병조(兵曹)로 하여금 28인을 뽑게 합니다."

"봉증(封贈)은 어떻게 합니까?"

"사람이 공이 있으면 그를 봉(封)하고 그 부모를 추증(追贈)합니다."

"이 법은 중국과 차이가 없습니다."

"외관(外官-지방관)은 몇 등급입니까?"

"부(府), 주(州), 군(郡), 현(縣)이 있습니다. 부(府)에는 3등급이 있는데 부윤(府尹), 대도호부사(大都護府使), 부사(府使)가 있습니다."

---

15 벼슬을 내려주는 것이다. 봉은 살아 있는 사람에게, 증은 죽은 사람에게 하사하는 것이다.

"관(官)은 얼마입니까?"

"372관(官)인데, 그 소속이 많은데 큰 것만을 든 것일 뿐입니다."

"그 관원을 차견(差遣-시켜서 보냄)하는 것은 어떻게 합니까?"

"본조(本曹)에서 현량(賢良)하고 공정(公正)한 사람을 택하여 계문(啓聞)해서 차견합니다."

"백성을 해치며 마구 거두는 자가 있지는 않습니까?"

"사람을 잘 가려서 차견했으니 어찌 백성을 해치는 일이 있겠습니까? 또 도관찰사를 보내 수령의 현부(賢否)와 민생의 휴척(休戚-좋고 나쁨)을 순찰하게 합니다. 그 법은 중국 조정의 염방(廉訪)[16]을 모방해 시행하는 것입니다."

"그 법이 좋습니다."

의귀(義貴)에게 물었다.

"공역(工役)과 재부(財賦)를 본조(本曹-호조)에서 맡습니까?"

"공역(工役)은 공조(工曹)에서 맡고, 재부(財賦)는 본조에서 맡습니다."

"1경(頃)의 부(賦)는 얼마나 됩니까?"

"우리나라의 토지는 중국과 같지 않기 때문에 경법(頃法)은 시행하지 아니하고 결(結)로써 전법(田法)을 삼습니다."

"1결(結)에 부과하는 것이 얼마입니까[幾何]?"
기하

"1결에 쌀 30두(斗)를 냅니다."

---

16 중앙조정에서 사람을 보내 지방 행정관의 실상을 파악하는 것으로, 어사제도도 그와 비슷한 것이다.

"군(軍)과 민(民)이 차이가 있습니까?"

"우리나라는 군민(軍民)의 분별이 없고 일이 있으면 군사가 농민에서 나오고, 일이 없으면 모두 농민으로 돌아갑니다."

"그 법이 좋습니다."

말이 끝나자 김첨 등이 대궐에 나아가서 보고했다.

병인일(丙寅日-16일)에 고성군(高城君) 고려(高呂)가 졸했다. 조회를 3일 동안 정지했다. 려(呂)는 무재(武才)가 있어 태상왕의 알아줌을 만나[遇知=知遇] 인월(引月)의 전투[役]에 공(功)이 있었고 혁명할 때에 이르러 조평(趙評)[17]과 더불어 시중(侍中) 정몽주(鄭夢周)를 쳐 죽여 마침내 훈맹(勳盟)에 참여했다.[18]

○ 온전(溫全)과 양녕(楊寧)이 상왕전에 갔다가 다음으로 대군 화(和), 대군 방의(芳毅), 부원군 민제(閔霽)의 집에 가니 모두 다례(茶禮)를 행하여 그들을 대접했다. 양녕이 말했다.

---

17 조영규의 초명이다.

18 고려는 1380년(우왕 6년) 8월 왜구가 배 500여 척의 규모로 충청도, 전라도, 경상도에 침입하여 노략질을 일삼을 때 삼도 도순찰사 이성계(李成桂)의 휘하로 활약하여 남원 운봉현 인월역(현 전라북도 남원군 인월면 인월리)에서 왜군을 격퇴하는 전공을 세웠다. 이른바 황산대첩이다. 1385년 이성계가 동북면 도원수가 돼 함주, 홍원, 북청 등에 배 150여 척 규모로 침입한 왜적을 소탕할 때 휘하의 산원(散員)으로 참전해 활약했다. 1392년(공양왕 4년) 중랑장이었던 고려는 이성계의 아들인 이방원의 명을 받아 조영규, 조영무(趙英茂), 이부(李敷) 등과 함께 정몽주를 직접 격살했고 배극렴, 조준, 정도전(鄭道傳) 등과 함께 이성계를 왕으로 추대함으로써 조선 개국에 큰 공을 세웠다. 조선 개국 후인 1392년(태조 1년) 전의감에 임명되었다가 개국공신 3등에 올라 고성군에 봉해졌다. 태조가 정종에게 양위하고 북쪽 지방을 순찰할 때 태조를 시종하다 이때 세상을 떠났다. 제주도 사람이다.

"김약항(金若恒, ?~1397년)[19]은 운남(雲南)으로 유배 가서 아내를 얻어 살고 있고 정총(鄭摠)과 노인도(盧仁度)는 모두 이미 병으로 죽 었습니다."

○ 내관(內官) 세 사람이 각자 고향으로 가서 부모를 만나보았다.

기사일(己巳日-19일)에 날씨가 봄과 같았다.

○ 온전과 양녕이 회암사에서 태상왕을 알현했다. 전(全) 등이 금강 산을 보기를 청하자 태상왕이 말했다.

"얼음이 얼어서 가기가 어려울 것이오."

한 중이 반인(伴人)에게 말했다.

"금강산을 보려면 이때가 가장 좋습니다."

전은 드디어 금강산에 놀러갔다.

경오일(庚午日-20일)에 해의 가운데 흑점(黑點)이 있어 소격전(昭格 殿)에서 태양 독초(太陽獨醮)[20]를 행해 그것이 없어지기를 기도했다.

임신일(壬申日-22일)에 양녕이 회암사에서 돌아왔다.[21]

---

19 1396년(태조 5년) 앞서 명나라에 보낸 표전(表箋)의 내용이 불공(不恭)했다 하여 정총(鄭
    摠)과 함께 명나라에 불려가 억류됐으나 곧 풀려나 광산군(光山君)에 봉해졌다. 뒤에 다
    시 다른 일 때문에 양자강(揚子江)으로 유배 가 유배지에서 죽었다. 결국 사신 양녕의 말
    은 거짓이다.

20 독초란 조선 초기 행해졌던 초제(醮祭)의 일종이다. 초제란 도가류(道家類)의 제사 의식
    으로서 고려 이전부터 전통적으로 왕실에서 행해졌다. 고려시대에는 초제의 대상이 천
    신, 지신, 산천신 등을 비롯하여 개별적인 성신(星辰)도 그 대상이 됐다.

21 온전만 금강산에 간 것이다.

계유일(癸酉日-23일)에 상이 태평관에 갔다. 양녕(楊寧)에게 머물러 달라고 청했다. 상이 양녕에게 말했다.

"내가 듣건대 천사께서 곧 돌아가시려 한다는데 그러신지 여부를 알지 못합니다."

녕(寧)이 말했다.

"온 천사(溫天使)는 말을 잘 타니 우리들이 먼저 떠난다 해도 얼마든지 능히 따라붙을 수 있습니다."

상이 말했다.

"예전에 천사가 이곳에 이르면 혹 한 철도 머무르고 혹 한두 달도 머물렀는데 지금 천사께서는 어찌하여 빨리 돌아가려고 하오? 청하건대 온 천사(溫天使)를 기다려서 같은 때에 떠나시오. 하물며 서북면(西北面)은 추위가 심하니 어찌 먼저 떠나서 중도에서 머물러 배회할 수 있겠소?"

녕이 말했다.

"도로가 혼란하니 속히 돌아가지 않을 수 없고 또 추위가 아직 심하기 전에 돌아가려는 것입니다."

상이 굳이 청하니 녕이 말했다.

"감사 또 감사합니다[感動感動].
감동 감동

상이 말했다.

"나의 거처가 심히 누추하나 천사를 받들어 웃으며 이야기하고자 하니 내일 와주시면 다행이겠습니다."

녕이 말했다.

"그리하겠습니다."

갑술일(甲戌日-24일)에 상이 양녕에게 무일전(無逸殿)에서 잔치를 베풀었다.

을해일(乙亥日-25일)에 짙은 안개가 끼었다. 밤에 유성(流星)이 떨어졌는데 크기가 모과만 했다.

병자일(丙子日-26일)에 짙은 안개가 끼었다.

○ 사신 유사길(兪士吉) 등이 서문(西門) 밖에서 사냥하는 것을 구경했다. 상이 안성군 이숙번에게 명해 갑사 500명을 거느리고 교외에서 사냥하게 하고, 대언(代言)을 보내 술자리를 베풀게[設酌] 했으며 또 의정부로 하여금 잔치를 베풀게 했다[設宴]. 참찬 권근에게 명하여 사신을 따라가게 했다. 근(近)이 시(詩)를 지어 사신에게 주었다.

사신의 수레[星軺]가 사냥을 보려고 도성(都城)을 나서니
군사와 말들이 우르르[侁侁] 대열을 지어 가도다.
짐승들이 풀 사이로 숨어보지만[竄] 어찌 벗어날 수 있으리오.
새들도 구름 위로 날아보지만 도리어 삶음[烹]을 당하도다.
삼면(三面)으로 모는 것은 바로 그물[羅網]을 열어놓은 것이고
사해(四海)는 바야흐로 갑병(甲兵)을 씻는 데에 이르렀도다.
이날 들판에서 즐겨 강무(講武)하니
말 탄 군사 모두 함께 떨쳐 환성을 지르는구나.

사길이 근에게 말했다.

"예전에 육옹(陸顒)의 무리들이 사명(使命)을 받들고 이곳에 와서 시(詩)와 술로써 황락(荒樂)했기에 중국의 선비들 중에 이를 들은 자는 모두 웃었습니다. 이 때문에 우리들은 처음부터 시(詩)를 짓지 않으려고 했습니다. 그러나 그대의 시에 감히 갱운(賡韻)하지 않을 수 있겠습니까?"

이에 입으로 소리내 읊었다.

사냥하는 깃발 펄럭펄럭[獵獵] 산성(山城)에 둘러 있고
    엽렵
말 탄 군사 구름처럼 나무 끝[樹抄=樹杪]에 행군하도다.
                       수초   수초
기쁘게 구치(驅馳)했다가[22] 훈련(訓鍊)의 신묘(神妙)함을 보았고
앉아서 날짐승, 길짐승으로 하여금 굽고 삶는 데 떨어지게 하도다.
어진 탕(湯)임금의 그물 속에 어찌 사는 것이 없으랴.
소범(小范)[23]의 가슴속에 또한 군사가 있도다.
이로부터 먼 나라 사람들이 성황(聖皇)의 은택을 즐기는 것이도다.
어찌 사냥으로 인하여 능하다는 명성을 드리자는 것이랴!

사길이 (이번에는) 시를 지어 권근에게 주었다.

---

22 사명(使命)을 받들고 온 것을 말한다.
23 범중엄(范仲淹)을 말한다. 송(宋)나라 오현(吳縣) 사람으로 자(字)는 희문(希文)이고 시호(諡號)는 문정(文正)이다. 범중엄이 연안(延安)을 진수(鎭守)하고 있을 때에 하인(夏人)이 서로 경계하여 감히 범(犯)하지 못하고 말하기를 "소범 노자(小范老子)의 가슴속에 수만(數萬)의 갑병(甲兵)이 있다"라고 했다.

만리의 머나먼 길, 산을 넘고 물을 건너 금림(禁林)에 알현(謁見)하니

선황(先皇)께서 먼데 사람 회유(懷柔)하여 은혜를 베푸심이 깊도다.

용광(龍光)²⁴이 종이에 가득하니 신한(宸翰)²⁵을 내려주셨고

천어(天語)가 문장(文章)을 이루었으니 성심(聖心)을 알리라.

부재(覆載)²⁶는 사(私)가 없어 봄[春]이 광대(廣大)하고,

훈도(勳陶)하는 바는 오는 데가 있어 날로 빨라지도다[駸駸].

내가 온 것은 바로 너희에게 문덕(文德)을 폄이로다.

동방의 사람들이 옥음(玉音)을 중하게 여기는 것을 기쁘게 보노라.

정축일(丁丑日-27일)에 의정부에 명해 사죄(死罪)를 사면할지 가부(可否)를 토의하게 했다. 박석명이 아뢰었다.

"각 도(道)의 사죄를 모두 사면합니까?"

상이 말했다.

"내가 혼자 결단할 수 있는 바가 아니니 의정부로 하여금 토의하여 보고하게 하라."

태상왕이 사신 온전(溫全)에게 징파도(澄波渡)²⁷에서 잔치를 베풀었다. 전(全)이 금강산에서 돌아오니 태상왕이 중로(中路)에 청하여

---

24 황제의 은덕을 가리킨다.

25 임금의 글씨나 서찰(書札)을 가리키는데 신서(宸書)라고도 한다.

26 천지(天地)의 다른 표현이다.

27 경기도 임진강 상류 연천(漣川) 서쪽에 있는 나루터다.

잔치를 베풀었다. 상이 기생과 풍악을 보내고 또 종친과 별시위(別侍衛)[28]를 보내 호종하게 했다. 태상왕이 별시위를 거느리고 동북면(東北面)으로 행차하려고 하니 변현(邊顯)[29] 등이 아뢰어 말했다.

"상께서는 전하께서 사신을 만나보려 하시기 때문에 신 등을 보내 시위하게 한 것이고, 애초에 거가를 따라 깊이 먼 지방까지 들어간다는 것은 알지 못했습니다. 하물며 자량(資糧-식량)의 준비가 넉넉지 못하니 멀리 대가(大駕)를 따르기가 실로 어렵습니다."

태상왕이 말했다.

"너희들은 다 내가 기른 군사인데 지금 어찌 나를 배반하는가?"

그러고는 눈물을 흘리니 현(顯) 등이 마지못해 따랐다. 태상왕이 (강원도 철원의) 보개산(寶蓋山)의 심원사(深源寺)로 향하려고 하다가 그만두고서 (함경도) 안변(安邊)의 석왕사(釋王寺)로 향하려고 했다. 상이 태상왕께서 북쪽으로 행차한다[北幸]는 말을 듣고 중로(中路)에 나가 온전(溫全)을 맞아 위로하고 이어서 태상왕의 행재소(行在所)에 나가 전송하려고 했다. 대제학 이직(李稷)이 우정승 이무(李茂)에게 말했다.

"요동(遼東)에서는 비록 일개 지휘(指揮)가 성을 나서도 오색(五色)의 군용(軍容)이 매우 성대합니다. (그런데) 지금 상께서 겨우 1,000여

---

28 1401년(태종 1년) 고려 말 이래 왕권 보호를 수행한 성중애마(成衆愛馬)를 없애고 두었다. 처음에는 내금위(內禁衛)와 마찬가지로 왕 가까이에서 위의(衛儀)를 엄하게 한 금군(禁軍)의 성격을 띠었으며 태종이 가장 신임한 병종(兵種)의 하나였다.

29 원천부원군(原川府院君) 변안렬(邊安烈)의 장남이다. 1382년(우왕 8년) 문과에 급제했으나 조선 초기에는 무관으로 지냈다. 1402년(태종 2년)에는 조사의(趙思義)의 모반사건에 연루돼 곤장형을 당하고 하방(遐方-먼지방)으로 유배되기도 했다.

명만 거느리고 사신(使臣)을 초차(草次)에서 만나보시니, 어떠할지요?"

무(茂)가 말했다.

"옳다."

곧 대궐에 나아가 갖추어 아뢰고 거가(車駕)를 정지할 것을 청하니 상이 그것을 따랐다. 지신사 박석명을 보내어 태상왕께 고했다.

"부왕(父王)께서 이미 두 사신을 보시고 도로에서 영송(迎送)하셨으니 상사(上使)와 부사신(副使臣)도 또한 보시지 않을 수 없습니다. 게다가 상사와 부사신이 모두 뵙기를 원하오니 한번 서울에 오셔서 사신과 서로 접견하신다면 다행이겠습니다."

태상왕이 말했다.

"사신이 오면 보는 것이고 반드시 가서 볼 필요야 없다."

상은 태상왕의 향하는 곳을 알지 못해 사람들을 시켜 살피게 하니 길에서 서로 바라볼 정도였다.[30]

○ 단양군 지사(丹陽郡知事) 박안의(朴安義)를 파직했다. 애초에 안의(安義)가 청풍군사(淸風郡事-청풍군 지사) 황보전(皇甫琠), 강릉판관(江陵判官) 김질(金晊), 제주감무(提州監務-제천) 유여(柳洳) 등과 더불어 단양강(丹陽江) 위에서 배를 띄워 술잔치를 벌이다가 배가 기울어져서 기생 하나와 아전 하나가 물에 빠져 죽었다. 관찰사(觀察使) 함부림(咸傅霖, 1360~1410년)[31]이 이를 안핵(按覈)하여 태형(笞刑)

---

30 살피러 보낸 사람을 그만큼 많이 풀었다는 뜻이다.

31 1385년(우왕 11년) 문과에 급제해 예문검열(藝文檢閱)을 거쳐 좌정언으로 승진했다. 중방

을 치고 임지로 돌려보냈다[還任]. 사간원에서 이를 듣고 헌사(憲司-사헌부)에 이문(移文)하여 추핵(推劾)하도록 했는데 그때 마침 대사면이 있어 이무(李茂) 등이 장계(狀啓)를 올려 안의를 용서해서 임지로 돌려보낼 것을 청했다. 무(茂)는 단양 사람이었다. 지신사 박석명이 그 장계를 상에게 올리니 상이 이를 보고서 석명에게 물었다.

"안의는 무슨 죄인가?"

석명이 갖춰 아뢰니 상이 화를 내며 말했다.

"사람이 죽은 자가 있는데 어찌하여 일찍이 아뢰지 않고 지금 사면령을 만나서야 마침내 용서해주기를 청하는가? 일마다 이와 같다면 내가 국사를 보지 않아도 좋을 것이다. 부림(傅霖)이 안의를 파직시키고 의정부에 보고하고 나서 헌사(憲司)에 이문(移文)하는 것이 마땅했다. (그런데) 단지 태형만 가하여 임지로 돌려보냈으니 어찌 일을 알지 못해서 그렇게 한 것이겠는가? 사사로운 욕심이 끼어 있기 때문이다. 죽고 사는 것은 큰일이다."[32]

석명은 아무런 대답을 할 수 없었다.

(重房)의 무신들이 문신을 멸시하자 이에 항거하다가 파직됐다. 1392년(공양왕 4년) 이성계(李成桂)가 실권을 잡자 병조정랑 겸 도평의사사 경력사도사에 복직됐다. 그해 이성계 추대에 참여해 개국공신 3등으로 개성소윤에 임명됐다. 태종 초기에 충청도 관찰출척사, 예문관제학, 동북면 도순문사, 동북면 도순문찰리사 겸 병마도절제사 겸 영흥부윤 등을 역임했다. 1404년(태종 4년) 의정부 참지사로서 대사헌에 올랐다. 다음 해 노비변정도감 제조와 경기도 관찰사를 역임하고 1406년에 계림부윤 경상도 관찰출척사를 지냈다. 다음 해 다시 참지의정부사로서 명나라에 다녀왔다. 1408년에 형조판서가 됐다가 1410년 파직됐다. 성격이 강직해 직언을 서슴지 않았으며 서리를 다스리는 데 능숙해 관직을 맡을 때마다 칭송을 받았다.

32 이는 국왕을 배제하고 대신 이무의 눈치를 보아 일을 처리한 것으로 간주하고 있는 것이다.

辛亥朔 上命知申事朴錫命 詣檜巖請太上王還. 上聞使臣問
신해 삭 상명 지신사 박석명 예 회암 청 태상왕 환 상문 사신문

太上王之安否 故令錫命具啓使臣出來之事.
태상왕 지 안부 고영 석명 구계 사신 출래 지사

壬子 令中外不用建文年號.
임자 영중외 불용 건문 연호

甲寅 霧.
갑인 무

以金士衡爲領司平府事 河崙左政丞 成石璘領議政府事 李稷
이 김사형 위영 사평부 사 하륜 좌정승 성석린 영 의정부 사 이직

藝文館大提學 權近參贊議政府事. 初 上欲遣右政丞李茂賀登極
예문관 대제학 권근 참찬 의정부 사 초 상 욕견 우정승 이무 하 등극

召河崙 金士衡 李茂曰: "右政丞素有疾 難以遠行 如何?" 士衡
소 하륜 김사형 이무 왈 우정승 소 유질 난이 원행 여하 사형

曰: "臣亦有疾 但畏上監 不敢辭職." 崙曰: "政丞皆有疾 臣當
왈 신 역 유질 단 외 상감 불감 사직 륜왈 정승 개 유질 신당

行矣." 上喜而泣下 崙亦涕泣. 至是 以崙爲左政丞 賀登極也.
행의 상 희이읍하 륜 역 체읍 지시 이륜위 좌정승 하 등극 야

丙辰 宴左政丞河崙 知議政府事李詹 判漢城府事趙璞于涼亭
병진 연 좌정승 하륜 지 의정부 사 이첨 판 한성부 사 조박 우 양정

懽甚聯句 夜深而罷. 崙等將如京 慰之也.
환심 연구 야심 이파 륜 등장 여경 위지 야

流典農正朴實于丑山 囚元尹李澄于巡衛府. 初 實竊副司直
유 전농 정 박실 우 축산 수 원윤 이징 우 순위부 초 실절 부사직

尹夏妾 匿于其家 夏至實家 縛其妾而還 實銜之. 實素與澄善 請
윤하 첩 익우 기가 하지 실가 박 기첩 이환 실 함지 실 소 여징 선 청

澄至家 夜置酒 因言其故 澄徑往夏家入其室 挫夏妻髮 出而捶之
징 지가 야 치주 인언 기고 징 경왕 하가 입 기실 졸 하처 발 출이 추지

幾死. 夏告憲司 憲司劾問 上疏曰:
기사 하고 헌사 헌사 핵문 상소 왈

'澄 王親也 請囚巡衛府以罪之; 實 鞫問科斷.'
징 왕친 야 청수 순위부 이 죄지 실 국문 파단

下澄于巡衛府. 右政丞李茂曰: "澄 王親也 請勿囚." 上曰:

"王親犯罪而不治 無所懲矣. 若實則功臣之子. 其父子安爲邊將

任國重事 不可加罪." 只流於外. 司諫院上疏請曰:

'實與澄恣行奸暴 憲司請罪 殿下特從寬典 實只流外方 澄雖下

巡衛府 尋卽釋之. 臣等竊惟 自古爲天下國家者 孰不欲嚴法令

而懲奸暴哉! 然勳戚貴近交結無賴之徒 恃勢驕橫 同惡相濟 無

所忌憚 紀綱於是乎不振 風俗於是乎大毁 此古今之通患. 書曰:

"敗常亂俗 三細不宥." 伏望殿下令攸司按律科斷 以嚴邦典.'

不允.

己未 東北面都巡問使朴蔓進斑白鷹 賜表裏.

庚申 上遣知申事朴錫命于檜巖 獻衣襨于太上王. 以①十一日

太上誕晨也.

壬戌 朝廷使臣都察院僉都御史兪士吉 鴻臚寺少卿汪泰 內史

溫全 楊寧 奉詔書至 結山棚備儺禮軍威 上具冕服 率群臣迎于

西郊 至闕宣詔. 奉天承運皇帝詔曰:

'昔我父皇太祖高皇帝 臨御天下垂四十年② 薄海內外 皆爲

臣妾. 高皇帝棄群臣 建文嗣位 權歸奸慝 變亂憲章 殘害骨肉 禍

幾及朕. 於是 欽承祖訓 不得已而起兵 以淸憝惡 賴天地祖宗

之靈 將士之力 戰勝攻克. 然初不欲長驅 始觀兵于濟南 再逗遛

于河北 近駐淮泗 循至京畿 冀其去彼奸回 悔罪改過. 不期建文

爲奸權逼脅 闔宮自焚. 諸王大臣百官萬姓 以朕爲高皇帝正嫡
위 간권 핍협 합궁 자분 제왕 대신 백관 만성 이짐위 고황제 정적

合辭勸進 纘承大統. 朕以宗廟社稷之重 已於洪武三十六年六月
합사 권진 찬승 대통 짐이 종묘 사직 지중 이어 홍무 삼십육년육월

十七日 卽皇帝位③ 大赦天下 改明年爲永樂元年 嘉與萬方 同臻
십칠일 즉황제위 대사 천하 개 명년 위 영락 원년 가 여 만방 동진

至治. 念爾朝鮮 高皇帝時 常效職貢 故遣使詔諭 想宜知悉.
지치 염이 조선 고황제 시 상효 직공 고 견사 조유 상의 지실

宣訖 使臣適太平館.
선흘 사신 적 태평관

省親內官鄭貴等三人偕來 上宴使臣于無逸殿. 上率群臣隨至
성친 내관 정귀 등 삼인 해래 상연 사신 우 무일전 상솔 군신 수지

館 請還宮設宴. 上與使臣言: "父王遷都漢陽 今還舊京 宮室適
관 청환궁 설연 상여 사신 언 부왕 천도 한양 금환 구경 궁실 적

災 姑營葺于玆 甚卑陋 誠爲天使惶恐." 士吉曰: "是乃上古之
재 고 영즙 우자 심 비루 성위 천사 황공 사길 왈 시내 상고 지

風 何卑陋之有!" 上曰: "道途阻遠 何 其勞也?" 士吉曰: "載馳
풍 하 비루 지유 상왈 도도 조원 하 기로 야 사길 왈 재치

載驅 使臣之職分也." 上命左副代言金漢老 饋省親內官三人.
재구 사신 지 직분 야 상명 좌부대언 김한로 궤 성친 내관 삼인

宴罷 三人揖于上前 溫全敎之拜 仍言于上曰: "此人等幼被倭虜
연파 삼인 읍우 상전 온전 교지 배 잉언우 상왈 차인 등 유피 왜로

因至上國 今雖還鄉 不知其父母面目 甚可憐憫. 此輩又有功於
인지 상국 금수 환향 부지 기 부모 면목 심가 연민 차배 우 유공 어

皇帝 幸國王使見父母." 上曰: "吾聞命矣. 此人有功於帝 遣令
황제 행 국왕 사견 부모 상왈 오문명의 차인 유공 어제 견령

省親 我國亦有光矣 甚可喜也." 三人揖謝 全敎之跪拜. 上欲隨
성친 아국 역 유광 의 심 가희 야 삼인 읍사 전 교지 궤배 상욕수

使臣至太平館 士吉等請辭乃止.
사신 지 태평관 사길 등 청사 내지

癸亥 上如太平館宴使臣. 溫全以設其坐泰下 稱疾不出 上使人
계해 상여 태평관 연 사신 온전 이설 기좌 태하 칭질 불출 상 사인

再請 乃赴宴. 全以職居泰上 泰以奉詔命 居全之上 以此二人
재청 내 부연 전이직거태상 태이봉조명 거 전지상 이차 이인

有嫌. 義安大君和進酒 汪泰起立 上曰: "天使何爲起坐?" 泰曰:
유혐 의안대군 화 진주 왕태 기립 상왈 천사 하위 기좌 태왈

"吾聞此乃國王之叔也. 王以君臣之分不起坐 然矣 吾以賓主之禮
오문 차내 국왕 지숙야 왕이 군신 지분 불기좌 연의 오이 빈주 지

不敢不起."④
불감 불기

復用洪武年號 稱爲三十五年.
甲子 賜省親內官父母米各五十石.
全羅道 興德水軍萬戶 獲倭船二艘.
乙丑 以閔無咎爲參知承樞府事 閔無疾參知議政府事 韓尙敬
中軍摠制 李叔蕃知承樞府事 閔汝翼左軍摠制 呂稱江原道
都觀察使 金希善西北面都巡問使.
遣左政丞河崙 知議政府事李詹 判漢城府事趙璞如京師. 崙 詹
賀登極也 璞賀正也. 上具冕服 率群臣拜表于宣義門外.
使臣兪士吉 汪泰謁文廟. 學官生徒行拜禮 士吉等皆答之. 問：
"祭享如何？" 館伴對曰："有春秋釋尊及朔望祭." 又問："主祭者
誰？"曰："國王主之."
士吉 汪泰欲見吏曹戶曹官員 議政府以金瞻 陳義貴使臣館
諭之曰："使臣必有問 宜備辭以對." 士吉問瞻曰："官資幾等？"
瞻對曰："有九等." 曰："銓選封贈 曹掌之乎？" 對曰："掌之." 曰：
"銓選如何？" 對曰："有六科 文科武科陰陽科醫科律科譯科
也. 文科使禮曹取三十三人 武科使兵曹取二十八人."曰："封贈
如何？" 對曰："人有功則封之 其父母追贈."曰："此法與中國
無異." 又問："外官幾等？" 對曰："有府州郡縣. 府有三等 有府尹
有大都護府使 有府使."曰："官幾何？" 對曰："三百七十二. 其
所屬多矣 舉其大者耳."曰："其官員差遣如何？" 對曰："曹擇其

賢良公正者啓聞差遣." 曰: "不有害民橫斂者乎?" 對曰: "選人
현량 공정 자 계문 차견　 　 왈 불유 해민 횡렴 자호　　 대왈　 선인

差遣 安有害民之事乎? 又遣都觀察使 巡察守令賢否 民生休戚.
차견 안유 해민 지사호　 우견 도관찰사　 순찰 수령 현부　 민생 휴척

其法依中朝廉訪行之." 曰: "此法善." 問義貴曰: "工役財賦 曹
기법 의 중조 염방 행지　 왈　 차법 선　 문 의귀 왈　 공역 재부 조

掌之乎?" 對曰: "工役則工曹掌之 財賦則曹掌之." 曰: "一頃
장지 호　 대왈　 공역 즉 공조 장지　 재부 즉 조 장지　 왈　 일경

之賦幾何?" 對曰: "我國之田 與中國不同 故頃法不行 以結爲
지부 기하　 대왈　 아국 지전 여 중국 부동　 고 경법 불행　 이결 위

田法." 曰: "一結所賦幾何?" 對曰: "一結出米三十斗." 又曰:
전법　 왈　 일경 소부 기하　 대왈　 일경 출미 삼십두　 우왈

"軍民有異乎?" 對曰: "我國無軍民之分 有事則兵出於農 無事
군민 유이 호　 대왈　 아국 무 군민지분　 유사 즉 병출 어농　 무사

則皆歸於農." 曰: "此法善." 言訖 金瞻等詣闕以聞.
즉 개 귀어농　 왈　 차법 선　 언흘 김첨 등 예궐 이문

丙寅 高城君高呂卒. 輟朝三日. 呂有武才 遇知太上王 有功於
병인 고성군 고려 졸　 철조 삼일　 여 유 무재　 우지 태상왕　 유공 어

引月之役 及革命之際 與趙評擊侍中鄭夢周 乃與勳盟.⑤
인월 지역 급 혁명 지제 여 조평 격 시중 정몽주　 내 여 훈맹

溫全楊寧詣上王殿 次至大君和 大君芳毅 府院君閔霽第 皆行
온전 양녕 예 상왕 전 차지 대군 화　 대군 방의　 부원군 민제 제　 개행

茶禮以待之. 楊寧言: "金若恒流雲南 娶妻而居. 若鄭摠盧仁度則
다례 이 대지　 양녕 언　 김약항 유 운남 취처 이거　 약 정총 노인도 즉

⑥皆已病死矣."
개 이 병사 의

內官三人 各省親于其鄉.
내관 삼인 각 성친 우 기향

己巳 氣如春.
기사 기 여 춘

溫全 楊寧謁太上王于檜巖寺. 全等請見金剛山 太上王曰:
온전 양녕 알 태상왕 우 회암사　 전 등 청견 금강산　 태상왕 왈

"氷凍難行." 有一僧謂伴人曰: "見金剛山 此時最好." 全遂遊
빙동 난행　 유 일승 위 반인 왈　 견 금강산 차시 최호　 전 수유

金剛山.
금강산

庚午 日中有黑點 行太陽獨醮于昭格殿以禳之.
경오 일중 유 흑점 행 태양 독초 우 소격전 이 양지

壬申 楊寧還自檜巖.
임신 양녕 환 자 회암

癸酉 上如太平館. 請留楊寧也. 上謂楊寧曰: "予聞天使欲從近
게유 상여 태평관 청류 양녕 야 상위 양녕 왈 여문 천사 욕종 근

發還 未知然否." 寧曰: "溫天使善騎馬 我等雖先發 亦能及到."
발환 미지 연부 녕왈 온 천사 선 기마 아등 수선발 역능 급도

上曰: "昔日天使至此 或留一時 或留一二月 今天使何欲速還?
상왈 석일 천사 지차 혹유 일시 혹유 일이월 금 천사 하욕 속환

請待溫天使一時而行. 況西北面寒甚 豈可先發而遲徊於中路
청대 온 천사 일시 이행 황 서북면 한심 기가 선발 이 지회 어 중로

乎?" 寧曰: "道路混亂 不可不速還 又欲追寒未嚴而歸也." 上
호 녕왈 도로 혼란 불가 불 속환 우 욕태 한 미엄 이귀 야 상

固請 寧曰: "感動感動." 上曰: "予之居處甚陋 欲奉天使笑語 幸
고청 녕왈 감동 감동 상왈 여지 거처 심누 욕봉 천사 소어 행

明日來臨." 寧曰: "諾."
명일 내임 녕왈 낙

甲戌 上宴楊寧于無逸殿.
갑술 상연 양녕 우 무일전

乙亥 沈霧. 夜 流星大如木瓜.
을해 침무 야 유성 대 여 모과

丙子 沈霧.
병자 침무

使臣兪士吉等觀獵于西門外. 上命安城君李叔蕃 率甲士五百
사신 유사길 등 관렵 우 서문 외 상명 안성군 이숙번 솔 갑사 오백

獵于郊 遣代言設酌 又使議政府設宴. 命參贊權近從使臣行. 近
엽 우교 견 대언 설작 우사 의정부 설연 명 참찬 권근 종 사신 행 근

作詩贈使臣曰:
작시 증 사신 왈

星軺觀獵出都城 軍馬侁侁作隊行
성초 관렵 출 도성 군마 신신 작대 행

獸竄草間寧得脫 禽飛雲表却遭烹
수찬 초간 영 득탈 금비 운표 각 조팽

三驅正值開羅網 四海方臻洗甲兵
삼구 정 치개 나망 사해 방진 세 갑병

此日原頭聊講武 騎徒齊奮有懽聲
차일 원두 료 강무 기도 제분 유 환성

士吉謂近曰: "昔陸顒輩奉使于茲 因詩酒荒樂 中國之士 聞者
사길 위근 왈 석 육옹 배 봉사 우자 인 시주 황락 중국 지사 문자

皆笑之. 是以吾輩初欲矢不作詩 然子之詩 敢不賡韻?" 乃口號
개 소지 시이 오배 초 욕시 부 작시 연 자지시 감 불 갱운 내 구호

曰:
왈

'虞旌獵獵繞山城 騎士如雲樹抄行
우정 엽렵 요 산성 기사 여운 수초 행

喜見驅馳神訓練 坐令飛走落庖烹
희견 구치 신 훈련 좌령 비주 낙 포팽

仁湯網裏寧無活 小范胸中亦有兵
인탕 망리 영 무활 소범 흉중 역 유병

自是遠人懽聖澤 豈緣田狩獻能聲!'
자시 원인 환 성택 기연 전수 헌 능성

士吉作詩贈權近云:
사길 작시 증 권근 운

'萬里梯航謁禁林 先皇柔遠賜恩甚
만리 제항 알 금림 선황 유원 사은 심

龍光滿紙頒宸翰 天語成章識聖心
용광 만지 반 신한 천어 성장 식 성심

覆載無私春蕩蕩 薰陶有自日駸駸
부재 무사 춘 탕탕 훈도 유자 일 침침

我來正爾敷文德 喜見東人重玉音'
아래 정이 부 문덕 희견 동인 중 옥음

丁丑 命議政府議宥死罪可否. 朴錫命啓:"各道死罪皆宥乎?"
정축 명 의정부 의 유 사죄 가부 박석명 계 각도 사죄 개 유호

上曰:"非予所能獨斷 令議政府議聞.
상왈 비여 소능 독단 영 의정부 의문

太上王宴使臣溫全于澄波渡. 全還自金剛山 太上王要於路
태상왕 연 사신 온전 우 징파도 전환 자 금강산 태상왕 요어로

設宴 上遣妓樂 又遣宗親及別侍衛以從焉. 太上王欲率別侍衛
설연 상견 기악 우견 종친 급 별시위 이종언 태상왕 욕솔 별시위

以幸東北面 邊顯等啓曰:"上以殿下欲見使臣 故遣臣等侍衛 初
이행 동북면 변현 등 계왈 상 이 전하 욕견 사신 고견 신등 시위 초

不知隨駕深入遠方. 況資糧之備不給 遠行隨駕實難."太上王
부지 수가 심입 원방 황 자량 지비 불급 원행 수가 실난 태상왕

曰:"汝輩皆吾養士 今何背我乎?"因泣下 顯等不得已而從焉.
왈 여배 개 오 양사 금 하배 아호 인 읍하 현등 부득이 이 종언

太上王欲向寶蓋山 深源寺 不果 欲向安邊 釋王寺. 上聞太上王
태상왕 욕향 보개산 심원사 불과 욕향 안변 석왕사 상문 태상왕

欲北幸 欲出中路 迎慰溫全 仍詣太上行在奉饌. 大提學李稷言
욕 북행 욕출 중로 영위 온전 잉예 태상 행재 봉찬 대제학 이직 언

於右政丞李茂曰:"遼東雖一指揮出城 五色軍容甚盛. 今上但率
어 우정승 이무 왈 요동 수 일 지휘 출성 오색 군용 심성 금상 단솔

千餘人 見使臣於草次如何?"茂曰:"然."卽詣闕具陳 請停駕 上
천여 인 견 사신 어 초차 여하 무왈 연 즉 예궐 구진 청 정가 상

從之. 遣知申事朴錫命 告于太上王曰:"父王旣見二使臣 而迎送
종지 견 지신사 박석명 고우 태상왕 왈 부왕 기견 이 사신 이 영송

於道路 則上副使臣 亦不可不見也. 且上副使臣皆願得見 幸一來
어 도로 즉 상부 사신 역 불가 불견 야 차 상부 사신 개 원 득견 행 일래

于京 與使臣相接." 太上王曰:"使臣來則見之 不必往見也."上
우 경 여 사신 상접 태상왕 왈 사신 래 즉 견지 불필 왕견 야 상

不知太上王所向 使人候之 相望於道.
부지 태상왕 소향 사인 후지 상망 어도

罷知丹陽郡事朴安義職. 初安義與淸風郡事皇甫瑔 江陵判官
파 지 단양군 사 박안의 직 초 안의 여 청풍군 사 황보전 강릉 판관

金晊 提州監務柳洳等泛舟於丹陽江上宴飮 舟傾溺水 妓一吏一
김질 제주 감무 유여 등 범주 어 단양 강상 연음 주경 익수 기 일 이 일

死. 觀察使咸傅霖按之 決笞還任. 司諫院聞之 移文憲司推劾 會
사 관찰사 함부림 안지 결태 환임 사간원 문지 이문 헌사 추핵 회

有大赦 李茂等狀啓請宥安義還任. 茂丹陽人也. 知申事朴錫命 以
유 대사 이무 등 장계 청유 안의 환임 무 단양 인 야 지신사 박석명 이

其狀啓于上 上覽之 問錫命曰:"安義何罪?" 錫命具以啓 上怒曰:
기 장계 우상 상 람지 문 석명 왈 안의 하죄 석명 구 이계 상 노왈

"人有死者 何不曾啓 今遇赦 乃請宥乎? 每事如此 則予不視國事
인 유 사자 하 부증 계 금 우사 내 청유 호 매사 여차 즉 여 불시 국사

可也. 傅霖罷安義職 報議政府 移文憲司宜矣. 只令決笞還任 豈
가야 부림 파 안의 직 보 의정부 이문 헌사 의의 지령 결태 환임 기

不知而然歟? 私欲聞之故也. 死生大矣." 錫命不能對.
부지 이연 여 사욕 간지 고야 사생 대의 석명 불능 대

| 원문 읽기를 위한 도움말 |

① 여기서 以는 '왜냐하면'이라는 뜻이다. '로서'나 '로써'가 아니다.
　이

② 臨御天下垂四十年. 직역하면 '천하를 다스리며 40년 동안 드리웠다[垂]'
　임어 천하 수 사십 년　　　　　　　　　　　　　　　　　　　수
　는 것이다. 즉 재위 40년을 강조하는 표현이다.

③ 卽皇帝位. 卽은 나아가다[就]는 뜻으로 가능한 한 독자적으로 풀이해야
　즉 황제 위 즉　　　　　　　　　취
　한다. 여기서도 '황제의 자리에 나아가다'라고 정확하게 옮겨야 한다.

④ 王以君臣之分不起坐 然矣 吾以賓主之禮 不敢不起. 다소 긴 이 문장에
　왕 이 군신 지 분 불기 좌 연의 오 이 빈주 지 례 불감 불기
　서 축을 잡아주는 표현은 以君臣之分과 以賓主之禮다. 서로 대조를 이
　　　　　　　　　　이 군신 지 분　　　이 빈주 지 례

루고 있는데 특히 以는 '~를 실마리로 삼다' 혹은 '원칙으로 삼다'로 좀
더 의역을 해줄 때 뜻이 분명해진다.

⑤ 與趙評擊侍中鄭夢周 乃與勳盟. 앞의 與는 '~와 함께'이고 뒤의 與는 참
   여 조평 격 시중 정몽주 내 여 훈맹   여   여
여하다[豫]는 뜻이다.
   예

⑥ 若鄭摠盧仁度則. 若~則은 '~의 경우에는'이라는 뜻이다.
   약 정총 노인도 즉 약 즉

태종 2년 임오년
11월

十一月

경진일(庚辰日-1일) 초하루에 태상왕의 수레가 동북면(東北面)으로 향했다.

○ 상이 숭인문(崇仁門) 밖에서 사신 온전(溫全)에게 잔치를 베풀었다. 전(全)이 금강산에서 돌아오니 상이 맞아 위로했는데 사길(士吉)과 왕태(汪泰)도 참여했다.

임오일(壬午日-3일)에 환관 김완(金完)을 태상왕의 행재소에 보내 문안드렸다.

○ 사헌부에 명해 태평관에서 사신들에게 잔치를 베풀게 했다. 대사헌 박신(朴信)이 유사길에게 말했다.

"고황제(高皇帝) 때 온 사신들은 모두 작질(爵秩)이 낮았는데 지금 천사(天使)들께서는 첨도어사(僉都御史)[1]이시니 일국(一國)의 임금과 신하가 모두 기뻐하고 또 두려워합니다. 내가 어사대관(御史臺官)으로서 감히 와서 뵙지 않을 수 없었습니다."

사길이 말했다.

"그렇습니다. 일찍이 (조선에) 삼부(三府)와 육조(六曹)가 있다는 말은 들었어도, 어사대(御史臺)가 있다는 것은 못 들었는데 지금에서야

---

1   명나라 품계로 정4품이며 참고로 기존에 왔던 경력(經歷)은 정6품 관직이다.

알겠습니다. 이 벼슬은 모두가 다 두려워하는 사람이지요?"

이튿날 사길 등이 헌부에 사람을 보내 말했다.

"어젯밤에는 잘 돌아갔는지 모르겠습니다?"

헌부에서 대답했다.

"우리는 잘 돌아왔습니다. 천사께서 이렇게 사람을 보내 안부를 묻고 위로하셨으니 예(禮)로 볼 때 마땅히 가서 사례해야 합니다만 일이 많아 당장 나아가지는 못하겠습니다."

○ 승추부 행랑에 화재가 났다[災].[2]

계미일(癸未日-4일)에 태상왕의 수레가 김화현(金化縣)에 머물렀다.

상이 무일전(無逸殿)에서 사신들에게 잔치를 열었다. 온전(溫全)이 전서(典書) 설미수(偰眉壽)를 시켜 상에게 여쭈었다.

"우리가 올 때 하늘에는 바야흐로 비가 내렸는데 대궐에 이르자 곧 개었으니 어째서입니까?"

상이 대답했다.

"지금 빼어나신 천자[聖天子]께서 새로 보위(寶位)에 오르시고 네 관인(官人)이 오셨습니다. 삼가 작은 술자리를 준비해 한잔을 내고자 한 것인데 생각해볼 때[意者] 황천(皇天)이 나의 정성에 감동한 것인가 보오."

전(全)이 듣고서 즐거워했다. (전이) 미수를 시켜 유사길과 왕태에

2 공자가 『춘추(春秋)』를 집필할 때부터 사람에 의한 방화일 때는 火(화)라고 했고 하늘에 의한 경계로 인해 자연발생적으로 불이 났을 때는 災(재)라고 했다. 승추부는 군사를 담당하는 곳이니 이와 관련된 하늘의 경고를 받아들이고서 역사에 기록한 것이다.

게 말하니 사길 등이 자리에서 일어나 읍(揖)하고 즐겁게 취해 밤이
깊어서야 관(館)으로 돌아갔다.

갑신일(甲申日-5일)에 환관 김완(金完)이 태상왕의 행재소로부터 돌
아왔다. 완이 아뢰었다.

"태상 전하께서 말씀하시기를 '내가 즉위한 이래 조종(祖宗)의 능
(陵)에 한 번도 참배하지 못해 일찍부터 염두에 두고 있었다. 지금
다행히 한가한 몸이 되어 동북면에 있는 선릉(先陵)에 참배한 뒤에
금강산을 유람하고서 서울에 들어가 잠시도 문(門)을 나서지 않으려
한다. 만일 내가 선릉을 참배하지 않으면 이 다음에 어찌 지하(地下)
에서 조종을 뵈올 수 있겠는가? 사람들은 이를 알지 못하고 나의 이
번 행차를 미혹되고[顚=惑] 또 미쳤다[狂]고 할지 모르겠다. (하지만)
　　　　　　　　　　전　혹　　　　　　광
그들도 역시 부모가 있는 자들이니 자기 마음을 갖고서 이 일을 헤
아려보면 내 마음을 알 수 있을 것이다'라고 하셨고 또 말씀하시기
를 '가마를 메는 군사들의 의관(衣冠)이 다 떨어졌으니 의관 각 26벌
을 빨리 마련하여[辦=具] 보내라'고 하셨습니다."
　　　　　　　　판　구
상이 곧바로 유사(攸司)에 명해 보내게 했다.
○ 안변부사(安邊府使) 조사의(趙思義, ?~1402년)[3] 등이 군사를 일

3　태조의 계비 신덕왕후 강씨(神德王后康氏)의 족친으로 1393년(태조 2년) 형조의랑이 되
　고 그 뒤 순군(巡軍)을 거치고 1398년 첨절제사를 거쳐 안변부사가 됐다. 1398년 1차 왕
　자의 난에 불만을 품고 있던 그는 이때 신덕왕후와 왕세자 방석(芳碩)의 원수를 갚고 태
　조에게 충성을 바친다는 구실로 태종에게 반기를 들었다. 태종대의 거의 유일한 대규모
　반란이라는 점에서 충격은 컸다.

으켜 사람을 주군(州郡)에 보내 병사들을 조련했다. 대호군 안우세(安遇世)가 마침[適] 동북면에서 돌아와 역마(驛馬)를 달려[飛馹] 그 연유를 와서 고했다. 사의(思義)는 곧 현비(顯妃) 강씨(康氏)의 족속(族屬)인데 강씨를 위해 원수를 갚고자[報仇] 한 것이었다.

을유일(乙酉日-6일)에 상이 태평관에 가서 사신들에게 잔치를 베풀었다. 상이 말했다.

"듣건대 천사께서 내일 돌아간다고 하는데 그러하오? 발행(發行-출발)하는 날을 잘 가리지 않을 수 없으니 10일에 떠나신다면 다행이겠소."

사신들이 기뻐서 읍(揖)하며 사례했다. 상이 말했다.

"종친과 대신들이 모두 떠나시는 것을 전별(餞別)하고 싶어 하기 때문에 내가 먼저 이 술자리를 베푼 것이오. 모름지기 며칠만 더 머무르시오."

병술일(丙戌日-7일)에 상이 태평관에 가서 사신들에게 잔치를 베풀었다.

○ 상이 청원군(靑原君) 심종(沈淙), 예문관 제학 유창(劉敞)을 태상왕의 행재소에 보내 시위(侍衛)하게 하고, 예문관 대제학 이직(李稷)을 보내 문안드렸으며 겸하여 의친(衣襯-의복), 옥백(玉帛) 등 신명께 올릴 물건을 드리게 했다. 태상왕이 일찍이 시위(侍衛) 이자분(李自芬)을 보내 의친과 옥백을 빨리 보내라는 뜻을 말했기 때문이다. 태상왕이 지나는 주군(州郡)의 성황(城隍)들 중에서 신령스러운 곳에

는 모두 의친과 옥백으로 예(禮)를 행한다고 하면서 이렇게 말했다.

"나의 이번 행차에 대해 나라 사람들은 모두 미쳤다고 여긴다. 그러나 내가 즉위한 이후로 한 번도 선릉(先陵)에 참배하지 못했다. (그러니) 지금 친히 제사를 지내지 않는다면 죽은 뒤에 장차 무슨 면목으로 조상들을 지하에서 뵙겠는가?"

○ 태상왕이 명해 사신들이 돌아갈 때 쓸 여비[贐=路費]를 주게 했다. 온전에게 흑마포 5필·백저포 3필, 양녕에게 흑마포 4필·백저포 2필, 유사길(兪士吉)과 왕태(汪泰)에게 흑마포 2필·백저포 2필씩을 주라고 명했고 상은 모두 10필씩 더해 노잣돈으로 주었다. 상이 흑마포, 백저포를 아울러 200필을 사신에게 나누어 주었으나 사길과 왕태는 받지 않았다.

○ 김여생(金呂生)과 중 묘봉(妙峰)을 주살하고 중 성총(省聰)에게는 곤장 100대를 쳤다. 애초에 묘봉이 여생을 업고 경기좌도(京畿左道) 승령현(僧嶺縣)⁴의 한 민호(民戶)에 이르렀는데 그 집에 딸이 있었다. 묘봉이 여생을 가리키며 말했다.

"이분은 상왕(上王)이신데 장차 복위(復位)하실 것이니 마땅히 사위를 삼아야 할 것이다[作壻]."
　　　　　　　　　　　작서

그 집 주인이 허락하지 않고 말했다.

"이것이 무슨 말이오? 이것이 무슨 말이오?"

묘봉이 말했다.

"상왕은 존귀(尊貴)하여 걸어 다니실 수 없기 때문에 내가 업고 다

────────

4　연천군에 속했다.

니는 것이다."

또 그 고을의 장군사(將軍寺)에 이르니 그 절의 중이 거짓으로 말했다[給].

"오늘 여러 왕들[5]이 이 절에서 승재(僧齋)를 행하기로 돼 있습니다."

여생이 물었다.

"내 조카 아이들이 어찌하여 이 절에 오는가?"

성총(省聰)은 헛소리를 꾸며 회안공(懷安公)[6]이 군사를 거느리고 서울에 들어갔다고 했다.

그 고을 수령이 이 말을 듣고 붙잡아 사헌부로 보냈다.

정해일(丁亥日-8일)에 상호군 박순(朴淳)을 동북면에 보냈는데 저쪽 군중(軍中)에서 피살됐다. 순(淳)이 함주(咸州)에 이르러 도순문사(都巡問使) 박만(朴蔓)과 고을 수령들에게 "사의(思義)를 따르지 말라"고 일깨우다가 결국 저쪽 군중에서 피살됐다.

회양부사(淮陽府使)[7] 김정준(金廷雋)에게 말 1필을 내려주었다. 정준이 와서 태상왕의 거가(車駕)가 철령(鐵嶺)[8]을 지났다고 고했기 때문이다.

---

5 제왕(諸王)이라고 한 것은 왕자들을 가리킨다.

6 이방간을 가리킨다.

7 회양은 강원도 회양군의 군청소재지였다. 군의 북서부(北西部), 북한강 상류 좌안에 있으며 경원가도(京元街道)의 요지(要地)다. 옛날부터 관북 지방에 대한 군사상의 요지(要地)다.

8 강원도 고산군과 강원도 회양군 사이에 있는 고개이다. 높이는 677미터다. 고개의 북쪽을 관북지방, 동쪽을 관동지방이라고 한다.

○ 대간(臺諫-사헌부와 사간원)이 소를 올려 방간(芳幹-이방간)을 제주(濟州)로 옮겨 두기를 청했으나 윤허하지 않았다. 소는 이러했다.

'경진년(庚辰年-1400년) 봄에 회안군(懷安君) 방간 부자가 군사를 일으켜[稱兵=擧兵] 대궐을 향했을 때 전하께서 두세 명의 장상(將相)과 더불어 그 난(亂)을 평정해[戡定] 종묘사직[宗社=廟社]을 안정시켰습니다. 저 주공(周公)의 빼어남[聖]으로도 관숙(管叔)[9]이 들고 일어나는 것[擧=擧兵]을 면치 못한 것은 사사로운 은혜[私恩]로 천하의 공명정대한 의로움[公義]을 없앨 수 없기 때문입니다. 회안 부자에게 마땅히 하늘의 토죄[天討]를 가해 나라의 법을 바로잡아야 하는데 전하께서 마침내 천륜(天倫)의 차마 모질게 하지 못하는 마음[不忍之心]으로 익주(益州-익산)에 옮겨 두고 전려(田廬-논밭과 집)와 산업(産業-생계수단)을 완전히 갖춰주지 않음이 없었으니 이는 대개 그 마음을 편안히 먹도록 하여 천년(天年-천수)을 마칠 수 있게 하려고 한 때문입니다. (그러면) 마땅히 마음을 고치고 분수를 편안히 받아들여 다시 살게 해준[再造] 은혜에 보답해야 할 것인데 지금 이에 날마다 말을 내달려 사냥하는 것을 일로 삼아[爲事] 거의 조금도 뉘우치고 깨닫는 실상이 없으니 그 마음이 품고 있는 바를 진실로 알 수가 없습니다. 근일에 김여생과 중 성총이란 자가 어지러운 말[亂言]을 지어내 여러 사람의 귀를 현혹시켰으니 회안 부자가 자기들을 빙자했다[藉己]는 말을 들으면 근심하고 분해하며 놀라고 두려워하여

---

9 주나라 문왕(文王)의 셋째 아들이자 무왕(武王)의 아우이며 주공 단(周公旦)의 형이다. 무왕이 관(管)에 봉했으나 무왕이 죽은 뒤에 은나라 주왕(紂王)의 아들 무경(武庚)을 받들어 모반했다가 성왕을 대신해 섭정(攝政)하던 주공에게 피살됐다.

반드시 스스로 편안치 못할 것입니다. 만에 하나 흉포한 실상이라도 있으면 전하께서 아무리 보전(保全)하려고 해도 진실로 그리 되지 않을 것입니다. 바라건대 제주(濟州)에 옮겨 두어 그 생업을 편안케 하여 무뢰배들로 하여금 사사로이 서로 통하지 못하게 해야 합니다. 회안 부자로 하여금 천년을 보전할 수 있게 하신다면 전하의 어지심 또한 다하실 수 있을 것입니다.'

무자일(戊子日-9일)에 태상왕이 역마[驛騎]를 타고 함주(咸州-함흥)로
역기
향했다. 상이 왕사(王師) 무학(無學, 1327~1405년)[10]을 태상왕의 행재소로 보냈다. 무학은 태상왕께서 공경하고 신뢰하는 자이기 때문에 그 길에 상의 뜻을 위로 전달해 속히 환가(還駕)를 청하기 위함이었다.

---

10 법명은 자초(自超), 속성은 박(朴)씨이며 호는 무학(無學), 당호는 계월헌(溪月軒)이다. 경상남도 합천군에서 출생했다. 1344년 18세에 출가해 소지선사(小止禪師)의 제자로 승려가 돼 구족계를 받고 혜명국사(慧明國師)에게서 불법을 배웠다. 진주(鎭州) 길상사(吉祥寺), 묘향산 금강굴(金剛窟) 등에서 수도하다가 1353년(공민왕 2년) 원(元)나라 연경(燕京)에 유학해 그때 원에 와 있던 혜근과 인도승 지공(指空)으로부터 가르침을 받았다. 1356년 귀국해 1373년에 왕사(王師)가 된 혜근의 법을 이어받았는데 1376년 혜근이 회암사(檜巖寺)에서 낙성회(落成會)를 열 때 수좌(首座)로 초청했으나 사양했다. 고려 말 퇴락하는 불교를 비판했고 이성계를 만나 그가 새로운 왕이 될 것이라 예견했다. 1392년 이성계의 역성혁명으로 조선이 개국하자 왕사가 돼 대조계종사(大曹溪宗師) 선교도총섭(禪教都摠攝) 전불심인변지무애부종수교홍리보제도대선사(傳佛心印辯智無碍扶宗樹教弘利普濟都大禪師) 묘엄존자(妙嚴尊者)의 호를 받고 회암사에서 지냈다. 이듬해 태조를 따라 계룡산과 한양(漢陽)을 오가며 지상(地相)을 보고 도읍을 한양으로 옮기는 데 찬성했으며 조선 건국 초기 나라를 안정시키는 데 헌신했다. 유교의 바탕에서 건국된 조선에서 독특하게 불교인으로 주도적인 역할을 맡았으며 기득권에 안주하지 않았던 유일한 인물로 평가된다. 1397년(태조 6년) 왕명으로 회암사 북쪽에 수탑(壽塔)을 세웠고 1402년(태종 2년) 회암사 감주(監主)가 됐다가 이때 태종 이방원의 청을 받아 함주(함흥)에 머물고 있는 태상왕 이성계를 설득해 한양으로 돌아오게 했다. 이후 금강산 금장암(金藏庵)에 머물다가 78세에 입적했다.

○ 대간이 다시 상소해 방간을 제주(濟州)로 옮겨 둘 것을 청했다. 소는 대략 이러했다.

'신 등이 어제 회안(懷安) 부자를 제주로 옮겨두자는 일로 소(疏)를 갖추어 아뢰었는데 전하께서는 천륜(天倫)의 중대함으로 인해 차마 그대로 윤허하지[愈允] 못하셨습니다. 이는 참으로 전하께서 형제에 대해 우애하시는 정이 지극하신 때문입니다. 그러나 신 등이 가만히 생각건대 천하의 이치란 상(常-일정함)과 변(變-변화)이 같지 않음이 있기 때문에 빼어난 이[聖人]의 가르침에도 원칙과 임기응변[經權]의 차이가 혹 있는 것입니다.[11] 부질없이 원칙을 지켜야 한다는 것만을 알고 권도를 쓰는 까닭은 알지 못한다면 어떻게 천하의 큰 문제[大疑]를 결단하고 천하의 큰일[大事]을 성취할 수 있겠습니까? 무릇 형제 사이에 혈육을 제 몸과 같이 여기는[親親] 은혜를 마땅히 다해야 하는 것은 인륜의 상경(常經)입니다. 그러나 혹 불행하여 변(變)에 이르면 권도(權道)를 써서 처리하지 않을 수 없습니다. 옛날에 순(舜) 임금이 (자신을 못살게 군 이복동생) 상(象)에게 한 것을 보면 순임금

11 원래 유학에서는 상경(常經)과 권도(權道)라 하여 일종의 원칙과 임기응변의 이분법으로 자주 사용된다. 일반적으로 권도에는 약간은 부정적인 의미가 들어 있다. 그러나 일정한 수준에 이른 사람이라면 상황에 맞게 권도를 쓰는 것이 또한 공자의 기본적인 정신이기도 하다. 권도만을 추구해서는 안 되지만 인생의 불확실성 앞에서 상황이 진정 요구한다고 판단되면 과감하게 권도를 쓸 수도 있어야 한다. 그런 맥락에서 이는 불혹(不惑)과 통한다. 불혹의 차원에 이른 사람이라야 함께 권도를 행하더라도 도리에서 벗어나지 않을 수 있기 때문이다. 그만큼 어려운 경지이기도 하다. 참고로『논어(論語)』「자한(子罕)」편에 나오는 공자의 말이다. "더불어 함께 배울 수 있다고 해서 (그 사람들 모두와) 더불어 도를 행하는 데로 나아갈 수는 없으며, 또 더불어 도를 행하는 데 나아간다고 해서 (그 사람들 모두와) 더불어 함께 뜻을 세울 수는 없으며, 또 더불어 함께 뜻을 세웠다고 해서 (그 사람들 모두와) 더불어 권도(權道)를 행할 수는 없다."

이 우애의 마음을 이룰 수 있었던 것은 상의 악함이 아직 드러나지 않고 그 해악이 (순임금) 한 몸에 그쳤을 뿐이었기 때문이요,[12] (반면에) 주공(周公)이 관숙(管叔)에게 한 것을 보면 주공이 죽이는 조치를 피할 수 없었던 것은 종사(宗社)가 뒤집어지고[傾覆] 백성들이 도탄에 빠져 그 해악이 이루 말할 수 없었기 때문입니다. 지금 우리 전하께서 제주로 옮겨 두는 것을 허락지 않으시는 것은 원칙을 지키고 상(常)을 따르는 도리이고, 신 등이 건의하는 것[建白]은 권도를 써서 변(變)에 대처하는 도리입니다. 하물며 은미(隱微)[13]한 것을 보면 (뒤에) 훤히 드러나게 될 것을 알아차려서[鑑微知著] 그런 일이 일어나기 전에 막은 다음에야 화란(禍亂)이 생기지 않고 국가가 편안해집니다. 지금 회안(懷安)에 대해 만일 일찍 계책을 세워 마땅한 조처를 하지 않는다면 신 등은 앞으로 언젠가 반드시 예기치 못한[不虞] 변(變)이 생길까 남몰래 염려됩니다. 형세가 이미 이 지경에 이르고 나면 비록 그를 보전하고자 해도 될 수 있겠습니까? 엎드려 바라옵건대 전하께서 (저희들의 소를) 그대로 윤허하시어 시행하셔야 합니다.'

○ 의정부에서 아뢰어 말했다.

"태상왕께서 춘추(春秋)가 이미 높으시고 또 풍질(風疾)이 있으십니다. (그런데) 지금 동북면(東北面)에 깊숙이 들어가셨고 조사의(趙思義) 등이 군사를 일으켜 가로막았으니 바라건대 전하께서 이 점을 깊이 생각하셔야 합니다. 또 전일에 대간(臺諫)이 교장(交章)하여

---

12 상이 악하다는 사실을 순임금만 알고 있었다는 말이다.
13 아직은 드러나지 않은 기미나 조짐을 말한다.

방간을 제주에 옮겨 두기를 청한 것이 두세 번에 이르렀으나 전하께서 윤허하지 않으셨습니다. 신들은 대간의 청이 의리에 아주 들어맞는다[協=合]고 여겨집니다."

협 합

상이 말했다.

"부왕(父王)께서 멀리 가시어 아직 돌아오지 않으시니 생각나고 그리워하는 마음[思戀]을 이기지 못하겠다. 회안(懷安)의 일의 경우에

사련

는[若] 마땅히 다시 생각해 조처하겠다."

약

이에 승추부 지사 이숙번(李叔蕃)과 이야기하다가 이렇게 말했다.

"회안군은 동복형(同腹兄)이다. 결국 (내가) 왕위에 있기 때문에 이같은 변고가 있구나."

그러고는 눈물을 흘렸다.

기축일(己丑日-10일)에 누런 안개가 사방에 자욱했다.

○ 대호군 김계지(金繼志)를 동북면에 보내 교서(敎書)를 반포했다.

○ 상이 백관을 거느리고 영빈관(迎賓館)에서 사신을 전송했다[餞].

전

상이 역사(力士) 두 사람을 앉은자리 앞에[座前] 불러 술을 주니 온

좌전

전(溫全)이 말했다.

"두 사람이 비록 미천하나 모두 황제의 명령을 받고 왔으니, 국왕께서는 앉아서 술을 줄 수는 없습니다."

상이 말했다.

"나는 지금 예(禮)로써 천사(天使) 네 분을 위로할 뿐, 이 두 사람은 천사를 따라온 사람[從人]이오. 만일 두 사람이 독자적으로 명을

종인

받고 왔다면야 어찌 감히 이같이 하겠소. 또 예(禮)는 가볍게 바꿀

수 없는 것이오. 애초에 이 같은 예로 대접해왔으니 지금 그것을 바꾸는 것은 어렵소."

전(全)이 심히 부끄러워하고 그로 인해 성내는 얼굴빛이 있었다. 사길(士吉)이 일어나 상 앞에 이르렀다가 돌아가기를 청하며 말했다.

"소인이 이미 화가 났으니 나가지 않으면 예를 어기는 일이 많겠습니다."

나가려고 하니 상이 도로 와서 앉기를 청했다. 상이 장막 밖에 나갔다가 돌아오니 사길이 잔을 잡아 바쳤다. 상이 그에게 먼저 마시기를 청하니 사길이 말했다.

"이것은 무슨 예(禮)입니까?"

상이 말했다.

"예란 인정(人情)에 바탕을 둔 것이니 그냥 술을 권하려는 것이오."

사길이 흔쾌히 말했다.

"일이 의리를 해치지만 않는다면 시속(時俗)을 따르는 것도 괜찮습니다."

그러고는 마침내 마셨다. 장차 떠나려고 하자 상이 사길 등에게 말했다.

"우리나라는 고황제(高皇帝) 때부터 신하로서 (중국) 조정(朝廷)을 섬겼습니다. 지금의 성상(聖上)께서 연도(燕都-연나라 수도)에 계실 때 연도(燕都)가 동방에 가깝기 때문에 우리나라 사람을 대접하기를 특별히 후하게 하셨습니다.[14] 지금 보위(寶位)에 오르시어 다만 한 장

---

14 당시 새로 즉위한 영락제는 연나라 왕으로 있다가 군사를 일으켜 황위에 올랐다.

의 조서(詔書)만을 보내셔도 오히려 기쁘고 감사할 터인데 첨도어사(僉都御史)와 홍려 소경(鴻臚 少卿)과 내부(內府) 두 관인(官人)을 명하여 보내셨으니 동방의 신민(臣民)이 감축(感祝)하는 바는 말로 다 할 수가 없소. 내 마땅히 한 마리 말을 타고[一騎] 입조(入朝)해야 옳겠으나 이미 그렇게 할 수는 없고 만일 내 자식이 나이 10세가 넘는 자가 있다면 마땅히 보내 조하(朝賀)하겠는데 돌아보니 나이 모두 어리오. 비록 대신(大臣)을 보내어 방물(方物)을 드리지만 마음에 실로 부끄러움이 있소. 바라건대 천사께서 나의 마음을 주달해주시오. 또 천사께서 오래 머물지 않아 성의를 다하지 못하니 깊이 황송하고 부끄럽소."

사길이 말했다.

"황제께서는 고황제가 아끼신 아들이시니 국왕께서도 이미 아시지요? 또 뛰어난 다움[賢德]이 있으시어 천명과 인심이 모두 돌아왔기 때문에 부득이하여 갑자기[奄] 천하를 소유하신 것입니다. 지금 우리는 이미 조서(詔書)를 선포했고 국왕(國王)께서는 이미 표(表-표전)와 물(物-공물)을 닦았으니 다시 무엇을 하겠습니까?"

(사신들이) 사례(辭禮)를 행하려고 하니 상이 먼저 사배(四拜)를 행하고 장막 밖으로 나와 읍하여 작별했다. 온전이 태상전을 향해 사배를 행하고 다시 임금과 작별했다. 그리고 팔뚝을 드러내어 불로 지진 곳을 가리키며 말했다.

"내가 금강산에서 팔뚝에 불로 지진 것[燃臂]은 서천(西天)¹⁵의 부

---

15 부처가 나신 나라, 곧 인도(印度)를 말한다.

처를 부른 것입니다."

마침내 길을 떠났다.

○ 전라도 도절제사 홍서(洪恕)에게 궁온(宮醞-왕실 제조 술)과 표리(表裏-겉감과 속감)를 내려주었다. 서(恕)가 왜인(倭人) 10여 명을 잡았으므로 그 아들 섭(涉)을 선위사(宣慰使)로 삼아 이를 보냈다.

○ 전 전서(典書) 이화영(李和英, ?~1424년)[16]이 동북면에서 처자식을 데리고 도망쳐 왔다. 이때 화영은 아비의 상[父憂]을 당해[丁] 동생 화미(和美)와 더불어 최질(衰絰-상복)을 입고 철령(鐵嶺)에 이르니

---

16 할아버지는 여진 금패천호(金牌千戶) 아라불화(阿羅不花)이고, 아버지는 태조 배향공신(配享功臣)이며 개국공신 1등 청해백양렬공(靑海伯襄烈公) 지란(之蘭)이다. 부인은 태조 원종공신(原從功臣) 판사 동안로(童安老)의 딸이다. 개국원종공신 첨절제사(簽節制使) 화상(和尚)의 아우로 일문이 조선 건국의 군사적 기반을 제공한 동북면(東北面) 세력의 주축으로서 이성계 정치집단의 핵심을 이루어 조선 초기에 권문세가(權門勢家)로 군림했다. 여진 사람으로 18세에 낭장으로 벼슬길에 올랐는데 파격적인 대우였다. 여기에는 간접적으로 충혜왕 후 공민왕 기간에 여진인을 포함한 동북면 출신이 현저하게 고려의 중앙관료로 진출했던 배경이 자리했다. 직접적으로는 이성계가 동북면 병마사로서 여진의 여러 추장을 통할해 대군사집단을 이룩한 휘하의 중핵 인물로서 원나라의 천호(千戶)를 습봉받은 지란의 아들에 대한 음직(蔭職)이자 공민왕의 동북면 사람에 대한 우대책 때문이었다. 1388년(우왕 14년) 요동원정군이 위화도에서 회군해 군사정변을 일으키자 우왕을 시종해 성주(成州)에 있던 이성계의 아들 방과(芳果), 방우(芳雨) 및 형 화상 등이 탈출해 반군에 합세했으며 남아 있던 동북면 사람과 여진 사람 1,000여 명이 치달아 개경으로 진격했다. 1392년 태조가 즉위하면서 동북면 유력자들을 대거 공신에 책봉할 때 사복시정에서 상장군에 올라 개국원종공신에 책봉됐으며 1395년(태조 4년) 공신전 15결과 특전을 명문화한 녹권(錄券)을 받았다. 1398년 보공대장군(保功大將軍)을 거쳐 1400년 태종이 즉위해서도 아버지가 좌명공신(佐命功臣) 2등에 책봉되는 등 일족이 각별한 우대를 받았다.
아버지가 죽자 시묘(侍墓)살이를 하기 위해 북청에 기거하던 중 이때 조사의(趙思義) 등 동북면 사람의 반란이 발생하자 탈출해 태종에게 귀부함으로써 난을 조기에 종식시키는 데 공헌해 1403년 임오공신(壬午功臣-조사의 난 토평공신) 2등의 예에 준하는 사전(賜田) 40결을 특사(特賜)받았다. 1406년 도총제(都摠制), 3년 후 의정부 지사를 거쳐 1415년 참찬, 1423년 판좌군도총제(判左軍都摠制)가 되고 우군부판사(右軍府判事)에 이르렀다. 특히 태종의 총애를 받아 1411년 잠시 고향에 갈 때는 왕이 성밖까지 전송했다 한다.

기병(騎兵) 100여 명이 길을 막고 있으므로 지나갈 수가 없었다. 화영이 동생과 꾀를 내어 말했다.

"우리는 마땅히 최질을 벗고, 갑옷을 입고 무기를 들고서 가야할 것이다."

이에 최복을 벗고 갑옷과 병기를 갖추고 고함을 지르며[鼓噪 = 鼓噪] 말을 달리니 100여 명의 병사들이 모두 흩어져 두 사람을 가로막는 자가 없었다. 화영이 말 두 필을 바치니 상이 지신사 박석명에게 명해 음식을 먹이게 하고[饋] 말했다.

"내가 조신(朝臣-조정신하)들 중에서 일을 맡겨 부릴 만한 자는 비록 친상(親喪)을 당했더라도 탈정기복(奪情起復)[17]시키는데 하물며 경은 군관(軍官)이니 고기를 먹고 술을 마시지 않을 수 없다."

화영이 대답했다.

"소인이 비록 죽을 땅에 가라고 명령하시더라도 어찌 감히 따르지 않겠습니까? 다만 신이 아비의 상복을 벗지 못했습니다. 상께서 길복(吉服)[18]을 입으라고 명령하시어 이미 그것을 따랐는데 또 술을 마시고 고기를 먹으라고 명하시니 마음속이 부끄럽습니다."

드디어 눈물을 흘렸다. 석명이 들어가 고하니 상이 말했다.

"경의 이 말은 참으로 크게 의롭도다[大義]. 그러나 군관이 된 자는 절후가 고르지 못한 때를 당해 술을 마시고 고기를 먹지 않을 수 없다. 경이 몸을 잘 보전해 나를 섬긴다면 부모에게 효도하는 도리로

---

17 상중(喪中)에 벼슬에 나아가게 하는 것이다.
18 상복(喪服)을 벗은 다음에 입는 평상복이다.

이보다 더 큰 것은 없을 것이다."

석명이 권하여 먹고 마시도록 했다.

경인일(庚寅日-11일)에 좌군총제(左軍摠制) 이구철(李龜鐵, ?~1413년)[19]
을 동북면 도체찰사로, 대호군 한흥보(韓興寶, ?~1410년)[20]를 병마지사
로 삼고 상이 구철에게 구마(廐馬-대궐에서 기른 말)와 궁시(弓矢) 및
갑주(甲冑)를 내려주었다.

호군 김옥겸(金玉謙)이 동북면에서 왔다. 애초에 옥겸을 동북면에
보냈는데 이때에 이르러 와서 아뢰었다.

"처음에 안변(安邊)에 이르러 부사 조사의를 만났는데 사의가 흘겨
보고[睨視] 예(禮)로 대하지 않은 채 사람을 시켜 신의 칼과 마패(馬
牌)를 빼앗았습니다. 신이 잠행(潛行)하여 문주(文州)[21]에 이르러 박

---

19 1396년 충청·경상도 조전절제사(助戰節制使)로 파견돼 현지에 침입한 왜구를 방어하
고 같은 해 충청도 병마도절제사에 제수됐다. 1397년 오도 도통사(五道都統使) 김사형
(金士衡)이 울주(蔚州) 등지에 침입한 왜적 나가온(羅可溫) 일당을 격멸하기 위해 지정한
기일에 군사를 도착시키지 못해 왜적을 도주하게 한 일로 파직되고 수군에 충당됐으며
1398년(태조 7년) 사면을 받고 의주만호(義州萬戶)에 서용됐다.
1402년(태종 2년) 정2품에 승진하면서 중군도총제(中軍都摠制)에 발탁되고 이후 1407년
까지 동직에 재직하였다. 1407년 성절사(聖節使)가 돼 명나라를 다녀오고 그 직후 의정
부지사에 제수되었으나 '군무에 합당하지 묘당(廟堂-의정부)에는 마땅하지 못하다'는 지
적에 따라 서북면 도순문찰리사(西北面都巡問察理使)로 파견됐다.
다음 해에 충청도 병마도절제사 겸 홍주목사(洪州牧事)로 파견됐고 1409년경 도총제로
입조했다가 재직 중에 졸했다. 태종의 신임을 토대로 10여 년에 걸쳐 내외의 군사를 지휘
하면서 왕권의 안정과 국방에 크게 기여했다는 평가를 받았다.
20 이때 대호군으로서 동북면 지병마사에 서용됐고 1408년 경원등처병마사 겸 경원부사에
부임했다. 1410년 여진족의 올적합(兀狄哈), 김문내(金文乃), 갈다개(葛多介) 등이 오도리
(吾都里), 올량합(兀良哈) 등과 결탁해 갑병(甲兵) 300여 명을 이끌고 경원부에 침입해 약
탈을 자행하자 이에 병마사로서 나아가 싸웠으나 패해 전사했다.
21 함경남도 문천 지역의 옛 지명이다. 북부의 국경 요새로서 군사적인 시설이 많았다.

양(朴陽)이 고을에 들어와 군사를 조련한다는 말을 듣고 들어가 만나보니 양(陽)도 또한 흘겨보고 더불어 말도 하지 아니하고 다만 조병첩(調兵牒)에 서명(署名)만 하고 있었습니다. 영흥부(永興府)에 이르러 부윤(府尹) 박만(朴蔓)을 보니 만(蔓)이 울며 말하기를 '내가 처음에 군사를 조련하라는 사의의 통첩을 보고 사람을 보내 (위에) 보고했고, 또 갑옷과 무기를 실어 보내라는 통첩을 보고 사람을 보내 보고했는데 그대는 그것을 보았는가?'라고 했습니다. 제가 보지 못했다고 대답하니 만이 말하기를 '그 사람들이 반드시 잡힌 것이니 내가 아마도 위태로울 것이야'라고 하고 만이 또 말하기를 '내가 처음에 빠져나갈 수 있었지만 장수(將帥)로서 번진(藩鎭)을 가볍게 버릴 수가 없었다. 그대는 마땅히 샛길[間道]을 타고 가서 주상께 진달하라.
간도
그대가 만일 잡히면 그대와 나는 해를 당할 것이다'라고 하고는 이어 칼과 상등마(上等馬)를 주었습니다. 길을 떠나 영풍(永豊)에 이르러 길에서 한방(韓方)을 만났는데 방(方)이 잠깐 더불어 말하고는 지나가 버렸습니다. 신이 영풍의 촌가(村家)에 이르러 자는데 방이 사람을 시켜 그 집에 이르러 신의 손을 묶어 방 가운데에 가두고 10여 명이 신을 지켰습니다. 밤이 깊어 지키는 자가 깊이 잠들었을 때 가만히 도망쳐 나오니 지키는 자가 이를 알아차리고 쫓아와 높은 산에 이르렀는데 신은 산으로 기어올라 도망쳐 숨어 있다가[逃遁] 이렇게
도둔
왔습니다."

○ 호군 송유(宋琉)가 명을 받아 함주(咸州)에 이르렀다가 역시 저쪽 군사에게 피살됐다.

○ 좌정승 하륜(河崙)을 겸 승추부 판사(兼判承樞府事), 우정승 이무

(李茂)를 겸 승추부 판사, 조영무(趙英茂)를 겸 의정부 찬성사, 이문화
(李文和)를 사평우사(司平右使), 이화영(李和英)을 좌군동지총제(左軍
同知摠制), 김옥겸(金玉謙)을 전의감 정(典醫監正)으로 삼았다.[22]

신묘일(辛卯日-12일)에 조영무를 동북면(東北面) 강원·충청·경상·
전라도 도통사(都統使), 이빈(李彬)을 서북면 도절제사(西北面都節制
使), 이천우(李天佑, ?~1417년)[23]를 안주도(安州道-평안남도 북쪽 일부
지역) 도절제사, 김영렬(金英烈)을 동북면 강원도 도안무사(江原道都
安撫使), 유량(柳亮)을 풍해도 도절제사로 삼았다.[24]
○ 이천우와 유량에게 갑주(甲冑-갑옷)와 활 및 화살을 내려주고
이빈에게는 말과 활 및 화살 그리고 털옷을 내려주었다.

임진일(壬辰日-13일)에 조영무, 이천우, 김영렬, 이구철 등이 출발
했다.
○ 박숙의(朴叔義)를 그 고향 (전라도) 김제(金堤)로 내쳤다[放]. 숙
의(叔義)가 문주지사(文州知事)로 있다가 도망쳐 오니 상이 그곳 상
황[聲息]을 물었는데 대답하는 것이 분명치 못했다.
○ 이구철(李龜鐵)을 중군도총제, 강사덕(姜思德)을 우군총제, 한규

---

22 하륜과 이무를 군무를 담당하는 승추부 일을 겸직시킨 것은 조사의의 반란에 효과적
   대응을 하기 위함으로 보인다.
23 아버지는 태조 이성계(李成桂)의 백형 원계(元桂)이며 양우(良祐)의 아우이고 조(朝)와
   백온(伯溫)의 형이다. 어려서부터 활쏘기와 말타기를 잘하고 풍채가 아름다웠으며 그릇
   이 컸다 한다.
24 조사의의 반란에 대비해 무관들을 재배치한 인사다.

(韓珪, ?~1416년)²⁵를 중군총제, 연사종(延嗣宗, 1360~1434년)²⁶을 우군동지총제, 유량(柳亮)을 동북면 도순문사, 유구산(庾龜山)을 안변도호부사(安邊都護府使), 유기(柳沂)를 전라도 도관찰사, 이화미(李和美)를 대호군으로 삼았다.

계사일(癸巳日-14일)에 사간원에서 소를 올려 군사(軍士)의 밭을 거둬들이지 말 것을 청했다. 소는 대략 이러했다.

'국가에서 전지(田地)를 받은 대소 인원(大小人員)들로 하여금 그 이름을 문부(文簿)에 기록하고 패(牌)를 만들어 삼군(三軍)에 분속시켜 왕실을 시위(侍衛)하게 하니 이것은 참으로 좋은 법입니다. (그런데) 전지를 받고도 패(牌)에 소속되지 않은 자가 있어 승추부(承樞府)에서 날짜를 정해 직접 점검해[親點] 패(牌)를 만들었으나 그
친점
에 미치지 못한 자가 거의 200명이나 됩니다. 그래서 그들의 전지를

---

25 전형적인 무신이다. 태조 때 전라수군대장군을 지내고 1400년(정종 2년) 방간(芳幹)의 난을 평정하고 태종이 왕위에 오르는 데 협력한 공으로 1401년(태종 1년) 좌명공신(佐命功臣) 4등에 책록돼 면성군(沔城君)에 봉해졌다. 이때 중군총제가 됐고 1406년 우군총제를 겸했으며 1408년 개성유후사(開城留後司)·호익상호군(虎翼上護軍)·우군도총제(右軍都摠制), 1412년 중군절제사가 됐다.

26 곡산 연씨의 실질적인 시조다. 1388년(우왕 14년) 요동 정벌 때 우군도통수 이성계(李成桂)의 군진무(軍鎭撫)로 종군한 공으로 조선이 건국되자 개국원종공신에 책봉됐으며, 1393년(태조 2년) 회군공신 3등에 책록됐다. 1401년(태종 1년) 2차 왕자의 난 때 정안군파(定安君派)에 가담했고 정안군이 세제로 책봉되고 등극하는 과정에서 공로가 많은 사람을 포상할 때 좌명공신(佐命功臣) 4등에 책록됐다. 이해에 태종은 갑사(甲士)와 의용자(毅勇者) 300인을 차출해 친위대를 구성, 내갑사(內甲士)라 했는데 그는 이숙번(李叔蕃), 조연(趙涓), 한규 등과 더불어 내갑사의 통수권자가 됐다. 이때 우군동지총제(右軍同知摠制)에 임명되고 1407년 판한성부사 겸 우군총제가 됐으며 뒤에 상장군, 호조전서 등을 역임했다. 1410년 동북면 병마도절제사로 야인의 침입을 방어했으며 이해에 길주도 도안무찰리사가 되어 경원부(慶源府)와 경성(鏡城)을 수복하는 전과를 올렸다.

회수하여 조심하고 삼가지 못한 것[不恪]을 징계한 것입니다. 그러나
전하께서 별시위(別侍衛) 30여 인의 전지를 회수하지 말라고 특명을
내리셨으니 그들은 감격한 마음이 지극하겠지만 그 나머지 사람들의
실망[缺望]은 어떠하겠습니까? 만일 조심하고 삼가지 못한 것을 징
계한다면 모두 그에 미치지 못한 사람들을 징계할 것이고, 만일 성
은(聖恩)을 베푸신다면 모두 다 왕신(王臣)이 아닌 자가 없습니다. 또
전제(田制)를 설정한 것은 본래 사족(士族)을 우대하고 염치(廉恥)를
기르기 위한 것입니다. 지금 조(租)를 거둘 때를 당하여 갑자기 그
전지를 회수한다면 염치를 기를 수 없을 뿐 아니라 또한 원망을 불
러일으킬 것입니다. 엎드려 바라옵건대 전하께서는 특별히 승추부
(承樞府)에 명을 내리시어 친히 점검하는 데에 미치지 못한 자는 모
두 이름을 작성하여 패(牌)를 만들게 하고 이미 받은 전지는 회수하
지 말게 해주십시오.'

소(疏)가 올라오자 호조의 급전사(給田司)²⁷에 내려보냈다.

갑오일(甲午日-15일)에 권충(權衷, 1349~1423년)²⁸을 경기좌우도 절

---

27 고려시대 급전도감과 같이 토지에 관한 사무를 관장하던 곳이다.

28 수문전대제학(修文殿大提學) 권보(權溥)의 증손으로 할아버지는 검교시중 권고(權皐)이
며 아버지는 검교정승 권희(權僖)다. 동생이 찬성 권근(權近)이다. 조선이 건국된 뒤 전조
(前朝)의 관료를 회유, 포섭하기 위해 1,700여 인의 개국원종공신(開國原從功臣)을 책봉함
에 있어서 김회련공신녹권(金懷鍊功臣錄券)에 등제된 700인 가운데 최하급 등차에 포록
(襃錄)됐다. 벼슬은 전 전서(前典書)라 했다. 그 뒤 호조전서에 기용됐다. 이때 경기좌우
도 절제사에 제수됐고 1408년 이성등처 도병마사 판삭주도호부사(泥城等處都兵馬使判朔
州都護府事)를 거쳐 병조전서, 이조전서와 한성부윤 등을 역임했다. 1411년 우군동지총제
가 되고, 같은 해 다시 원종공신 녹권을 하사받았다. 1414년에 진하사(進賀使)로 명나라
에 다녀온 뒤 공조판서에 임명됐으며, 1420년(세종 2년)에 의정부 찬성사를 지낸 뒤 벼슬

제사(京畿左右道節制使)로 삼았다. 충(衷)으로 하여금 병마(兵馬)를 이끌고 가서 김영렬(金英烈)을 돕게 하고 약물(藥物)과 병기(兵器)를 내려주었다.

○ 상이 안평부원군(安平府院君) 이서(李舒)를 태상왕의 행재소에 보내고, 중[釋=僧] 익륜(益倫)과 설오(雪悟)에게 명해 이서를 따르게 했다. 서(舒)와 두 사람의 중은 모두 태상왕께서 평소에 공경하고 신뢰하는 자들이기 때문에 이들을 보고서 기뻐할 것으로 여긴 때문이었다.

을미일(乙未日-16일)에 안개가 짙게 꼈다.

○ 총제 신극례(辛克禮, ?~1407년)[29]를 풍해도 절제사(豊海道節制使), 예조전서 구성량(具成亮, ?~1425년)[30]을 강원도 병마사로 삼았다.

○ 상호군 김계지(金繼志)가 안변(安邊)에서 돌아왔다. 계지가 아뢰었다.

을 사양하고 물러났다.

29 1398년(태조 7년) 1차 왕자의 난 때 상장군으로 있으면서 공을 세워 좌명공신(佐命功臣) 1등에 녹훈되고, 취산군(鷲山君)에 봉해졌다. 정종, 태종 연간에 예조전서, 좌군동지총제 (左軍同知摠制) 등의 벼슬을 역임했다. 1407년(태종 7년) 민무구(閔無咎), 민무질(閔無疾) 등과 함께 종친 간을 이간질했다 하여 이화(李和) 등의 탄핵을 받아 강원도 원주에 유배 됐으나 태종의 지우(知遇)를 받아 자원부처(自願付處-유배에 처한 죄인이 원하는 곳에 기거 하던 제도)됐다.

30 1395년(태조 4년) 대장군으로 황해도에 파견돼 군용(軍容)을 점고했고 이때 강원도 병마 사에 이어 삼군총제에 제수됐고 1408년에 금혼령을 위배해 외방에 자원부처(自願付處) 됐다가 곧 방면됐으나 1409년 이무 옥사(李茂獄事)가 일어나자 이무의 처남인 까닭으로 연루돼 먼 곳에 장류(杖流)됐다. 1410년 직첩(관직 임명장)을 되돌려 받으면서 과전도 함 께 되돌려 받았다. 1415년 판안주목사에 복직돼 1420년(세종 2년) 충청도 병마도절제사, 1424년 판안동대도호부사를 지냈다.

"처음에 신이 기사(騎士) 아홉 명을 거느리고 회양(淮陽)에 도착해 그곳에서 기사 열 명을 얻어 철령 구자(鐵嶺口子)[31]에 이르러 그곳을 지키는 두 사람을 베고 길에서 여러 고을의 군량(軍糧)과 마초(馬草)를 독려·감독하던 김을보(金乙寶)란 자를 만나 이를 베어서 머리를 달아맸습니다[梟首]. 안변(安邊)에 이르러 엄인평(嚴仁平)이란 자가 군사를 뽑기에 이를 베어서 머리를 관문(館門)에 달아매고 곧장 치달려 돌아왔습니다."

병신일(丙申日-17일)에 안개가 끼어 하루 종일 어두웠다.

○ 화성이 저성(氐星)으로 들어갔다.

○ 이거이(李居易)를 사평부 영사, 성석린(成石璘)을 의정부 영사 겸 개성유후사 판사, 곽충보(郭忠輔, ?~1403년)[32]를 도총제(都摠制)로 삼았다.

○ 민무질, 신극례가 병사들을 이끌고 동북면을 향했다.

정유일(丁酉日-18일)에 누런 안개가 사방에 자욱했고 날씨는 봄처럼 따듯했다.

———————

31 구자(口子)란 군사 시설을 갖춘 작은 관방(關防)을 말한다. 군사적인 요충지(要衝地)임을 나타내기 위해 여기서처럼 지명에 붙여서 표시하기도 한다.

32 1388년 위화도회군 때 개성에서 최영(崔瑩)의 군대를 격파하고 궁중으로 들어가 화원(花園)의 팔각전(八角殿)을 포위해 최영을 붙잡아 유배시켰으며, 우왕을 폐하고 창왕을 옹립하는 데 공을 세웠다. 1399년(정종 1년)에 그의 아들 승우(承祐)와 함께 사사로운 감정으로 황문(黃文) 등을 처벌한 것을 계기로 탄핵을 받아 청주에 유배됐으나 이때 도총제(都摠制)가 되었다.

○ 상이 병조(兵曹)에 나아갔고 (병조 산하) 각사(各司)에서는 모두 두 사람씩 머무르게 했다.

○ 김사형(金士衡)을 상락부원군(上洛府院君), 이저(李佇)를 겸 승추부 판사로 삼았다. 곽충보에게 말 1필을 내려주고 또 안우세(安遇世)에게 말과 옷을 내려주었으며 박순(朴淳)의 집에 종이 100권(卷)과 쌀과 콩을 아울러 100석을 내려주었다.

○ 여흥부원군(驪興府院君) 민제(閔霽)를 수성도통사(守城都統使), 권화(權和, ?~?)[33]를 도진무(都鎭撫)[34]로 삼았다.

○ 태상왕의 수레가 서북면(西北面)의 옛 맹주(孟州)[35]로 향했다.

무술일(戊戌日-19일)에 동쪽에 무지개가 나타났다.

○ 전 승추부 참판사 강회백(姜淮伯)이 졸했다. 회백은 진양(晉陽) 사람인데 공목공(恭穆公) 시(蓍)의 아들이다. 병진년(1376년)에 과거에 오르고 임술년(1382년)에 나이 26세로서 대언(代言)이 됐는데 이해에 봉익대부(奉翊大夫) 밀직제학(密直提學)에 승진했다. 을축년(1385년) 겨울에 하정사(賀正使)로 경사(京師)에 갔고 무진년(1388년)에 또 경사에 조회(朝會)했다. 기사년(1389년)에 광정대부(匡

---

33 1386년(우왕 12년) 전법판서(典法判書)에서 동북면 안무사(東北面按撫使)가 됐으며 1388년 밀직부사(密直副使), 전주목사 겸 원수(全州牧使兼元帥)를 지냈다. 조선이 건국된 뒤 1396년(태조 5년) 삼사우복야(三司右僕射)가 돼 강원도 지방 해변에 자주 침입한 왜구를 막았다.

34 삼군진무소가 기능하던 태종 때에는 병조와 군령체계상 같은 지위에 있어서 왕으로부터 군령이 내려지면 병조당상과 도진무가 함께 나아가 왕명을 받도록 했다. 일종의 군사 관련 참모였다고 할 수 있다.

35 평안도 안주에 속했던 고을이다.

靖大夫) 밀직사 판사를 제수해 교주(交州) 강릉도(江陵道)를 관찰(觀察)했고 신미년(1391년)에 정당문학(政堂文學)에 옮기어 사헌부 대사헌을 겸임했다. 임신년(1392년) 여름에 진양(晉陽-진주)으로 폄출(貶出)됐다가 7년 경진³⁶에 동북면 도순문사(東北面都巡問使)로 제수돼 정헌계(正憲階-정헌대부)에 올랐고 조금 뒤에 승추부 참판사에 제수됐다. 병으로 집에서 죽으니 46세였다. 회백은 귀 밝음과 눈 밝음[聰明]이 남보다 뛰어나고 강개(慷慨) 노성(老成)하여 가는 곳마다 명
총명
성과 업적[聲績]이 있었다. 아들 다섯이 있으니 종덕(宗德), 우덕(友
성적
德), 진덕(進德), 석덕(碩德), 순덕(順德)이었다.³⁷

이천우(李天祐)가 유격기병[游騎] 100여 명을 옛 맹주(孟州)로 보
유기
냈으나 조사의의 군사에게 붙잡혔다.

기해일(己亥日-20일)에 전 풍주지사(豊州知事)³⁸ 김남두(金南斗)를
곡산(谷山) 등지의 병마지사(兵馬知使)로 삼았다.

○ 이천우가 조사의의 군사와 옛 맹주의 애전(艾田)에서 싸워 패
했다. 천우가 포위를 당하자 아들 밀(密) 등 10여 기(騎)와 함께 힘써
싸워 포위를 뚫고[潰圍] 나왔다.
궤위

---

36 원문에 '七年庚辰'으로 돼 있으나 임신년의 7년 뒤면 1399년 기묘년이 되고 경진년은 임
신년의 8년 뒤인 1400년이다. 승추부 참찬사에 제수된 것이 1402년임을 감안할 때 '8년
뒤인 경진년'으로 보아야 할 듯하다.

37 이는 강회백의 졸기(卒記)다. 그의 동생 강회계(姜淮季)는 공양왕 즉위년(1390년)에 고공
좌랑(考功佐郎)으로 세자 왕석(王奭)의 시학(侍學)으로 있다가 공양왕의 셋째 딸 경화궁
주(敬和宮主)와 혼인해 진원군(晉原君)에 봉해졌다. 공양왕이 폐위된 후 회빈문(會賓門)
밖에서 처형됐다.

38 황해도 송화 지역의 옛 지명이다.

경자일(庚子日-21일)에 상이 경성(京城-개경)을 출발해 금교역(金郊驛) 북쪽 교외에 머물렀다. 민제, 성석린, 우인렬(禹仁烈), 최유경(崔有慶) 등에게 명해 경성(京城)에 머물러 방어하게 했다[留守].

○ 조영무, 김영렬, 신극례 등이 철령으로 향했다[指=向].

신축일(辛丑日-22일)에 지진이 있었다.

○ 어가가 (황해도 금천) 원중포(元中浦)에 머물렀다.

임인일(壬寅日-23일)에 사헌 집의 송우(宋愚)를 평양도 찰방(察訪)[39]으로 삼고, 호조전서 윤사수(尹思修)를 (평안도) 안주(安州), 이성(泥城), 강계(江界) 등지의 찰방(察訪)으로 삼았다.

○ 달이 태미원 상상(上相-영의정)을 범했다.

계묘일(癸卯日-24일)에 상호군 김계지를 서북면 병마사로 삼았다. 서북면 도순문사가 보고했다.

'조사의의 군사는 덕주(德州)[40]에, 이천우의 군사는 자성(慈城)[41]에, 이빈의 군사는 강동(江東)에 있습니다.'

○ 이서와 설오가 철령(鐵嶺)에 이르렀는데 길이 막혀 돌아왔다.

---

39 조선시대 각 도의 역참을 관리하던 종6품의 외관직이다.
40 평안남도 덕천 지역의 옛 지명이다.
41 지금의 평안북도 지역이다.

갑진일(甲辰日-25일)에 은주 지사(殷州 知事) 송전(宋典)이 도망쳐 왔다. 전이 아뢰었다. "천우가 싸움에 패해[敗績]⁴² 신은 저쪽 군사에게 잡혔습니다. 그쪽 도진무(都鎭撫) 임순례(任純禮)가 신을 시켜 군량을 나눠 주게 하며 말하기를 '군사의 수가 6,000~7,000명이 되는데 올량합(兀良哈)이 오면 족히 만 명은 될 것이다'라고 했습니다. 신이 몰래 도망쳐 오다가 길에서 보니 그 군사가 혹은 40명 혹은 30명 혹은 20명씩 떼를 지어[作隊] 도망하는 자들이 많았습니다."

○ 이거이를 좌도도통사(左道都統使), 이숙번을 도진무(都鎭撫), 민무질을 도병마사(都兵馬使), 이지(李至)·곽충보(郭忠輔)·이행(李行)·한규(韓珪)를 조전절제사(助戰節制使)로 삼고, 김우(金宇)·심귀령(沈貴齡)·이순(李淳)·최사위(崔士威)는 김계지(金繼志)와 더불어 군사를 거느리고 출발하게 했다.

을사일(乙巳日-26일)에 (어가가) 원중포에서 (개경으로) 왔다.

병오일(丙午日-27일)에 사의(趙思義)의 군대가 안주(安州)에 이르렀다가 밤에 궤멸(潰滅)됐다. 사의의 군대가 살수(薩水)변에 주둔했는데, 밤에 스스로 궤멸돼 강을 건너다가 얼음이 꺼져 죽은 자가 수백여 명이었다. 애초에 김천우(金天祐)라는 자가 사의의 군사에게 잡혔는데[見獲=被獲] 그 군사가 아군(我軍)의 수를 묻자 천우가 말했다.

---

42 자기 나라나 편이 싸움에서 진 것을 패적(敗績)이라 한다.

"조영무는 동북면으로 향했고 이천우·이빈·김영렬·최운해(崔雲海) 등은 맹주(孟州)에 이르렀으며, 또 황주(黃州)와 봉주(鳳州) 사이로 군사 4만여 명이 나왔다. 여러분은 어떻게 이를 당하려는가?"

군사들이 이 말을 듣고 모두 두려워 낯빛이 변했다. 조화(趙和)가 모의해 군중(軍中)에서 스스로 도망치게 하려고 밤에 군막에 불을 지르고 크게 소리치니 군사들이 모두 놀라 사방으로 흩어졌다.

○ 상이 내관 노희봉(盧希鳳)을 태상왕의 행재소에 보내어 문안했다.

정미일(丁未日-28일)에 상이 안평부원군 이서와 중 설오(雪悟)를 보내 궁온(宮醞)을 가지고 가서 태상왕의 행재소에 문안했다.

연산부사(延山府使) 우박(禹博)에게 구마(廐馬) 1필을 내려주었다. 박(博)이 역마(驛馬)를 타고 와서 태상왕이 회가(回駕)한다고 아뢰었으므로 상이 기뻐서 내려준 것이다.

○ 조온(趙溫)을 동북면 찰리사[43]로 삼았다.[44]

---

43 조선 초기에 동북면과 서북면에 두었던 도순문찰리사(都巡問察理使)와 도안무찰리사(都安撫察理使) 등을 줄여서 이르는 말이다. 조선시대 군무로 지방에 출사할 때 3품직의 재신에게 붙이는 임시 관직이다. 주임무는 적의 정세에 변화가 있을 때 그 사정을 살피는 것이었다.

44 반란이 일어났던 동북면 민심을 달래기 위해서는 그곳을 잘 아는 인물을 보낼 필요가 있었다. 조온의 할아버지는 판서 돈(暾)이고 아버지는 용원부원군(龍原府院君) 인벽(仁璧)이다. 어머니는 환조(桓祖-이성계의 아버지인 자춘(子春))의 딸이다. 어려서부터 외삼촌인 이성계를 유달리 섬겨왔고 1388년(우왕 14년) 위화도회군 때 이조판서로 회군에 참여해 회군공신에 책록됐다. 이후 밀직부사를 거쳐 1392년(공양왕 4년) 이성계 추대에 공을 세워 개국공신 2등으로 평양윤(平壤尹)에 임명되고 한천군(漢川君)에 봉해졌다. 1393년(태조 2년) 서북면 도순문사로 수주(隋州)에 쳐들어온 왜구를 격파했고 연의주도(鍊義州

○ 김권(金綣), 황사란(黃似蘭), 손효종(孫孝宗), 강현(康顯), 조홍(趙洪) 등의 부모와 처자를 가두었다.[45]

○ 도통사 조영무가 돌아왔다.

무신일(戊申日-29일)에 박만(朴蔓), 박문숭(朴文崇), 허형(許衡), 박관(朴貫), 황길지(黃吉至)를 순위부(巡衛府)에 내려보내고[下=下獄] 대간(臺諫)과 형조에 명해 잡치(雜治)토록[46] 했다. 만(蔓)은 도순문사(都巡問使)이고 문숭(文崇)은 도진무(都鎭撫)이고 형(衡)은 경력(經歷)이고 관(貫)은 정주목사(定州牧使)이고 길지(吉至)는 의주지사(宜州知事)인데 이때에 이르러 예궐(詣闕)했으므로 술을 내려주었다. 대사헌 박신(朴信), 좌사간 조용(趙庸), 형조전서 김겸(金謙)에게 명해 순위부에 교좌(交坐)하여[47] 국문(鞠問)하게 하고 상이 지신사 박석명을 시켜 명했다.

"박만, 허형 등은 아직 싸우지 않을 때에 도망쳐 왔으니 어찌 죄가 있겠는가? 형장(刑杖)을 가하지 말라. 박관은 일찍이 체임(遞任-교체)

道)의 장정들을 군적(軍籍)에 등록시켜 군사력 강화를 꾀했다. 1398년 1차 왕자의 난에 친군위 도진무(親軍衛都鎭撫)로서 이방원(李芳遠)의 집권을 도와 그 공으로 정사공신(定社功臣) 2등이 됐다. 중추원사를 거쳐 의흥삼군부 좌군동지절제사(義興三軍府左軍同知節制使) 상의문하부사(商議門下府事)를 역임했다. 1400년(정종 2년) 2차 왕자의 난 때 문하부 참찬사로서 방간(芳幹)의 난을 평정하는 데 공을 세웠다. 이해 상왕의 명으로 1차 왕자의 난 때 정도전(鄭道傳) 등을 죽인 죄로 완산부에 유배됐다가 곧 풀려나와 삼사좌사(三司左使)에 올랐다. 이때 의정부 찬성사로 있다가 동북면 찰리사로 나갔다.

45 이런 경우에는 아직 무슨 일인지는 모르지만 곧 큰일이 닥친다는 뜻이다.
46 공동으로 조사하는 것을 가리킨다.
47 한곳에 회합하여 논의하거나 공무를 집행하는 것을 가리킨다.

됐는데도 오지 않았고 안변(安邊)에 이르러 지체하고 머물러 있으면서 장차 영흥소윤(永興少尹) 김권(金綣)과 더불어 일을 꾀하고도 그 연고를 바른대로 말하지 않았으니 마땅히 형문(刑問)을 가하라.”

○ 순위부 천호(千戶) 곽경의(郭敬儀), 지사(知事) 전시귀(田時貴) 등을 동북면과 서북면에 나누어 보내 적신(賊臣) 조사의(趙思義), 조홍(趙洪), 김권 등 당여(黨與)의 가산(家産)을 조사해 관(官)에 몰수하게 하고 처자(妻子)들은 서울로 압송하게 했다.

庚辰朔 太上王駕向東北面.
경진 삭 태상왕 가 향 동북면

上宴使臣溫全于崇仁門外. 全還自金剛山 上迎慰 士吉 汪泰亦
상 연 사신 온전 우 숭인문 외 전 환 자 금강산 상 영위 사길 왕태 역

與焉.
여 언

壬午 遣宦官金完于太上王行在所問安.
임오 견 환관 김완 우 태상왕 행재소 문안

命司憲府宴使臣于太平館. 大司憲朴信語士吉曰: "高皇帝
명 사헌부 연 사신 우 태평관 대사헌 박신 어 사길 왈 고황제

時 來使皆秩卑 今天使則僉都御史也. 一國君臣皆喜且懼. 予以
시 내사 개 질비 금 천사 즉 첨도어사 야 일국 군신 개 희 차 구 여 이

御史臺官 敢不來謁!" 士吉曰: "然. 嘗聞有三府六曹矣 未聞有
어사대 관 감 불 내알 사길 왈 연 상 문 유 삼부 육조 의 미 문 유

御史臺也 今乃知之. 此官衆所共憚者也." 翌日 士吉等送人憲府
어사대 야 금 내 지지 차관 중 소공탄 자 야 익일 사길 등 송인 헌부

曰: "昨夜好歸乎否?" 憲府答曰: "吾等好來 天使專人問慰 禮當
왈 작야 호귀 호 부 헌부 답왈 오등 호래 천사 전인 문위 예당

往謝 緣多事未敢卽進."
왕사 연 다사 미감 즉진

承樞府行廊災.
승추부 행랑 재

癸未 太上王駕次金化縣.
계미 태상왕 가 차 김화현

上宴使臣于無逸殿. 溫全使典書偰眉壽 白於上曰: "吾等之來
상 연 사신 우 무일전 온전 사 전서 설미수 백 어 상 왈 오등 지래

天方有雨 至闕乃晴何如?" 上答曰: "今聖天子新登寶位 四官
천 방 유우 지 궐 내 청 하여 상 답왈 금 성천자 신등 보위 사관

人來. 謹備小酌 欲進一杯 意者①皇天感予之誠乎!" 全聞而樂之.
인래 근비 소작 욕 진 일배 의자 황천 감 여지성 호 전 문 이 락지

使眉壽言於士吉汪泰 士吉等起坐而揖 懽醉夜深還館.
사 미수 언어 사길 왕태 사길 등 기좌 이 읍 환취 야심 환관

甲申 宦官金完 來自太上王行在所. 完啓曰:"太上殿下言:'予

自卽位以來 未得一拜祖宗之陵 嘗以謂念. 今幸爲閑身 欲往拜

先陵於東北面 而後遊金剛山入京 暫不出門. 若予不拜先陵 異日

何以見祖宗於地下乎? 人不知此 謂我此行曰顚且狂也.② 其亦有

父母者也 以己之心度之 則予之心可知也.'又言:'擔轎軍衣冠

盡破 衣冠各二十六以速辦送.'"上卽命攸司送之.

安邊府使趙思義等擧兵 發人于州郡調兵. 大護軍安遇世適自

東北面而還 飛馹來告其由. 思義卽顯妃康氏之族屬也 欲爲康氏

報仇也.

乙酉 上如太平館宴使臣. 上曰:"聞天使將以明日還 然歟?

發行之日 不可不擇 幸以十日行."使臣等喜 揖謝之. 上曰:"宗親

大臣皆欲餞行 故予先設此酌. 須爲留數日."

丙戌 上詣太平館 宴使臣.

上遣靑原君沈淙 藝文館提學劉敞于太上王行在所侍衛 遣

藝文館大提學李稷問安 兼獻衣襯玉帛禮神之物. 太上王嘗遣

侍衛李自芬 言衣襯玉帛速送之(意)故也. 太上王於所過州郡城隍

有神之處 皆以衣襯玉帛禮之曰:"予之此行 國人皆以爲狂. 然予

卽位以後 不得一拜先陵. 今不親祀 則死後將何面目 見先人於

地下乎?"

太上王命贐使臣之行. 溫全黑麻布五匹 白苧布三匹 楊寧

黑麻布四匹 白苧布二匹 兪士吉 汪泰各黑麻布二匹 白苧布二匹.
흑마포 사필 백저포 이필 유사길 왕태 각 흑마포 이필 백저포 이필

上皆加以十匹而贐之. 上以黑麻布白苧布幷二百匹 分贐于使臣
상개가이십필이신지 상이 흑마포 백저포 병이백필 분신우사신

士吉 汪泰不受.
사길 왕태 불수

誅金呂生及僧妙峯 杖僧省聰一百. 初 妙峯負呂生至京圻左道
주 김여생 급승 묘봉 장승 성총 일백 초 묘봉 부 여생 지경기 좌도

僧嶺縣民戶 其戶有女子. 妙峯指呂生曰："此是上王③ 將復位 宜
승령현 민호 기호 유 여자 묘봉 지 여생 왈 차시 상왕 장복위 의

作壻." 其戶人不許曰："是何言耶? 是何言耶?" 妙峯曰："上王
작서 기호 인 불허 왈 시 하언 야 시 하언 야 묘봉 왈 상왕

尊貴 不能徒行 故予負之." 又到其縣將軍寺 寺僧給之曰："今日
존귀 불능 도행 고여 부지 우도 기현 장군사 사승 태지 왈 금일

諸王行僧齋於此寺." 呂生曰："吾之族下兒輩 何以來于此寺?"
제왕 행 승재 어 차사 여생 왈 오 지 족하 아배 하이 래우 차사

省聰妄言懷安公領軍入京. 縣守聞之 執而歸于司憲府.
성총 망언 회안공 영군 입경 현수 문지 집이귀우 사헌부

丁亥 遣上護軍朴淳于東北面 被殺于彼軍中. 淳至咸州 敎
정해 견 상호군 박순 우 동북면 피살 우 피군중 순 지 함주 교

都巡問使朴蔓及州郡守令 勿從思義 遂被殺于彼軍中.
도순문사 박만 급 주군 수령 물종 사의 수 피살 우 피군중

賜淮陽府使金廷雋馬一匹. 廷雋來告太上王駕過鐵嶺也.
사 회양 부사 김정준 마 일필 정준 내고 태상왕 가 과 철령 야

臺諫上疏請移置芳幹于濟州 不允. 疏曰:
대간 상소 청 이치 방간 우 제주 불윤 소왈

'庚辰春 懷安君 芳幹父子 稱兵向闕 殿下與二三將相 戡定
경진 춘 회안군 방간 부자 칭병 향궐 전하 여 이삼 장상 감정

厥亂 以安宗社. 夫以周公之聖 未免管叔之擧者 不可以私恩 滅
궐란 이안 종사 부이 주공 지성 미면 관숙 지거자 불가 이 사은 멸

天下之公義也. 懷安父子 宜加天討以正邦憲 殿下乃以天倫不忍
천하 지 공의 야 회안 부자 의가 천토 이정 방언 전하 내이 천륜 불인

之心 徙置益州 田廬産業 無不完具 蓋欲安其心而得終天年也.④
지심 사치 익주 전려 산업 무불 완구 개 욕안 기심 이 득종 천년 야

宜當改心安分 以答再造之恩 今乃日以馳騁田獵爲事 略無悔悟
의당 개심 안분 이답 재조 지은 금 내일 이 치빙 전렵 위사 약무 회오

之狀 其心所懷 固未可知. 近日有金呂生 僧省聰者 造爲亂言 以
지상 기심 소회 고 미가지 근일 유 김여생 승 성총 자 조위 난언 이

惑衆聽 懷安父子聞藉己之言 憂憤驚恐 必不自安. 萬一有桀驁
혹 중청 회안 부자 문 자기 지언 우분 경공 필부 자안 만일 유 걸오

434

之狀 則殿下雖欲保全 亦不可得矣. 願移置濟州 安其産業 毋令
지상 즉 전하 수욕 보전 역 불가 득의 원 이치 제주 안 기 산업 무령

無賴之徒 私自交通. 懷安父子 得保天年 殿下之仁 亦得盡矣.'
무뢰 지 도 사자 교통 회안 부자 득보 천년 전하 지인 역 득진 의

戊子 太上王御驛騎向咸州 上遣王師無學於太上王行在所. 以
무자 태상왕 어 역기 향 함주 상견 왕사 무학 어 태상왕 행재소 이

無學太上王所敬信者 故欲其道達上意 而請速還駕也.
무학 태상왕 소경신 자 고욕 기도 달상의 이 청속 환가 야

臺諫復上疏請移置芳幹于濟州. 疏略曰:
대간 부 상소 청 이치 방간 우 제주 소 약왈

'臣等昨以懷安父子徙置濟州事 具疏以聞 殿下以天倫之重
신등 작 이 회안 부자 사치 제주 사 구소 이문 전하 이 천륜 지중

不忍兪允. 此誠殿下友愛之至情也. 然臣等竊惟 天下之理 有常變
불인 유윤 차성 전하 우애 지 지정 야 연 신등 절유 천하 지리 유 상변

之不同 故聖人之教 有經權之或異. 徒知所以守經 而不知所以
지 부동 고 성인 지교 유 경권 지 혹이 도지 소이 수경 이 부지 소이

用權 則何以決天下之大疑 而成天下之大事乎? 夫兄弟之間 當
용권 즉 하이 결 천하 지 대의 이성 천하 지 대사 호 부 형제 지간 당

盡親親之恩者 人倫之常也. 然或不幸而至於變 則不可不用權以
진 친친 지 은자 인륜 지상 야 연 혹 불행 이 지어 변 즉 불가 불 용권 이

處之. 昔者舜之於象也 得以遂其友愛之心者 象之惡未著 而其害
처지 석자 순 지어 상 야 득이 수기 우애 지심 자 상 지악 미저 이 기해

止於一身而已; 周公之於管叔也 未免致辟之擧者 以⑤其宗社
지어 일신 이이 주공 지어 관숙 야 미면 치벽 지거 자 이 기 종사

傾覆 生民塗炭 其害有不可勝言者故也. 今我殿下不許徙置者
경복 생민 도탄 기해 유 불가 승언 자 고야 금 아 전하 불허 사치 자

守經而處常之道也; 臣等所以建白者 用權而處變之道也. 況鑑微
수경 이 처상 지도 야 신등 소이 건백 자 용권 이 처변 지도 야 황 감미

知著 禁於未然之前 然後禍亂不生 而國家安矣. 今於懷安 若
지저 금 어 미연 지전 연후 화란 불생 이 국가 안의 금 어 회안 약

不早爲之所 而處之得其宜 則臣等竊恐異日必有不虞之變. 勢旣
부조 위지 소 이 처지 득 기의 즉 신등 절공 이일 필유 불우 지변 세 기

至此 則雖欲保全 得乎? 伏望殿下兪允施行.
지자 즉 수욕 보전 득호 복망 전하 유윤 시행

議政府啓曰: "太上王春秋已高 且有風疾. 今深入東北面
의정부 계왈 태상왕 춘추 이고 차 유 풍질 금 심입 동북면

趙思義等動兵橫隔 願殿下深慮之. 且前日臺諫交章 請移置芳幹
조사의 등 동병 횡격 원 전하 심려 지 차 전일 대간 교장 청 이치 방간

于濟州 至再至三 殿下不允. 臣等以爲臺諫之請 甚協於義." 上曰:
우 제주 지재 지삼 전하 불윤 신등 이위 대간 지청 심협 어의 상왈

"父王遠遊未返 不勝思戀. 若懷安之事 當更思而處之." 乃與知

承樞府事李叔蕃言曰:"懷安君 同母兄也. 乃以有位之故 有如是

之變乎." 因泣涕.

己丑 黃霧四塞.

遣大護軍金繼志于東北面 頒敎書.

上率百官 餞使臣于迎賓館. 上召力士二人于坐前而賜酒 溫全

曰:"二人雖微 皆受帝命而來 國王不可坐而賜酒." 上曰:"予今

以禮慰天使四位而已 此二人天使之從人也. 若二人奉命獨來 則

安敢若是! 又禮不可輕變. 初 以此禮待之 今易之難矣." 全甚慙

因有怒色. 士吉起 至上前請歸曰:"小人已怒矣 不出則失禮多矣."

欲出 上請還坐. 上出帳外而還 士吉執杯以進 上請先之 士吉

曰:"此何禮耶?" 上曰:"禮緣人情 但欲勸酒." 士吉欣然曰:"事

之無害於義者 從俗可也." 乃飮之. 將行 上與士吉等曰:"我國自

高皇帝時 臣事朝廷. 今聖上在燕都 燕近東方 故待我國人偏厚.

今登寶位 但送一張詔書 猶且喜感 乃命遣僉都御史 鴻臚少卿

內府兩官人 東方臣民感祝難言. 予當一騎入朝 既不能然 若予

子有年過十歲者 則當遣朝賀 顧皆年幼. 雖遣大臣 以獻方物 心

實有愧 願天使奏達予心. 且天使亦不久留 未盡誠款 惶愧實深."

士吉曰:"皇帝 高皇帝之愛子也 國王已知之. 又有賢德 天命人心

咸歸 故不得已奄有天下. 今吾輩已布詔書 國王已修表物 復何爲

乎!" 欲行辭禮 上先行四拜 出帳外揖別. 溫全向太常殿行四拜
호 욕행 사례 상선행 사배 출 장외 읍별 온전 향 태상전 행 사배

復與上別. 露其臂指燃處曰: "吾於金剛山燃臂 所以召西天佛也."
부여상별 노 기비 지 연처 왈 오 어 금강산 연비 소이 소 서천 불 야

乃行.
내 행

賜全羅道都節制使洪恕宮醞表裏. 恕捕倭十餘人 故以其子涉
사 전라도 도절제사 홍서 궁온 표리 서 포 왜 십 여 인 고 이 기자 섭

爲宣慰使而遣之.
위 선위자 이 견지

前典書李和英自東北面携妻子逃來. 時 和英丁父憂 與弟和美
전 전서 이화영 자 동북면 휴 처자 도래 시 화영 정 부우 여 제 화미

被衰絰至鐵嶺 有騎兵百餘阻之 不可得過. 和英與弟謀曰: "我等
피 최질 지 철령 유 기병 백 여 조지 불가 득과 화영 여 제 모왈 아등

宜脫衰絰 被堅執銳以行." 乃釋衰 具甲兵鼓噪走馬 百餘兵皆
의 탈 최질 피견 집예 이행 내 석최 구 갑병 고조 주마 백여 병 개

潰 無有遏之者. 和英獻馬二匹 上命知申事朴錫命饋之曰: "予
궤 무유 알지 자 화영 헌마 이필 상명 지신사 박석명 궤지 왈 여

於朝臣 可任使者 雖遭親喪 奪情而起. 況卿軍官 不可不食肉
어 조신 가 임사 자 수 조 친상 탈정 이기 황 경 군관 불가 불 식육

飲酒." 和英對曰: "小人雖命歸死地 何敢不從! 但臣未脫父喪.
음주 화영 대왈 소인 수명 귀 사지 하감 부종 단 신 미탈 부상

上命吉服 旣從之矣 又命飲酒食肉 中心有愧." 遂涕泣. 錫命入告
상명 길복 기 종지 의 우명 음주 식육 중심 유괴 수 체읍 석명 입고

上曰: "卿之此言 誠大義也. 然爲軍官者當節候不調之時 不可不
상왈 경지 차언 성 대의 야 연 위 군관 자 당 절후 부조 지 시 불가 불

飲酒食肉. 卿善保其身以事予 孝親之道莫大焉." 錫命勸之.
음주 식육 경 선보 기신 이사 여 효친 지도 막대 언 석명 권지

庚寅 以左軍摠制李龜鐵爲東北面都體察使 大護軍韓興寶爲
경인 이 좌군 총제 이구철 위 동북면 도체찰사 대호군 한흥보 위

知兵馬使. 上賜龜鐵廐馬弓矢甲冑.
지 병마 사 상사 구철 구마 궁시 갑주

護軍金玉謙 來自東北面. 初 遣玉謙于東北面 至是來啓曰:
호군 김옥겸 내자 동북면 초 견 옥겸 우 동북면 지시 래 계왈

"初 至安邊 見府使趙思義 思義睨視不爲禮 使人奪臣劍及馬牌.
초 지 안변 견 부사 조사의 사의 예시 불위 예 사인 탈 신 검 급 마패

臣潛行至文州 聞朴陽入州調兵 入見陽 亦睨視不與言 但署其
신 잠행 지 문주 문 박양 입주 조병 입견 양 역 예시 불여언 단서 기

調兵之牒. 至永興府 見府尹朴蔓 蔓泣曰: '吾初見思義調兵之
조병 지첩 지 영흥부 견 부윤 박만 만 읍왈 오 초견 사의 조병 지

牒 遣人以聞 又見輸致甲兵之牒 遣人以聞 君見之乎?'予答以

不見. 蔓曰:'此人等必被獲矣⑥ 吾其危乎!'蔓又言:'吾初可以

得脫而去 然爲將帥 不可輕棄藩鎭 君宜從間道還達于上聰. 君

若被獲 君與吾當被害矣.'因與劍 給上等馬. 行至永豊 路遇韓方

方暫與語過行. 臣至永豊村家而宿 方使人追至其家 縛臣手囚于

房中 十餘人守之. 夜深 守者熟睡 潛逃而出 守者覺之 追至高山

臣登山逃遁而來."

護軍宋琉受命至咸州 亦爲彼軍所殺⑦

以左政丞河崙兼判承樞府事 右政丞李茂兼判承樞府事

趙英茂兼議政府贊成事 李文和司平右使 李和英左軍同知摠制

金玉謙典醫監正.

辛卯 以趙英茂爲東北面 江原 忠淸 慶尙 全羅道都銃使 李彬

西北面都節制使 李天佑安州道都節制使 金英烈東北面江原道

都安撫使 柳亮豊海道都節制使.

賜李天佑 柳亮甲冑弓矢 賜李彬馬弓矢毛衣.

壬辰 趙英茂 李天佑 金英烈 李龜鐵等發行.

放朴叔義于其鄕金堤. 叔義爲知文州事逃來 上問聲息 對之

不明.

以李龜鐵爲中軍都摠制 姜思德右軍摠制 韓珪中軍

摠制 延嗣宗右軍同知摠制 柳亮東北面都巡問使 庾龜山安邊

都護府使 柳沂全羅道都觀察使 李和美大護軍.

癸巳 司諫院上疏請勿收軍士之田. 疏略曰:

'國家以受田大小人員 籍名作牌 分屬三軍 侍衛王室 此誠良法
也. 其有受田而未屬牌者 承樞府定日親點作牌 其不及者幾二百
人. 收其所收之田 所以懲不恪也. 然殿下特命勿收別侍衛三十餘
人之田. 其感激之心至矣 其餘人之缺望 爲如何哉? 若懲不恪 則
皆不及矣 若垂聖恩 則莫非王臣. 且田制之設 本以優士族而養
廉恥也. 今當收租之時 遽收其田 則非惟不足以養廉恥 亦所以興
怨咨也. 伏望殿下 特下承樞府 其不及親點者 皆籍名作牌 所收
之田 許令勿收.'

疏上 下戶曹給田司.

甲午 以權衷爲京畿左右道節制使. 令衷率兵馬助英烈 賜藥物
兵器.

上遣安平府院君李舒于太上王行在所 命釋益倫 雪悟 從之. 舒
與二釋皆太上王素所敬信者 故欲其見而悅之也.

乙未 沈霧.

以摠制辛克禮爲豐海道節制使 禮曹典書具成亮江原道兵馬使.

上護軍金繼志回自安邊. 繼志啓曰: "初 臣率騎士九人至淮陽
得騎士十人 至鐵嶺口子 斬守者二人 行遇金乙寶者督諸郡備
軍糧馬草 斬之梟首. 至安邊 有嚴仁平者抄軍 斬之 梟首於館門

卽馳還."
즉 치환

丙申 霧昏終日.
병신 무 혼 종일

火星入氐.
화성 입 저

以李居易爲領司平府事 成石璘領議政府事兼判開城留後司事
이 이거이 위영 사평부 사 성석린 영 의정부 사 겸 판 개성 유후사 사

郭忠輔都摠制.
곽충보 도총제

閔無疾 辛克禮 將兵指東北面.
민무질 신극례 장병 지 동북면

丁酉 黃霧四塞 氣暖如春.
정유 황무 사색 기 난 여춘

上出御兵曹 各司皆留二員.
상 출어 병조 각사 개류 이원

以金士衡爲上洛府院君 李佇兼判承樞府事. 賜郭忠輔馬一匹
이 김사형 위 상락 부원군 이저 겸 판 승추부 사 사 곽충보 마 일필

又賜安遇世馬及衣 朴淳家紙百卷 米豆幷一百石.
우 사 안우세 마급의 박순 가지 백권 미두 병 일백 석

以驪興府院君閔霽爲守城都統使 權和都鎭撫.
이 여흥 부원군 민제 위 수성 도통사 권화 도진무

太上王駕向西北面古孟州.
태상왕 가 향 서북면 고 맹주

戊戌 虹見于東.
무술 현 우 동

前參判承樞府事姜淮伯卒. 淮伯晋陽人 恭穆公蓍之子. 歲丙辰
전 참판 승추부 사 강회백 졸 회백 진양인 공목공 시 지자 세 병진

登第 壬戌年二十六 拜代言 是年 陞奉翊密直提學. 乙丑冬 以
등제 임술년 이십 육 배 대언 시년 승 봉익 밀직제학 을축 동 이

賀正如京師 戊辰 又朝京師. 己巳 拜匡靖判密直司事 觀察交州
하정 여 경사 무진 우 조 경사 기사 배 광정 판 밀직사 사 관찰 교주

江陵道. 辛未 遷政堂文學兼司憲府大司憲. 壬申夏 貶于晋陽
강릉도 신미 천 정당문학 겸 사헌부 대사헌 임신 하 폄 우 진양

七年庚辰 授東北面都巡問使 階正憲 尋拜參判承樞府事 以疾卒
칠년 경진 수 동북면 도순문사 계 정헌 심 배 참판 승추부 사 이 질 졸

于弟 年四十六. 淮伯聰明過人 慷慨老成 所至有聲績. 五子 宗德
우 제 연 사십 육 회백 총명 과인 강개 노성 소지 유 성적 오자 종덕

友德 進德 碩德 順德.
우덕 진덕 석덕 순덕

李天佑遣游騎百餘于古孟州 爲思義兵所獲⑧
이천우 견 유기 백 여 우 고 맹주 위 사의 병 소획

己亥 以前知豐州事金南斗爲谷山等處知兵馬使.
기해 이전지 풍주 사 김남두 위 곡산 등처 지 병마 사

李天佑與思義兵戰于古孟州 艾田 敗績. 天祐見圍⑨ 與子密等
이천우 여 사의 병 전 우 고 맹주 애전 패적 천우 견위 여 자밀 등

十餘騎 力戰潰圍而出.
십여 기 역전 궤위 이 출

庚子 上發京城 次于金郊驛北郊. 命閔霽 成石璘 禹仁烈
경자 상 발 경성 차 우 금교역 북교 명 민제 성석린 우인렬

崔有慶等 留守京城.
최유경 등 유수 경성

趙英茂 金英烈 辛克禮等指鐵嶺.
조영무 김영렬 신극례 등 지 철령

辛丑 地震.
신축 지진

駕次元中浦.
가 차 원중포

壬寅 以司憲執義宋愚爲平壤道察訪 戶曹典書尹思修爲安州
임인 이 사헌 집의 송우 위 평양도 찰방 호조 전서 윤사수 위 안주

泥城 江界等處察訪.
이성 강계 등처 찰방

月犯上相.
월 범 상상

癸卯 以上護軍金繼志爲西北面兵馬使. 西北面都巡問使報:
계묘 이 상호군 김계지 위 서북면 병마사 서북면 도순문사 보

'思義軍在德州 天祐兵在慈城 李彬兵在江東.'
사의 군 재 덕주 천우 병 재 자성 이빈 병 재 강동

李舒 雪悟至鐵嶺 以路梗還.
이서 설오 지 철령 이로 경환

甲辰 知殷州事宋典逃來. 典啓曰: "天祐敗績 臣陷彼軍 其
갑진 지 은주 사 송전 도래 전 계왈 천우 패적 신 함 피군 기

都鎭撫任純禮使臣散糧曰:'軍數六七千人也 兀良哈來 則足萬數
도진무 임순례 사신 산량 왈 군수 육칠 천 인 야 올량합 래 즉 족 만 수

矣.'臣潛逃而來 路見其軍 或四十或三十或二十作隊而逃者多矣."
의 신 잠도 이래 노견 기군 혹 사십 혹 삼십 혹 이십 작대 이 도자 다의

以李居易爲左道都統使 李叔蕃爲都鎭撫 閔無疾爲都兵馬使
이 이거이 위 좌도 도통사 이숙번 위 도진무 민무질 위 도병마사

李至 郭忠輔 李行 韓珪爲助戰節制使 金宇 沈貴齡 李淳
이지 곽충보 이행 한규 위 조전 절제사 김우 심귀령 이순

崔士威 與金繼志領兵發行.

乙巳 至自元中浦.

丙午 思義軍至安州夜潰. 思義軍屯于薩水邊 夜自潰渡水 氷陷
而死者數百餘人. 初 有金天祐者見獲於思義軍 其軍問我軍數
天祐曰:"趙英茂指東北面 李天佑 李彬 金英烈 崔雲海等至
孟州 又黃, 鳳州之間 軍士四萬餘人出來 諸公何以當之?"軍士
聞之 皆懼變色. 趙和謀欲軍中自散 夜火其幕大呼 軍士皆驚
四散.

上遣內官盧希鳳于太上王行在所問安.

丁未 上遣安平府院君李舒 釋雪悟 齋宮醞問安于太上王
行在所.

賜延山府使禹博廐馬一匹. 博乘馹來告太上王回駕 上喜而
賜之.

以趙溫爲東北面察理使.

囚金縉 黃似蘭 孫孝宗 康顯 趙洪等父母妻子.

都統使趙英茂還.

戊申 下朴蔓 朴文崇 許衡 朴貫 黃吉至于巡衛府 命臺諫刑曹
雜治之. 蔓爲都巡問使 文崇都鎭撫 衡經歷 貫定州牧使 吉至
知宜州事 至是來詣闕 賜之酒. 命大司憲朴信 左司諫趙庸 刑曹
典書金謙 交坐于巡衛府鞫問. 上使知申事朴錫命命曰:"朴蔓

442

許衡等未戰時逃來 豈有罪耶? 勿施刑杖. 朴貫曾遞任而不來 到
허형 등 미 전시 도래 기 유죄 야 물시 형장 박관 증 체임 이 불래 도

安邊遲留 且與永興少尹金繪謀事 而不正言其故 宜加刑問."
안변 지류 차 여 영흥 소윤 김권 모사 이 부정언 기고 의 가 형문

分遣巡衛府千戶郭敬儀 知事田時貴等于東西北面 推賊臣
분견 순위부 천호 곽경의 지사 전시귀 등 우 동서북면 추 적신

趙思義 趙洪 金繪等黨與家産沒官 妻子送于京.
조사의 조홍 김권 등 당여 가산 몰관 처자 송 우 경

| 원문 읽기를 위한 도움말 |

① 意者. '생각건대' 혹은 '내가 생각할 때는'의 뜻이다.
　의자

② 謂我此行曰顚且狂也. 謂~曰~의 구문이다. '~를 일러 ~라고 말한다'라
　위 아 차행 왈 전 차 광 야 위 왈
는 뜻이다. 以~爲~와 비슷한 구문이다.
　　　　이 위

③ 此是上王. 여기서 是은 영어 be동사와 마찬가지로 '~이다'라는 뜻이다.
　차 시 상왕　　시

④ 蓋欲安其心而得終天年也. 여기서 欲과 得은 다 일종의 조동사다.
　개 욕안 기심 이 득종 천년 야　　욕　　득

⑤ 以其宗社傾覆 生民塗炭. 여기서 以는 '왜냐하면'이라는 뜻이다.
　이 기 종사 경복 생민 도탄　　이

⑥ 此人等必被獲矣. 여기서 被는 동사 앞에 붙어 수동태의 의미를 나타
　차인 등 필 피획 의　　피
낸다. 見도 종종 같은 역할을 한다.
　　　　견

⑦ 亦爲彼軍所殺. 爲~所~는 '~에게 ~당하다'는 수동 표현이다. 자주 사용
　역 위 피군 소살 위 소
되는 구문이다.

⑧ 爲思義兵所獲. 앞의 ⑦과 같은 구문이다.
　위 사의 병 소획

⑨ 天祐見圍. 앞의 ⑥에서 언급한 대로 '당하다'는 뜻의 수동태로 쓰인 見
　천우 견위　　　　　　　　　　　　　　　　　　　　　　견
이다. 見圍는 '포위당하다'라는 뜻이다.
　견위

태종 2년 임오년
12월

十二月

경술일(庚戌日-1일) 초하루에 상이 내관을 보내 태상왕의 행재소에 의대(衣襨)를 바쳤다.

신해일(辛亥日-2일)에 이자분(李自芬), 한정(韓定) 등을 순위부에 내려보냈다.

○ 태상왕의 가마가 평양부(平壤府)에 머물렀다. 태상왕이 말했다.

"내가 동북면에 있을 때 국왕이 사람을 보내지 않았고 맹주(孟州)에 있을 때도 사람을 보내지 않았으니 (나에 대해) 감정이 없지 않은 것이다."

시자(侍者)가 말했다.

"주상께서 전 정승(政丞) 이서(李舒)와 대선사(大禪師) 익륜(益倫) 설오(雪悟)를 시켜 문안하게 했사온데 마침내 길이 막혀 미처 도달하지 못하고 돌아갔습니다."

태상왕이 말했다.

"모두 내가 믿고 중하게 여기는 사람이기 때문에 보낸 것이로다."

○ 대간(臺諫)이 함께 문서를 작성해[交章] 시무(時務)와 관련된 몇 가지 조목을 올렸다.
교장

'하나, 얼마 전[前者] 회안(懷安) 부자를 제주로 옮겨 두는 일로 두
전자
번이나 청했는데 전하께서 해도(海島)는 너무 험난한다 하여 윤허치

않으시고 장차 (전라도) 순천(順天) 성내(城內)에 옮겨 두도록 하셨습니다. 그러나 신 등이 가만히 생각건대 예로부터 화란(禍亂)이란 으레[例] 미처 헤아리지 못한 데서 생기는 것입니다. 근래에 불평불만을 품은[不逞] 무리들이 틈을 타서 가만히 일어나 변고(變故)가 이루 말할 수 없는 것이 있습니다. 만약[設] 급한 일[緩急]이 있다면 장차 어떻게 제어하겠습니까? 이는 참으로 염려하지 않을 수 없습니다. 하물며 그 복종(僕從-노비나 종)을 줄이고 출입을 금했으니 그로 인해 회안(懷安)은 반드시 스스로 불안해할 것입니다. 바라건대 전에 청한 대로 제주로 옮겨 두어 그 산업(産業)을 마음대로 하게 하여 천년(天年-천수)을 마치게 해야 할 것입니다.

하나, 동북면 함주(咸州) 등지에 가별치(加別赤)[1]라고 불리는 것들이 모여서 일당(一黨)이 되어 국가의 역사[國役]에는 이바지하지 않고 별도로 가병(家兵)을 만들어 사사로이 서로 결탁하여 방자하게 호기(豪氣)를 믿고 날뛰는데도 주현(州縣)에서 통제하지 못한 지가 이미 여러 해입니다. 이번에 적신(賊臣) 조사의 등이 변란을 꾀하던 초창기에도 오로지 이들 무리에게 힘을 입어서 그 당여들의 도움을 기대해 제 마음대로 병란을 일으켜 거의 사직(社稷)을 위태롭게 했습니다. 만일 혁파하여 없애지 않는다면 다시 이런 변란이 있을까 두렵습니다. 일거에 모두 혁파하여 국가의 역사에 이바지하게 해야 합니다.

---

1 여진의 대소 추장(酋長)들이 조선의 군민(軍民)으로 편입하는 것을 막고 그대로 자기 휘하에 두고 사역시키던 백성을 가리킨다. 태종 11년(1411년) 6월에 가별치를 혁파했는데 모두 조선의 민호(民戶)로 편입시켜 여진의 토호 세력을 억압했다. 가별초(家別抄)라고도 한다.

하나, 명위(名位)는 국가의 중대한 수단[利器]이어서 가벼이 거짓으로 꾸밀 수[虛假] 없는 것입니다. 전조(前朝) 말년에 제멋대로 더해 만들어내던 풍조[添設]가 성행하여 진짜와 가짜의 분별이 없어 사람들이 관작(官爵) 보기를 진흙이나 모래와 같이 하고 공(功)이 없는데도 등급을 뛰어 분수에 넘치게 받은 자가 열에 여덟, 아홉은 되기 때문에[十常八九] 국가에서 그 폐단을 이기지 못해 말을 징발하는 벌까지 있었습니다. 전하께서 즉위하신 이래로 이 폐단을 없애어 명위(名位)를 바로잡았으니 참으로 아름다운 뜻이라 하겠습니다. (그런데) 지금 가만히 듣건대 첨설(添設)을 거행하여 군사(軍士)를 위로한다 하십니다. 신 등은 관직의 범람이 다시 전날과 같아질까 두렵습니다. 또 하물며 바야흐로 지금의 군사들 중에 공전(攻戰)의 공(功)이 없지 않습니까? (그러면) 뒤에 가서 만일 승첩(勝捷)을 바치는 [獻捷] 사람이 있으면 (그들은) 장차 무엇으로 상을 주시렵니까? 엎드려 바라옵건대 전하께서는 일단 이의 시행을 정지하여 공을 세우는 사람을 기다려야 할 것입니다.'

(다른 것들은) 윤허했으나 오직 회안을 옮겨 두는 일만은 윤허하지 않았다.

○ 변현(邊顯)을 순위부에 내려보냈다. 현(顯)이 동북면에서 오니 상이 말했다.

"사의와 당여를 맺어 일을 주도한[用事] 자가 누구인가?"

순위부에 내려보내 삼성(三省)[2]과 위관(委官)에게 명해 교좌(交坐)

---

2 사헌부, 사간원, 의정부를 가리킨다.

하여 국문토록 했다.

○ 전 전농정(典農正) 박실(朴實)을 보내 회안군 방간에게 편지를
내려주었다. 편지는 이러했다.

'의정부에서 아뢰기를 "백형(伯兄) 부자가 순천으로 옮기던 날 말
을 달려 피하려고 했던 일이 있었다"라고 했습니다. 내가 경진년
(1400년) 봄부터 오늘에 이르기까지 백형을 보전하려고 하는 마음
은 날로 두터웠습니다. 근래에[比者] 김여생(金呂生)과 중 묘봉(妙峯)
        비자
등이 거짓으로 "백형이 난(亂)을 꾸몄다"고 일컬었으므로 이미 미
루어 헤아려 잘 가려서 반좌율(反坐律)에 처하도록 했습니다. 또 근
자에[日者] 조사의가 동북면에서 군사를 일으키니 백관들이 대궐에
    일자
나와 백형을 제주로 내치자고 청했습니다만 제가 제주는 바다를 사
이에 두고 너무 멀어[邇邈] 허락하지 않았습니다. 청컨대 백형은 의
          하막
혹을 품지 마십시오.'

임자일(壬子日-3일)에 날씨가 봄처럼 따듯했다.

○ 정용수(鄭龍壽, ?~1412년)³ 신효창(申孝昌, ?~1450년)⁴을 순위부

---

3   1392년 이성계가 왕위에 즉위할 때 배극렴(裵克廉), 정도전(鄭道傳), 조준(趙浚) 등과 대
    비의 선교(宣敎)를 받아 국새(國璽)를 바쳐 개국공신 2등에 녹훈됐다. 이때 조사의(趙思
    義)의 난에 연루돼 탄핵을 받았으나 개국공신인 관계로 사면을 받았다. 그러나 1418년
    세종이 즉위하면서 고신과 공신전을 삭탈당했다.

4   1396년에 대사헌이 되고 이때 태조가 북행(北幸)할 때 동행했다. 1403년(태종 3년)에 중
    추원 동지사, 1404년 충청도 도관찰사를 역임했다. 충청도에서 1년간 있으면서 사욕을
    버리고 선정을 행하여 칭송이 자자했다. 1405년 동지총제(同知摠制)의 직을 받아 서울로
    돌아왔고 1418년 봄에는 좌군도총제(左軍都摠制)를 역임했다. 그러나 그해 겨울에 탄핵
    을 받아 삭직되어 무주로 유배 갔다. 7년간의 유배 생활을 마치고 1425년(세종 7년)에 서
    울로 돌아왔으며, 그의 손녀가 왕자와 결혼하게 되자 고신(告身)을 환수받았다.

에 내려보냈다. 용수와 효창은 승녕부(承寧府)⁵ 당상관으로서 태상왕
의 행차를 호종해[扈=扈從] 동북면에 이르러 조사의의 역모에 참여
했기 때문이다.

갑인일(甲寅日-5일)에 박만은 장 70을 쳐서 (경상도) 합포(合浦)로
유배 보냈고 박문숭은 장 60을 쳐서 자원(自願)에 따라 (전라도) 금
산(金山)으로 유배 보냈고 허형은 장 60을 쳐서 자원에 따라 음죽
(陰竹)⁶으로 유배 보냈고 박관은 장 60을 쳐서 자원에 따라 목주
(木州)⁷로 유배 보냈고 황길지는 다만 장 60만 쳤다.

을묘일(乙卯日-6일)에 풍해도 도관찰사 한상경(韓尙敬)이 태상왕께
술잔치를 올렸다. 태상왕이 이저(李佇), 이서(李舒), 이빈(李彬)과 더불
어 연구(聯句)를 지어 창화(唱和)했다.

병진일(丙辰日-7일)에 조사의와 그 아들 홍(洪)을 순위부에 내려보
냈다. 전 전서 조중생(曹仲生)이 사의(思義) 부자를 붙잡아 왔으므로
중생에게 비단옷[段衣]을 내려주었다. 애초에 사의 등이 50여 기(騎)

---

5 1399년(태조 8년) 9월 태조가 정종에게 전위(傳位)하고 상왕으로 물러남에 따라 상왕궁
   을 덕수궁(德壽宮)이라 하고 이듬해 여기에 승녕부를 두어 상왕의 옥책(玉冊), 금보(金寶)
   등의 일을 맡아보게 했다. 관원으로는 판사(判事-종1품) 우인열(禹仁烈), 윤(尹-종2품) 손
   흥종(孫興宗)·정용수(鄭龍壽)와 그 밖에 소윤(少尹-정4품), 판관(判官-종5품), 승(丞-종
   5품) 주부(注簿-종6품) 각각 2명을 두었다.
6 충청북도 음성군(陰城郡)과 경기도 이천시(利川市)의 일부 지역에 있던 곳이다.
7 지금의 천안시 목천이다.

를 거느리고 안변(安邊)으로 되돌아오니 도안무사(都按撫使) 김영렬(金英烈)이 군사로 에워싸 그를 붙잡아서 중생을 보내 압송하게 한 것이다.

정사일(丁巳日-8일)에 정용수와 신효창을 지방으로 유배 보냈다[贊=流].
　○ 상이 금교역(金郊驛)에 나가 태상왕을 맞이하고[迎=逆] 장전(帳殿)으로 들어가 헌수(獻壽)했다.
　○ 태상왕이 개경으로 돌아왔다.

무오일(戊午日-9일)에 큰비가 내렸다.
　○ 상이 태상전에 나아갔다.
　○ 완산군(完山君) 이천우(李天祐), 사평좌사(司平左使) 이빈(李彬)에게 안장 갖춘 말을 내려주고 이성도 절제사(泥城道節制使) 최운해(崔雲海)에게 말을 내려주었다. 태상왕을 시위(侍衛)하여 왔기 때문이다.
　○ 강현(康顯), 임순례(任純禮), 문중첨(文仲僉)을 순위부에 내려보내 위관(委官), 대성(臺省), 형조(刑曹)의 각 한 사람씩이 교좌(交坐)해 국문하게 했다.

기미일(己未日-10일)에 누런 안개가 꼈다.

경신일(庚申日-11일)에 햇무리가 나타났다.

임술일(壬戌日-13일)에 안개가 사방에 자욱했다.

○ 각 도(各道)에 공문서를 보내[移文] 요동(遼東)에서 도망하여 온 군인들을 뒤쫓아 붙잡았다[推刷]. 명나라 조정에서 사신을 보내 도망한 군사들을 추쇄하게 한다는 소문을 듣고 사신이 오기 전에 돌려보내려고 한 것이다.

계해일(癸亥日-14일)에 화성(火星)이 방성(房星)과 상상(上相)을 범(犯)했다.

갑자일(甲子日-15일)에 날씨가 봄처럼 따뜻했고 짙은 안개가 사방에 자욱해 지척(咫尺)에 있는 사람도 보이지 않았다. 도성 안에 역질(疫疾)에 걸린 사람들이 많았으나 3~4일 만에 다 나았다[差=愈].

을축일(乙丑日-16일)에 의정부에서 안변 대도호부(安邊大都護府)를 낮춰 감무(監務-지방관)로 만들고 영흥부(永興府)를 낮춰 지관(知官)[8]으로 만들 것을 청하니 윤허했다. 조사의(趙思義), 김권(金綣) 등이 (각각) 부사(府使)와 소윤(少尹)으로서 군사를 일으켜 난(亂)을 빚었기 때문이다.

○ 진양대도호부(晉陽大都護府)를 목관(牧官)으로 삼고 곡산부(谷山府)를 군(郡)으로 삼았다. 각각 옛 명칭을 따른 것이다.

---

8 지사(知事)가 맡게 되는 행정구역이다.

병인일(丙寅日-17일)에 태양성(太陽星)과 화성(火星)의 독초(獨醮-도교 제사의 일종)를 소격전(昭格殿)에서 거행했다.

정묘일(丁卯日-18일)에 조사의(趙思義), 강현(康顯) 등이 복주되고 조홍(趙洪), 홍순(洪洵), 김자량(金子良), 박양(朴陽), 이자분(李自芬), 김승(金昇), 임서균(林西筠), 문중첨(文仲僉), 한정(韓定) 등도 모두 복주됐다.

기사일(己巳日-20일)에 사간원에서 소를 올려 박만을 극형(極刑)에 처할 것을 청했으나 윤허하지 않았다.

○ 우사간 권담(權湛) 등이 위관 조영무(趙英茂), 순위부만호(巡衛府萬戶) 최유경(崔有慶)·윤저(尹柢), 대사헌 박신(朴信), 형조전서 김겸(金謙), 좌사간 조용(趙庸)을 탄핵했다. 가벼운 율(律)을 적용해 박만을 장류(杖流-장과 유배형)에 처했기 때문이다.

○ 군자감 판사 신용봉(辛龍鳳)을 보내 오도리(吾都里), 올량합(兀良哈) 등을 불러 무마시켰다. 그들은 우리 쪽에 귀부하지 않았기 때문이다.

경오일(庚午日-21일)에 우사간 권담과 집의 송우(宋愚) 등이 교장(交章)하여 재차 영무 등의 죄를 청했다. 윤허하지 않았다.

대간(臺諫)이 다시 소를 올려 박만의 죄를 청했으나 윤허하지 않았다. 소는 대략 이러했다.

'상벌(賞罰)은 임금의 큰 자루[大柄]입니다. 상(賞)과 벌(罰)이 공(功)과 죄(罪)에 합당한 연후에야 천만인(千萬人)이 권면하고 징계하

454

는 바[所勸懲]가 있는 것이니 이는 임금다운 임금[王者]이 다스림을
  소권징   왕자
행하는 요체입니다. 신 등이 엎드려 보건대 박만의 죄는 법에 의거할
때 마땅히 목을 베고 용서할 수 없는 것입니다. 전하께서 살리기를
좋아하는 다움[好生之德]으로 차마 법에 따라 처치하지[置法] 못하
            호생 지 덕   치법
시니 이는 진실로 삼가 불쌍히 여기는[欽恤] 아름다운 뜻입니다. 하
                          흠휼
지만 상(賞)은 좋은 일을 권면하는 것이지 사사로이 주는 것이 아니
며, 벌(罰)은 잘못된 것을 징계하는 것이지 사사로이 화를 내는 것이
아닙니다. 선왕(先王)⁹께서 이 같은 정사(政事)를 쥐기를 금석(金石)
같이 단단히 하고, 이 같은 법령을 행하기를 사시(四時)같이 믿도록
한 것은 진실로 천명(天命)과 천주(天誅-하늘이 내리는 벌)를 사사로
이 할 수 없었기 때문입니다. (그런데) 지금 중죄(重罪)를 그대로 두고
법에 의해 처치하지 않으시니 왕법(王法)¹⁰을 바르게 할 수가 없어 장
차 악한 짓을 하는 무리들이 두려워하고 꺼리는 바가 없게 될 것입
니다. 바라건대 장차 박만을 극형에 처치하고 가산(家産)을 적몰(籍
沒)하고 처자(妻子)는 종으로 만들어서 왕법(王法)을 바르게 해야 할
것입니다.'

  신미일(辛未日-22일)에 임순례(任純禮), 박휘(朴暉), 진중거(陳仲擧), 노
언(魯彦), 이지기(李之奇), 박산보(朴山甫), 등은 장 100을 치고 변현(邊
顯), 최식(崔湜), 배홍점(裵鴻漸) 등은 70을 치고 이양간(李良幹), 김영귀

---

9   옛날의 뛰어난 임금들을 가리킨다.
10 임금다운 임금이 행하는 법을 말한다.

(金英貴) 등은 60을 쳐서 모두 먼 지방[遐方=遠方]에 유배 보냈다.

○ 전 청성백(淸城伯) 이거인(李居仁)[11]이 졸했다.

임신일(壬申日-23일)에 안개가 꼈다.

○ 형조전서 진의귀(陳義貴)가 만산군 임팔랄실리(林八剌失里)를 압송하여 요동으로 갔다.

○ 사헌부에서 소를 올려 사간원의 죄를 청했으나 윤허하지 않았다. 소는 대략 이러했다.

'사간원에서 좌사간 조용(趙庸)에 대해 애초에는 박만의 죄를 대역(大逆)으로 안율(按律)했다가 얼마 뒤에[尋] 관군(官軍)을 마음대로 동원했다[擅調=擅發]는 율(律)로 고쳤다고 하여 논핵(論劾)했습니다. 그러나 용(庸)은 단지 대역의 율로 논하는 데에만 참여했고 고칠 때에는 마침 식가(式暇-정규 휴가)로 인해 참여하지 않았고 우사간 권담(權湛)이 사실상 그 안(案)에 서명했습니다. (그런데도) 장무(掌務)인 헌납 권우(權愚)가 담(湛)은 논핵하지 않고 도리어 용(庸)을 논핵했습니다. 또 담은 이미 가벼운 율로 잘못 안율하여 천총(天聰-임금의 귀)을 가린 죄에 참여하고도 참여하지 않은 것같이 했

---

11 우왕 초에 밀직부사를 지내고, 1382년(우왕 8년) 경상도 도순문사로 왜구를 소탕했다. 1389년(공양왕 1년) 문하평리(門下評理)로 재직 시에는 김저(金佇)의 옥사에 연루돼 유배됐다가 1391년 경상도 도관찰사로 다시 등용됐다. 이듬해 조선이 건국되자 삼사좌사(三司左使)로 진위사(陳慰使)가 되어 명나라에 다녀오고 뒤에 청천백(淸川伯-청성백이라고도 함)에 봉해졌다. 1394년(태조 3년) 개성부 판사로 있을 때 전날 사신으로 밀무역을 한 사실과 타인의 가기(家基)를 탈취한 일로 사간원의 탄핵을 받아 이듬해 파직됐다. 1399년(정종 1년) 조박(趙璞) 살해음모에 연루돼 청주에 유배됐고 이듬해 삼사 판사로 치사했다.

으니 하늘을 속이고 사람을 속인 죄가 이보다 더 심할 수 없습니다. 바라건대 담을 유사(攸司)에 내려서 그 직첩(職牒)을 거두고 국문하여 과죄(科罪-죄에 맞는 벌을 내리다)하시고 우는 직첩을 거둬 먼 지방에 유배 보내고, 지사간(知司諫) 김단(金端), 내서사인(內書舍人) 윤규(尹珪), 정언 강노(姜魯)·곽덕연(郭德淵) 등도 모두 파직시키셔야 합니다.'

을해일(乙亥日-26일)에 상이 인소전(仁昭殿)에 몸소 제사를 지냈다[親祭=親享].
친제 친향

○ 상이 태상전에 나아가 술자리를 베풀었다[設酌].
설작

병자일(丙子日-27일)에 우정승 이무, 완산군 이천우, 승추부 판사 조영무로 하여금 모두 중군 도총제를 겸하게 하고, 의안대군 화(和), 영안군(寧安君) 양우(良祐), 의정부 찬성사 이저(李佇)로 하여금 좌군 도총제를 겸하게 하고, 사평부영사 이거이, 완천군(完川君) 이숙(李淑, 1373~1406년),¹² 사평부 좌사 이빈으로 하여금 우군도총제를 겸하게 하고, 김겸(金謙)을 병조전서(兵曹典書), 조용(趙庸)을 형조전서(刑曹典書)로 삼았다.

정축일(丁丑日-28일)에 상이 태상전에 조알(朝謁)하고 헌수했다. 의안

---

12 아버지는 태조 이성계의 서제(庶弟) 의안대군 화(義安大君和)이며, 어머니는 교하 노씨(交河盧氏)로 경원군(慶原君) 은(訔)의 딸이다. 조선 건국 초기에 응양위전영장군(鷹揚衛前領將軍)이 되고 이어서 우부승지, 우승지 등을 역임했다.

대군 화(和), 청원군(靑原君) 심종(沈淙), 안평부원군(安平府院君) 이서
(李舒)와 다섯 대언(代言)이 잔치를 모셨고 극진히 즐기고 나서 끝났다.

무인일(戊寅日-29일)에 상이 태상전에 나갔다. 섣날 그믐날[歲除]인
세제
때문이었다.

○ 김권(金綣), 김온(金溫), 배상충(裵尙忠), 박부금(朴夫金) 등이 복
주(伏誅)됐다.

---

13 평안도 선천(宣川) 바로 직전에 있는 역참이다. 한양(혹은 개경)에서 의주까지 가는 길에
있는 역참의 하나다. 1864년(고종 1년)에 편찬된 『대동지지(大東地志)』에 따르면 의주로
는 병전거리를 지나 유대소록반현(踰大小綠礬峴)-양철평(梁鐵坪)-경관기(逕關基)-박석
현(礴石峴)-검암참(黔巖站)-도덕수천(渡德水川)-여현(礪峴)-신원(新院)-고양(高陽)-벽제
역(碧蹄驛)-헌음령(憲陰嶺)-세류점(細柳店)-쌍불현(雙佛峴)-분수원(焚修院)-신점(新店)-
광탄천(廣灘川)-파주(坡州)-이천(梨川)-임진도(臨津渡)-동파역(東坡驛)-유현(柳峴)-장단
(長湍)-견양암(見樣巖)-조현발소(調絃撥所)-판적천교(板積川橋)-취적교(吹笛橋)-왕서적
전탁타교(往西籍田橐駝橋)-오정문(五正門)-미륵당(彌勒堂)-청석동발소(靑石洞撥所)-청석
관(靑石關)-두석우(豆石隅)-구금천(舊金川)-병전거리(餠廛巨里)-대현(大峴)-금천(金川)-
저탄진(猪灘津)-의현(衣峴)-금암역(金巖驛)-평산(平山)-차령(車嶺)-보산역(寶山驛)-석우
발소(石隅撥所)-총수(蔥秀)-안성발소(安城撥所)-상차령(上車嶺)-병암점(屛巖店)-서흥(瑞
興)-토교(土橋)-서산(西山)-홍수원(興水院)-인수역(釼秀驛)-산수원(山水院)-합룡점(合龍
店)-봉산(鳳山)-동선령(洞仙嶺)-동선관(洞仙關)-소동선령(小洞仙嶺)-이우(利隅)-구교(龜
橋)-어초천(於草川)-황주(黃州)-강계현(岡谿峴)-흑교천(黑橋川)-저복발소(貯卜撥所)-구현
(駒峴)-주염정(周冉亭)-중화(中和)-만리교(萬里橋)-대정참(大井站)-영제교(永濟橋)-장림
(長林)-대동강(大同江)-평양(平壤)-서시원(西施院)-강동교(江東橋)-부산발소(斧山撥所)-
석우점(石隅店)-순안(順安)-암적천(巖赤川)-냉정발소(冷井撥所)-어파현(於坡峴)-숙천(肅
川)-신행원(新行院)-운암발소(雲巖撥所)-장평(長坪)-묵현(墨峴)-안주(安州)-청천강(淸
川江)-적현(赤峴)-광통원(廣通院)-발소(撥所)-대정강진두(大定江津頭)-서방교(西方橋)-
가산(嘉山)-효성령(曉星嶺)-납청정(納淸亭)-구정발소(求井撥所)-달천교(䢖川橋)-정주(定
州)-당아령(當莪嶺)-사송천교(四松川橋)-곽산(郭山)-삼장천석교(三長川石橋)-신현(薪峴)-
철마천교(鐵馬川橋)-사현(蛇峴)-이현(泥峴)-임반참(林畔站)-선천(宣川)-당도현(唐道峴)-
청강참(淸江站)-봉황현(鳳凰峴)-철산(鐵山)-자작현(自作峴)-용골산성(龍骨山城)-용천(龍
川)-지경현(地境峴)-고진강(古津江)-전문령(前門嶺)-의주(義州)-청강참(淸江站)-동림산성
(東林山城)-좌현관(左峴關)-차련참(車輦站)-서림산성(西林山城)-양속참(良束站)-소곶참
(所串站)-전문령(前門嶺)을 거쳐 의주까지 연결됐다.

○ 명나라[朝廷]에서 사신을 보내 만산군(漫散軍)을 붙잡아 갔는데
조정
진의귀(陳義貴)를 임반참(林畔站)¹³에서 만나 의귀를 돌려보냈다.

○ 겨울에 계속 따뜻해서 얼음이 얼지 않았다.

庚戌朔 上遣內官獻衣襨于太上王行在所.
경술 삭 상견 내관 헌 의대 우 태상왕 행재소

辛亥 下李自芬 韓定等于巡衛府.
신해 하 이자분 한정 등 우 순위부

太上王駕次平壤府. 太上王曰: "予在東北面時 國王不遣人 在
태상왕 가 차 평양부 태상왕 왈 여재 동북면 시 국왕 불견인 재

孟州時 又不遣人 不無憾焉." 侍者曰: "上使前政丞李舒 大禪師
맹주 시 우불견인 불무 감언 시자 왈 상 사 전 정승 이서 대선사

益倫 雪悟問安 乃以路梗未達而返." 太上王曰: "皆予所信重者
익륜 설오 문안 내 이 노경 미달 이 반 태상왕 왈 개 여 소신중 자

故遣之也."
고 견지 야

臺諫交章 上時務數條:
대간 교장 상 시무 수조

'一 前者以懷安父子移置濟州事再請 殿下以海島之阻不允 且
일 전자 이 회안 부자 이치 제주 사 재청 전하 이 해도 지 조 불윤 차

令徙置於順天城內. 然臣等竊惟 自古禍亂 例生於意料之所不及.
령 사치 어 순천 성내 연 신등 절유 자고 화란 예 생 어 의료 지 소불급

近者 不逞之徒 乘間竊發 變故有不可勝言者. 設有緩急 將何以
근자 불령 지 도 승간 절발 변고 유 불가 승언 자 설유 완급 장 하이

制之? 此誠不可不慮也. 況省其僕從 禁其出入 故懷安必不自安.
제지 차성 불가 불려 야 황 생 기 복종 금 기 출입 고 회안 필 부자안

願如前請 徙置濟州 完其産業 俾終天年.
원 여 전청 사치 제주 완 기 산업 비종 천년

一 東北面咸州等處 號爲加別赤者 聚爲一黨 不供國役 別
일 동북면 함주 등처 호 위 가별치 자 취 위 일당 불공 국역 별

爲家兵 私相交結 豪橫自恣 州縣不能禁制 已有年矣. 今賊臣
위 가병 사 상 교결 호횡 자자 주현 불능 금제 이유년 의 금 적신

趙思義等謀變之始 專賴此輩爲其黨援 擅興兵革 幾危社稷. 若不
조사의 등 모변 지 시 전뢰 차배 위 기 당원 천흥 병혁 기위 사직 약불

革去 恐復有如此之變. 一皆革去 以供國役.
혁거 공부유 여차 지변 일개 혁거 이공 국역

一 名位 國之利器 不可輕以虛假. 前朝之季 添設盛行 混眞

無別 人視官爵如泥沙① 無功而躐等濫受者 十常八九 故國家

不勝其弊 至有徵馬之罰. 殿下卽位以來 革去此弊 以正名位 固

爲美意. 今者竊聞 欲擧添設 以慰軍士. 臣等恐官職之濫 復如

前日. 又況方今軍士 未有攻戰之功? 後若有獻捷之人 將何以

賞之? 伏望殿下 姑停此擧 以待有功.'

允之 惟懷安移置事不允.

下邊顯于巡衛府. 顯來自東北面 上曰: "黨於思義而用事者

誰歟?" 下巡衛府 命三省及委官交坐問之.

遣前典農正朴實 賜書于懷安君芳幹. 書曰:

'議政府啓: "有伯兄父子遷順天之日 走馬欲避之事." 予自庚辰

春至于今日 欲保全伯兄之心日篤. 比者 金呂生 僧妙峯等妄稱

伯兄爲亂 已令推辨反坐. 且於日者 趙思義在東北面動兵 百官

詣闕 請放伯兄于濟州 予以濟州隔海遐邈 故不許. 請伯兄勿生

疑惑.'

壬子 氣暖如春.

下鄭龍壽 申孝昌于巡衛府. 龍壽 孝昌 以承寧府堂上官 扈

太上王之行 至東北面 與趙思義之謀故也.

甲寅 杖朴蔓七十 流于合浦 朴文崇杖六十 自願流于金山 許衡

杖六十 自願于陰竹 朴貫杖六十 自願流木州 黃吉至只杖六十.

乙卯 豐海道都觀察使韓尙敬享太上王. 太上王與李佇 李舒

李彬聯句唱和.

丙辰 下趙思義及子洪于巡衛府. 前典書曹仲生押思義父子來

賜仲生段衣. 初 思義等率五十餘騎 還到安邊 都安撫使金英烈

以兵圍而執之 遣仲生押至.

丁巳 竄鄭龍壽 申孝昌于外方.

上出金郊驛 迎太上王入帳殿獻壽.

太上王還京.

戊午 大雨.

上詣太上殿.

賜完山君李天佑 司平左使李彬鞍馬, 賜泥城道節制使崔雲海

馬. 以侍衛太上王而來也.

下康顯 任純禮 文仲僉于巡衛府 委官臺省刑曹各一員交坐

鞫問.

己未 黃霧.

庚申 日珥.

壬戌 霧四塞.

移文各道 推刷自遼東逃來軍人. 聞朝廷遣使臣推刷逃軍 欲及

使臣未到之前還送也.②

癸亥 火星犯房上相.

甲子 氣暖如春 沈霧四塞 咫尺不見人. 城中多疾疫 然皆三四
갑자 기난여춘 침무 사색 지척 불견인 성중 다질역 연개 삼사

日而差.
일이차

乙丑 議政府請降安邊大都護府爲監務 永興府爲知官 允之.
을축 의정부 청강 안변 대도호부 위 감무 영흥부 위 지관 윤지

以趙思義 金繕等爲府使少尹 起兵作亂故也.
이 조사의 김권 등 위 부사 소윤 기병 작란 고야

晉陽大都護府爲牧官 谷山府爲郡. 各從舊號也.
진양 대도호부 위 목관 곡산부 위군 각종 구호 야

丙寅 行太陽星 火星獨醮于昭格殿.
병인 행 태양성 화성 독초 우 소격전

丁卯 趙思義 康顯等伏誅. 趙洪 洪洵 金子良 朴陽 李自芬
정묘 조사의 강현 등 복주 조홍 홍순 김자량 박양 이자분

金昇 林西筠 文仲僉 韓定等 亦皆伏誅.
김승 임서균 문중첨 한정 등 역개 복주

己巳 司諫院上疏請置朴蔓於極刑 不允.
기사 사간원 상소 청치 박만 어 극형 불윤

右司諫權湛 劾委官趙英茂 巡衛府萬戶崔有慶 尹抵 大司憲
우사간 권담 핵 위관 조영무 순위부 만호 최유경 윤저 대사헌

朴信 刑曹典書金謙 左司諫趙庸 以照付輕律 杖流朴蔓故也.
박신 형조 전서 김겸 좌사간 조용 이 조부 경률 장류 박만 고야

遣判軍資監事辛龍鳳 招安吾都里 兀良哈等. 以其不附也.
견 판 군자감 사 신용봉 초안 오도리 올량합 등 이기 불부 야

庚午 右司諫權湛 執義宋愚等 交章復請英茂等罪 不允.
경오 우사간 권담 집의 송우 등 교장 복청 영무 등 죄 불윤

臺諫復上疏請朴蔓罪 不允. 疏略曰
대간 부 상소 청 박만 죄 불윤 소 약왈

'賞罰 人主之大柄也. 賞罰當於功罪 然後千萬人有所勸懲矣
상벌 인주 지 대병 야 상벌 당 어 공죄 연후 천만인 유 소권징 의

此王者爲治之要也. 臣等伏覩朴蔓之罪 據法當誅而不赦者也.
차 왕자 위치 지 요야 신등 복도 박만 지죄 거법 당주 이 불사 자야

殿下以好生之德 不忍置法 此誠欽恤之美意 然賞以勸善 非私與
전하 이 호생 지 덕 불인 치법 차 성 흠휼 지 미의 연 상이 권선 비 사여

也 罰以懲惡 非私怒也. 先王執此之政 堅如金石 行此之令 信如
야 벌이 징악 비 사노 야 선왕 집 차지정 견여 금석 행 차지령 신여

四時③ 誠以天命天誅不可得而私也. 今釋重罪 不置於法 無以正
사시 성이 천명 천주 불가 득이 사야 금석 중죄 불치 어법 무이 정

王法 而將使爲惡之徒 無所畏憚矣. 願將朴蔓置之極刑 籍沒家産
왕법 이장 사 위악 지도 무 소외탄 의 원장 박만 치지 극형 적몰 가산

妻子爲奴 以正王法.'
처자 위노 이정 왕법

辛未 杖任純禮 朴暉 陳仲擧 魯彦 李之奇 朴山甫等一百 邊顯
신미 장 임순례 박휘 진중거 노언 이지기 박산보 등 일백 변현

崔湜 裵鴻漸等七十 李良幹 金英貴等六十 皆流遐方.
최식 배홍점 등 칠십 이양간 김영귀 등 육십 개 유 하방

前淸城伯 李居仁卒.
전 청성백 이거인 졸

壬申 霧.
임신 무

刑曹典書陳義貴 押漫散軍林八刺失里等 如遼東.
형조 전서 진의귀 압 만산군 임팔랄실리 등 여 요동

司憲府上疏請司諫院之罪 不允. 疏略曰:
사헌부 상소 청 사간원 지죄 불윤 소 약왈

'司諫院劾左司諫趙庸 始以朴蔓之罪按律爲大逆 尋改爲擅調
사간원 핵 좌사간 조용 시이 박만 지죄 안률 위 대역 심개위 천조

官軍之律. 然庸但與論於大逆之律 及其改也 適以式暇不與焉 而
관군 지율 연 용 단 여론 어 대역 지율 급기 개야 적 이 식가 불여 언 이

右司諫權湛實署其案. 掌務獻納權遇不劾湛 反劾庸. 且湛旣與
우사간 권담 실 서 기안 장무 헌납 권우 불핵 담 반핵 용 차 담 기여

誤按輕律 蒙蔽天聰之罪 若不與焉 其欺天欺人之罪 莫此爲甚.
오안 경률 몽폐 천총 지죄 약 불여 언 기 기천 기인 지죄 막차 위심

願下湛攸司 收其職牒 鞫問科斷; 愚 收其職牒 竄于遐方; 知司諫
원 하 담 유사 수기 직첩 국문 과단 우 수기 직첩 찬 우 하방 지사간

金端 內書舍人尹珪 正言姜魯 郭德淵等 亦皆罷職.'
김단 내서사인 윤규 정언 강노 곽덕연 등 역개 파직

乙亥 上親祭于仁昭殿.
을해 상 친제 우 인소전

上詣太上殿設酌
상 예 태상전 설작

丙子 以右政丞李茂 完山君李天佑 判承樞府事趙英茂皆 兼
병자 이 우정승 이무 완산군 이천우 판 승추부 사 조영무 개 겸

中軍都摠制, 義安大君和 寧安君良祐 議政府贊成事李佇 兼
중군 도총제 의안대군 화 영안군 양우 의정부 찬성사 이저 겸

左軍都摠制 領司平府事李居易 完川君李淑 司平府左使李彬 兼
좌군 도총제 영 사평부 사 이거이 완천군 이숙 사평부 좌사 이빈 겸

右軍都摠制 金謙爲兵曹典書 趙庸刑曹典書.
우군 도총제 김겸 위 병조 전서 조용 형조 전서

丁丑 上朝太上殿獻壽. 義安大君和 靑原君沈淙 安平府院君
정축 상 조 태상 전 헌수 의안대군 화 청원군 심종 안평 부원군

464

李舒 及五代言侍宴 極懽而罷.
이서 급오 대연 시연 극환 이파

金縉 金溫 裵尙忠 朴夫金等伏誅.
김권 김온 배상충 박부금 등 복주

朝廷遣使臣推刷漫散軍 遇陳義貴于林畔站 令義貴還.
조정 견 사신 추쇄 만산군 우 진의귀 우 임반참 영 의귀 환

冬恒燠無氷.
동 항욱 무빙

|원문 읽기를 위한 도움말|

① 人視官爵如泥沙. 視~如~는 '~를 ~로 간주하다'라는 전형적인 구문
　　인 시 관작 여 이사　　시　여
이다.

② 欲及使臣未到之前還送也. 여기서 조동사 역할을 하는 欲은 還送에 걸
　　욕 급 사신 미도 지 전 환송 야　　　　　　　　　　욕　　　환송
린다. 及使臣未到之前이 도치돼 그 사이에 끼어든 것이다.
　　급 사신 미도 지 전

③ 執此之政 堅如金石 行此之令 信如四時. 대구법의 표현이다.
　　집 차지정 견 여 금석 행 차지령 신 여 사시

KI신서 7056

이한우의 태종실록 재위 2년

1판 1쇄 인쇄 2017년 7월 5일
1판 1쇄 발행 2017년 7월 17일

옮긴이 이한우
펴낸이 김영곤
펴낸곳 (주)북이십일 21세기북스

인문기획팀장 정지은 **책임편집** 윤홍 **교정교열** 주태진
디자인 표지 씨디자인: 조혁준 함지은 김하얀 이수빈 **본문** 제이알컴 이수정
출판사업본부장 신승철 **영업본부장** 신우섭
출판영업팀 이경희 이은혜 권오권 홍태형
출판마케팅팀 김홍선 배상현 신혜진 박수미
프로모션팀 김한성 심재진 최성환 김주희 김선영 정지은
홍보기획팀 이혜연 최수아 박혜림 문소라 전효은 백세희 김솔이
제휴마케팅팀 류승은
제작팀 이영민

출판등록 2000년 5월 6일 제406-2003-061호
주소 (10881) 경기도 파주시 회동길 201(문발동)
대표전화 031-955-2100 **팩스** 031-955-2151 **이메일** book21@book21.co.kr
페이스북 facebook.com/21cbooks **블로그** b.book21.com
인스타그램 instagram.com/21cbooks **홈페이지** www.book21.com

ⓒ 이한우, 2017

ISBN 978-89-509-7103-8 04900
　　　 978-89-509-7105-2 (세트)